Die Polyester-Queen
Alexander Becker erzählt internationale Branchengeschichten
Ein Berufslebenslauf der 80er, 90er und 2000er Jahre

1. Auflage, erschienen 10-2022

Umschlaggestaltung: Romeon Verlag
Text: Alexander Becker
Layout: Romeon Verlag
Lektorat: Alexandra Klos
Umschlag-Vorderseite Fotograf: Heiko Simayer
Umschlag-Rückseite Fotografin: Sinden Collier

ISBN: 978-3-96229-380-2

www.romeon-verlag.de
Copyright © Romeon Verlag, Jüchen

Das Werk ist einschließlich aller seiner Teile urheberrechtlich geschützt. Jede Verwertung und Vervielfältigung des Werkes ist ohne Zustimmung des Verlages unzulässig und strafbar. Alle Rechte, auch die des auszugsweisen Nachdrucks und der Übersetzung, sind vorbehalten. Ohne ausdrückliche schriftliche Genehmigung des Verlages darf das Werk, auch nicht Teile daraus, weder reproduziert, übertragen noch kopiert werden. Zuwiderhandlung verpflichtet zu Schadenersatz.
Alle im Buch enthaltenen Angaben, Ergebnisse usw. wurden vom Autor nach bestem Gewissen erstellt. Sie erfolgen ohne jegliche Verpflichtung oder Garantie des Verlages. Er übernimmt deshalb keinerlei Verantwortung und Haftung für etwa vorhandene Unrichtigkeiten.

Bibliografische Information der Deutschen Nationalbibliothek:
Die Deutsche Nationalbibliothek verzeichnet diese Publikation in der Deutschen Nationalbibliografie; detaillierte bibliografische Daten sind im Internet über *http://dnb.dnb.de* abrufbar.

**Glamour & Gossip –
ein Blick hinter die Kulissen der Stars und Sternchen**

Alexander Becker erzählt internationale Branchengeschichten

Ein Berufslebenslauf der 80er, 90er und 2000er Jahre

DER AUTOR

Alexander Becker arbeitet seit seinem zwölften Lebensjahr. Er ist ausgebildeter Friseur, absolvierte verschiedene Friseurweiterbildungen und profilierte sich autodidaktisch in Anbindung an L'Oréal- und WELLA-Messebühnenaufträgen in der Kunst der Applikation eines fehlereliminierenden Make-ups. Impulsgeber seit über 40 Jahren, berichtet der Autor autobiografisch über internationale Magazin- und Werbeaufträge, zeitgenössische Lebens- und Tagebuchgeschichten aus Madrid, Mailand, Zürich, Miami, Los Angeles, Sydney, New York, Athen, Berlin und Stuttgart.

Wer sich für die Kreativen innerhalb der Konsumgüterbranche, deren Hintergründe und deren vermeintlich glamourösen »Gossip« interessiert, findet in diesem Buch Faktisches, Soziologisches sowie Amüsantes.

Mit seinem Lebensweg bringt er Søren Kierkegaards philosophischen Satz: »Ein Leben wird vorwärts gelebt und rückwärts verstanden« erneut zum Klingen.

DISCLAIMER

Ich erzähle in diesen Memoiren nach bestem Wissen und Gewissen von Ereignissen, Orten und Gesprächen. Um die Privatsphäre einzelner Personen zu schützen habe ich teilweise Namen geändert. Was branchenbezogen berichtet wird entspricht dem was ich mitbekommen habe, und ist inzwischen durch internationale Medien belegt. Aus rechtlichen Gründen müssen einige Details im Verborgenen bleiben.

Für das Buch wurden Bilder und Markennamen aus den letzten 40 Jahren meines Schaffens gesammelt und verwendet. Die Urheber und Rechteinhaber sind sofern möglich benannt. Vereinzelt konnten diese, auch wegen Ablebens, nicht mehr eruiert, an- und explizit abgefragt werden. Meinerseits drückt die hierdurch gebotene »Sichtbarkeit« Dankbarkeit aus.

WIDMUNG

Diese zeitgenössischen autobiografischen Memoiren sind all jenen Menschen gewidmet, die mir auf diesem chronologischen Lebensweg begegnet sind, vor allem den internationalen Branchenkolleg(inn)en. Ein spezielles Dankeschön an Mireya, die mir im ersten Schritt beistand und Valeria, die dieses Endprodukt ermöglichte.

Viele Freunde, Bekannten und fremde Menschen haben sich meine Wünsche und Vorstellungen angehört und mich in meinem Glauben unterstützt, dass jede noch so kleine Veränderung einen Unterschied macht. Mein Dank geht an all diejenigen, die mich begleitet, unterstützt und mich dadurch gestärkt haben. Auch all denjenigen, die auf der Sinnsuche sind, sei dieses Buch gewidmet. Vielleicht ist dieses Buch eine Hilfe, um zu sehen, was sich mit Beharrlichkeit, Courage, Kreativität und nicht zuletzt mit dem zuversichtlichen Glauben an das eigene Schicksal erreichen lässt. Möge es allen eine Inspiration sein.

Foto: Andrew Habeck

Inhalt

DER AUTOR 5
DISCLAIMER 6
WIDMUNG 7
EINFÜHRUNG 13
KINDHEIT 15
ERSTEINDRUCK UND ORIENTIERUNG 19
ZEITUNG AUSTRAGEN 23
SCHNUPPERLEHRE 26
FERIENJOBS 31
AUSBILDUNG 33
MAKE-UP-WETTBEWERB 43
AUSBILDUNGSABSCHLUSS 49
VOLLJÄHRIGKEIT 54
GESELLENZEIT 57
POSITIONIERUNG ZUM SEMINARLEITER 78
KURS- UND SEMINARLEITER 89
EVENTFRISEUR 93
FÜNF-MINUTEN-MAKE-UP AM KUNDEN 100
PRIVATE TEST- UND ERGEBNISVERSUCHE 102
LAUFSTEG- UND MODEL-ERFAHRUNG 104
ERSTE FOTOPRODUKTIONEN ALS FRISEUR
UND MAKE-UP-ARTIST 133
KÜNDIGUNG IM FRISEURSALON 141
MODELAGENTUREN 143
AGENTURFINDUNG 146
80ER-JAHRE – PROFESSIONELLES ARBEITEN 149
INTERNATIONALISIERUNG 159
UMZUG NACH MADRID 167
ZURÜCK IN STUTTGART 196
ABREISE RICHTUNG MAILAND 200

UMZUG NACH ZÜRICH	222
ERSTE KATALOGREISEN	231
US-VISUM-ANTRAG	241
UMZUG NACH MIAMI	245
UMZUG NACH HOLLYWOOD	257
ERFAHRUNGEN IN SYDNEY	306
ERSTKONTAKT MIT NEW YORK	317
ERSTE NEW-YORK-PRODUKTION	330
1969 – DIE LGBT(IQ) GESCHICHTE	345
NACHT(ER)LEBEN IN NEW YORK	354
NEW YORK CLUB KIDS	358
ERFAHRUNGEN ALS REDAKTEUR	378
NEUE BUCHUNGSCHANCEN	381
MODELSCOUTS: DIE WOHL MIESESTEN	386
CROSS-OVER-MARKETING	399
KOMMERZIELL ERFOLGREICH	404
UMORIENTIERUNG NACH BERLIN	413
DER 11. SEPTEMBER UND SEINE FOLGEN	418
BEGEGNUNG MIT AIRBRUSH-MAKE-UP	420
LERN- UND ERKENNTNISTRIP NACH MADRID	424
VORBEREITUNG ATHEN	428
KURZFRISTIG ZURÜCK IN DEUTSCHLAND	435
ZURÜCK NACH ATHEN	437
PRE-PRODUCTION VERSUS ENDERGEBNIS	443
MEIN 40. GEBURTSTAG	444
LOGOS (WERBE-)KUNDEN	452
CGI-EDITORIAL	453
SETARBEIT ANALOG VERSUS DIGITAL	454
DIE MEIST GESTELLTE FRAGE:	457
VOM GEDANKEN ZUR VISION	462
DIE VISION SPRÜH-MAKE-UP:	463
IMAGINÄRE ALEXANDER-BECKER-MARKE	465
DAS BUSINESS-KONZEPT	467

SPRÜH MAKE UP HANDGERÄT ENDVERBRAUCHER(IN)
VISION 469
ERKENNTNISSE 471
FÜR EINE BESSERE ZUKUNFT! 473
SOZIALE VERPFLICHTUNG 475
FAZIT 476
ZUSAMMENFASSUNG.. 481
TAGEBUCHGESCHICHTEN 489
SCHEIDUNGSANWALT 490
DER FREIER... 492
ERSTE HAARVERLÄNGERUNG.. 494
SCHMUTZIGE OHREN.. 499
DIE OHRFEIGE 500
EIN MODEL FEHLT 502
MIAMI – DIE MUSIKANLAGE.. 504
ARBEITEN AM HEISSESTEN ORT DER USA!................. 507
L.A./HOLLYWOOD UND JIMMY JAMES 509
BOSNIENKRIEG UND (S)EINE AUSWIRKUNG 511
THANKSGIVING MIT AL PACINO 516
TOD VON MARGAUX HEMINGWAY 518
DER SELBSTMORD 520
SKURRILSTES GO&SEE 522
DIE NACKTEN 524
PRODUKTION EINES »STERN«-TITELS 525
DIE GALLERY-AUSSTELLUNG 527
FLUGGESCHICHTEN 529
STORY NR. 1... 530
STORY NR. 2... 533
»MOMENT OF GLORY« MIT DEN SCORPIONS................ 534
DER UNANGENEHMSTE KUNDE..................................... 536
PUFF IN ATHEN 538
MY BIG FAT GREEK WEDDING 541
DIE ERDBEEREN 543

HAARPRODUKT-CASTING 546
DIE PORNODARSTELLERIN 551
WER RIECHT DENN DA? 555
DER FRÜCHTEKORB 559
DER MANN ALS FRAU 561
STICHWORTVERZEICHNIS 565

EINFÜHRUNG

»Mit Menschen, am Menschen, für Menschen« – dies ist meine Lebensphilosophie. Diese Autobiografie beschreibt aus »innerster Sichtweise« das bereits als Kind gewählte Branchenumfeld. Diese zeitgenössische Zusammenfassung vermittelt (m)eine Branchen- und Chancenbegeisterung; nicht nur (m)einen chronologisch internationalen Berufs-, sondern auch meinen Erlebnisweg – eine vielschichtige Dokumentation der Generations- und Darstellungsveränderung. Kommuniziert wird deren soziologischer, eher ablaufende Branchenzeitpunkt – dies im zeitgeistlichen Gedanken (m)eines wirtschaftlichen Umbruchs, inklusive (m)einer rückblickend erkannten und durch ständiges Beobachten durchlebten Branchen-(Er-)Kenntnis. Weiter (m)ein beruflicher Abschluss, für den ich dankbar bin, sowie das bisher Gelebte und mein inzwischen initiierter Neustart. Für (Neubranchen-)Interessierte biete ich geschichtliches Produktionsverständnis zwischen dem analogen Anfang und dem heute digitalen Verhalten; zwischen dem, was war, und dem, was für zukünftige Branchenteilnehmer(innen) zunehmend wichtig wird. Immerhin gilt: »Wer das Alte nicht schätzt, wird das Neue nicht lange behalten.«

Einzig der Wille garantiert keinem den Erfolg innerhalb eines ambivalent komplizierten, trotzdem vielversprechenden Branchenumfelds, welches auf teilweise unvorhersehbaren Ungerechtigkeiten basiert – dort, wo Designer(innen), Fotograf(inn)en, Stylist(inn)en und Models für ihre Arbeit öfter kein Geld erhalten, stattdessen Sichtbarkeit.

Bereits im Jugendalter realisierte ich, dass sich vieles in puzzleähnlichen Lebensbereichen durch ein langfristiges Schritt-für-Schritt-Verfahren zusammenfügen lässt. Früh nahm ich mir vor, alles Produzierte zu sammeln, um dies später zu einer individuellen und möglichst kunstvollen (Lebens-)Geschichte zusammenzusetzen. Am Ende möchte ich etwas geschaffen haben und etwas vermittelt wissen, was auf Gelebten und erlebten Erfahrungen basiert, sodass meine Branchen-(Er-)Kenntnisse schlussendlich nicht nur den Branchenkenner(inne)n, sondern der aufgeschlossenen Gesellschaft dienen – mit (m)einer Produktvorstellung vielleicht den Kund(inn)en und unserem Planeten.

Es geht um die individuelle Intention, Vergangenes zu verstehen und zukunftsorientiert Positives umzusetzen, um zu neuen Ufern zu gelangen. Mit diesem Buch wäre (m)ein perspektivischer Dienst für die interessierte Gesellschaft getan. Wer das Buch liest, soll (m)eine Sichtbarkeit sowie meinen Kultur- und Branchenerkenntnishintergrund definieren. Vielleicht hinterfragt sich der interessierte Leser: »Wer bin ich? Was biete ich? Was möchte ich für mich und die Gesellschaft erreichen, vor allem hinterlassen?«

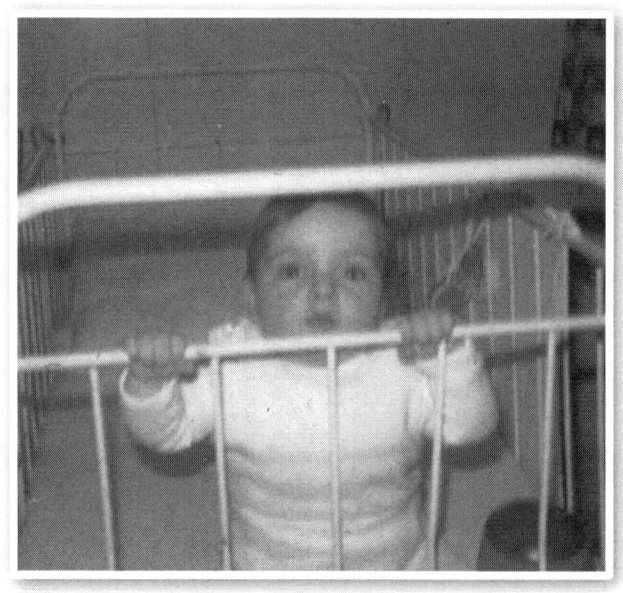

KINDHEIT

Im Mai 1984, dem Jahr meiner Volljährigkeit, erhielt ich Post vom Jugendamt, Abteilung Vormundschaftsgericht / Notariat Stuttgart. Vor mir lag, völlig unerwartet, die auf Papier kopierte Aufstellung und Auflistung der für mich geleisteten Unterhaltszahlungen (m)eines leiblichen Vaters, von dessen Existenz ich erstmals erfuhr; von seinem Namen, seiner Adresse und seiner Nationalität hatte ich bis dato noch nie gehört. Eine amtsgerichtliche Urkundenkopie vom 15.08.1966 beinhaltete eine Zwangsvollstreckungssache, in der (m)ein leiblicher Vater sich um zukünftige Unterhaltszahlungen zu kümmern habe. Erstmals las ich den Namen (m)eines leiblichen Vaters. Kommuniziert wurde parallel eine nicht bekannte Feststellung: Geboren am 29.05.1966 als Alexander Ernst Frey. Den Familiennamen »Becker« hatte ich erst mit der Mündelübernahme zum 07.09.1970 durch den Ehemann Wolf Becker mit der Kindsmutter Erika Frey bekommen. Notariell beglaubigt, erfuhr ich, dass Alexander Ernst Frey vom 10.06.66 bis zum 10.07.1970 auf Kosten des Jugendamtes der Landeshauptstadt Stuttgart im Heim untergebracht war. Der Hilfeträger hatte den Unterhaltsanspruch für die Zeit der Hilfegewährung auf sich übergeleitet.

Diese Unterlagen wurden mir aufgrund meiner Volljährigkeit ausgehändigt. Es wurde darauf hingewiesen, dass zukünftige Unterhaltszahlungen zwischen den beiden Parteien, also meinem erstmals namentlich genannten Vater und mir, von nun an persönlich geregelt werden müssten. Das Amt wollte mich loswerden.

Einzelerinnerungen meiner Teenagerzeit beinhalten einen handgreiflichen Streit zwischen meiner Mutter und dem angeheirateten Stiefvater, während dem mir zugerufen wurde, dass er nicht mein leiblicher Vater sei. Er habe mir nichts aufzutragen und zu befehligen. Ich hätte ihm nicht mal zu gehorchen. Während die Anwesenheit des Stiefvaters vollkommen akzeptiert wurde, wurde die Vertrauensebene auf unsensibelste Art hinterfragt. Dementsprechend irritiert, begann ich, nach Informationen und – soweit möglich – nachvollziehbaren Unterlagen zu suchen.

Wiederholt, wenn es eine ansonsten verbotene Situation erlaubte, genehmigte ich mir Einblicke in das meist für uns verschlossene Elternschlafzimmer. Im kindlichen Gedanken eines Sherlock Holmes, zusätzlich geprägt durch die Fünf Freunde- und Hanni und Nanni-Buchserie der Jugendbuchautorin Enid Blyton, entdeckte ich, eher zufällig, einen einzelnen, anfänglich nicht zuzuordnenden Schlüssel. Später fand ich eine dazu passende, verschlossene Truhe. Diese stand im obersten Schrankregal im hintersten Eck, das vor allem für Kinder am schwersten zu erreichen war. Nachdem dieser Schlüssel passte, entdeckte ich, dass darin allerlei Interessantes lag.

Auf der Suche nach dem Unbekannten gewährte ich mir nebenbei, je nach Stimmung, einen Einblick in den Kleiderschrank meiner Mutter. In erster Linie ging es mir um die vorhandenen Kleidungsstücke, die ich im jugendlich interessierten Kontext begutachtete, fühlte und analysierte. Hin und wieder probierte ich diese gefundenen Schätze an. Einiges war aus den 60er-Jahren, Anfang 70er-Jahren.

Pailletten und Glitzerkleidchen hingen noch in Plastikfolien eingewickelt an ihren Reinigungsbügeln. Vieles davon hatte ich niemals an Muttern gesehen.

Vereinzelt gefundene Amtsunterlagen boten keine Zusammenhänge. Viele Kindheitstraumata verdrängt, kann ich mich nur an Fragmente dieser insgesamt unschönen Kinderjugend erinnern. Mehr als vier Jahre im Heim verbracht, erinnere ich mich, dass mir in pubertätsbedingt schwierigen Situationen Satzfragmente wie – O-Ton: »Willst du nicht lieber wieder zurück ins Heim?« oder: »Man hätte dich im Heim lassen sollen« – oder Ähnliches an den Kopf geworfen wurden.

Weder verstand ich diese Anfeindungen, noch konnte ich diese zuordnen. Deutlich war, dass ich wohl nicht gut genug war, um von den mir anvertrauten Eltern geliebt, akzeptiert und respektiert zu werden.

    Niemals, auch nicht zu späteren Zeiten, wurde offen über die retrospektiv individuellen Lebenssituationen gesprochen. Vielleicht hätte jenes Verhalten in nachfolgenden Analysegesprächen gerechtfertigt, vielleicht sogar entschuldigt werden können.

ERSTEINDRUCK und ORIENTIERUNG

(M)eine berufliche Erstorientierung entstand durch den Umzug von Stuttgart-Mitte in den Vorort Stuttgart-Weilimdorf. Es begann mit der anstehenden Umschulung. Ich hatte (m)einen ersten Friseurbesuch, damals im etablierten Friseursalon Mauser, bis circa 2012 noch ein Salon auf der dortigen Solitude-Ecke Goslarer Straße. Nur drei Minuten Fußweg waren es von unserer aus Adolf-Hitler-Zeiten entstandenen Wohnsiedlung Sackgassenstraße.

Mit Betreten des Salons entstand (m)ein Branchen-Ersteindruck. Es waren diese olfaktorischen, intensiven, später oftmals wiederkehrenden Duftwogen eines typischen Schönheitszentrums. Mich traf eine Mixtur aus unterschiedlichen chemischen, ätherischen und natürlich wirkenden Gerüchen. Aufgrund eines ums Eck verlaufenden Schaufensters, in dem sich die Sonne spiegelte, nahm ich dessen Ladenlicht mit den daraus entstehenden Lichtreflexen wahr. Eine Wirkung ergab sich durch verschiedene stehende und hängende Spiegel. Ein farblich weinrotes Interieur schien exklusiv für den Herrenbereich konzipiert. An den Seiten mit silbrig besetzten Metallblenden versehen, fungierte jeder dieser Sessel – bei denen es sich gleichzeitig um Vibration-Massage-Ledersitze handelte – als Arbeitsplatz.

Herr Mauser hatte sicherlich nur (s)eine Routine durchgezogen und im Zuge dessen typische Neukunden- und Kinderfragen gestellt. Altersentsprechend beantwortete ich diese auf infantilste Art. Alles von ihm Angesprochene galt unserem Umzug/Zuzug sowie (m)einer anstehenden Einschulung. Der Mann kannte sich bestimmt aus in dem für mich unbekannten Ort. Jede (Be-)Handlung wurde von mir über die unterschiedlichen Spiegel beobachtet. Sofort war ich von diesem Umfeld begeistert. Für mich war es (m)ein Erlebnis. Bis dato hatte sich meine Mutter mit dem Nagelscherenprinzip versucht. Dieses Salonerlebnis ist mir durch diese visuelle und olfaktorische Wahrnehmung als mein erster Brancheneindruck abgespeichert.

Auf paralleler Ebene könnte ich inzwischen annehmen, dass ich in diesem extra für mich vibrierenden, erhöhten Friseurstuhl sitzend (m)eine erste homosexuelle Wahrnehmung hatte, waren doch meine Ellbogen auf den Armlehnen, die dadurch erzitterten, exakt auf der Höhe des privatesten Bereiches jenes Herrn Mauser. Während ich ihn so beobachtete, beschlich mich – ich weiß es noch, als sei es erst heute gewesen – irgendein neuartiges Körpergefühl; und zwar unbedingt diese mir völlig unbekannte Person (also meinen Friseur) berühren zu wollen. Vielleicht war es sein Aussehen, seine Tonlage, gar (s)ein Geruch? Oder war es möglicherweise der Geruch des Ladens? Egal auf welche Seite er wechselte, um an meinem Kopf zu arbeiten, ich hatte diesen innerlichen Drang, mit ihm zusätzlich in Kontakt kommen zu wollen. Ich fühlte mich zu ihm hingezogen. Zu gerne hätte ich ihm meine kleinen spitzen Ellbogen in sein persönliches Dreieck gedrückt, nur um (s)eine Reaktion zu erspüren.

Natürlich habe ich nichts dergleichen getan. Unterbewusst war mir sofort klar, dass dies familiäre und im schlimmsten

Fall regionale Reaktionen von ungewohnter Art mit sich bringen könnte. Rekapitulierend schien dies irgendein väterliches Vermissen zu beinhalten. **WICHTIG:** Der inzwischen seit vielen Jahren verstorbene Herr Mauser deutete seinerseits in keiner Weise irgendeine homosexuelle Suggestion an.

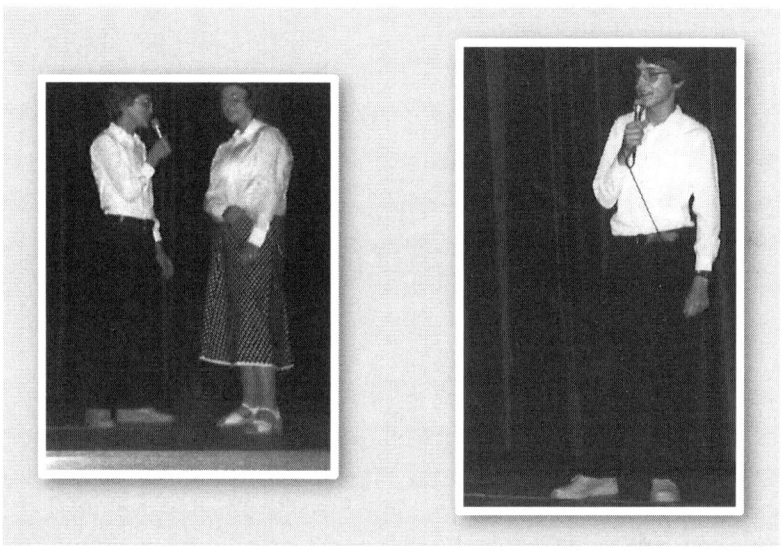

Einen Job als **Entertainer** konnte ich mir vorstellen, weil ich hin und wieder als Conférencier unterschiedliche Bühnenmoderationen ansagte. Zeitgleich war ich Ministrant und später einer deren Oberministranten. Deshalb durfte ich mitunter zum Gottesdienst die Lesung (Epistel) sowie die Fürbitten vortragen. Durfte ich vor der Gemeinde aus der Bibel zitieren, war es mir ein wichtiges Anliegen, dass ich die jeweilige Bibelgeschichte möglichst pathetisch kommunizierte. Wenn ich nach den Gottesdiensten dafür gelobt wurde, gefiel mir das.

Diese teils öffentlichen Auftritte machten mir unheimlich Spaß. Auf einer Bühne war ich oft authentischer als im alltäglichen Leben. Immer galt, solange meine Mutter nicht anwesend war. Wenn sie nicht am jeweiligen Ort war, konnte ich aus dem Stegreif heraus Witze erzählen. Dann war ich »teenage-frech« wie Bolle. Diese jugendliche Frechheit kam besonders gut an bei den monatlich kirchlich regionalen Alten- und Seniorenheim-Veranstaltungen. Durch diese Teilengagements fühlte ich mich wertgeschätzt, was zu Hause weniger vorkam.

Im Familienumfeld immer wieder meine zukünftigen Berufsvorstellungen kommuniziert, wurden diese allgemein belächelt, teilweise wiederholt denunziert. Ihre Argumente: Friseur und Entertainer seien keine standesgemäßen Berufe. Friseur würden nur diejenigen, die auch sonst nichts könnten, vor allem homosexuell seien. In eigener Motivation wurde mir recht schnell klar, trotzdem den Beruf als Friseur angehen zu wollen. In Vorahnung hinsichtlich (m)einer homosexuellen Andersartigkeit wollte ich zusätzlich ein besonders guter, vielleicht auch schwuler, dann jedoch lieber ein berühmter Friseur werden.

Bereits im Alter von ungefähr 12 bis 15 Jahren entstand (m)eine noch heute geltende Mantra-Manifestierung (vor allem bezogen auf Frauen): »Am Menschen, mit Menschen, für Menschen«. Es war mir ein Anliegen, Frauen glücklicher zu sehen, als ich diese während meiner Kindheit um mich herum zu erleben schien. Diese Intention sollte ein zukünftiges Ziel sein und (m)eine lebenslange Hauptaufgabe bleiben.

ZEITUNG AUSTRAGEN

Neben der Hauptschule war ich im Sportverein, im Chor sowie in der katholischen Kirchengemeinde. Außerdem besuchte ich noch einen wöchentlichen Blockflöten- und Altflötenkurs. Der Kurs, die Noten sowie die Musikinstrumente mussten finanziert werden. Als Ministranten konnten wir jedes Jahr ein zweiwöchiges Sommerferienlager besuchen. Zudem bestand die Möglichkeit, einmal im Jahr für eine Woche nach Rom in den Vatikanstaat zu reisen. Dafür wurde mit all den Jungministranten in einem nahe gelegenen Nonnenheim übernachtet, um von dort aus am Petersdom das katholische Oberhaupt zu besuchen. Auf einer der Reisen verpasste ich nur um eine knappe Zeigefingerlänge die segnende Hand von Papst Paul dem Zweiten – *(Karol Józef Wojtyła aus Polen).*

Diese Events waren mit Kosten verbunden. Inzwischen jugendlich, wurde uns suggeriert, dass wir kostenintensiv seien und unsere Mutter sich deshalb nie etwas für sich leisten könne. Geld war grundsätzlich ein Mangel. Dieses Defizit führte zu familiär anstrengenden Streit- und Grundsatzdiskussionen. Verschärft dazu angewiesen, mindestens anteilig unseren Lebensunterhalt mitzufinanzieren, ging es darum, sich ein zukünftiges Taschengeld zu verdienen, weshalb wir uns für die Möglichkeit des Austragens von Zeitungen entschieden.

Innerhalb unseres Wohnumfeldes ging es, in Zeitungsannoncen gelistet, um das Verteilen des damaligen Stadtanzeigers mit seinem regionalen Wochenblatt. Deshalb bewarb sich mein ein Jahr älterer Bruder. Ich würde ihn hierbei unterstützen, auch um wenigstens stundenweise dem inzwischen sehr schwierigen Elternhaus zu entkommen.

Ein zur Verfügung gestellter Zeitungswagen, der das Verteilen vereinfachte, half, um die Menge der auszutragenden Zeitungen zu transportieren. Die wöchentlichen Zeitungsstapel für circa 350 Haushalte wurden immer in Plastik eingewickelt vor unserem Haus deponiert. Systemisch hatten wir uns jeden Donnerstag, spätestens Freitagnachmittag, die effizientesten Wege erarbeitet, um die dafür designierten Haushalte zu erreichen.

An der frischen Luft lernten wir viele Wohnungs- und Hausbesitzer kennen. Manche nahmen die Zeitungen direkt beim Vorbeilaufen in Verbindung mit der damals wöchentlich üblichen Kehrwoche an. Großartig war, wenn wir unerwartetes Taschen-, Trink- oder Weihnachtsgeld von diesen uns teilweise immer bekannter werdenden Nachbar(inne)n erhielten.

Spätestens in den Herbst- und Wintermonaten realisierten wir, dass so ein Außendienstjob bei jeglicher Wettersituation erledigt werden musste, um an (sein) Geld zu kommen.

Die damals sehr deutsche, wenn nicht gar preußisch trainierte Art, Dinge umzusetzen, trichterte uns ein, dass die Zeitungen immer ganz in die Briefkästen gestopft werden müssten, damit diese erstens nicht nass, im schlimmsten Falle nicht entwendet, somit gestohlen würden. Dies hätte zu Reklamationen führen können. Bei eingehenden und berechtigten Beschwerden würden wir nicht nur unseren Job, sondern auch diesen noch neuen Taschengeldanteil verlieren. Das wollten wir nicht. Zu Hause hätte das auch den sogenannten Familienehre-Ärger bedeutet.

Diese Zeitungen zu verteilen, erschien uns wie ein Privileg. Immerhin waren darin jegliche Events unseres Stadtteils sowie der Region aufgelistet, ebenso die Stellenanzeigen und die »Ich suche Dich«-Kontaktanzeigen, auch die politischen Zusammenfassungen regionaler Persönlichkeiten. Die uns suggerierten Konsequenzen eines Diebstahls einer Ausgabe und das daraus resultierende 70er-Jahre-Angstverhalten könnten auch als Überrest der vielfach negativen und nachweislich entbehrungsreichen Erfahrungen einer Spätkriegsgeneration beschrieben werden.

Bis zum Ausbildungsbeginn verschaffte uns das ein Taschengeld, mit dem wir das Schullandheim, jene kirchlichen Ferienlageraufenthalte sowie den Musikunterricht mitfinanzierten. Wie von uns erwartet, haben wir sehr früh zu unserem (Über-)Lebensunterhalt beigetragen.

SCHNUPPERLEHRE

In der achten Klasse, während meiner Hauptschulzeit, war eine sogenannte Schnupperlehre angesetzt. Diese sollte eine Woche dauern. Jeder Schüler musste sich für (s)einen zukünftig möglichen Ausbildungsbereich entscheiden und sich hierzu einen passenden Praktikumsplatz suchen. Die Richtlernziele sollten langfristige Qualifizierungen, Aufgaben und Regularien dieser Berufschance definieren. Für mich war sofort klar, dass ich den noch unbekannten *Friseurberuf* austesten wollte. In Weilimdorf gab es den regionalen Matador *Salon Werz*. Der Inhaber war jedoch in keiner Weise daran interessiert, einen Zwölfjährigen für eine Woche in seinen Salonalltag zu integrieren. Meine Mutter sprach dieses Thema bei ihrem Friseurtermin an. Diese Geschäftsinhaberin konnte es sich vorstellen.

Während einer ihrer gefühlt endlosen Dauerwellen- und parallelen Blondier-Strähnchen-Termine wurde ich telefonisch aufgefordert, mich von zu Hause aus auf den Weg zu machen, um meine Mutter abzuholen. Dort angekommen, wurde ich dem Team vorgestellt. Die Saloninhaberin meinte, dass ich sehr gerne aufgenommen würde und damit auch der einzige Junge im Frauenteam wäre. Ihr Originalton lautete in etwa: »Du bist dann der Hahn im Korb.« Meine unmittelbare Antwort kam wie aus der Pistole geschossen: »Und alle Hennen picken dann auf mir herum?« Meine Mutter war darüber kurz konsterniert. Zum Glück lachten alle sehr herzlich über diesen kindlich spontanen Kommentar.

Trotzdem erkannte meine sehr strenge und ansonsten eher empathiereduzierte Mutter erstaunlicherweise schnell, dass ich nach etwas anderem suchte. Sie erinnerte sich daran, dass sie noch aus früheren Zeiten den Assistenz-Salonleiter des exklusiven Friseursalons im Hause Breuninger in Stuttgart kannte. Zeitnah kam es zu einem Kennenlerntreffen sowie zu der unmittelbaren Zusage, dass ich dort mein Praktikum absolvieren dürfe. Für diese Woche musste mir noch ein weißes Hemd und eine graue oder schwarze Stoffhose besorgt werden. Die sonst nur für Beerdigungen genutzte Krawatte wurde vom Stiefvater ausgeliehen; das war der Grund, warum diese anfänglich viel zu lang und zu breit war. Immerhin konnte ich damit so auftreten, wie es vor Ort Pflicht und Regel war.

Nicht nur die Größe des Salons war beeindruckend. Zu den altrosa und champagner-rosébeige gestrichenen Wänden gab es teilweise meterlange, von der Decke bis zum Boden durchgezogene Spiegelwände, die sich als kleinere, messinggolden umrahmte Versionen an den Kundensitzplätzen wiederholten. Die Spiegelelemente wurden durch nussbaumgetäfelte Holzwände unterbrochen, hinter denen sich vereinzelt nicht erkennbare Schrankelemente für Arbeitsutensilien verbargen. Da es im Mittelbau des zweiten Stocks keinerlei Fenster gab, entstanden die hell wirkenden Lichtquellen durch indirektes Licht. Gebrochen wurde dieses zwischen den Kundenspiegeln durch zweiarmige, jedoch eher kleine kerzenähnliche Kronleuchter. Die Zugänge zu den Kosmetikbereichen waren abgetrennt durch goldene, bodentiefe Perlenkettenvorhänge, die beim Ein- oder Austreten immer Geräusche an deren Wandelementen hinterließen – ebenso beim Zugang zur Kaffee- und Getränkeküche, zu einem chemischen Labor sowie zu einem noch kleineren Vorrats- und Produktlager. Jenes ähnelte mit seinen vom Boden bis zur Decke reichenden Regalen eher einer Hotel-Besenkammer. Nikotinabhängigen Mitarbeiter(inne)n diente es als Raucherkabuff. Darin gelagert waren mitunter die Kartons für verschiedene Aerosol-Haarspray-Varianten. Dieser sehr enge, für kurzen Tratsch genutzte Raum bot Platz für bis zu sechs dicht aneinandergedrängte Personen, die meist nur halb gerauchte Zigaretten an Hereinkommende weitergaben. Da der Friseurberuf viel Stehen und Laufen beinhaltet, setzte sich meistens jemand auf die über- und aufeinandergestapelten Produktkartons, die sich daraufhin immer wieder mit einem für alle hörbaren Pfffffft-Geräusch meldeten. Dann wussten alle, dass jemand eine nicht mehr verkaufbare Sprühdose aktiviert hatte.

Beim Praktikumsantritt war ich für die meisten der »Kleine«. Sehr schmächtig wirkte ich, als hätte ich im Eingangsbereich gerade noch meine Kommunionskerze abgegeben. Der mir anfänglich vorgestellte »Bienenhaufen« von ausschließlich erwachsenen Mitarbeiter(inne)n, zusammengesetzt aus unterschiedlichsten Nationalitäten sowie völlig neuen Namen, war anstrengend. Jedoch fühlte ich mich von allen sofort an- und wahrgenommen. Die Woche verging wie im Flug. Meistens durfte ich Zeitschriften suchen und Getränke servieren. Schon bald lernte ich die abgeschnittenen Haare sauber vom Boden aufzukehren, zudem das Umlegen von Handtüchern und das richtige Befestigen der Umhänge, somit das Vorbereiten der Kundinnen. Jeden Tag fand ich spannend.

Mein Wochenhighlight war, dass ich am Freitagmittag von einer immer wieder beeindruckenden Friseurin ermuntert wurde, einer ihrer Stammkundinnen die Haare zu waschen. Diese schwäbische »Hands-on«-Persönlichkeit erlaubte es mir, mich um sie zu kümmern.

Wir mussten feststellen, dass ich noch zu klein war, um überhaupt an einem Rückwärtswaschbecken agieren zu können. Damit ich mehr an Höhe gewann, wurden mir flugs zwei damals noch aktuell gedruckte Telefonbücher unter die Füße gelegt. Ich fand es großartig, dass mir diese Möglichkeit gegeben wurde, und tat alles, um dieser Dame meine Dienste anzubieten. Nachdem ich die verschiedenen Arbeitsschritte, die ich während der Woche erlernt und beobachtet hatte, erledigt und mich bereits verabschiedet hatte, hörte ich überraschenderweise, wie die Dame lautstark ihrer Friseurin kommunizierte, dass ich meine Aufgaben sehr gut gemeistert hätte.

Ich versuche sie zu zitieren: »Hondt Sie dess wirrglich zumm erschda Mol gmacht? Aus Iena wird amool äbbes! Sie khennedt jeddsedt scho subbr hoor wäscha und hondt jo suschdt scho ällaweil älles guat gmacht.«

Das heißt übersetzt ungefähr: Haben Sie das wirklich zum ersten Mal gemacht? Aus Ihnen wird mal etwas! Sie haben jetzt schon alles sehr gut gemacht.« Das war die Reaktion meiner allerersten Friseurkundin!

Nach dem Lauffeuerprinzip hatten dies alle mitbekommen und so wurden mir vermehrt anspruchsvollere Friseurchancen zugesprochen. Am Samstag, meinem letzten Schnuppertag, sollte ich erstmals einer unter der Trockenhaube sitzenden Kundin die Lockenwickel, entfernen. Aufgrund meiner Beobachtungen der letzten Tage wusste ich, dass die eingerollten Haare anschließend mit einer Bürste ausgebürstet würden. Motiviert durch den vorangegangenen Tag, nahm ich unerschrocken die dafür gedachte Bürste und startete.

Die Kundin fing unmittelbar an aufzuschreien und entzog mir ruckartig ihren Kopf, während sie sagte: »Das soll bitte die Friseurin machen!« Die Friseurin, eine waschechte Österreicherin, erkannte die Situation und fing an zu lachen. Sie fand es großartig, dass ich so mutig war und so unerschrocken vorging. Mit ihrem österreichischen Dialekt antwortete sie der Kundin: »Wissens, Frau XY, der Herr Becker möchte mal en groaßa Friseur werda. Als Bua hat der schoa koa Angst, die Dinge anzupaggn.«

Mir war die Situation sehr unangenehm. Mehrfach entschuldigte ich mich. Ich erkannte jedoch, dass es jeder mitbekam, wie ich mich als Zwölfjähriger wiederholt von null auf hundert aktiv ins Salonleben integrierte. Respekt vernahm ich durch die positive Resonanz der Mitarbeiter(innen) und spürte diesen auch durch die umsitzenden Kundinnen. Ich schien mich in die Herzen der Friseure und Friseurinnen, vereinzelt auch in die meiner zukünftigen Kundinnen katapultiert zu haben. Ich war ein **»Schafferle«,** wie das im Deutsch-Schwäbischen genannt wird.

FERIENJOBS

Nachdem ich während der Praktikumswoche bei den anderen sehr gut angekommen war, wurde mir am letzten Tag angeboten, zusätzlich in den Ferien mitzuarbeiten. Bezahlt würde dies mit einem anständigen Wochenlohn. Ich wollte unbedingt wiederkommen. Ein Taschengeld darüber hinaus wurde auch anteilig für Rechnungen zu Hause gebraucht.

Die Aussicht auf einen schwierig zu ergatternden Ausbildungsplatz würde durch zusätzliche Ferienjobs sicherlich optimiert. Zwischen dem Frühjahr 1979 und meinem Ausbildungsbeginn im September 1981 half ich in allen Ferien, die mindestens 14 Tage dauerten, und galt bereits als ein willkommenes Salonmitglied. Seitens der Salonleitung wurde mir mitgeteilt, wenn ich morgens und abends durch die Sicherheitskontrollen des Mitarbeitereingangs lief, dass ich mich unbedingt als 15-Jährigen auszugeben hätte, sollte mich jemand nach meinem Alter fragen.

Juristisch fiel meine Anwesenheit unter die der Kinderarbeit, zumindest bis zum 15. Lebensjahr. Beim Durchlaufen der Mitarbeiterkontrolle deshalb immer etwas nervös, genoss ich trotzdem jeden Arbeitstagchancen-Antritt. Während dieser Ferienwochen konnte ich es nicht abwarten, dass mein Wecker klingelte, um mich wiederholt in einen für mich spannenden Tag zu schicken.

Dieses große, vielfältige, vor allem sehr sympathische Team wurde zu (m)einer Ersatzfamilie. Vereinzelt bekamen sie mit, dass unser Zuhause nur bedingt freudvoll war.

Diese ständig aktive Salonatmosphäre förderte viele Teamaufgaben, die mein Leben erst später bestimmen sollten. Ein schriftliches Ausbildungsangebot vom Hause Breuninger erhielt ich unerwartet schnell, nur wenige Wochen nach der Beendigung meines ersten Praktikums, obwohl ich noch zwei Jahre bis zum eigentlichen Ausbildungsbeginn hatte. Positiv aufgefasst wurde dies nicht nur in meiner Schule.

Selbstredend ging ich zum angekündigten Ausbildungschancen-Gesprächstermin. Mit vielen erkennbar Älteren im Raum musste ich dafür schriftliche Fragen- und Erklärbeispiele in Test- und Bildbögen ausfüllen. Mit jedem Thema realisierte ich, dass ich von den meisten Themen überhaupt keine Ahnung hatte. Immer mulmiger wurde mir bei dem Gedanken, dass ich hier nicht gut abschneide und dieses bereits zugesagte Ausbildungsangebot verlieren könnte.

Im abschließenden Gespräch erfuhr ich, dass die administrative Ausbildungsabteilung davon ausging, dass ich mich noch für den Sommer 1979 qualifizieren würde, was jedoch nicht möglich war, da ich erst zwölf Jahre alt war. Ich kam erst für den Spätsommer 1981 in Betracht. Die Bearbeiter(innen) entschuldigten sich für diesen administrativen Fehler. Eine zusätzliche Aufnahmeprüfung wurde mir erspart, da mich die Salonleitung bereits gut kannte und sich sicher war, mich behalten zu wollen. Darüber war ich sehr erleichtert.

AUSBILDUNG

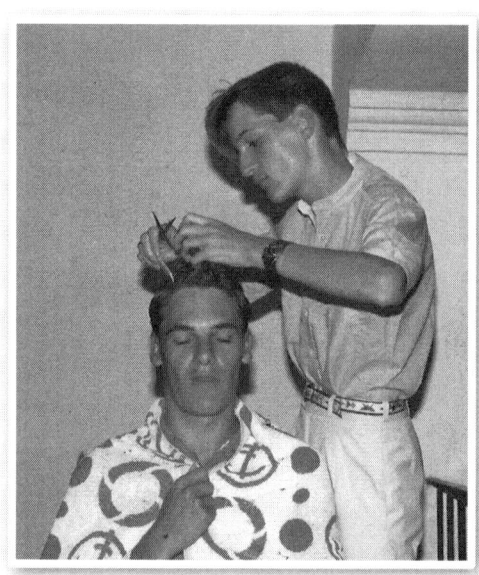

Erste Erfahrungen und Einblicke in die für mich neue Welt der Eitelkeiten entstanden durch diese Ferienjobs und die Ausbildung im deutschlandweit exklusivsten Salon »Exquisit«. Das Mutterhaus-Salonsystem von Breuninger umfasste zwei, sozusagen drei getrennte Salons. Zum einen ebenjenen Salon »Exquisit« mit 35 Sitzplätzen im Damenbereich und 9 Sitzplätzen im Herrenbereich. Ein Stockwerk tiefer befand sich deren »StudioB« mit 45 Sitzplätzen für Damen und 12 für Herren.

Dann gab es noch den Kindersalon, der sich durch seine wilden Tiere als Friseurstühle hervorhob. Innerhalb dieser Salons kümmerten wir uns nur um Kundenwünsche hinsichtlich deren kosmetischer Bedürfnisse. Es gab Empfangsgarderobieren, Verkaufsempfehlungsdamen, die Friseure und Friseurinnen selbst sowie unterstützende Schamponeusen, zudem bis zu zehn Auszubildende. Dann waren da noch die

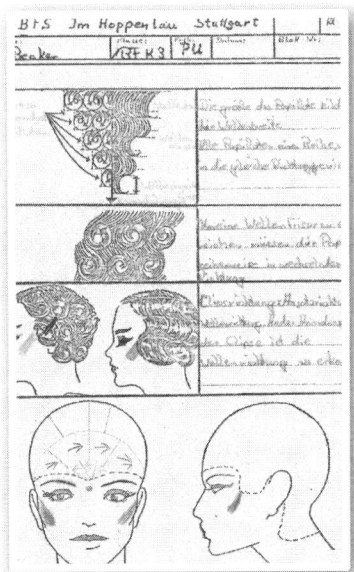 

Kosmetikerinnen, Fußpflegerinnen, Maniküristinnen und weitere Mitarbeiter(innen), die diese Läden am Laufen hielten. Organisatorisch waren wir durch eine jeweilige Salonleitung, zudem mit einem Abteilungsleiter abgesichert.

Voller Erstaunen über die Größe der anberaumten Weihnachtsfeier im Jahr 1983 und die dabei enorme Anzahl von Kolleg(inn)en, fragte ich unseren Salonleiter nach der aktuellen Mitarbeiterzahl. 154 nur am Standort Stuttgart. Diese Zahl habe ich nie wieder vergessen.

Wie der damalige Name »Breuninger Salon Exquisit« schon sagt, waren unsere Klienten solche, die deutschlandweit – auf jeden Fall in der Region Baden-Württemberg – als Lenker und konsumbeeinflussend beschrieben wurden. Im Herrensalon wurden nicht selten patriarchisch erkennbare Persönlichkei-

Weihnachtsfeier 1983

Mit Buntstiften geschminkte Berufsschul-Unterlagen

ten der gehobenen und kleineren Mittelständler bedient. Im nebenan liegenden Damenbereich kamen oft zeitgleich deren (Ehe-) Frauen, die sich damals noch in vielerlei Hinsicht dem Status der Gesellschaft – meistens dem ihres Ehemannes – zu fügen hatten.

Die Ausbildung im Hause Breuninger war so exklusiv und exquisit wie der Salon. Allen Kunden hatten wir im frischen weißen Hemd, mit Krawatte oder Fliege, in einer grauen oder schwarzen Stoffhose gegenüberzutreten. Ich wurde einer Friseurmeisterin zugeteilt, die hauptsächlich für meine dreijährige Ausbildung in der Praxis zuständig war. Um das Handwerk zu erlernen, musste ich für sie an ihren Kunden mitarbeiten. Wenn ich Zeit hatte, wurde ich zusätzlich von den Kolleg(inn)en angefragt.

Einige Kundinnen kamen zwei Mal die Woche, meist freitags oder samstags zum Waschen und Legen, dann zum Zwischenfrisieren dienstags und mittwochs; zumindest die, die nichts Besonderes mit ihren Haaren anfingen. Wenn sie trendig waren, kamen sie zwei Mal die Woche zum Föhnen.

Aufgrund dessen lernte jeder Friseur (s)einen Kundenstamm kennen. Dienstleistungsorientiert angepasst, erlaubten es mir diese Regelmäßigkeiten, mir individuelle Wünsche und Kundengewohnheiten zu merken. Bestimmte Damen, meist zu wöchentlich festgelegten Uhrzeiten, wollten zum Beispiel immer spezielle Zeitschriften lesen (Vogue, Frau im Spiegel, Brigitte-Magazin, Goldenes Blatt etc.).

Da Magazine durch andere Kundinnen blockiert sein konnten, begann ich bereits vorweg, die individuell gewünschten Zeitschriften im Salon zu suchen und diese gegebenenfalls bei einer noch lesenden Kundin zu reservieren, mitunter sogar zu verstecken.

Manche dieser als elitär empfundenen Kundinnen konnten sehr bestimmend sein. Viele wollten ihre Lektüren und Getränke unmittelbar mit der Platzierung. Bei unmissverständlich ausgedrückten Forderungen zauberte ich dafür gerne die angefragte Zeitschrift hinter dem Spiegel, einer nahe stehenden Palme oder unter einem Sitzkissen hervor.

Ein wöchentlicher Spaß wurde es, später diese mir immer bekannter werdenden Kundinnen durch die Vielzahl der Spiegel zu beobachten. Dann fanden sie, wie sie glaubten, selbstständig ihre Zeitung unter dem Sitzkissen, hinter dem Spiegel oder hinter jener Palme. Wenn sie ihre »Klatsch & Tratsch«-Blätter nicht vorfanden, begannen sie sich daraufhin teilweise lautstark zu melden. Dann waren die Zeitschriften griffbereit versteckt unter den vorbereiteten Handtüchern oder im Schrank.

Mancher Kundin war es unangenehm, mir in meine mit Schalk blitzenden Augen zu sehen. Manche lachten, weil ich frech wie Michel aus Lönneberga war, einer damals in Deutschland erfolgreichen Kinder-TV-Serie. Mit der Zeit wurden auch diese als schwierig erachteten Kundinnen gnädig, sollte ich die gewünschten Magazine mal nicht deponiert oder unmittelbar zur Verfügung haben. Im Normalfall erkannten sie, dass ich mir mindestens Mühe gab.

Eine dieser spezielleren Kundinnen erreichte den Frisierbereich und führte uns damit einen fast bodenlangen, weißen Pelzmantel vor, wie bei einer Modenschau. Sie musste es durch den Empfangsbereich geschafft haben, ohne dass ihr der Mantel abgenommen wurde. Ich war für sie zuständig, sah den Mantel und meinte nur knapp, dass sie mir bitte den »Kittel« geben solle, damit ich ihn an die Garderobe hängen könne. Erschrocken blitzte sie mich an und sagte (O-Ton): »Das ist kein Kittel, das ist ein Chinchilla-Pelzmantel, den mir mein Mann für 30.000 DM geschenkt hat!« In meiner jugendlichen Naivität antwortete ich: »Egal was der gekostet hat, er gehört trotzdem an die Garderobe.« Alle Mitarbeiter(innen) im Umfeld mussten sich das Lachen verkneifen.

Retrospektiv erlaube ich mir der Dame zu unterstellen, dass sie uns mit der Präsentation des Mantels nur zeigen wollte, wie reich sie geheiratet hatte und welche Statussymbole sie haben konnte. Viele der damaligen Kundinnen wurden nicht wahrgenommen als das, wofür sie als Individuen standen. Viele konnten sich nur auf diese Art und Weise präsentieren und profilieren, sprich durch den richtigen Namen, den möglichst erfolgreichen Mann und diese schon damals immer wichtiger werdenden Statussymbole.

Der ein oder andere Skandal, über den regional oder deutschlandweit in den ausliegenden Zeitungen und Klatschblättern berichtet wurde, stand in Verbindung mit unseren Kundinnen. Bei Ankunft des immer dienstags erscheinenden Lesezirkels haben wir uns spontan oder zu ruhigeren Stunden in den Aufenthaltsraum verdrückt und uns wie Heroinsüchtige diese wöchentlich neuesten »Klatsch & Tratsch«-Seiten einverleibt. Wir wollten sofort wissen, wer in der titulierten High Society mit wem, wo und was etc. getan hatte – in dem Wissen, dass wir einigen Damen in den kommenden Tagen und Wochen wiederholt begegnen würden.

Ein größerer Breuninger-Skandal konnte einer regionalen Politikergattin zugeschrieben werden. Sie hatte sich im »Exquisit«-Bereich – in der noch individuelleren »Plaza«, der »Haute Couture«-Abteilung – ein Ensemble ausgeliehen, um es anscheinend ungetragen wieder zurückzugeben. Noch in derselben Woche war sie allerdings in genau diesem Outfit mit national vollseitigen Bildberichterstattungen auf dem Event zu sehen. Das ganze Haus sprach darüber, zumindest bei uns im Salon. Es war üblich, im perlenkettenverhangenen Raucherkabuff solche Geschichten untereinander auszutauschen, auch mittels Tuscheln und Augenzwinkern hinter dem Rücken jener Protagonist(inn)en.

Die individuelle Arbeit war sehr zeitaufwendig, vor allem die Anwendungen der 80er-Jahre, bei denen Färbungs- und Dauerwellentechniken gleichzeitig ausgeführt wurden.

Drei bis fünf Haarwäschen und Abspülritualien von jeweils bis zu zehn Minuten waren vonnöten, um durch Wasser deren individuell chemische Wirkungen zu neutralisieren. Hierbei lernte ich das Prinzip der Zeiteinteilung meiner inneren Uhr schätzen. Vielen fehlt das intuitive Gefühl für 5-, 10- oder 40-minütigen Kontrollen. Parallel zu bedienende Kundinnen mussten deshalb getaktet werden. Wenn ich den Hinterkopf einer Dame föhnte, musste ich zeitgleich das Gefühl für die meist auf der anderen Salonseite sitzende, chemische Behandlung im Griff haben. Mein Ehrgeiz bestand darin, unmittelbar hinter den Kundinnen zu erscheinen, wenn just deren Sicherheitswecker klingelte.

Dass Haare chemisch abbrechen, gar filzig würden, war das gerne angewandte Druckmittel der bereits Ausgelernten. Mit diesem entstehenden Angstgefühl wollten sie unsere innere Uhr aktivieren und dafür entwickeln. Ein Meister darin wurde ich aufgrund der Summe der zu bewältigenden Behandlungen. Noch heute spreche ich von Dauerwellenminuten oder Farbeinwirkzeiten, wenn ich für irgendetwas »fünf Minuten plus« einplane. Meine innere Uhr schaltet sich auch nach all diesen Jahrzehnten automatisch ein.

Jungkräfte und Auszubildende wurden für solch zeitaufwendige, auch langweilige Aufgaben eingeteilt. Hinter erst eingeführten Rückwärtswaschbecken stehend, musste minutenlang gleichmäßig Wasser über die Vorder- und Hinterköpfe der zurückgelehnten Kundinnen verteilt werden.

Immer mit der Aufgabe, dass das Wasser angenehm temperiert und nichts davon ins Gesicht, unnötigerweise in die Ohren oder gar in den Nacken der werten Dame – sehr selten auch eines Herrn – wanderte.

Währenddessen sehr nahegekommen, erzählten die Kundinnen allerlei Privates. Nebenbei wurde über öffentliche, auch über zeitgenössische Themen gesprochen. Über Jahre hinweg hörten, verfolgten und erlebten wir individuelle Kundenfortsetzungsgeschichten; viele, die das regionale Geschäfts- und Privatleben so schrieb. Ja, die Kund(inn)en erzähl(t)en alles: vom Nabelbruch der Geburt ihrer Kinder oder Enkel über die Insolvenz ihrer besten Freunde, Kochrezepte, Blumentipps für den Garten bis hin zur Art und Weise, wie ihr Hund sein Geschäft verrichtete. Allein, dass ihnen jemand zuhörte, schien gut anzukommen.

Noch immer habe ich das Gefühl, dass mir zwischen meinem 12. und 18. Lebensjahr viele regionale und menschliche Lebensgeschichten, manchmal auch Tragödien mitgeteilt wurden. Oft freiwillig und viel öfter unfreiwillig. Manchmal konnte ich gar nicht glauben, was ich da zu hören bekam. Mit so mancher Geschichte war ich überfordert. Meist, weil mir der soziologisch-geschichtliche Kontext fehlte. Vieles konnte ich im Bezugsrahmen der vielschichtig therapeutischen Analysen- und Situationsmöglichkeiten weder zu- noch einordnen. Es erschien mir trotzdem, oder gerade deshalb, sehr wichtig, diesen individuellen und unterschiedlichsten Frauentypen zuzuhören.

Trotz aller Vorsicht war es zeitweise vorgekommen, immer über die Sitzplatzspiegel kommunizierend, dass vereinzelten

Damen das ein oder andere Mal eben doch etwas Wasser über das Gesicht zu laufen schien. Bei näherer Betrachtung stellte sich jedoch mitunter heraus, dass nicht mein Wasser über ihr Gesicht kullerte, sondern deren Tränen. So manche Damen weinten, während sie mir Anteile oder ganze Lebensgeschichten mitteilten. Mit unbeholfenen Worten tröstend, reichte ich oft dafür bereitliegende Dauerwellenservietten.

Sobald die Tränen getrocknet waren, war es manchen auch schon wieder peinlich. Die Kontrolle zu verlieren, war nicht generationsbezogen. Solche Kundinnen-Geschichten wurden gerne in epischer Länge in der Kaffeeküche, dem Mitarbeiter-Aufenthaltsraum und vor allem in jenem »PFFF«-Raucherkabuff erzählt.

Kolleg(inn)en fragten ab und an: »Was machst du mit deinen Kundinnen, dass sie dir so was Privates erzählen und sogar in aller Öffentlichkeit anfangen zu weinen?« War es das aufmerksamere Hinhören? Oder die Empathie? Vorstellen konnte ich mir vieles von dem, was ich vernahm. Immerhin war mein eigenes Zuhause hinsichtlich vorgelebter Beziehungsstrukturen ein freudloses Irrenhaus.

Zu Kundinnen konnte ich auch nicht sagen, sie sollen doch bitte ruhig sein. Außerdem bin ich von Natur aus neugierig und von Haus aus ein Soziologie- und Verhaltensstudent. Viele der reiferen Kundinnen sahen mich, aufgrund meiner schüchternen, trotzdem wachsamen Art, als einen potenziell anständigen und dafür möglichen Schwiegersohn, zum Beispiel für ihre gleichaltrigen Töchter und öfter bereits für ihre heranwachsenden Enkelinnen. Nicht wenige zwickten mich in meine Wange und meinten, dass ich ein arbeitsamer und anständiger Junge sei. Ich hätte das Grundpotenzial eines guten Schwiegersohns.

Zu Hause hörte ich das Gegenteil. Innerlich fragte ich mich in der noch pubertären Entwicklungsphase, ob die nicht lieber für mich einen passenden Schwiegersohn hätten.

Manche Kundinnen schienen mich regelrecht zu »adoptieren«. Das konnte auch am Trinkgeld erkannt werden. Dies ging so weit, dass mir vereinzelte Kundinnen schon das Trinkgeld für den kommenden Wochentermin aushändigten, um sicherzustellen, dass ich mich um sie zu kümmern hatte. Im Ausbildungssalon wurde sehr großzügig Trinkgeld verteilt. Weihnachten bedeutete für alle Weihnachten im Geldbeutel. Einer Friseurmeisterin zugeordnet, fühlte ich mich als ein beliebtes Mitglied aller Akteure und Akteurinnen.

Einige Kolleg(inn)en wurden für mich zu einem Familienersatz. Viele der erlebten Situationen halte ich in bester Erinnerung. Bis zum heutigen Zeitpunkt treffe ich ehemalige Kolleg(inn)en, die als Angestellte bis zu 49 Jahre ihres Lebens in diesem Salon verbrachten. Sehr wohl erinnere ich mich daran, immer mit Freude wach geworden zu sein, um mit der U-Bahn in die Stadt zu fahren. Als »exquisit« empfand ich es, wenn ich an Freitagen und Samstagen bereits um sieben Uhr von unserem Salonleiter abgeholt und mit dem externen Kundenaufzug in den Salon eskortiert wurde. Die Verkaufsebenen öffneten erst um neun Uhr. Im Salon fand dann schon oft und gerne der dritte Kundenwechsel statt. Es gab viel Positives während meiner Breuninger-Zeit. Das Team und viele dieser teilweise skurrilen Kundensituationen prägten mich für viele zukünftige Situationen. Mit dem Ausklang der Ausbildung wurde ich endlich 18 Jahre alt.

MAKE-UP-WETTBEWERB

In der Berufsfachschule, es war im zweiten Ausbildungsjahr, erfuhren wir von einem regionalen Frisur- und Make-up-Wettbewerb, dem »goldenen Rössle«. Dieser Landesfrisurenwettbewerb galt allen Auszubildenden aus der Region Baden-Württemberg. Zur Teilnahme anmelden konnte man sich über die Friseurinnung Stuttgart. Mit der Teilnahme an diesen Landesmeisterschaften konnten eine

Karriere, das Know-how und die (Branchen-)Perspektive beeinflusst werden. Wer unter die ersten Plätze kam, würde damit für seine Zukunft punkten. Aus meiner Schule meldeten sich zwei bis drei Mitschüler(innen) für jeweils unterschiedliche Wettbewerbsbereiche. Es gab die Kategorie der Damen- und Herrentagesfrisuren sowie Hochsteckfrisuren, ebenso einen Wettbewerb für modische Schnitte und Galafrisuren. Zudem einen erstmalig hinzugefügten Wettbewerbspunkt zum Erarbeiten eines Abend-Make-up-Looks. Intuitiv interessierte ich mich für diesen.

Ohne Vorkenntnisse meldete ich mich über unsere Salonleitung an. In der Berufsschulklasse hatten wir ein Mädchen, das für mich alle Anforderungen (m)einer damaligen Mona-Lisa-ähnlichen Vorstellungen erfüllte: ein eher rundliches Gesicht mit wachen und offenen Augen, eingerahmt von natürlich wirkenden Augenbrauen; ein nicht zu großer, jedoch schön geschwungener Mund; eine schmale, fast stupsig wirkende Nase sowie allgemein eine dem Alter entsprechend großartige Haut. Auf dem Kopf hatte sie genug Haare, mit denen sich ganz sicherlich etwas machen ließe. Das Thema Make-up würde sowieso zum dritten Ausbildungsjahr angesprochen, zur Abschlussprüfung wichtig werden. Allein dafür würde sich die Mühe lohnen.

Wie wird ein Make-up-Look trainiert, wenn keiner die visuellen Umsetzungs-Vorstellungen und die potenziellen Wettbewerbskriterien kennt? Kolleg(inn)en vom Salon meinten, dass ich mich lieber für die bereits bekannten Qualifikationen ummelden sollte. Ich wollte jedoch (m)ein Make-up präsentieren. Bei einem der vielen Übungsabende blieb eine unserer Kosmetikdamen da, um mir die schrittweise Applikation von Make-up zu erklären, zumindest nach damaligem Wissen. Parallel konnte ich mich in den Berufsfachschulpausen an dem für mich akkreditierten Model vorbereiten. Zu Hause übte ich mal an meiner Mutter oder an meiner kleinen *Schwester*. Wettbewerbsorientiert trainiert wurde ich jedoch nie. Keiner hatte so richtig Ahnung, wie so ein Wettbewerb-Make-up-Look aussehen sollte; noch viel weniger, welche Abläufe sinnstiftend waren. Was ich glaubte an Materialien zu brauchen, brachte teilweise das Modell mit.

Von Kolleginnen bekam ich Schminkartikel, die diese nicht mehr nutzten. So sammelte ich mir die ersten Produkte und Farben zusammen.

Am Sonntag, dem 13.11.1983, fand der bis heute viel beachtete Jugendwettbewerb der Landes-Innungsmeisterschaften statt.

Auszubildende aus ganz Baden-Württemberg waren angereist, um sich bei den jeweiligen Disziplinen zu präsentieren und sich anschließend von den Innungsobermeister(inne)n beurteilen zu lassen. Jede(r) hatte durchschnittlich 20 Minuten. Danach wurden die Ergebnisse nach einem Punkteprinzip positiv oder negativ beurteilt. Die Verkündung der Kategorien-Gewinner(innen) war für den Nachmittag angeordnet. Währenddessen gab es branchenrelevant in den Nebenräumen eine Produkt- und Infomesse. Einen ganzen Tag vor Ort durften wir zahlreiche

Brancheneindrücke sammeln. Morgens die anderen Wettbewerbskategorien beobachtet, wurde sofort erkannt, wer in direkter Verbindung zu dem bzw. der Jury-Obermeister(in) stand – wer vorab die wichtigsten Bewertungskriterien mitgeteilt bekam. Viele der Jury-Mitglieder(innen) hatten vor Jahren an gleichen Wettbewerben teilgenommen und mitunter als regionale, Deutsche und/oder Vize-Weltmeister(innen) gewonnen.

Als endlich unsere Kategorie drankam, wurde mir die Podiumsplatznummer 23 zugewiesen. An diesem viel zu kleinen Friseurutensilien-Arbeitsplatz bearbeitete ich innerhalb der vorgegebenen Zeit mein Modell. Vermutlich der einzige Junge unter ansonsten nur weiblichen Teilnehmerinnen, erstellte ich (m)einen imaginär angedachten Look. Während ich von einem eher natürlichen Abend-Make-up-Look ausging, fertigten die anderen Looks, die nach meinem Befinden karnevalsähnlich anmuteten, womit ich bis zum heutigen Tag eher weniger anfangen kann.

Für mich waren deren Make-ups zu plakativ, zu dick aufgetragen, deshalb hautunfreundlich zugekleistert. Was ich sah, erinnerte mich an Porzellan-, gar an Bauernmalerei.

Mit meinem Modell im Schlepptau, hatten wir morgens beobachtet, wie professionell sich die vorherigen Kategorienmodelle mit ihren teilweise tief dekolletierten Ausschnitten positionierten. Alles, um bei der Punktevergabe zusätzlich Eindruck zu schinden. Mit der Fertigstellung meines Looks (ich hatte noch echte Papageienfedern in ihre nur aufgeföhnte Frisur gesteckt) tat es mein Modell diesen gleich und setzte sich zuerst auf die äußerste Kante der Sitzfläche. Halb schräg positionierte sie sich vor ihrem Spiegel. Mit prinzessinnenähnlich positionierten Beinen schob sie ihren eher schlicht verpackten Brustansatz nach vorn, um den Nacken länger und den Augenaufschlag dramatischer wirken zu lassen. Noch heute erinnere ich mich, dass ich mit ihr und dem an ihr erarbeiteten Make-up-Look zufrieden war.

Solange wir auf die Auslosung der Gewinner(innen) warteten, schlenderten wir durch diesen Messebereich, um uns über Produkte und zukünftige Frisurenlooks zu informieren. Zur Verkündung der einzelnen Gewinner(innen) stellten wir uns zurück ins Auditorium. Alle Kategorien wurden mit der erreichbaren und der erreichten Punktzahl aufgezählt. In unserer ging der dritte Platz an eine der Teilnehmerinnen. Wir klatschten. Der zweite Platz wurde auch nicht an uns vergeben. Trotzdem klatschten wir. Mit der Vorstellung eines möglichen ersten Platzes schauten wir uns an. Tatsächlich waren wir davon überzeugt, dass wir gewinnen würden. Leider ging auch der erste Platz nicht an uns.

Völlig irritiert und dieses Mal nicht klatschend, ging ich unmittelbar und frustriert auf den noch rezitierenden Innungsobermeister zu und fragte nach meiner Platzierung. Etwas irritiert fragte er, in welcher Kategorie ich teilgenommen hätte. Dann wollte er wissen, für welchen Salon ich angetreten sei, um mir, bei der Erwähnung der Kategorie »Make-up«, mitzuteilen, dass dies nichts für Männer sei, ich somit auch ganz klar von 16 Teilnehmer(inne)n den letzten Platz gemacht hätte. Völlig vor den Kopf gestoßen, fragte ich, ob das in den Bewerbungskriterien vermerkt gewesen sei, dass ein Mann keinerlei Chancen habe. Seine Antwort lautete, dass er und seine (bestimmt nur männlichen) Kollegen sich vorab einig gewesen war, dass diese Kategorie nur von Frauen bedient werden könne. Meinen gelisteten Namen glaubten sie als ein Versehen erkannt zu haben. Nun hätte ich eben den letzten Platz gemacht. Ich solle mich im kommenden Ausbildungsjahr einfach für eine andere Kategorie anmelden. Dann würde es sicherlich mit einer besseren Platzierung, vielleicht sogar mit (m)einem Preis funktionieren.

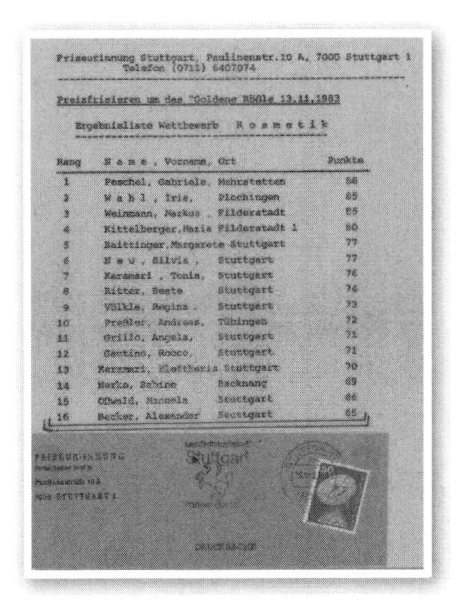

Emotional kann ich bis zum heutigen Tag eine berufliche Qualifikations-Diskriminierung nachempfinden. Mit meinem Modell in den Öffentlichen Richtung Stadtmitte fahrend, bedauerte sie die Platzierung, weil sie sich großartig fand. Mit dem Make-up wollte sie noch auf eine Geburtstagsparty. Das tröstete mich.

AUSBILDUNGSABSCHLUSS

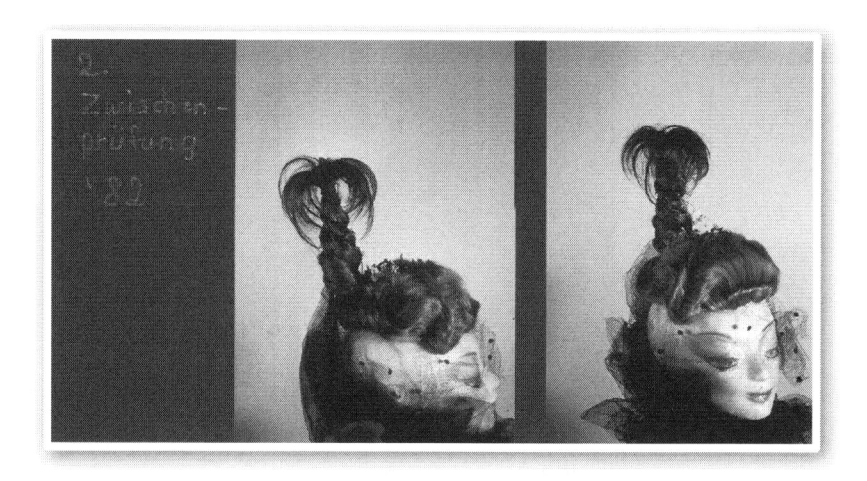

Meine Ausbildungszeit war, wie bereits mehrfach erwähnt, eine wirklich großartige Zeit, vor allem eine sehr erfahrungsreiche, auch wenn die Gesellenprüfung nicht ganz so gut verlaufen war wie meine zweite Zwischenprüfung. Ich fühlte mich von allen angenommen, gefördert und in vielerlei Dingen unterstützt. Gegen Ende einer abzuschließenden Ausbildung ging es um die Übergangsphase zu einem Arbeitsverhältnis. Diese Transformation zur Gesellenübernahme schien sehr wichtig.

Gesellschaftlich wurde dies als sehr (über-)lebenswichtig erachtet, zumindest als eine deutsche, mindestens eine »schwäbische Norm«. Für meine Eltern, vor allem für meine Mutter, war klar, dass ich mich nur dann als qualifiziert zeige, wenn Breuninger mich übernehmen würde. Bereits während der Vorbereitungsphase für die Abschlussprüfung fragten mich die Kolleg(inn)en, ob ich schon mit der Salonleitung bezüglich (m)einer Übernahme gesprochen hätte. Im Team schienen sich alle sicher zu sein, dass mindestens ich aus unserem Auszubildendenjahrgang übernommen würde.

An einem selten ruhigen Tag kam, eher unerwartet, unser Salonleiter auf mich zu und sagte: »Herr Becker« – ich war noch 17 Jahre alt – »hätten Sie kurzfristig Zeit, in meinem Büro vorzusprechen?« Mit meiner Ausbilderin bezüglich der anwesenden Kundinnenbetreuung kurzgeschlossen, bejahte ich, wurde allerdings sichtlich nervös. In (s)einem sehr kleinen, sehr engen, zudem stark verrauchten, nur mit kaltem Neonlicht beleuchteten Büro wurde ich auf (s)einen Stuhl verwiesen. Abermals mit »Herr Becker« angesprochen, machte er mir klar, dass es um das anstehende Thema einer möglichen Übernahme gehe.

Wenn nicht sowieso schon die üblich verrauchte Luft im Raum äußerst trocken schien, so war mindestens meine Körpertemperatur gestiegen. Plötzlich wirkte mein Mund sehr trocken. Jedoch war ich innerlich bereit, mich diesem zukünftig mir bekannten Salonleben zu stellen. Er fragte, ob mir der Beruf noch immer Spaß mache und ob ich willens wäre, nach meiner Ausbildung darin zu arbeiten.

Warum fragte er so etwas?! Natürlich war ich bereit! Ich konnte es gar kaum erwarten! Ganz sicher würde er mir jetzt in diesem exquisiten Prestigesalon (m)eine Stelle zum Jungfriseur anbieten.

Während ich noch in (m)einen träumerisch-positiven Gedanken schwelgte, trotzdem wie ein Luchs die Ohren spitzte, hörte ich ihn völlig unerwartet aussprechen, dass er sich entschieden habe, mich nicht zu übernehmen. Zum Glück saß ich. Noch heute weiß ich, wie mir schwindelig wurde, wenn ich nicht gar zur Ohnmacht neigte. Ich musste mich wohl verhört haben. Während der Mund noch trockener wurde, mir das Blut unter Schock aus den Adern zu laufen schien, hörte ich ihn zu mir sprechen:

»Ich habe mich entschieden, Sie nicht zu übernehmen. Sie sind anders als die anderen. Sie sind mit Leib und Seele Friseur. Sie müssen raus in ein anderes Umfeld. Sie sollten weiterziehen und darüber hinaus neue Erfahrungen sammeln. Sie sollten in ein alternatives Salonkonzept, in dem Sie sich zusätzlich weiterbilden. Sie müssen vielleicht sogar hinaus in die Welt, um noch mehr dazuzulernen, sich auszuprobieren, sich weiterzuentwickeln und das auszuleben, was in Ihnen steckt.

Wenn Sie nach drei bis fünf Jahren wiederkommen wollen, verspreche ich Ihnen, dass wir daran interessiert sind, Sie gar mit Handkuss nehmen. Bestimmt werden Sie ein sehr guter Friseur. Wenn ich Sie hierbehalte, werden Sie möglicherweise schon nach fünf Jahren ausgebrannt sein. Sie werden sich ein System angeeignet haben, das Sie nicht mehr verlassen. Sie werden tot sein. Das wäre schade für das, was jetzt noch möglich ist.«

Egal was er im exakt originalen Wortlaut gesagt haben mag, ich habe alles nur in Trance gehört. Einer meiner ersten Gedanken war, wie ich das meinen Eltern beibringe, dass ich, der sich mit Leib und Seele als Friseur sah, nicht übernommen würde. Im Gesellschaftsgedanken wurde eine Übernahme erwartet. Erschrocken und bleich ging ich zurück an die Arbeit. Jeder sah es mir an. Jeder fragte, was passiert war. In der Kaffeeküche und im Raucherkabuff schien es das Thema der folgenden Wochen zu sein. Aufgrund der Vielzahl von Kolleg(inn)en musste ich immer wieder Aussagen hören und Fragen beantworten wie: »Wie, du wirst nicht übernommen?!« oder »Das geht doch gar nicht! Du musst bei uns bleiben!« »Wir werden uns für dich einsetzen.« Ständig musste ich mich erklären. Ich war am Boden zerstört.

Nachdem ich es circa zwei Wochen meinen Eltern verheimlicht hatte, kam es bei einer der vielen persönlichen Angriffe heraus. Ich bellte es ihnen entgegen, dass sie sich keine Hoffnung zu machen bräuchten, dass mich das Haus Breuninger jemals übernähme. Als direkte Reaktion habe ich dafür nicht nur die üblichen Ohrfeigen, verbale Attacken und Kopfnüsse erhalten; ich musste mir zusätzlich anhören, dass sich all ihre Vorhersagen und ihr Wissen um mich ihnen bestätigte. Ich hätte mir (m)eine Zukunft in Deutschlands bestem Prestigesalon, einer bis zur Rente abgesicherten Arbeitsstelle, zunichtegemacht. Ich wäre niemals bei all den Produktschulungen und Übungsabenden gewesen, derentwegen ich oft sehr spät am Abend heimgekommen war. Denn dies hatte ich als Entschuldigung vorgebracht. Stattdessen hätte ich in der Stadt herumgelungert und mich herumgetrieben. Als ein guter Auszubildender wäre ich übernommen worden. Punkt.

Die letzten Salonwochen glichen einer anstehenden Beerdigung – meiner eigenen, bei der ich lebendig anwesend sein würde. Ich konnte mir nicht vorstellen, wie meine nähere

Zukunft aussehen sollte. Auch viele unserer Kundinnen konnten diese Entscheidung nicht verstehen. Wenn ich bezüglich der Übernahme gefragt wurde, wiederholte ich immer nur: »Ich werde nicht übernommen.«

Vereinzelte Kundinnen und viele meiner Kolleg(inn)en versuchten unseren Salonleiter umzustimmen. Der jedoch verteidigte seine Ansicht. Seine genauen Worte, warum er mich nicht übernehmen wollte, hatte ich niemandem mitgeteilt. Es dauerte einige Zeit, bis diese wieder in mein Bewusstsein zurückkehrten. Er gab mir sogar Tipps, wo ich mich bewerben solle.

Er nannte ein regional aufkommendes Friseurunternehmen, das für seine auf die Zukunft ausgerichtete Kreativität bekannt war. Den Namen »KERTU Salons« und »KERTU Academy« hatte ich da schon gehört. Von dort bekamen wir bereits vereinzelte Abend- und Wochenend-Salonschulungen. Er meinte, dass ich zu ihnen passe. Dort solle ich mich bewerben. Mein einziger Gedanke war: »Warum sollten die mich überhaupt brauchen, gar wollen?«

ERKENNTNIS: Wenn dieser Salonleiter heute noch leben würde, sicherlich alt und gebrechlich, würde ich voller Dankbarkeit vor ihm auf die Knie gehen, gar seine stinkenden Füße küssen. Er hat mir mit seinen Gedanken, seinen Vorstellungen und dieser schmerzhaften Entscheidung so vieles ermöglicht! Wodurch sich wiederum der Spruch bestätigt, dass ein Leben vorwärts gelebt und rückwärts verstanden wird.

VOLLJÄHRIGKEIT

Die Aussicht, 18 Jahre alt zu werden, sah ich in meiner Teenagerphase als eine sehr große Chance, mich endlich um meine eigenen Vorstellungen im Leben zu kümmern, seitdem auch musste. Meine Kinder- und Jugendjahre hatten nichts Wünschenswertes gefördert. Nichts Sinnstiftendes, um ein zukünftiges Leben mit dessen (Er-) Lernaufgaben als etwas positiv Wichtiges zu begreifen. Während ich meine Ausbildungszeit von Herzen liebte, hatte ich vom 14. bis zum Erreichen des 18. Lebensjahres – trotz aller privaten Widrigkeiten (davon gab es genügend) – immer wieder dieselben Vorstellungen, wenn auch vage-verschwommen.

Imaginär sah ich unterschiedliche Branchenchancen mit diversen Möglichkeiten; impulsive Wahrnehmungen in oftmals nächtlichen, manchmal auch Tagträumen. Vage Visionen und Bilder erschienen mir, was ich wie tun würde, auch tun könnte – immer sah ich, wie sich mein Leben ab meinem 18. Lebensjahr zum Positiveren entfaltet; wie ich durch meine Arbeit und Anwesenheit hauptsächlich Frauen glücklicher und zufriedener mache. Regelrecht spüren konnte ich, wie meine Anwesenheit für sie relevant war.

Fast den Ausbildungsabschluss in der Tasche, hatten mir meine Kolleg(inn)en heimlich, jedoch mit meinem Einverständnis, meine erste Einzimmerwohnung in Stuttgart-Mitte besorgt. Sie war 28 Quadtratmeter groß und kostete mich monatlich 240 DM warm. Diese sah und betrat ich erstmals an meinem 18. Geburtstag um 18.30 Uhr. Ich unterschrieb vor Ort (m)einen Mietvertrag. Endlich war ich 18 Jahre alt geworden!

Mir war klar, von nun an würde ich mein Leben in die Hand nehmen. Zu Hause hatte ich seit meinem 14. Lebensjahr kommuniziert, mit meiner Volljährigkeit auszuziehen. Diese Vorhersage trat um exakt 18.00 Uhr an meinem 18. Geburtstag ein. An diesem für mich lebensentscheidenden Tag trennte ich mich von meinem Elternhaus. Konsequent durch schnell gepackte Koffer.

Meine älteren Kolleg(inn)en holten mich dazu mit einem Auto ab. Die Familie war schockiert. Sie hatten keinerlei Ahnung. Sie hatten überhaupt nichts mitbekommen. Ohne Verabschiedung verließ ich zeitgleich die bis dato vertraute Kirchen- und Ministrantengemeinde.
 Nicht nur zu Hause waren sie schockiert über diesen vorab kommunizierten, jedoch nicht konsequent erwarteten Schritt. Jahrelang war ich für meine Vorhersagen belächelt worden.

Abgebrochen wurde der Kontakt meinerseits. Mütterlicherseits wurde mir, während ich abgeholt wurde, das Unmöglichste gewünscht. OTon: »In spätestens zwei Monaten wirst du verwahrlost auf den Knien um Geld und Essen bettelnd angekrochen kommen. Du wirst jeden Arbeitsplatz verlieren, weil du in deinem Leben nichts hinbekommst und eh zu nichts taugst.« Erstaunlicherweise wagte sie nicht mehr handgreiflich zu werden, was in allen Jahren zuvor fast täglich der Fall gewesen war.

18 Jahre alt zu werden, erschien auch in dieser Hinsicht lohnend. Meine Kolleg(inn)en kannten meine Mutter durch die regelmäßigen Salon-Übungsabende. Spätestens jetzt realisierten sie, warum ich mich heimlich zu diesem für mich wichtigen Schritt entschied. Meine Kolleg(inn)en halfen mir, mich – vor allem mein »inneres Kind« – zu retten. Rückblickend erkenne ich fairerweise an, dass dieser unerwartete Abnabelungsprozess auch für (m)eine Mutter heftig und schwer gewesen sein muss. Von diesem Kindheits- und Jugendabschnitt wendete ich mich ab, ohne jemals verbittert zurückzublicken. Dieses Durchhaltungsvermögen, welches ich später wiederholt bei mir feststellte, vor allem mit solch einer Stärke, kann aus verschiedenen Gründen entstehen.

GESELLENZEIT

Im Sommer 1984, gerade 18 geworden, wohnte ich allein, mitten in Stuttgart. Allein zu leben, war (m)eine Herausforderung. Einen neuen Arbeitsplatz zu finden, lag somit an mir. Niemals hätte ich mir vorstellen können, mich bei dem mir empfohlenen Salonunternehmen KERTU Salons und dessen angegliederter Schule vorzustellen. Mit (m)einem eher elitär-konservativ trainierten Arbeitsstil erschien mir dieses Salonkonzept zu kreativ und verrückt. Ich bewunderte sie aus der Distanz, obwohl sich dort bereits die eine oder andere Ex-Mitarbeiterin von Breuninger beworben hatte und sogar aufgenommen worden war.

Auf der Suche nach einer Gesellenstelle bekam ich wichtige Salonnamen der Stadt mitgeteilt. Irgendwann traf ich auf den Salon Kugler, heute *Alexander Ljaschko* auf der Paulinenbrücke. Dieser Salon existierte seit 1949 und wurde damals vom Sohn des Erstinhabers geführt. Der wollte mich sofort, da ich vom Breuninger kam. Später stellte sich heraus, dass ich mich überall in der Stadt hätte bewerben können. Wer beim Breuninger gelernt hatte, hatte eine fundierte Ausbildung. Dass ich nicht übernommen worden war, wurde durch die jährlich bis zu zehn Auszubildenden begründet.

Nach einem positiven Erstgespräch wurde im Arbeitsvertrag vereinbart, dass ich mich bereit erkläre, für ihn, den Salonchef, noch ein halbes Jahr eine direkte Ausbilder-Assistenz zu absolvieren. Vergütet würde diese Zeit mit (m)einem bisher üblichen Friseurausbildungsgehalt. Innerhalb des halben

Jahres würde ich auf deren Salonsysteme trainiert und dürfte zudem, wenn ich mich nicht ganz deppert anstelle, für zwölf Wochen auf eine durch ihn finanzierte, externe systemische Weiterbildung, ebenjene regionale KERTU Academy. Jedoch müsste ich im Anschluss, wenn ich mich für diese intensive Zusatzweiterbildung interessiere, für zwei darauffolgende Jahre (s)einen Vertrag als (s)ein Jungfriseur unterschreiben. Danach würde (m)eine graduelle Gehaltsanpassung stattfinden.

Allein, dass ich die Chance bekommen sollte, ein solch kostenintensives Seminar dieser nachweislich zukunftsorientierten Friseurfachschule bezahlt zu bekommen, ließ mich nicht weiter nachfragen. Der Deal war besiegelt. Ausgemacht war, dass ich zum 15.08.1984 bei ihm beginne. Ich solle am besten auf acht Uhr kommen, damit er mich persönlich einweisen könne.

Dieses Datum erschien auf dem Wochenkalender. Mit dem Aufwachen war ich gespannt auf (m)einen neuen Lebensabschnitt. Es brauchte keine fünf Minuten, um dorthin zu laufen. Jedoch hatte ich vorab weder die genaue Salon-Adresse eruiert noch einen Laufweg dorthin koordiniert. Für den ersten Eindruck adrett gestylt aus meinem Apartmentgebäude kommend, bog ich nur intuitiv ab. Unerwartet führte mich dies in eine andere Straßengegend.

Die Zeit eher knapp kalkuliert, verlor ich komplett die Orientierung. Wie ein Wahnsinniger lief ich umher, leider in die falsche Richtung. Wenn ich Leute auf der Straße bezüglich der nur ungefähren Richtung der Adresse anbettelte, waren diese erstaunt und schickten mich in die entgegengesetzte

Richtung. Punkt 8.30 Uhr stand ich, zum Glück nicht verschwitzt, vor dem gesuchten Salon.

Vor dem Ladeneingang sammelte ich mich, trat ein und meldete mich selbstbewusst. »Stimmt, du hast ja heute deinen ersten Tag«, meinte mein von nun an neuer Chef. Dass ich nicht zu (s)einer angegebenen Zeit erschienen war, hatte er wohl vergessen. Im Aufenthaltsraum wurde mir ein Schließfach zugewiesen und der Salon mit dem üblichen Alltagsablauf erklärt. Während wir bei Breuninger keinerlei Tageslicht hatten, war dies eine der ersten angenehmen Erfahrungen. Deren Kund(inn)en waren durchschnittlich jünger. Die Worte »hip« und »cool«, entwickelten sich erst. Über die Wochen kam ich immer besser mit den Arbeitsabläufen zurecht. Nebenbei lernte ich die ebenfalls sehr netten Mitarbeiter(innen) kennen. Wenn wir in der Kaffeeküche zusammenhockten, erzählte ich oft und gerne von den für mich großartigen Ferienjobs sowie (m)einer außergewöhnlichen Ausbildungszeit.

Mit dem Ende des Monats kam die erste Gehaltsüberweisung, die nur 320 DM auflistete. Für mich eine unmittelbare Herausforderung. Völlig perplex und irritiert erlaubte ich es mir, auf meinen neuen Chef zuzugehen, um diese für mich nicht übliche Auszahlung zu hinterfragen. Heraus kam, dass Breuninger seine Friseur-Auszubildenden gleichwertig wie die Einzelhandelsfachleute honorierte. Bei mir ein Unterschied von 280 DM, die mir jetzt fehlten. Auch das Trinkgeld war um einiges weniger.

Ich schluckte, ließ mir jedoch auf keinen Fall etwas anmerken und ging pflichtbewusst meiner Arbeit nach, jetzt noch mehr darauf bedacht, mir keinerlei Fehler zu erlauben. Auf keinen Fall wollte ich, wie von meiner Mutter prognostiziert, »auf Knien verwahrlost und um Geld und Essen bettelnd« zurückgekrochen kommen. »Möge dieses halbe Jahr bitte schnell vorübergehen!«, flehte ich innerlich.

Nach nur zwei Monaten guter Einarbeitung durfte ich bereits zu dieser versprochenen Weiterbildung, zunächst einmal zum Basis-Haarschneideseminar. Viele der Seminare waren auf jeweils zwei bis vier Tage ausgelegt, sodass ich für den Rest der Woche im Salon mithelfen konnte. Nach nur sechs von zwölf geplanten Wocheneinheiten meinte die dortige Leitung, dass man mich unbedingt am Kunden arbeiten lassen solle. Sie meinten, ich sei ein überdurchschnittlicher Teilnehmer und würde auch alle theoretischen Ansprüche erfüllen.

Für das anstehende Weihnachtsgeschäft wurden mir die ersten Kund(inn)en eingetragen. Das fühlte sich schon anders an. Auf einmal musste ich für jeden Haarschnitt oder anderweitige Behandlungen Verantwortung übernehmen. Anfänglich hatte ich sehr viele Männerkunden. Das war gut für die Routineabläufe. Schnell stellte ich fest, dass fast jeder Kunde einen anderen Kunden bereits zu kennen schien. Scheinbar war jeder auf Empfehlung gekommen. Während einige versuchten, mich verbal bezüglich meiner Sexualität herauszufordern, tat ich alles, um ja nicht homosexuell zu (re-)agieren. Ich hatte sogar richtig Angst, dass ich meinen Arbeitsplatz verlieren könnte, sollten die Kolleg(inn)en mithören und dies gegebenenfalls an den Chef herantragen.

Zum Januar '85 wurde meine Gehaltspositionierung optimiert. Erstmals erschien mir das Leben leichter. Bis Anfang März ging alles (s)einen gewohnten Gang. Nach einem arbeitsreichen Tag bestellte mich dieser Chef, wie ehemals beim Breuninger, mit den fast identischen Worten in sein Büro. Ich hatte Platz zu nehmen. Diesmal wurde ich mit »Alexander« angesprochen. Auch diesmal wurde ich gefragt, ob mir der Beruf gefalle und alles so wäre, wie ich es mir vorgestellt hätte. Wiederholt dachte ich: »Warum bekomme ich überhaupt so eine Frage gestellt?!« Jeder sollte doch eigentlich sehen können, dass ich bis zur letzten Haarspitze ein guter Friseur sein wollte. Hatte er etwa mitbekommen, dass ich homosexuell sei/würde?

Im Gespräch stellte sich heraus, dass er einer von drei Firmen-Teilhabern mit mehreren KERTU-Salons und deren KERTU Academy war. Sein »Salon Kugler«-Logo hatte er nur aufgrund der elterlichen Bekanntheit belassen. Auf der Haupteinkaufsstraße von Stuttgart planten jener Chef und die anderen Firmeninhaber einen neuen und für sie wichtigen »Kertu Image Salon« Dafür suchten sie passende Mitarbeiter(innen). Deren Plan sah nun vor, dass von jedem der bestehenden KERTU-Salons jeweils ein(e) Mitarbeiter(in) dafür gestellt würde. Im ersten Schritt sollte(n) diese(r) für (s)eine Neugründung rekrutiert werden. Da ich in (s)einer internen Aufbauphase sei und noch nicht allzu viele eigene Kund(inn)en besaß, könne er sich gut vorstellen, dass ich mich dafür meldete, mich dafür zur Verfügung stellte. Das bedeutete, ich sollte für ihn in diesen erst entstehenden Salon wechseln.

Mir erschien das in Erinnerung an den »Breuninger Salon Exquisit« wie ein Déjà-vu. Wiederholt klang es nach einer verklausulierten Kündigung. Meine neu kennengelernten Kollegen und die hart erarbeiteten Kund(inn)en könnte ich hierdurch verlieren. Dazu das halbwegs sichere Trinkgeld, das für mein Überleben inzwischen essenziell geworden war. Und jetzt sollte alles wieder zur Disposition gestellt werden? Als Befehlsempfänger konditioniert, ein »NEIN« als Antwort nie gelernt, willigte ich ein. Innerlich entschied ich jedoch, dass dies die letzte an mich gerichtete »Kündigung« sei. In Zukunft würde ich entscheiden, wann, wo, wie und mit wem ich arbeite. Deren Saloneröffnung war zum 1. April 1985 geplant. Wenn das mal kein Aprilscherz würde!

Die Stuttgarter Königstraße ist die längste zusammenhängende Fußgängerzone in Deutschland, damals noch mit vielen inhabergeführten Geschäften. Endkundenorientiert positionierte sich KERTU erstmals im Zentrum dessen Stadtkerns. Modisch aufgehübscht erschien ich zu ebendieser Adresse – Königstraße 60. Völlig unerwartet stand ich unter staubigen und eher ungewaschen riechenden Handwerkern. Erstaunt schaute ich in einen noch völlig unbrauchbaren Salon.

Wie sollten wir hier jemals arbeiten? Einer nach dem anderen trudelten die Kolleg(inn)en ein, die es noch kennenzulernen galt. Jede(r) Einzelne war aus einer funktionierenden Salonstruktur »entlassen« worden. Jede(r) war verunsichert, was auf sie/ihn zukäme. Die zukünftige Salonleiterin erkannte ich allerdings sofort, hatte sie doch während meiner Praktikums- und Ferienjobzeit bei Breuninger ihre Ausbildung absolviert. Auch sie erkannte mich. Das ließ mich zuversichtlicher werden. Immerhin war ich sehr angetan von ihrer Art sowie von ihrem mädchenhaften Look.

Während die Handwerker noch am Werkeln waren, wurde immer mehr Material angeliefert. Kabel, Konsolen und Spiegel für die Handwerker. Handtücher, Föhne, Produktlieferungen und anderes für uns. Eigentlich war dieses Salonkonzept darauf ausgerichtet, dass die Kundenstationen beweglich blieben. Vorab hätten dafür jedoch die für Friseure nötigen Steckdosen richtig koordiniert werden müssen. Außerdem wurden, bis dahin üblich, keine Trockenhauben für Einlegefrisuren installiert. Der Salon war daher nüchtern, wirkte industriell, im Gegensatz zu den vorherigen Jahrzehnten minimalistisch. Der erkennbare Vorteil war, während wir noch mit anpackten, dass wir uns gegenseitig kennenlernten. Vor der Saloneröffnung arbeiteten wir fünf Tage zusammen. Während dieser fünf Tage wurde uns deren zukünftige Fünf-Punkte-Strategie kommuniziert:

- Umgesetzt werden nur hauseigen entwickelte Frisurenkonzepte!
- Frauen wie Männer werden nebeneinander bedient!
- Analysen- und Kundenberatungen stehen im Vordergrund!
- Die Haare werden auf nackter Haut geschnitten!
- Kundinnen haben dafür ihren Oberkörper zu entkleiden!

WOW! sollte so etwas tatsächlich möglich sein?

Um diese nackten Oberkörper und die Brüste der Kundinnen zu verdecken, würden diese einen knallroten Wickelumhang bekommen, den sie, nachdem sie ihre Kleidung in einer

Kabine abgelegt hatten, umlegen würden. Idee und Anlass hierzu war der im Vorjahr erschienene Blockbuster-Filmtitel »Frau in Rot« (1984), eine US-amerikanische Filmkomödie von Gene Wilder. Deren Soundtrack-Album war von Stevie Wonder. Das darin wichtigste Lied war von Chris de Burgh.

Nach Vorstellung der Geschäftsführer sollte dieser Soundtrack im Salonalltag dort die Hintergrundmusik bilden. Hierfür wurde in das Salonkonzept, was damals ungewöhnlich war, eigens eine HIFI-Musikanlage installiert. Auf unser Drängen hin wechselte diese Musik später zum Beispiel zu »Purple Rain« von Sänger Prince, dessen Konkurrenz Michael Jackson, Madonna, Pet Shop Boys, Duran, Blondie, Rick Astley und all den anderen internationalen Popikonen dieser Zeit. Bei uns ging es teilweise zu und her wie in einer Disco.

Wenn einer (s)einen Song hörte, wurde nochmals lauter gedreht. Da ständig jemand »SEINEN« Song hörte, muss die daraus resultierende Salonatmosphäre nicht weiter beschrieben werden.

Nachdem ich in den ersten fünf Tagen fünf neue Mitarbeiter(innen) intensiver kennengelernt hatte, vereidigten wir uns zur anstehenden Saloneröffnung als neues Mitarbeiterteam. Wir legten einen Schwur ab. Unter unserer Führung und mit unserer Einstellung sollte dieser Salon die Nummer eins unter bereits bestehenden KERTU-Salons werden. Dafür würden wir alles tun und möglich machen. Mit unseren Händen bildeten wir einen Turm. Mit unseren Mündern schworen wir. Mit unseren Herzen empfingen wir die ankommenden Gäste.

In einem neu eröffneten Salon rennen einem die Kunden nicht die Bude ein. Deshalb stellten wir uns modisch aufgepeppt, auf ebenjene Königstraße. Wir sprachen jeden an, den wir uns für unser Salonkonzept vorstellen konnten. Wenn wir jemanden fanden, gingen wir nach oben, um einen Termin zu vereinbaren. Wenn wir Glück hatten, konnten wir gleich mit diesen Kund(inn)en anfangen. Unser systemisches Beratungskonzept funktionierte. Die Leute fanden es toll, wenn auch sehr neu, dass wir ihre Kopf- und die Gesichtsform, ihre Kopfhaut, ihre Haarstruktur, zusätzlich ihre Styling-Gewohnheiten analysierten. Durch diese individuellen Studien lernten wir sehr viel über Kopfformen, Farb- und Haarstrukturen. In Verbindung mit den Erfahrungen der immer anwesenden Salonleitung waren wir zudem offener gegenüber Tipps für chemische Behandlungen und mögliche Alternativen. Mit ihrer Expertise konnten wir vielfach neue, oft individuelle Gedankengänge ermitteln, austauschen und zulassen sowie ergebnisorientiert an die Kund(inn)en vermitteln.

Für Kunden(inn)en ungewohnt war es vor allem, nur diese saisonal exklusiven, sich zweimal im Jahr verändernden KERTU-Frisurenkonzepte, die wir anboten, umgesetzt zu bekommen. »Meinen Sie wirklich, dass mir so was steht?« Manche bedankten sich, standen auf, verabschiedeten sich. So manche(r) wollten nichts von unserem ungewöhnlichen Salonkonzept wissen.

Hatte sich aufgrund unserer Diplomatie und Hartnäckigkeit eine Neukundin entschieden, ging es im zweiten Schritt darum, ihr zu erklären, dass sie sich bitte obenrum frei machen solle. Anschließend möge sie bitte diesen knallroten Umhang anlegen. Auf dem Weg zu den zwei extra dafür installierten Umkleidekabinen bettelten viele Kundinnen, wenigstens den BH anbehalten zu dürfen. Natürlich durften sie das. Beim Haareschneiden wurde auch nur zweimal versehentlich ein BH-Träger durchtrennt. Wenn Haare möglichst nah am Körper geschnitten werden, führt das zu einer positiven Form- und Volumenauswirkung, was ein Frisurenergebnis nachweislich erfolgreich beeinflusst.

Mit dem Titel »Nacktschneiden mitten auf der Königstraße« erschien ein regional halbseitiger »Bild«-Zeitungsartikel. Hierdurch oder ähnlich wurde berichtet, was in unserem neu eröffneten Friseursalon stattfinde. Von da an klingelte das Telefon. Vermehrt lernten wir die spezielleren Damen und Herren aus der Nacht- und Unterwelt, dem Rotlichtmilieu kennen. Immerhin lag vom Salon zu Fuß erreichbar das in Stuttgart älteste und von Stuttgartern akzeptierte Drei-Farben-Haus. In dem seit 1957 bestehenden Laufhaus arbeiten bis heute täglich bis zu 67 angemeldete Prostituierte mit den unterschiedlichsten Nationalitäten, allerdings zu geregelten Öffnungszeiten. »Drei-Farben-Haus« deshalb, weil dessen Fassade mit den drei markanten Farben Rot, Blau, Weiß gestrichen ist.

Um die Ecke, gleich hinter unserem Salon, lag auf der Kronprinzenstraße, der noch aus Paris kopierte, legendäre Stripklub »Moulin Rouge«. Aus diesem sowie auch aus anderen Etablissements wurden uns unterschiedliche Nackttänzerinnen, auch erstaunlich viele deutsche Liebesdienerinnen geschickt. Aufgrund teils gazellenartiger Schönheiten stockte nicht nur uns bei einigen der Atem.

Nudistisch Veranlagte mussten wir sogar dazu bewegen, doch bitte jenen Friseurumhang geschlossen zu halten.

Die eine oder andere für ihren Auftritt aus dem Ausland eingeflogen, verstand nur Englisch. Ohne jegliche Englischkenntnisse, um gewünschte Frisuren-Vorstellungen für den Auftritt zu besprechen, fragte ich eine beim Beratungsgespräch (OTon): »Do you need or wanna have Strähnla bevor I föhn your hair?« Der komplett voll besetzte Laden brach in hysterisches Gelächter aus. Immer wieder wiederholte jemand diesen schwäbisch-englisch intonierten Satz. Dann begann abermals der ganze Laden darüber zu lachen. Irgendwann hatten wir Bauchweh vor Lachen. Teilweise liefen uns die Tränen die Wangen herunter, so sehr lachten wir über mein Englisch.

Dieses »Amazonen-Angebot« schien sich in der Stadt herumzusprechen. Dadurch stiegen, wie zu erwarten gewesen war, die Männer-Terminanfragen. An manchen Tagen glaubten wir einen exklusiven Herrensalon eröffnet zu haben.

Dachten die wirklich, dass bei uns die Frauen »oben ohne« sitzen?! Aufgrund der noch öfter frei zur Verfügung stehenden Zeiteinteilung zur Umsatz-, deshalb Gehaltssteigerung wurden zusätzlich Farbtönungen, Dauerwellen oder die zeiteffizienten Kammsträhnen angeboten, manchem auch aufgedrückt.

Zudem gab es bei uns sehr exklusive Haarpflegeprodukte. Wer sich diesen verweigerte, wurde in rhetorisch abgestimmten, sogenannten geschlossenen »Sackgassen-Fragen« und Antwortmöglichkeiten dazu ermuntert. Sehr schnell hatte ich verstanden, dass zusätzliche Dienstleistungen und ein

Verkaufsumsatz die höchste, damit die beste Gehaltsoptimierung – nicht nur für Friseure – bedeuten.

Durch die KERTU-Schnitttechniken erarbeiteten wir komplett andere, vor allem noch völlig neue Frisurenergebnisse. Das Prinzip »Wash, Cut and Go« wurde durch unser Salonkonzept multipliziert. Unsere Frisuren hatten wiedererkennbare Linien und Formen und wurden damit zu einer Visitenkarte. Sie bediente neu entstehende Kundenbedürfnisse. Mund-zu-Mund-Propaganda wurde zu einer Kennenlern- und Eintrittskarte.

Das Einzugsgebiet vergrößerte sich. Manche Kunden(innen) kamen extra angereist. Mit einigen verabredeten wir uns für später in einer der umliegenden Bars oder Diskotheken. Dafür hatte ich immer Visitenkarten dabei. Ich konnte zu jeglicher Tag- und Nachtzeit nach neuen Frisurentipps gefragt werden. Ich wollte die ganze Stadt verändert sehen. Sieben Tage die Woche wurde ich ein gern gesehener Gast in jeder Stuttgarter Diskothek. Alle angesagten Klubs lagen im Umkreis von 500 Metern vom Salon und maximal 1.000 Meter entfernt von meiner Wohnung.

Am Anfang war es hauptsächlich die Diskothek Boa, die es mittlerweile über 40 Jahre gibt, dann immer öfter das erst neu eröffnete »Odeon«, bekannt für die damalige »New Wave«- und »Gothic«-Szene. Später der sogenannte »Schicki Micky«-Tanzpalast, mit dem deutschlandweit ersten exklusiven Promi-Launchbereich direkt beim Eingang. Wenn sich darin nicht die Zuhälter dieser internationalen Nackttänzerinnen und sogenannten Bordsteinschwalben diese »Sehen und gesehen werden«-Plätze teilten, saßen dort internationale Rockstars und manchmal sogar Adlige. Die hielten sich dann meist exklusiv für irgendwelche Touren, Konzerte und Events in Stuttgart auf.

Regelmäßig erfuhr ich, wer reserviert hatte oder völlig unerwartet erschien. Die Besitzerin, eine treue und ausgeflippte Kundin, ist bis heute noch eine Freundin. Donnerstags oder an Wochenenden gab es für die damals empfundene Upperclass den nicht nur in Deutschland bekannten Perkins Park. Überregional gilt dieser noch immer als äußerst exklusiv und war/ist für die vermeintlich Reichsten der Reichen.

Dorthin konnte ich nur zusammen mit anderen gehen, hatte/habe ich, übrigens bis heute, weder einen (EU-)Führerschein, noch ein Auto. Ansonsten wurde ins »OZ« gegangen, welches die neue Generation der Elektromusik bediente.

Heimlich, jedoch immer öfter auch in den angesagten Kings Club, deutschlandweit seit 1977 die erste Anlaufstelle für ein partyhungriges, schwul-lesbisches Publikum. Dort traf sich alles, was sich ab dem Nabel variabel bereits definierte oder schlicht mal ausprobieren wollte. Wenn der Türsteher am »Kings Club« die Türen öffnete, kam einem pure Disco- und internationale Schlagermusik entgegen. Der pulsierende, meist energiegeladene Rhythmus ging einem sofort unter die Haut. Diese schwülwarme, aufgeheizte, vom Keller sich nach oben drückende Energie wirkte gegenüber den anderen Klubs noch komprimierter. Für mich hatte es etwas Elektrisierendes. War es das vermeintlich »Verbotene«, zumindest in meiner scham- und schuldbelasteten Sinneswahrnehmung?

Immer öfter machte ich einen kurzen Abstecher in diesen Klub. Schlussendlich traf ich in allen Klubs auf Kunden, die unseren Salon frequentierten. Mit meinem regelmäßig solariumgebräunten Gesicht, meinen inzwischen immer länger werdenden, trotzdem dauergewellten Haaren immer androgyner wirkend, wurde ich vermehrt als der Friseur erkannt, zu dem gegangen wurde. Je länger meine Haare wurden, umso spezieller, deshalb attraktiver fühlte ich mich. Allerdings reagierten vermehrt beide Geschlechter jeweils in einer für mich nicht nachvollziehbaren Art darauf.

Ich konnte oft nicht sagen, ob mich Heteros wegen meiner langen Haare als Frau lasen oder die Schwulen mich nur als angehende Dragqueen sahen. Ich verstand deren »Sprache« nicht. Schließlich war ich naiv, hierdurch »unschuldig«. Wer mich nicht kannte, dem wurde ich vorgestellt. Wer nicht wusste, wo unser Salon war, dem wurde mitten in der Nacht eine Visitenkarte in die Hand gedrückt. Der Salonalltag wurde zu einer immerwährenden Salonfete. Man fragte nach uns. Man kam zu uns. Man wartete auf uns. Zumindest auf mich.

Jede Nacht unterwegs, niemals rauchend, weder Alkohol noch Drogen konsumierend, kam ich gerne und oft nicht vor fünf Uhr ins Bett. Stündlich, ab zwei Uhr morgens, schloss eine andere Disco seine Pforten. Meist war ich einer der Letzten. Noch am Eingang wollte ich jemanden für eine unserer neuen Kollektionsfrisuren begeistern. Selbst wenn der- oder diejenige weit entfernt von einem akzeptablen Aufnahmelevel war. Müde, jedoch immer nüchtern zu Hause angekommen, stellte ich mir, noch bevor ich duschen ging, unterschiedlich klingelnde Wecker. Diese standen absichtlich nicht neben meinem knallroten Sofabett. Alle wurden auf eine nicht mit der Armlänge erreichbare Distanz verteilt.

Frisch geduscht konnte ich beruhigt einschlafen und wusste, dass ich nach einer kurzen Schlafphase sofort sauber duftend aufwache. Ab circa 8.30 Uhr klingelten bis zu vier unterschiedlich versteckte Wecker. Fast nie schien ich einen hören zu wollen.

Spätestens ab 9.10 Uhr klingelten mich meine Kolleg(inn)en oder die Salonleitung aus dem Bett. Mit dem Schellen des Telefons wusste ich, dass ich bereits verschlafen hatte. Im Schreck hochfahrend, teilten mir Kolleg(inn)en mit, dass meine ersten Kund(inn)en bereits im Salon seien.

Um Eindruck zu schinden, vielmehr aus Unsicherheit heraus, musste es modisch und jeden Tag ein anderer Outfit-Look sein. Waren die Haare vom Liegen etwas platt und/oder nicht gewaschen, wickelte ich mir ein zum Outfit passendes Stofftuch um den Kopf. Dann stylte ich mich für den Tag wie ein Fakir aus dem Wunderland. Trendorientiert trug ich alles kombiniert, was die Norm nicht vorgab, meistens nicht vorhatte. Mal gestreifte, dann karierte grobe Strickstrumpfhosen, kombiniert mit Cowboyboots, Berg- oder Wanderstiefeln, zusammengestellt mit abgeschnittenen armeeähnlichen Kaki-Leinenkleidern aus der erstmals in Stuttgart neu eröffneten »H&M«-Filiale, teilweise aus deren Frauenabteilung. Kombiniert dazu eine extrakurze und bauchfreie Jeansjacke. War es der aktuelle Ibiza-Look, dann eine bunte Jogginghose, verbunden mit einem oversized Graffitiaufdruck-Sweatshirt. Darunter meist viele Schulterpolster, wie es die 80er-Jah-

Fotos: Horst Koch

re-Modetrends verlangten. Dazu wildlederne Cowboyboots. Und dieser originale »Must-have«-Ibiza-Armeegürtel mit seiner dicken, breiten Messingschnalle rundete, nein, dieser Gürtel definierte diesen Look.

Irgendwann ergatterte ich einen silbergrauen, fast knöcheltiefen Viskose-Seidenjerseymantel mit einem – für damals

– revolutionär pinkfarbenen Innenfutter. Aufgrund seiner Leichtigkeit schwang dieser, wenn ich im Stechschritt die Straßen entlanglief, auf Kniehöhe. Dann zeigte er sich mal pink, mal silbrig.

War ich im Salonalltag bodenlang in Schwarz, konnte ich am kommenden Tag bodenlang in Neongelb und Weiß daherkommen. Wenn ich hintereinander bodenlang erschien, konnte es sein, dass ich mit meinen Zahnstocherbeinchen in sommerlich kürzesten Sepplhosen-Hotpants mit winterlich geringelten Strumpfhosen antanzte. Modisch wie zu *Dallas*- und *Denver*-TV-Serienzeiten kopiert hatte ich unter alle TShirts, Hemd oder Pullover-Sweatshirts jeweils bis zu vier aneinandergetackerte Schulterpolster. Aus maskulin eckig wirkenden Schultern hingen dann zwei spargeldünne Ärmchen. Teilweise trug ich bis zu vier Hemden übereinander, meist in kaugummiähnlichen Farben, explizit darauf achtend, dass jede Farbe an einer von mir bestimmten Stelle zum Vorschein kam. Wenn ich die Kragen und Manschetten steif bügeln ließ, konnten diese individuell wie Lotusblüten drapiert werden.

Alles musste zusammenpassen oder eben nicht wirklich zusammenpassen. Mit den zu Ende gehenden 80er-Jahren wurden die Schultern immer breiter, die Taillen immer schmaler. Wer mich zum ersten Mal sah, glaubte, ein junges, modisch orientiertes Mädchen zu erkennen.

Wer mir die Hand gab, war erstaunt, wie fest ich diese ergriff. Wer mich hörte, konnte es nicht fassen, wie altklug und pragmatisch ich kommunizierte. Für die Stuttgarter Nachtszene war ich eine nirgends zuzuordnende Erscheinung. Vielen erschien ich kostümiert, deshalb verkleidet.

Ich wusste nicht, dass ich anders war. Ich erkannte nur, dass ich vieles, was ich gerne bereits mit 16 gemacht hätte, inzwischen machen, somit ausleben konnte. Im Tages- und Nachtleben akzeptierter, gewann ich an Selbstsicherheit. Ich war speziell individuell. Nicht nur im (Salon-)Alltag.

Wenn ich morgens aus meinem Wohnhauseingang kam, damals wäre ich nicht mal ungeschminkt zum Müllhinaustragen und schon gar nicht zum Briefkasten gelaufen, standen mitunter an den gegenüberliegenden Fenstern vereinzelte noch nicht komplett senile Altenheimbewohner(innen). Die warteten regelrecht darauf, dass ich mich ihnen kurz präsentierte. Ein kurzer Blick und ein Winken reichten. Man kannte sich. Ich hatte Kontakt zur Hausleitung und zu einigen deren Mitarbeiter(inne)n. Durch einen bekam ich meine erste und auch die zweite Wohnung vermittelt.

In finanziell mageren Zeiten wurde ich kostenfrei in ebendiesem Altenpflegeheim zum Mittag- und/oder Abendessen verköstigt. Deshalb (er-)kannten die Hausbewohner(innen) und Mitarbeiter(innen) meine menschliche, vor allem visuelle Entwicklung. Bei gemeinsamen Essen erzählte ich nebenbei allerlei Geschichten, die das aufregende Stuttgarter Salon- und Nachtleben so schrieb. Nebenbei musste ich auch mal einen Löffel oder eine Gabel in irgendeinen hungrig wirkenden Mund schieben. Dass ich so etwas noch nie gemacht hatte, zählte nicht. Fachkräfte fehlten. Die Heimbewohner(innen) seien sehr hungrig. Sie würden mir alles vom Löffel schnappen.

Im Kontrast verbildlichen muss man sich meine überaus modische 80er-Jahre aufblühende Jugend im Gegensatz zu den nicht selten schuld- und erlebnisbeladenen, vor sich hinvegetierenden Nachkriegsseelen. Wenn jemand plötzlich nicht mehr mit am Tisch saß, erfuhr ich durch die Angestellten von dem teilweise wochenlangen Sterbeweg der Betroffenen. Übermittelt wurde mir dann die eine oder andere tragische, schlussendlich doch noch gebeichtete Lebensgeschichte. Mitte/Ende der 80er-Jahre gab es nicht wenige, teilweise unerwartete Geständnisse deutscher Senior(inn)en aus dem vormalig destruktiven Nazi-Zeitalter.

Wenn jemand verstarb, erhielt ich – noch bevor der-/diejenige richtig ausgekühlt war – aus dem jeweiligen Privatfundus mitunter deren Schlafanzüge aus echter Seide, teils brokatbestickt, möglichst bevor deren Verwandte erschienen.

Dieser (Stoff-)Look war modisch gesehen gerade aktuell, oder zumindest (m)ein Trendstoff. Deren Verwandte hätten damit eh nichts anfangen können. Für solche »Stoff-Schnäppchen« ging es teils mit der Heimleiterin, mit der ich mich angefreundet hatte, in den Keller. Wenn wir die steinige Kellertreppen hinunterstiegen, sah ich bereits im engen, seltsam muffelnden Kellerflur Unsummen an gestapelten blauen Müllsäcken. Diese schienen im lichtarmen Kellerraum zu vermotten. Fast jeder Sack trug einen anderen Namen. Gelistet wurden das Geburtsdatum sowie das Datum des Ablebens. Darin wurden Habseligkeiten aufbewahrt, für die sich nie wieder jemand zu interessieren schien. Für mich fristete in jedem dieser aufgereihten Blausäcke eine zusammengepackte Menschenseele. Eine schockierende Realität. (M)eine Erkenntnisfrage: Endet unser aller Leben in einem Müllsack? ...

Auf meinem morgendlichen Weg zum Salon gab es eine Bäckerei. Täglich lagen auf dem Tresen, bereits vorbereitet, zwei Butterhörnchen und eine Flasche kalter Kakao. Es dauerte nur fünf Sekunden, bis ich die Ware abgegriffen und in der Arbeitstasche verstaut hatte. Abgerechnet wurde zwecks Effizienz und Zeitmanagement nur einmal die Woche. Dann hielt ich mich jedoch gerne etwas länger auf, um auch der Bäckerin die Storys meines jungen, jedoch sehr bewegten Lebens zu erzählen.

Wenn man unten an der Kurve Olga-/Wilhelmstraße links abbiegt, befindet sich gegenüber (noch heute) im ersten OG ein Zahntechnikerlabor. Damals schienen bestimmte Mitarbeiter(innen) immer ausgerechnet dann eine Zigarette auf dem Balkon zu rauchen, wenn ich mit meinen täglich wechselnden Kostümoutfits um die lang gezogene Kreuzungsecke flitzte. Nicht selten quietschten Reifen an den Ampeln, weil ich – für die meisten unerwartet – »verkleidet« um diese Ecke sprintete. Es gab auch den ein oder anderen Auffahrunfall. Oft hörte ich nur noch das Keifen der jeweils Beschuldigten. Manche vermochten ihre Blicke nur durch eine verpasste Ampelphase und die sich daraus generierenden Hupkonzerte zu lösen.

Wenn ich im Salon um circa 9.45 Uhr die Treppe zum ersten Stock hochhechelte, wartete bereits eine weitere Kundin. Sobald ich ankam, entstand bei vielen diese sogenannte »Bussi, Bussi, kein Problem«-Mentalität. Bewundert wurden meine wiederholt länger gewordenen Haare sowie das (Karnevals-)Outfit des Tages. Meistens wurde flugs zur Kundenberatung gewechselt. Die Auszubildenden gebrieft, fingen diese viele Situationen bewusst oder unbewusst ab.

Wie bereits erwähnt: Zusatzbehandlungen waren unser Trick zur Zeit- und Umsatzgestaltung. Wegen eines dringend benötigten Kunden-Zeitmanagements wurden diese extensiven Zusatzbehandlungen teilweise gebraucht. Kunden schienen nicht so zeit- und budgetorientiert wie heutzutage. Irgendein Kunde oder irgendeine Kundin musste immer warten. Bis zu vier Kund(inn)en konnte ich zeitgleich bedienen. Manchmal artete das in puren Stress aus.

POSITIONIERUNG zum SEMINARLEITER

Seit Spätsommer 1984 war ich nun im Unternehmen KERTU, erst als Assistent, dann als Jungfriseur und mit der Saloneröffnung als deren Friseur auf der Stuttgarter Königstraße. Nachweislich hatte ich steigende Umsatz-, Kunden- sowie Resonanzzahlen. Es verstimmte mich, nicht mindestens für ein anstehendes KERTU-Kreativleiterseminar angefragt worden zu sein. Nicht einmal nominiert worden war ich für deren Seminarleiterausbildung, trotz (m)eines außergewöhnlich positiven Kundenechos. Mit der Benennung anderer Kolleg(inn)en war ich angesporn, mich zukünftig so zu positionieren, dass die KERTU-Inhaber über kurz oder lang auch meinen Wert würden erkennen müssen.

Foto: Heiko Wöhr

Aus einer gewissen Frustration heraus entschied ich, für eine der hippsten Diskotheken (m)eine Moden- und Frisurenshow zu organisieren. Klassenkameraden aus der Berufsschulzeit wollten mich hierbei unterstützen. Ich überzeugte meine Bekanntschaften, die ich in der Stadt neu geschlossen hatte, sich – sofern sie eine adäquate Haarqualität hatten – als meine Frisurenmodelle bereit zu erklären.

Eine Event-Zusage des »OZ«-Klubs bekam ich für den 12.12.1985. Der Türsteher war (m)ein Kunde und kam aus der damals aktuellen Musikszene der abflachenden »Neuen Deutschen Welle«. Unwissentlich hatte ich ihm für sein Plattencover die Haare geschnitten und frisiert. Noch heute

Foto: unbekannt

miteinander befreundet, findet er meine wechselnden Ambitionen und den Drang zur adaptiven Veränderung großartig.

Weil ich nicht nur Frisuren zeigen wollte, sondern eine Show im Kopf hatte, überlegte ich, dazu auch ein paar designorientierte Klamotten zu entwerfen. Das wollte ich, um den Showeindruck zu verstärken. Mit Bildern im Kopf kommunizierte ich meine Ideen, während ich Freunden in meiner kleinen Wohnung die Haare für das gemeinsame Ausgehen richtete. (M)ein Plan war, nicht nur eigene Frisurenideen und das passende Make-up zu repräsentieren. Diese Show sollte Aufsehen erregen sowie (m)eine regionale Handschrift vermitteln.

Sich vorzustellen, wie passende Outfits meine Frisuren unterstreichen, war nicht das Problem. Meine Gedanken umzusetzen und diese Wünsche anfertigen zu lassen, wurde zum Problem. Da ich pragmatisch kommunikativ bin und Ideen schnell mit Chancen und Möglichkeiten verbinde, traf ich im Nachtleben unerwartet auf eine entfernte Cousine, die sich als Schneiderin versuchte. Sie erkannte meine Showkollektion als ihre Gelegenheit zur Umsetzung. Eine aus der Umgebung kommende Friseur-Auszubildende, die sich ebenso fürs Nähen und Gestalten interessierte, wurde ihre

Kollegin. Wir hatten eine Vision und Vorstellung. Mit diesem Projekt wollten wir uns gegenseitig unterstützen.

Nicht mehr rekapitulieren kann ich, warum ich unbedingt Naturmaterialien für angedachte Designoutfits wollte. Ich denke, dass ich als Kind meist Polyester- und Polyacrylbekleidung trug; von natürlicheren Werkstoffen hörte ich immer nur. Die Idee, neue Kartoffelsäcke zu nutzen, entstand durch die Bauernhof-Herkunft. Mütterlicherseits war es aufgrund vieler Tanten und Onkel das Einfachste, nagelneue Kartoffelsäcke zu bekommen. Diese bestehen aus Jute, die optisch einem Leinenmaterial ähnelt. Jute gilt als umweltfreundliche Textilfaser. Aus welchem Grund auch immer sah ich dies als Designtrend. Den wollte ich positionieren. Mein Mantra: Aus einfachen Mitteln können organisch schöne Dinge gemacht werden!

Dass diese nur in Verbindung mit einem TShirt darunter getragen werden konnten, war eine erstaunliche Erkenntnis, als ich an mir einen Tragekomfort versuchte. Jetzt waren sie bereits gekauft. Genutzt und integriert wurden sie als (m)ein (Fashion-)Statement der Ökologie. Sowieso direkt in Stuttgart-Mitte arbeitend, hörte ich von einer Stoffabteilung beim gegenüberliegenden Galeria Kaufhof, ein inzwischen nur noch bedingt überlebendes Kaufhauskonzept. Dort würden Näherinnen, für mich waren das schon die Designer(innen), ihre Stoffe kaufen. Während (m)einer Mittagspausen machte ich mich hierzu auf den Weg. Zum ersten Mal in einer Stoffabteilung, war ich überwältigt von der Vielzahl an Möglichkeiten. Budgetorientiert entdeckte ich Seide auf der Rolle. Pro Meter für circa 1,50 DM. Das Wort »Seidenstoff« erinnerte mich an eine Aussage meiner Mutter (O-Ton): »Seidenkleider und Blusen können sich nur reiche Frauen leisten. Diese Stoffe sind sehr teuer und für uns nicht erschwinglich.« Ich stand jedoch vor unzähligen Ballen mit farbig aufgerollter Seide. Jeder Ballen mit der Preismarkierung von circa 1,50 DM pro Meter. Ich konnte mein Glück nicht fassen und erkannte, dass es in ganz Weiß und Tiefschwarz besonders schimmerte. Ich checkte meinen Geldbeutel mit dem darin enthaltenen Trinkgeld von gestern und jenem Morgen. Kurzum, ich hatte an diesen zwei Tagen schon mehr Trinkgeld eingenommen, als mich 20 Meter Ware kosteten. Ich bezahlte und zog mehr als glücklich von dannen. Meinen »Schneiderinnen« erzählte ich, dass ich supertolle Seidenstoff-Schnäppchen gemacht hätte. Wir müssten uns schnellstmöglich treffen. Mit ihrem Eintreffen, dem Präsentieren und der Analyse erklärten sie, dass ich nur Futterseide für Unterröcke gekauft hätte. Deshalb sei die Ware so billig. Ich kannte diese Unterschiede (noch) nicht. Nun war der Stoff jedoch gekauft. Jetzt musste er für meine Designvorstellungen herhalten.

Zum Kombinieren der Kartoffelsäcke hatte ich einen festen, eierschalfarbenen Baumwollstoff gefunden. Beim diesmal gemeinsamen Nachkauf von noch mehr Stoff stellten wir fest, dass ich Bezugsstoff für Möbel ausgesucht hatte. Trotzdem zeigte ich meinen Näherinnen, was ich mir vorstellte. In Heimarbeit setzten diese es nach bestem Wissen und Gewissen um.

Jedem verbreitete ich die Neuigkeit, dass in der dort hippsten Diskothek »OZ« bald (m)eine Frisur- und Modenschau stattfände. Die Schowfrisuren hatte ich bereits im Kopf.

Im Gespräch mit anderen wurde dies bereits als Erfolg wahrgenommen. Dafür bräuchte ich jedoch noch Plakate. Optimalerweise sollten die an den wichtigsten Plätzen der Stadt angebracht werden. Immerhin sollte die Disco voll werden. Möglichst viele, am besten ganz viele, müssten meine erste Show sehen.

Noch nie etwas von Grafikdesign gehört, kam ich mit meinem Wunsch einer Plakatidee zu einer Kundin, später lebenslangen Freundin. Sie brauchte so was öfter für ihr damals noch kleines, heute Europas größtes Tanzstudio. Während ich nicht nur ihr Aussehen, sondern bis heute ihre nonchalante Art bewundere, teilte sie mir mit, wie so etwas aussehen könnte. Kurzerhand bastelte sie mir eines. Sich nebenbei um den Tanzbetrieb kümmernd, kopierte sie mir 20 Plakate mit ihrem damals neuesten Schwarz-Weiß-Kopierer. Mit der Übergabe konnte ich es nicht glauben, dass mein Name in Verbindung mit einem Datum und einer der wichtigsten Nachtadressen auf (m)einem Plakat stand.

Ich war euphorisiert und musste noch in dieser Nacht durch die Stadt rennen, um es an allen hippen Locations anzubringen. Tagsüber hatte ich keine Zeit, da ich arbeiten musste. Viele dieser Läden waren sowieso nur abends oder nachts geöffnet. Meine größte Herausforderung war das Anbringen im damals hippen Trend-Café »Stella«. Ich hörte, dass sich dort die Kreativsten der Stadt trafen. Szenengerüchten besagten, dass sich mancher vorab die Hände in Farbtöpfe tunke, um Einlass zu bekommen und sich dann als ein regionaler Maler, Architekt oder Bildhauer zu positionieren. Geraucht wurde überall. Wer spätabends in diese Bars und Cafés kam, kämpfte sich nicht nur in den Wintermonaten durch Qualmwolken zum Barkeeper hindurch. Dieser dürfte hoffentlich entscheiden, ob überhaupt ein Plakat angebracht werden dürfe. Ich hatte Glück. Zwei Plakate konnte ich direkt neben der Eingangstüre anbringen. Keiner kann sich vorstellen, was das für mich bedeutete.

Je näher der Event-Termin rückte, umso nervöser wurde ich. Mittlerweile hatte ich schon sehr viel Geld ausgegeben. Einen Abend vor dem Event waren alle bereit, sich die Haare präparieren zu lassen. So wurde in dieser Nacht gefärbt, geschnitten und dauergewellt, was in meiner kleinen Wohnung möglich war. Unerwartet kurzfristig sagte mir eine damalig homosexuelle Nachtikone als ein zusätzliches Model zu. Er war mein direkter Nachbar, der mir meine ersten zwei Wohnungen vermittelt hatte. Als Krankenpfleger arbeitete er im gegenüberliegenden, zuvor erwähnten Altenheim. In seinem Privatleben galt er als ein regional akkreditiertes männliches Laufstegmodel. Unverhofft erklärte er sich bereit, für uns über den Laufsteg zu laufen. Mit seiner Größe und seiner filigranen, androgynen Schlankheit wirkte er geschlechtslos, auf seltsame Art wie eine Erscheinung. Wenn er einen Raum betrat, schauten alle auf. Seine weichen Gesichtszüge, speziell die Augen- und Lippenform, waren zu jeder Tages- und Nachtzeit präpariert.

Er war immer geschminkt. Er hatte einen Augenaufschlag, den ich bis zum heutigen Tag selten an einer Frau sehe. Wasserblaue Augen mit weich auslaufenden Augenbrauen sowie ein dichter und voller Wimpernkranz. Diese waren kontinuierlich blauschwarz gefärbt und zusätzlich getuscht. Seltsam, trotzdem spannend, waren seine Augen-Make-up-relevanten Lidoberflächen. Inzwischen etwas faltiger, trotzdem noch ein Hingucker. Die fielen mir, einem imaginär angehenden Visagisten, besonders auf.

Wenn er sich für die Nacht präsentierte, wirkte er wie aus einem Filmset, wenn auch sehr effeminiert. Er war kein Macho-Mann, auch wenn er dies des Öfteren zu glauben schien. Mit seiner Zusage würde er unseren bodenlangen schwarzen (Futter-) Seidenkimono tragen. Seine längeren und noch immer engelsgoldblond gefärbten Haare sollten schön lockig geföhnt werden. Keiner würde ihm etwas erklären müssen. Er würde vor Ort wissen, was zu tun war. Die anderen würden ihm folgen. »Was für eine Ehre!«, dachte ich.

Retrospektiv war er gegebenenfalls angetan von der ansteckenden Energie, die ich und meine Unterstützer(innen) zeigten. Inzwischen hatte er erkannt, dass alles genau so vonstattenging, wie ich es ihm während der Vorbereitungsphase wieder und wieder im Hausflur vorgeschwärmt hatte. Seine jugendlich besten Zeiten schienen vorüber, jedoch wusste ich, dass ihn viele aus dem Stuttgarter Nachtleben kannten. Als Hingucker, heute bekannt als »Influencer«, könnte er meinen Wert innerhalb der Szene steigern. Unsicher wie ich in vielerlei Hinsicht war, wusste ich, dass eine Hand immer die andere wäscht. Ein gegenseitiges Unterstützen kann kurzfristige, wenn nicht gar langfristige Vorteile haben.

Das Vor-Ort-Organisieren, das Koordinieren mit Musik und Choreografie und die eher sehr dunklen Lichtverhältnisse dieses Klubs waren eine unerwartete Herausforderung. Mein Kundenfreund, der Türsteher, positionierte sich auf Straßenhöhe. Nach Abgabe der Garderobe und mit dem Zutritt in den Barbereich, noch bevor es die Treppen nach unten in den Klub ging, hatte ich einen kleinen Stehtisch für die Kasse vorgesehen. Da ich im Klubbereich gebraucht wurde, erklärte sich ein mir eher unbekannter Typ bereit, sich um das Eintrittsgeld zu kümmern. Blindlings vertraute ich ihm.

Die Show schien ein Hingucker, insgesamt ein Erfolg. Als Bühnenoutfit hatte ich einen Männerrock aus jenen Möbelbezügen und Kartoffelsäcken. Szenengänger, die ich kennengelernt hatte, und KERTU-Friseure sowie Bekannte aus der Berufsschule waren gekommen. Ich durfte mich der Stadt präsentieren. Das gefiel mir. Wenn ich nicht über zukünftige Frisurenchancen und Modedesign sprach, plädierte ich für die Gleichheit von Frauen und Männern, vor allem was deren modisches Diktat als vormals allgemeine Norm anging. Ich war mehr für das Androgyne, wofür ich selbst stand.

Viele aus dem Publikum gratulierten uns für diese außergewöhnliche Leistung. Irgendwann fiel mir ein, dass ich dringend das Geld aus der Kasse brauchte, musste ich doch vor Ort die eine oder andere Person für die Event-Beteiligung bezahlen. In der Kasse waren sogar noch 30 oder 50 DM. Wo aber war das restliche Geld? Von der Bühne aus betrachtet, waren mindestens 90 bis 120 Personen im Klub. Auf Nachfrage bei bekannten Personen stellte sich heraus, dass der kurzfristig eingesprungene Kassenwart auf eine seiner weiblichen Bekanntschaften traf. Die fand er so klasse, dass er lieber mit ihr in den Klubbereich verschwand und sich unters Partyvolk mischte.

Dieses menschliche, eher männliche **»Stangenfieber-Syndrom«,** wie ich es von da an benannte, wiederholte sich später. Ohne Rücksprache mit mir zu halten, hatte er mit diesem plötzlich auftretenden »Stangenfieber« die Abendkasse verlassen. Jeder, der hereinkam, sah zwar die Kasse; da jedoch niemand kassierte, gingen alle nach unten in den Klub und setzten das gesparte Geld in Getränke um. Mindestens 2.500 DM kostete mich dieser Abend.

Auch wenn mich das unglücklicherweise eine Unmenge Geld gekostet hat, war die Erfahrung jeden Cent wert. Schon im Januar des darauffolgenden Jahres wurde ich von der KERTU-Leitung angefragt, ob ich mich nicht doch sofort als Seminarleiter ausbilden lassen wolle. Ziel erreicht!

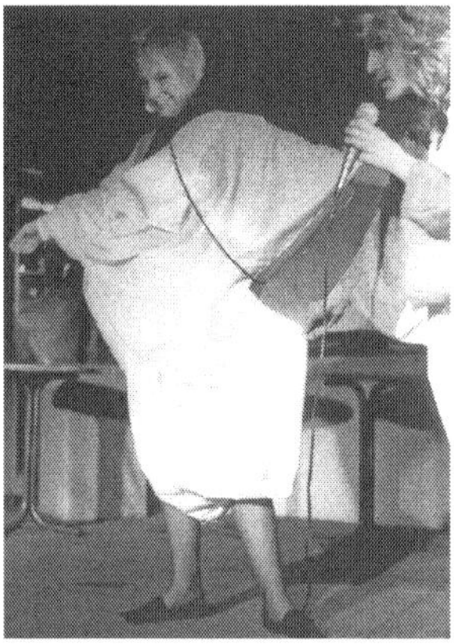
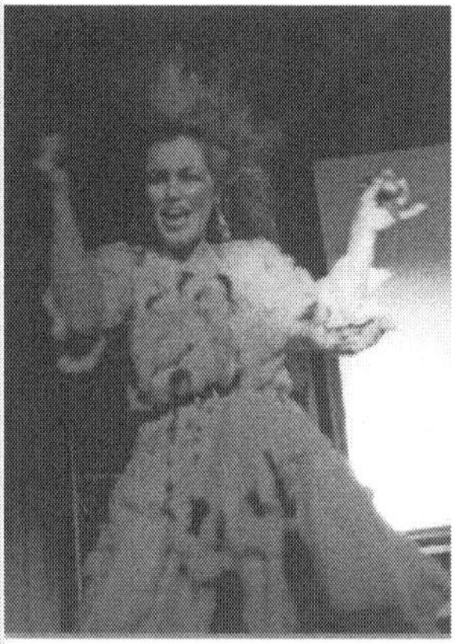
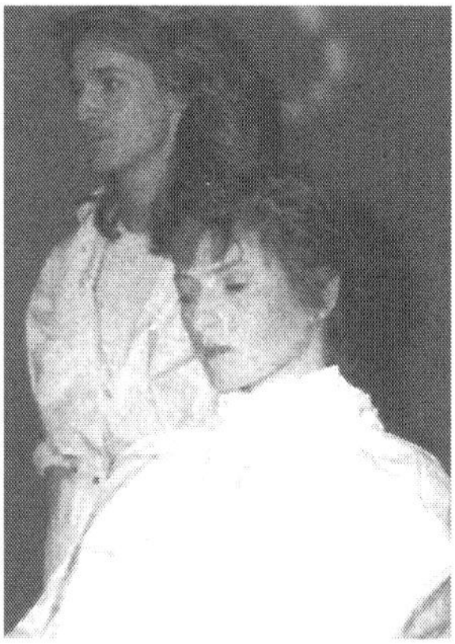
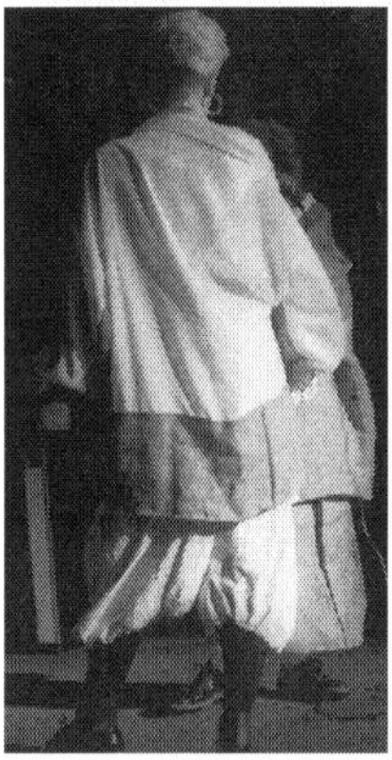
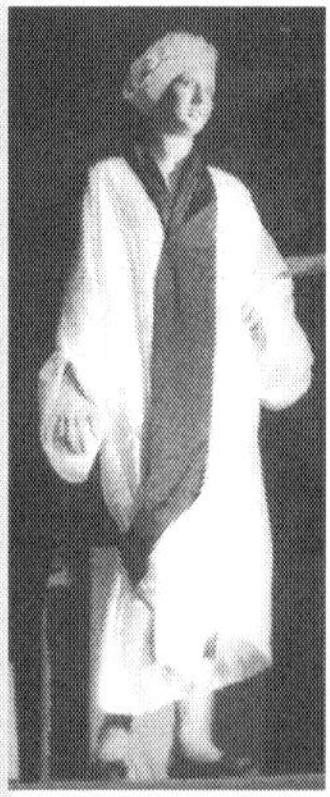
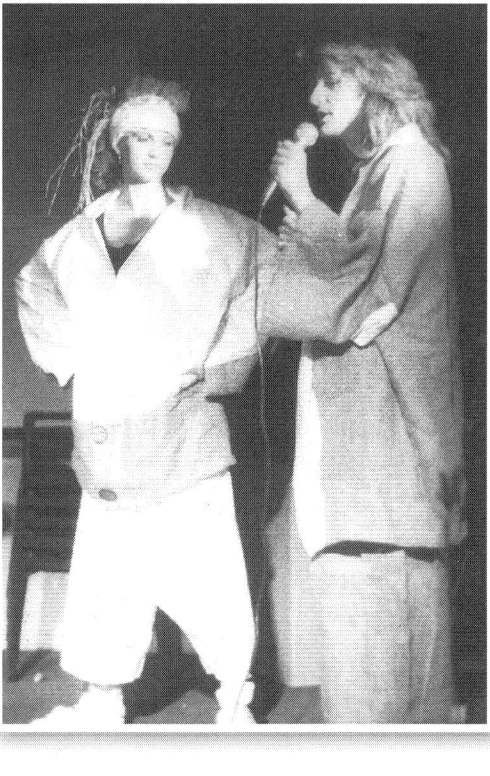
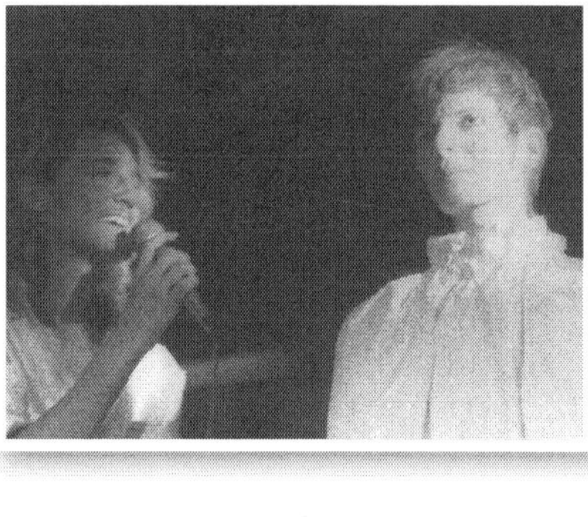

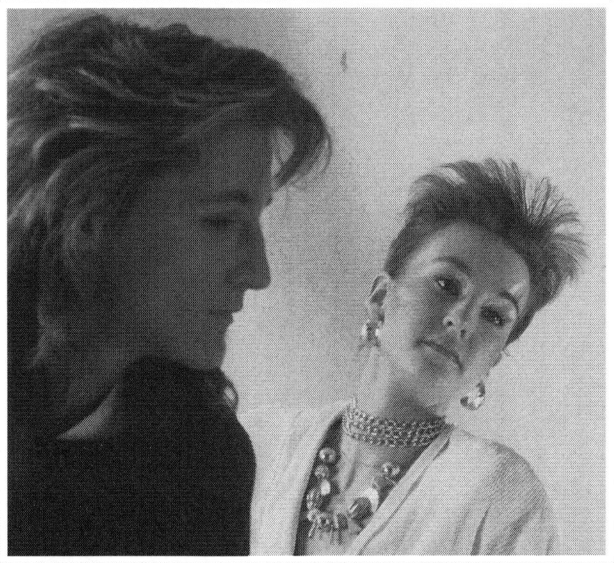
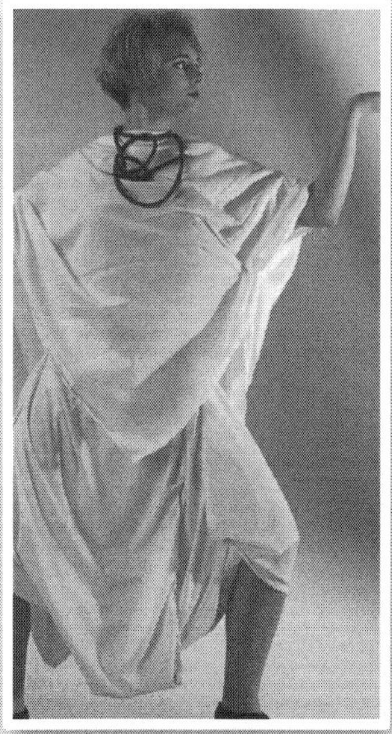
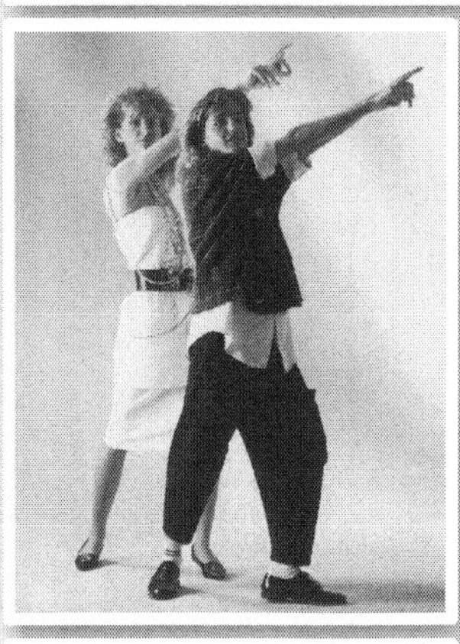
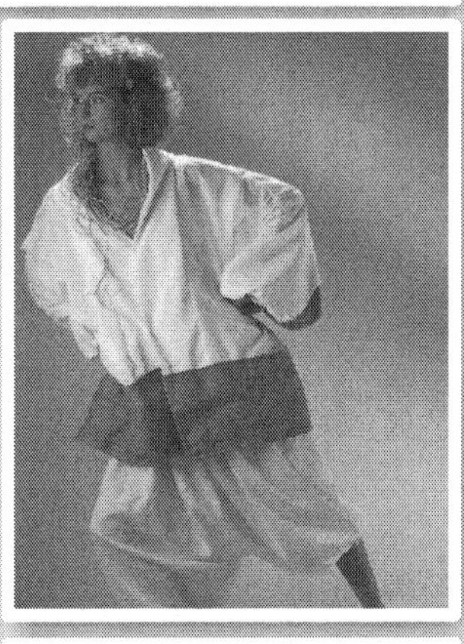
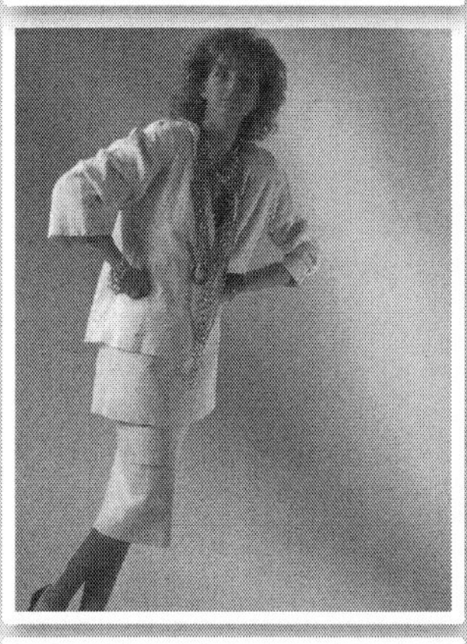
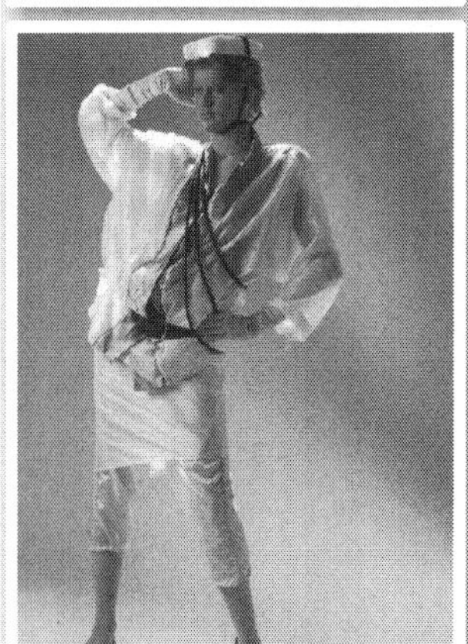
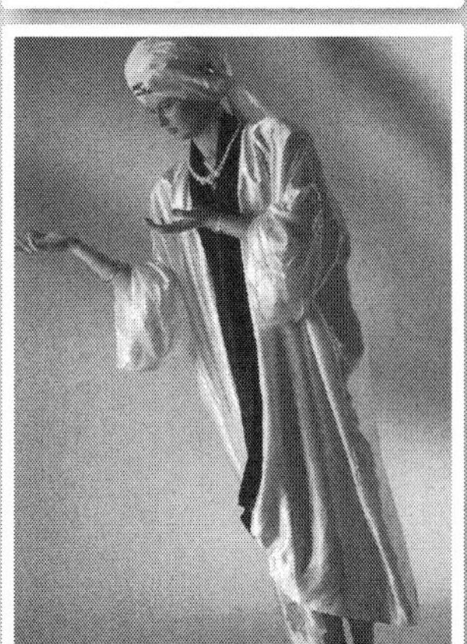
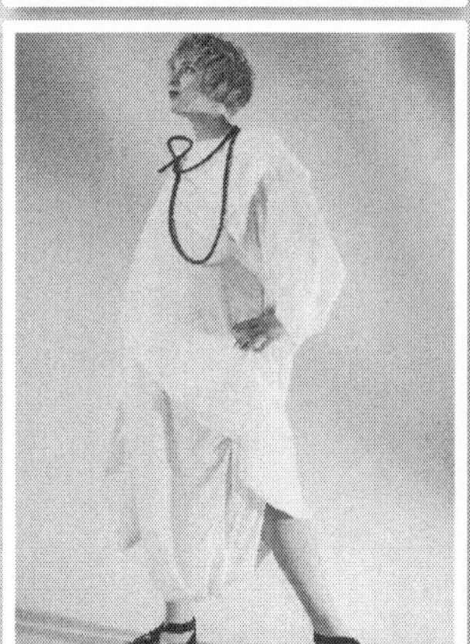

KURS- und SEMINARLEITER

Mit nur 19 Jahren wurde ich für einen Zusatzausbildungskurs vorgeschlagen, was ich sofort annahm. KERTU, ein Salongebilde und externes Schulungs- und Weiterbildungszentrum mit damals über 90 Prozent Friseurbekanntheit, war in den 80er-Jahren wie der Buddhismus gegenüber anderen Religionen.

Das analytische Haareschneiden, nach individuell vordefinierten Schnittmusterkonzepten, ist bis heute deren Kernkompetenz. Kurz gesagt: KERTU integrierte ein *Malen-nach-Zahlen-Erklärprinzip.* Die Friseurbranche kam, um Frisuren zu gestalten, vom Frisieren. Erste, deshalb neue Kundenerlebnisse entstanden durch das Schulungskonzept zum KERTU-Schnittfrisuren-Prinzip »Cut and Go«.

Zweimal jährlich wurden neue Trendkonzepte erdacht, definiert und ausprobiert; vorgestellte Ergebnisse in einzelne Schnitt- und Erklärpunkte aufgegliedert. Jeder sich verbindende Schnittpunkt musste sitzen, um an eine individuell gewünschte Frisurenform zu kommen. Klar definierte Ergebnisse wurden an alle Inhousetrainer und KERTU-Friseure vermittelt. Vorausschauende Frisurenkollektionen wurden an Angestellten oder uns befreundeten Kunde(inn)en ausprobiert. Abschließend wurden sie als hauseigene Frisurenposter und für Lehrbücher abfotografiert. Improvisiert wurden verschiedene Bildunterlagen sowie angepasste Schritt-für-Schritt-VHS-Lernvideos. Saisonorientiert erstellt, wurden wir proaktiv als Bühnenteams von L'OREAL sowie von

WELLA gebucht, meist für deren DACH-Regionen-, Messe- und Präsentationsshows. Bei diesen Events sahen uns Massen von Friseur(inn)en. Hierdurch generierten sich Nachfragen. Mit deren Interessenbekundung wurden wir teils als Vor-Ort-Seminarleiter zur individuellen Fort- und Weiterbildung sowie zu Salonschulungen verpflichtet. Das KERTU-Team war, wenn wir unsere neuesten Haarschnittkollektionen präsentierten, nicht nur branchenspezifisch super und war deshalb angesehen. Wir waren deutsche Stars der internationalen Friseurszene.

Innerhalb dieses sechsmonatigen Ausbildungsseminars, das immer abends und an den Wochenenden stattfand, ging es um die professionelle Vermittlung saisondefinierter Stylingkonzepte. Wir lernten die Abläufe von Seminarinhalten; was wir bei Vor-Ort-Auszubildenden, den Saloninhabern oder in der hauseigenen Schule zu tun, zu lassen oder gegebenenfalls zu regeln hatten. Wer diese Eignung zum Inhouseausbilder bekam, hatte Zugang zum KERTU-Kreativteam und dadurch Anspruch auf dessen Aufbauschulungen, die zweimal im Jahr parallel angeboten wurden. Dort wollte ich dabei sein.

Vieles hatte mit purem Idealismus zu tun. Erfolgreich das Schulungsleiterseminar abgeschlossen, wurden wir mit kurzer Vita auf die Liste der buchbaren Seminarleiter gesetzt. Ich war gerade mal 20 Jahre alt, somit einer der jüngsten Seminarleiter im deutschen Friseurgewerbe. Unterschiedliche Seminarangebote boten unterschiedliche Themen. Unterschiedliche Seminarteilnehmer boten unterschiedliche Erfahrungswerte. Auch diese Lebens-(Lern)phase bot mir eine Vielzahl von Eindrücken, Chancen und Möglichkeiten.

Ich erfuhr viel Neues und konnte mich mit meiner Kreativität einbringen. Nebenbei entstanden allererste Make-ups. Inhouse Umsetzen durfte ich diese für die jeweils anstehenden Kollektionspräsentationen. Bis heute sind sie als gedruckte Versionen zu sehen. Durch den stetig wachsenden Abverkauf branchen-bekannter Frisurenposter sowie Frisurenbücher erkannte ich den Mehrwert (m)eines nachweisbar Geleisteten.

In gebuchten Salons hingen oftmals durch uns erarbeitete Fotoplakate. (M)eine Erkenntnis: Eine gelungene Kundenfrisur war mit dem Waschen der Haare zerstört. Eine gelungene Fotofrisur und deren Make-up-Look blieben. Das faszinierte mich.

Fotos: Heinz Legler / Hans Kollmer / Claus Rudolph

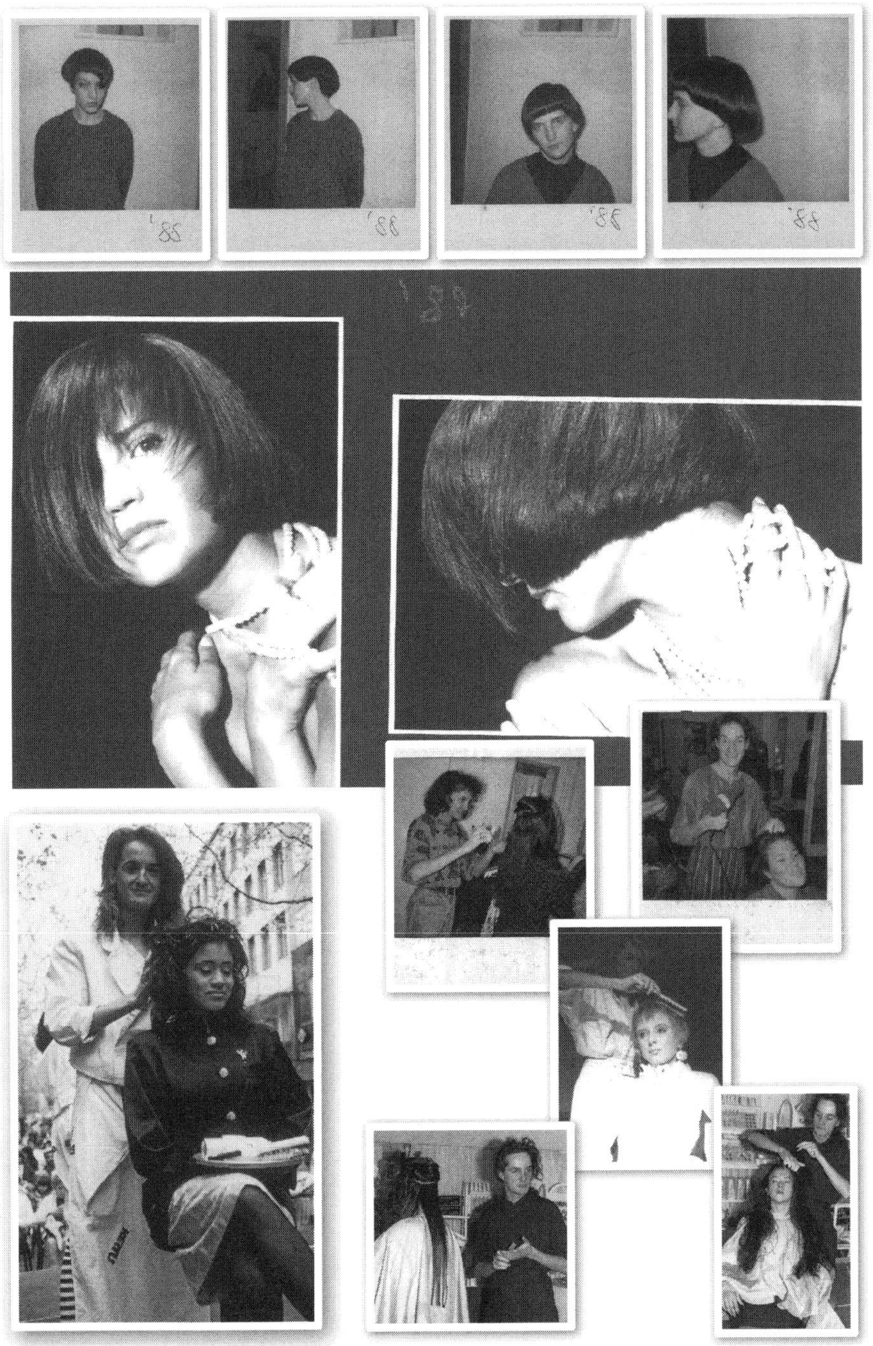

EVENTFRISEUR

Foto: Uwe Seyl

Meine Frisurenkollektionsshow zum Jahreswechsel 1985/86 musste sich herumgesprochen haben. Von der noch heute aktiven und langjährig befreundeten Besitzerin der New York City Dance-Tanzschule werde ich bis dato zur Unterstützung von deren oft showähnlichen Event-Tanzperformances und Fotoproduktionen angefragt. Über die Jahre hinweg befreundet, vermittelte sie mir erstmals ein damals prestigeorientiertes Zusatzimage. Der alljährlich stattfindende Präsentations-Event der staatlichen Modeschule Stuttgart fand als Jahreshighlight im Ballsaal des Stuttgarter neuen Schlosses statt. Als Choreograf wurde ihr damaliger Mann, ein ehemals begnadeter US-Stepptänzer, zum jahresüblichen Klassenabschluss engagiert.

Nicht nur die Eltern der angehenden Designer(innen) durften erfahren und sehen, was die Mode-Abschlussklasse gelernt hatte. Eingeladen waren auch Vertreter der Handwerkskammer sowie Stadträte und Städterätinnen. Zur Unterstützung sollten wir den Schüler(inn)en die Haare stylen. Dafür wurde ich im Speziellen angefragt. Die jungen Schneider(innen) kamen vorab in unseren Salon, um für diesen für sie wichtig anstehenden Event präpariert zu werden; die eine oder andere sogar direkt zu mir nach Hause. Die Frisuren, die sie dafür bekamen, waren für viele die wildesten. Als Inspirationen galten die Rockröhre Tina Turner, eine Grace Jones oder die deutsche Adlige Gloria von Thurn und Taxis. Die meisten waren froh, durch uns eine modische Frisur zu bekommen. Während ich mich beim Probeablauf um die Haare kümmerte, wies ich die angehenden Designer(innen) an, sich in den angrenzenden Toiletten doch bitte selbstständig ein Make-up zu erstellen. Zusammenhängend erkannte ich, dass es auch hierfür Bedarf gab. Viele ahnten oder wussten nicht, was für eine Wirkung ein Show- oder Bühnen-Make-up gegenüber einem sonst üblichen Tages-Make-up brauchte. Wenn ich es selbst auch nicht wirklich wusste, so hatte ich doch zumindest eine Vorstellung davon.

Während ich mich bei ebenjenen Vorbereitungstrainings um deren Haare kümmerte, schaffte ich es vorab bei der einen oder anderen, zusätzlich ein bisschen Make-up aufzutragen, somit anzutesten. Nachdem ich von Klassenkolleginnen eine positive Resonanz bekommen hatte, drängten sich mir die anderen regelrecht auf, auch weil es für eine Gesamtbildwirkung wichtig wurde, denn auf der Bühne sollte ein harmonischer, vor allem durchdachter Eindruck entstehen. Bis zur Hauptshow hatte ich mich mit knalligen Sprühfarben aus der gerade aktiven Karnevalszeit eingedeckt. Zeiteffizient agierend, setzte ich diese großzügig bei den wichtigsten Showhighlights ein. Zu granatrot-orangenen Abendkleidern gab es granatrot-orange besprühte Haare und Gesichtspartien. War viel Glitzer im Outfit, gab es auch viel Glitzer für die Haare. Beim Präsentieren dieser Outfitserien konnte wir hinter der Bühne sogar die »OOOOHHHHSSSS« und AAAAAHHHs« der Zuschauer (innen) hören. Im Anschluss an die Hauptshow wollte jeder wissen, wer für die Frisuren und das Make-up zuständig war. Abermals konnten Visitenkarten verteilt werden. Eine Mund-zu-Mund-Propaganda die effizienteste Marketingstrategie.

Bei diesen Jungdesigner(inne)n stieß ich mit meinen personalisierten Outfitwünschen auf offene Ohren. Ständig mit Mode-Designvorstellungen konfrontiert, hatte ich fortlaufend Bekleidungsfragen, -wünsche und -vorstellungen. Beidseitig hoch motiviert, wurde vieles nach dem Prinzip der Gegenleistung verarbeitet. Zunehmend ging es mir, auch im zu bestehenden Arbeitsalltag, um einen ganzheitlicheren, mindestens koordinierteren Look. Wenn wir im Sommer mitten auf der Königstraße eine monatliche Endkunden-Promotion-Show veranstalteten, wurde dadurch unser Salon auch für kleinere Designer- und Boutiqueshows zur Assistenz angefragt. Hierdurch wurde (m)ein Interesse geweckt, auch wegen einer speziell gewünschten Make-up-Unterstützung. Neue Themen- und Koordinationsstyling-Chancen interessierten mich. Vor allem erweiterten sie meinen Branchen- und Erfahrungshorizont. Schlussendlich machten sie mich und mein Arbeitsumfeld interessanter.

Im KERTU-Kreativteam, trotzdem ich das Haareschneiden liebte, kristallisierte sich innerhalb der Arbeits- und Aufgabenverteilung heraus, dass ich mich vermehrt um ein passendes Make-up zu kümmern hatte. Meine Kolleg(inn)en interessierten sich eher für die neuesten Entwicklungen in Frisuren-, Färbungs- und Dauerwellentechniken.

In den Vordergrund trat, zumindest für mich, ein saisonal dazu passender Make-up-Look. Vermarkten wollten wir dies zusätzlich als einen Themenlernpunkt. Im KERTU-Team wollte ich dies als (m)eine Kernkompetenz positionieren. Naiv, jedoch fasziniert davon, arbeitete ich mich Schritt für Schritt an das Thema heran. »Learning by doing« durch »trial and error«, wie es der/die Amerikaner(in) nennt. Die Kunst bestand darin, die jeweils individuelle Anzahl der Modelle in Verbindung mit der vorhandenen Zeit als einzeln zu erstellende Make-ups hinzubekommen. Relativ schnell erkannte ich, dass die Looks möglichst an allen Modellen identisch zu sein hätten und trotzdem eine saisonal erkennbare Handschrift brauchten. Gleichzeitig sollte/musste die Individualität eines jeden Models hervorgehoben werden, ohne dass die Wahrnehmung eines Make-up-Looks aufgesetzt wirkte. Obwohl Ende der 80er-Jahre die Trendrichtungen oft aus den erfolgreichen TV-Serien »Denver« und »Dallas« kopiert wurden, empfand ich diese als zu schrill und zu maskenhaft, vor allem als zu zeitintensiv. Zeit ist immer schon das größte Problem. Auch wenn jeder täglich 24 Stunden zur Verfügung hat, scheinen diese jedem knapp kalkulierbar. Für unsere zahlreichen Shows brauchten wir viele unterschiedliche Modelle, auch Herren-Frisurenmodelle. Mitunter tanzten die inzwischen befreundeten New York City Dance Company-Tänzer(innen), die von mir für extra choreografierte Shows geschminkt wurden. Unterschiedliche Herausforderungen bedurften unterschiedlicher Herangehensweisen.

Natürlichere Looks ergaben sich aufgrund meines Unwissens sowie der vor Ort begrenzten Zeit. Hin und wieder beinhaltete dies nur eine Make-up-Grundierung und einen daraus resultierenden Look, der heute als »No Make-up«-Look oder »Nude Make-up«-Look bekannt ist.

Fotos: Hans Kollmer

Da ich keinerlei Grundausbildung zur routinierten Applikation von Make-up hatte, entstanden Ablaufsituationen, die ich bei einer kommenden Produktion gerne optimiert, nicht wiederholt sehen wollte. Wichtige Analysen entstanden durch Arbeitsprozesse – dann zum fehlerreduzierteren, viel später zum gänzlich fehlereliminierenden Arbeiten. Vor Großevents helfen sollten Schritt-für-Schritt-Umsetzungen, die sich vermehrt ritualisierten, zumindest die zuvor gemachten Fehler- und Problemquoten minimierten. Denn Fehlapplikationen können zu Zeiträubern werden.

Schlussendlich ging es um die zu optimierende Zeit- und Applikationseffizienz: Welche Abläufe helfen, um niemals rückwärts, sondern immer nach vorn gerichtet zu arbeiten?

Hilfreich hierzu kam – in Anlehnung an deren Problemlösungsstrategien und Optimierungsmöglichkeiten – das Kundenumfeld unserer regionalen Autoindustrie. Mit deren entstehender Prozessautomatisierung ging es während vieler Kundengespräche teils um dortige Produktionsabläufe; sprich um neu zu rationalisierende, trotzdem effizienzbasierte Arbeitsstrukturen. Aus deren kommunizierten Kerngedanken zog ich Parallelen. Nachdem ich deren Image- und Strukturaufbau erkannt hatte, verglich ich uns/mich mit ihnen. Diese Autos waren, damals sowie heute, grundsätzlich sicher, modern, zukunftsorientiert, trotzdem pflegeleicht. Ähnlich unseren Frisuren verkörperten sie, mit ihren Designlinien, den hochpreisigen Massengeschmack.

So wie sie war ich ebenfalls anständig, zielstrebig und dem Zeitgeist entsprechend designlinienorientiert, zudem verlässlich. Würde meine Arbeitsweise Jahrzehnte später noch mit einem »schwäbischen Auto« verglichen, müsste ich innerhalb der Gesellschaft ein gutes Standing bekommen. Diese Metapher passt noch heute – gerade derzeit, wo vermehrt die »Lauten«, nicht unbedingt die »Liefernden«, immer mehr Gehör finden.

Erstmals realisierte ich die tatsächlichen Unterschiede zwischen Tages-, Studio-, Film- und Bühnen-Lichtsituationen.

Verschiedene Arbeits- und Umsetzungschancen nahm ich mit allen Sinnen durch eine ständige Anwesenheit wahr; erkannte, weil wachsam und parallel trainierend, was für (Aus-)Wirkungen Licht und Schatten haben. Ich begann zu realisieren, dass Lippenstiftfarben durch Lichteinwirkung im Gedruckten anders wirken können, als ich es mit meinen Augen unter dem jeweiligen Schminklicht oder von der Kamera aus gesehen und wahrgenommen hatte. Bestätigend begriff ich dies durch die ersten Belegexemplare meiner Arbeiten in Zeitungen, (Frisuren-)Broschüren und Katalogen, auch durch erste VHS-Frisurenerklär-Videos. Mit diesen stetig wachsenden Erkenntnissen verstand ich, vorab zu entscheiden, worauf bei welcher der vielen Produktionen am meisten geachtet werden musste.

Make-up hatte für Zuschauer bei entfernter Bühnenpräsentation kräftiger, hierdurch erkennbarer zu sein – das sogenannte Distanzschminken. Wenn es sich um Nahaufnahmen, also um Beautyaufnahmen für unsere Foto- oder Videoproduktionen handelte, sollte es reduzierter, eher lichtoptisch optimierter wirken, da noch für eine analog übliche Kameratauglichkeit gebraucht. Angedachte Make-up-Looks konnten in später erscheinenden Broschüren eine nicht gewollte Fotowirkung entfalten. Die Frage, die sich immer wieder stellte, war: Wie kann ich mehr Routine erlangen, um schneller, zeiteffizienter und vor allem sicherer an gewünschte Ergebnisse zu kommen?

FÜNF-MINUTEN-MAKE-UP am KUNDEN

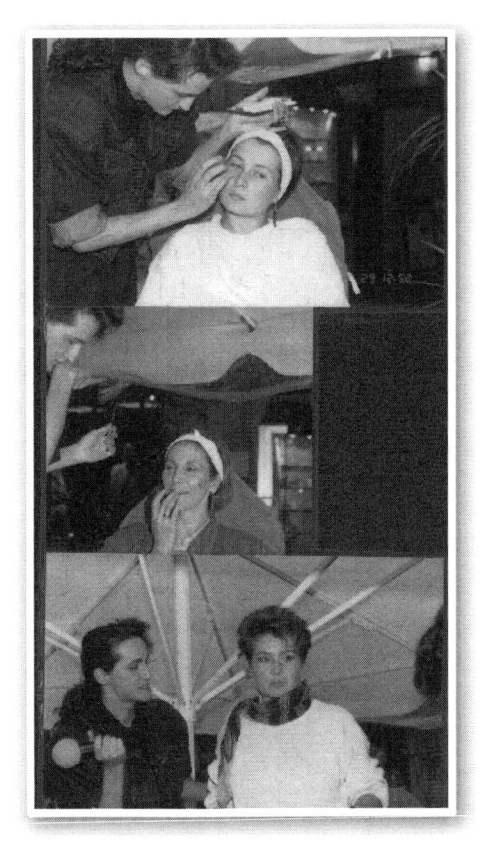

Mit unserer Salonleiterin in sehr gutem Kontakt, überlegten wir, ob nicht auch eine Kundinnen-Dienstleistungsakzeptanz für Fünf-Minuten-Make-ups bestünde. Unsere Intention: ein individueller Touch-up-Look, konzipiert hauptsächlich für die Damen, die ihre farblich angepassten Konzeptfrisuren erhielten, angeboten im Anschluss an die neueste Frisurenerstellung, noch vor dem Bezahlvorgang. Diese Damen sollten sich hierdurch noch wohler fühlen und sich daraufhin ungenierter, am besten selbstbewusster auf die Straße wagen oder gerne ins Café, mitunter zum Shoppen gehen.

Von der Salonleitung genehmigt, nutzte ich die Chance, in jeweils fünf Minuten eine Gesichtsfrische zu zaubern. Dieses Training half, schneller die zu erlernenden Routinen zu erlangen. Ein garantiert sauberer Umgang mit Pinseln und Schwämmchen ließ erkennen, wie wichtig daraus entstehende Hygiene-Herausforderungen wurden. Für aufeinanderfolgende Anwendungen erschien mir jedoch diese Applikationsform nur bedingt sicher, nicht garantiert hygienisch.

Ich begann, die meistverwendeten Schminkprodukte mit meinen Händen und Fingerspitzen aufzutragen. (Bis heute bin ich einer der wenigen, der dies so handhabt.) Im Beisein der Kundinnen konnte ich diese immerzu waschen, vor allem desinfizieren. Die kontinuierliche Wiederholung ermöglichte eine herausfordernde Kundenanalyse hin zur Grund-Make-up-Basisroutine. Ich lernte, immer effizienzstrukturierter zu arbeiten. Am Ende definierte ich hierüber unterschiedlichste Gesichtsstrukturen, erkannte diese nach jeweils markantesten Eckdaten. Alles nach dem bekannten »Malen-nach-Zahlen-Prinzip«.

PRIVATE TEST- UND ERGEBNISVERSUCHE

Immer mehr Anfragen entstanden für kleinere Bühnenevents und Fotoproduktionen. Dafür wollte ich besser, vor allem noch schneller, nebenbei ökonomischer werden. Ich fragte Freundinnen, ob ich sie in meiner Freizeit für ihre anstehenden Events schminken dürfe. Die meisten sagten begeistert zu. Bei dieser Gelegenheit traf ich auf eine alte Kindheitsfreundin. Während meiner Ausbildungszeit hatte sie mir immer mal wieder als Haarschneidemodell zur Verfügung gestanden.

Im Dunstkreis der 70er- und 80er-Jahre von »Wir Kinder vom Bahnhof Zoo« war sie, aufgrund ihrer zwischenzeitlichen Heroinsucht, nicht nur gesundheitlich, vor allem wirtschaftlich angeschlagen. Mittlerweile auf Drogenentzug, war sie offen für Neues. Fast ungefragt ließ sie auf unterschiedlichen Ebenen einiges mit sich umsetzen. Weil sie nicht nur für visuelle Veränderungen empfänglich war und sich nicht nur für kosmetische Themen interessierte, wurde sie, auch wegen der nebenbei entstehenden Gespräche, zu meinem favorisierten Schminkmodell, auch um sie am sinnsuchenden Lebensalltag teilhaben zu lassen. Sozusagen wurde Sie meine Schritt-für-Schritt-Erlernmuse.

Fast jedes Wochenende hatten wir neue Ideen, die ich an ihr versuchen und ausprobieren wollte. Teils fotografisch umgesetzt wurden diese durch ihren mir noch unbekannten Hobbyfotografen-Freund. Mit dessen einfacher Kamera entstan-

Fotos: Heiko Wöhr

den erste konzeptionell erarbeitete Modestyle-Fotos. Diese kreativen Zusammenkünfte bereiteten nicht nur ihr sehr viel Spaß; am Ende war es für uns eine Art Beschäftigungs- und Erfahrungstherapie. Als ich ins Ausland ging, war sie clean und ist das bis zum heutigen Tag. Trotz ärztlicher Bedenken gebar sie eine mittlerweile erwachsene und vor allem gesunde Tochter. Wo ein Wille ist, da ist auch ein Weg, um aus (gesellschaftlich) schwierigen Situationen herauszukommen!

LAUFSTEG- und MODEL-ERFAHRUNG

Soziologisch hatte sich Stuttgart in den 80er-Jahren bewegt. Erstmals schienen sich in der breiteren Masse alte, oft verkrustete Vorstellungen und Strukturen aufzulockern. Auf der Königstraße konnte jeder Szenegänger den sogenannten Punks, Poppers, Müslis, Gothic-Kultur, Teds und New Wave begegnen. Unterschiedliche Musikrichtungen spiegelten sich im Gesellschaftsbild wider, auch im modischen Ausdruck. Wer etwas auf sich hielt, versuchte sich mindestens einer Strömung unter- und/oder zuzuordnen.

Eher zufällig befand ich mich in dem für mich schwierig erreichbaren Club Perkins Park. Während ich mit Freunden in dem glasumwandelten Foyer mit Blick über die Stadt stand, schwebte mit wehenden Fahnen eine völlig tiefschwarz aufgedonnert gekleidete mit gefühlt hunderten Goldketten behangene Entourage herein. Mit turbanähnlichen Kopfbedeckungen waren sie dazu außergewöhnlich grell-bunt geschminkt. Zusätzlich hyperparfümiert.

Eindeutig nicht aus unserer Region. Impulsiv musste ich an US-Rockstars denken. Nachdem sie ihre Plätze eingenommen hatten, wurde mir im Verlauf des Abends deren erkennbarer »Anführer« vorgestellt: Gerry Kelly aus Irland. Ein Ibiza-Designer sowie Boutiquenbesitzer und späterer »Miami South Beach«-Nachtklub-Impresario.

Aus welchem Grund auch immer gedachte er in Stuttgart zu überwintern. Er wollte den Stuttgartern wohl etwas mehr Mode und Style zukommen lassen. Seine Truppe, heute als »Follower(innen)« tituliert, strotzte von multikulturellen Schönheiten, die wir Nachtschwärmer aus dem regionalen Nachtleben nicht kannten.

Nachts regelmäßig unterwegs, versuchte ich, um besser mit ihm in Kontakt zu kommen, mich in seiner Nähe aufzuhalten. Mir gefiel, dass er modische Ansätze zeigte, wie sie mir zeitweise vorschwebten. Da er schon etwas älter war, vor allem aber wegen seiner internationalen Modeerfahrungen, hatte er bereits eine Schippe draufgelegt. Er schien sehr schnell zu verstehen, dass ich einer der Topfriseure der Stadt war. Er dachte sich sicherlich, dass ich alles, was ich Außergewöhnliches erlebte, meinen Kund(inn)en erzählte.

Mit (s)einem leicht lispelnden Zungenschlag fragte er mich eines Abends, ob ich mir vorstellen könne, ihn bei (s)einer ersten in Stuttgart anstehenden Modenschau zu unterstützen, hier im Perkins Park, im »Klub der Reichen«, wie ich diesen nannte. Er musste nicht zweimal fragen.

Zum Abend der Vorbereitung musste alles besprochen, dafür koordiniert werden. Um seine Entwürfe zu präsentieren sollten die Modelle, hauptsächlich regional ausgesuchte Freunde und Freundinnen, über die nur 30 Zentimeter breite, mitten im Klub positionierte Bartheke wandeln. In gebrochenem Deutsch, kombiniert mit Handzeichen und Körpersprache, sortierten wir angedachte Frisuren. Die Modelle probierten ihre vorsortierte oder kurzfristig umdisponierte Aufmachung, meist in Kombination mit ihren teilweise mitgebrachten Schuhen. Viele der Outfits erinnerten an den täglichen Look des Designers und seiner Musen, meistens wallende Gewänder in Verbindung mit handbestickten Brokatgürteln. Diese waren wiederum, mit für mich erkennbaren Gardinen-Raffhalter-Quasten baumelnd, um deren Taillen geschnürt. Testweise wurden ihnen dazu Ladungen überlanger Meterwaren-Falschgoldketten umgehängt. Für erste Choreografieversuche mussten sie in angedachten Outfits Probe laufen. Zuerst sieben lange Stufenabschnitte hinunter in Richtung Tanzfläche, dann über fünf sehr kurze Treppenstufen hoch auf diese sehr schmale, im Zickzack verlaufende Bartheke, möglichst, ohne dabei ständig auf diesen Counter zu schauen.

Eines seiner ausgesuchten Mädchen schien keinerlei Präsentationsanforderungen zu entsprechen, weder ihre Gesamterscheinung noch ihr nicht erkennbarer Wille noch ihre Art zu laufen. Selbst ihre Haare waren chemisch so sehr von Dauerwellen und Farbsträhnen misshandelt, dass es mir gedanklich schwerfiel, ihr eine Frisur zu erstellen. Während darüber hinter ihrem Rücken getuschelt wurde, war für mich klar, dass (s)eine (auch mich repräsentierende) Show an Image verliere, solange dieses Mädchen seine Looks präsentierte. Im eher konservativen Stadt- und Nachtleben wollte ich nicht, dass er sich in meinem Beisein in diesem exklusiven Klub lächerlich machte. Immerhin trug ich diesen »schwäbisches Auto«-Qualitätsgedanken.

In meiner Art der direkten Argumentation, ohne groß darüber nachzudenken, stellte ich in Aussicht, dass ich lieber als Frau verkleidet über diesen Laufsteg liefe, als dass diese für mich unqualifizierte Person sein in meiner Wahrnehmung international aufgebautes Image zerstörte. In der Runde wurde es mucksmäuschenstill. Alle Umstehenden schauten mich mit großen Augen an, bis er in seinem lispelnd gebrochenen Englisch-Deutsch mein soeben ausgesprochenes Angebot wiederholte. OTON: »Wurrrdest du wurrrklich als ein Frrrau geschminkt mein Kollekkktion vorrrfuhren?« Ich sagte spontan »Ja«, ohne mir der Konsequenzen bewusst zu sein. Ich wusste nur, dass ich sehr schlank war und deshalb in eine Model-Konfektionsgröße 34 passte.

Sehr viel längere, dichtere und vor allem gesündere Haare als manch eine der Anwesenden hatte ich allemal.

Kaum ausgesprochen, schienen alle von dieser Idee angetan, teilweise waren sie sogar begeistert. Alles drehte sich jetzt nur noch darum, wie ich in den verbleibenden 18 Stunden dafür präpariert würde. Die anderen Models mussten jetzt warten. Aus dem Stegreif entschied der Designer, dass er mir ein exklusives Kleid schneidern wolle. Er forderte mich auf, nachdem seine Assistentin einen eilig herbeigebrachten Stoffballen auf der teilweise noch von Cola verklebten Tanzfläche ausgerollt hatte, dass ich mich bitte, wie ein X mit ganz weit ausgetreckten Armen und Beinen auf die Rückseite dieses Stoffes legen solle. Im Nu stand er mit seinem *kaftan*ähnlichen Gewand über mir. Um meinen Körper herum zeichnete er mit Kreide auf die Innenseite des Stoffes eine großzügig verlaufende Linie, in etwa so, wie das sonst nur für Rekonstruktionszwecke bei Mord und Straßenunfällen angefertigt wird. In 60 Sekunden war dies erledigt. Ich durfte wieder aufstehen.

Seiner Assistentin übergab er den von ihm bemalten Stoff, die ihn anschließend im Halbdunkeln im Klubsessel sitzend entlang der vorgezeichneten Linien ausschnitt. Bis zum folgenden Abend hatte sie diese Stoffbahnen zusammengenäht. Am Showabend würde dieser bläulich schimmernde Stoffsack durch jeweils vier Schulterpolster und eine eng geschnürte Brokatgürtel-Taille an Form gewinnen. Noch nie einen Modedesignprozess erlebt, erstaunte es, mit welch einfachen Mitteln Haute Couture, zumindest in Irland und auf Ibiza, produziert zu werden schien.

Da ich jetzt als eines seiner Models fungierte, übernahm ein Friseurkollege die Umsetzung der bereits besprochenen Showfrisuren. Zudem kannte dieser (s)eine Schuhhausbesitzerin. Dort kauften wir nach Mitternacht, durch den Hintereingang eingeschleust, noch ein paar klassisch schwarze 7,5 Zentimeter hohe Pumps. Mir war klar, dass ich darin laufen könnte. Immerhin hatte ich als Kind heimlich im Vorraum unseres Obst- und Kartoffelkellers auf dem festgestampften, jedoch gut erhaltenen Naturboden die 60er- und 70er-

Travestie mit Schwester alias Mary & Gordy

Jahre-Glitzerschuhe meiner Mutter probiert. Wenn »Mutter« nicht zu Hause war, lief ich darin oft stundenlang auf und ab, allein wegen des Gefühls. Zudem wusste niemand, dass ich mit meiner Schwester schon während meiner Ausbildungszeit die Kirchen- und *ADAC-Clubgemeinden* meiner Eltern durch Travestieshows alias *Mary & Gordy* unterhielt. Während der Faschingszeiten hatten wir diese immer als Showact parodiert. *Meine Schwester* interpretierte Play-back-Songs von *Heino* oder den damaligen Welthit von *Nena mit 99 Luftballons*. Ich imitierte zum Beispiel *Nana Mouskouris »Weiße Rosen aus Athen«* und andere weibliche Personen.

Am Showabend erschien ich ungeschminkt und mit nassen Haaren als Alexander. Ich verschwand in (m)einer kurzfristig für mich aus Stofftüchern abgehängten Garderobe mit neonkalter Deckenbeleuchtung und einem sehr kleinen Wandspiegel. Durch (m)eine verinnerlichte Make-up- und Haarstyling-Vorstellung mutierte ich in erstaunlich kurzer Zeit, damals noch bartlos, zur »Alex«, meinem von da an neuesten Alter Ego. Je näher dieser erste Auftritt rückte, umso nervöser, zittriger und unsicherer wurde ich. Würde ich meinen eigenen Vorstellungsanforderungen standhalten? Die Lippen nochmals optimiert, ohne dass sie übermalt wirkten, war ich positiv überrascht bezüglich meines Frisurenergebnisses. Mit meinen Friseurerfahrungen generierte ich (m)ein Haarvolumen, das ich bis dato nur von meinen Kundinnen kannte. Diese Adaption hatte (s)eine Wirkung.

Die Begeisterung hinter der Bühne war, als ich aus meinem engen Eckbereich hervorkam, schon solch ein Erfolg, dass ich mit dieser Bestätigung an Sicherheit gewann. Das am Vorabend entworfene mitternachtsblaue Samtvelourskleid aus Gardinenstoff mit den überdimensionierten Schultern und der eingeschnürten Wespentaille sollte nur einer meiner Auftritte werden. Im Dreißigsekundentakt wurde ein Model nach dem anderen angesagt. Über die DJ-Mikrofonanlage wurde ich mit dem lispelnden Zungenschlag des Designers mit den Worten: »… and now comes for yoooouuu … Ms. Jerry Hall from Stuuuuuutttgart!« angekündigt. Jerry Hall war eines der langhaarigen Topmodels der 70er-Jahre. Sie war in allen Klatschspalten, nicht nur wegen ihrer vorherigen Beziehung zu dem Musiker Brian Ferry, sondern sie war zu der Zeit gerade mit dem Musiker Mick Jagger verheiratet. Inzwischen lebt sie mit einem nachstehend rechtslastig orientierten, seitdem auf »Fake News« spezialisierten Multimilliardär. Mit ihr verglichen zu werden, erschien mir eine Ehre. Immerhin war sie als international glamouröse Modelerscheinung bekannt.

Im Scheinwerferlicht schwebte ich, gepusht durch diese unerwartet positive Ansage, die ersten Stufen vom höchsten Punkt der Diskothek nach unten, vorausschauend mit stets erhobenem Kopf, nicht nach den Stufen suchend, wie das einige der unsichereren Kolleg(inn)en machten. Aus den Augenwinkeln wahrnehmend, vorbei an immer mehr von mir erkennbaren Nachteulen und Salonkund(inn)en, erklomm ich auf der gegenüberliegenden Seite die Bar und lief, vermeintlich selbstsicher, den nur 30 Zentimeter, zick, zack verlaufend breiten Barbereich ab. Trotz lauter Musik ging mit jedem meiner Schritte ein für alle wahrnehmbares Raunen durch den Klub. Als ich auf der Tanzflächenebene ankam, konnte ich die Gesichtsausdrücke der geladenen Gäste, die teilweise nur durch ein Absperrband abgegrenzt und somit sehr dicht an uns Models dran waren, erkennen: »Das ist doch der Friseur von der Königstraße! Der präsentiert sich hier doch nur verkleidet als Frau!« Einerseits unsicher, die Show jedoch nicht abbrechend, kopierte ich die französischen Haute-Couture-Modenschaumodelle, die ich in unserer Friseurschule auf älteren VHS-Videos gesehen hatte. Ich imitierte deren Bewegungen, als hätte ich noch nie etwas anderes getan. Ich wollte allen zeigen, wie sich meiner Meinung nach modisch orientierte Frauen zu präsentieren hätten.

Die eine oder andere Lieblingskundin zwinkerte verschmitzt, wie ich aus meinen Augenwinkeln sehen konnte, was mich zum Schmunzeln brachte. Das war das Zeichen der jeweiligen Kund(inn)en, mich erkannt zu haben. Das outete mich zwar, sorgte jedoch für immer mehr aufbrausenden Applaus. Mit jedem weiteren Outfit wurde ich noch mehr bejubelt. Ich hatte etwas gewagt, was gesellschaftlich nicht die Norm war, meine Zukunft jedoch entscheidend beeinflusste. Der Erfolg dieses Abends lag nicht nur in den Designentwürfen begründet.

Perkins Park Modenschau

Meine mutige Unterstützung wurde beglückwünscht.

Teilweise wurde ich direkt von regional konkurrierenden Designer(inne)n an- und nachgefragt, dann für deren unmittelbar anstehende Shows. Völlig unerwartet kam ein Jungfotograf auf mich zu und hatte die Chuzpe, mich anzusprechen. Er fragte, ob ich mich bereit erklären würde, für ihn nochmals als Frau verkleidet vor seine Kamera zu treten. Er mache eine Ausbildung zum Modefotografen und würde dafür sehr gerne ein paar Fotos von mir machen. »Warum nicht?«, dachte ich. Wäre doch super, wenn ich so was als ein Foto haben könnte.

Erste weibliche Portraits.
Fotos: Jürgen König

Eine befreundete Friseurin absolvierte gerade ihre Visagistenausbildung bei »Die maske Akademie« in Köln und bot sich an, mich in Bezug auf diese Fotos zu unterstützen. Bei einer angehenden Stylistin konnte ich hochwertige Frauenkleider ausleihen. Dazu passenden Schmuck sowie passende Schuhe hätte ich gegebenenfalls zu Hause.

An einem Sonntagnachmittag ging ich also völlig unbedarft in ein mir unbekanntes, später erst vertrauter werdendes Fotostudio. Dort entstanden Fotos, die mein bis dato gekanntes Ich infrage stellten. Auf den Fotos war ein weibliches Wesen zu erkennen, das meiner Mutter in jungen Jahren zu hundert Prozent ähnelte. In mir löste das einen vielschichtigen emotionalen Konflikt aus, der in eine Sinn- und erneute Identitätssuche mündete. Diese Fotos betrachtend, glaubte ich kurzfristig im falschen Körper geboren zu sein. Es schien mir eine Erklärung für die internen Familienprobleme zu sein; für das ständige Anecken zu Hause und den visuellen Rollentausch mit meiner Schwester, die knapp vier Jahre jünger war als ich und lieber maskulin gekleidet durch die Straßen lief.

Irritiert, jedoch fasziniert durch diese allerersten Bildergebnisse, zudem interessiert, sowieso neugierig bezüglich (m)eines noch unbekannten »Alter Egos«, entstanden daraufhin viele weitere Fotoproduktionen. Nicht gekannte Brancheninsider(innen) brachten mir regional positiv erhaltene »Talk of the Town«-Reaktionen. Fotograf(inn)en, mit denen ich die ersten kommerziellen Arbeitserfahrungen erlebte, erklärten sich bereit, für ihre künstlerisch orientierten Präsentationsmappen etwas zu wagen. Mit jedem entstanden unterschiedlichste Fotos und Bildsprachen-Images; mal allein, mal mit befreundeten Jungs an der Seite, um mehr Feminität vorzutäuschen. Seit damals kollegial befreundet, entstanden auch für später sich gegenseitig befruchtende Verbindungen.

Durch diese zusätzlich unerwarteten, Studio- und Fotoerfahrungen bahnte ich mir nicht nur einen Weg in diese noch unbekannte Rollenverteilung, sondern vor allem in die mir noch fremde (Profi-) Fotoszene. (M)eine Unsicherheit auf Fotos erkannt, lernte ich dieses Problem immer besser zu überspielen. Mit jeder neu koordinierten Produktion entstanden unzählige, vielseitige Lernfaktoren.

Durch Reproduktionen bekam ich vermehrt mit, individuell darauf zu achten, worauf es bei jedem Kameraklick ankommt. Ich lernte, was ein gutes beziehungsweise sehr gutes Foto ausmacht.

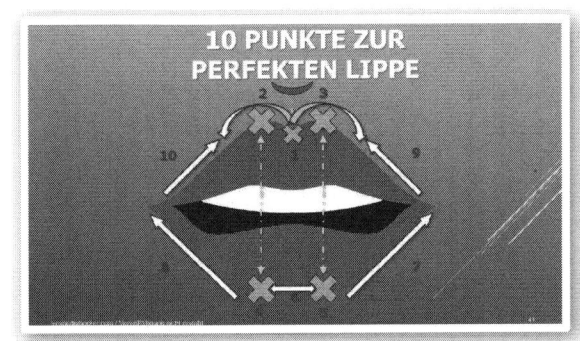

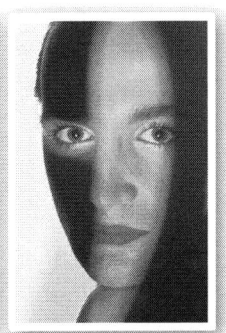

Grafik: Alexander Becker. Foto: Jens Beenker

Weil meine Make-up-Freundin nicht immer Zeit hatte, musste ich mich immer öfter fotogerecht schminken und stylen lernen. So übte ich, aus meinen natürlich schmal geformten Lippen voluminöser wirkende Lippenformen zu kreieren. Hierbei entstand zum Beispiel der 10-Punkte-Lippenmalen-Leitfaden.

Zur Herausforderung eines jeden Shootings wurde das anschließende Analysieren der Unsumme von Fotoauswahlmöglichkeiten. Zur abschließenden Bildauswahl hatte jeder Fotograf (s)eine Vorstellung, dazu unterschiedliche Herangehensweisen. Mir wurden nicht gekannte Tipps vermittelt. Themenbezogen erklärten sie mir jeweilig Neues und fütterten somit mein (Un-)Wissen. Neue Erkenntnisse ergaben verschiedentliche Chancen zu alternativen Kombinationsmöglichkeiten. Nicht nur die variablen Licht- und Schatten-Begebenheiten wurden erkannt; auch die Auswirkungen eines dazu passenden oder eben unpassenden Fotostylings. Ich erfuhr viel über Materialkunde und fotografisch optimierte Stylingoptionen. Wir analysierten erkannte Modetrends, dazu angedachte Hintergrund- und hierfür vorgestellte Lichtstylings, inklusive angepasster Gesichtsausdrücke mit möglichst geeigneten Körperbewegungen.

Auf jeden Aspekt wurde ein besonderes Augenmerk gelegt. Jede (Eigen-)Produktion wurde zu einer sinnstiftenden und erkenntnisreichen Lern- und Übungsaufgabe. Mit jeder Produktion erfuhr ich, was Bild- und Ergebnis-Bedürfnisse am Set bedeuten. Durch diese »freien« Fotoaktionen entstanden noch nie da gewesene Erfahrungen, trotzdem neu erkennbare Bildsprachen-Ergebnisse. Meist arrangierten wir gleich ein weiteres Shooting, um erkannte Fehlerquellen zu eliminieren, mindestens zu optimieren.

Mein weiblichstes Porträt entstand in Verbindung mit einem erst entstehenden Kontakt zu Ulrik, einem in München befreundeten Friseur-Auszubildenden. Dieser, frisch ausgebildet, lernte 1987 auf seiner ersten USA-Reise nach Los Angeles (L.A.) / Hollywood nicht nur zufällig den berühmten Maler David Hockney kennen, sondern auch Greg Gorman dessen privaten Porträtfotografen. Ulrik, anfänglich nur ein flüchtiger Bekannter, mittlerweile ein lebenslanger Freund, bandelte vor Ort eher zufällig mit diesem für uns noch unbekannten Porträtfotografen an. Später waren sie für mehrere Jahre liiert. Im Verlauf seines ersten US-Urlaubaufenthaltes kam er in den zufälligen Genuss, von dem uns Unbekannten in dessen Hollywoodstudio in typischem Hollywoodstyle porträtiert zu werden.

Aus diesem USA-Urlaub zurück, besuchte ich ihn in München, um mir die unerwartet spannend erlebten Hollywoodgeschichten anzuhören. In meinem Beisein erhielten wir an der Haustüre ein per Fedex versendetes Briefpaket. Dieses enthielt die in Schwarz-Weiß entwickelten Kontaktbögen seiner vor sieben Tagen in den USA abfotografierten Porträtserie. Von einem 24/7-FedEx-Postservice hatten wir noch nie gehört. Wir kannten nur die Deutsche Post mit ihren gelben Postautos und Briefkästen. Nach einer Unterschrift hielten wir ein Briefpaket in Händen, auf dem stand, dass es gestern Mittag in USA/L.A./Hollywood aufgegeben und bereits am folgenden Nachmittag in München entgegengenommen wurde. Wie war das möglich?! Das Paket hatte also innerhalb von 24 Stunden den Weg nach München gefunden?! Immer wieder kontrollierten wir die Angaben, ob wir das vermerkte Datum auch wirklich richtig lasen. In Deutschland brauchte ein Brief bis zu drei Tage von Stuttgart nach München oder Hamburg. In unserer Vorstellung musste der Mann – Greg Gorman, den ich phonetisch aufgrund von nicht vorhandenem Englisch als »Crack Corman« wahrnahm und entsprechend in meinem noch handgeschriebenen Kalenderbuch (1988) notierte – einen Privatjet haben, somit superreich sein, um so etwas zu ermöglichen.

Der gerade 18 Jahre alt gewordene Freund wirkte auf diesen an ihn versendeten Kontaktbögen wie die uns bekannte Hollywoodelite. In seiner höchsten [Kunst]form zeigten Licht und Schatten die Möglichkeiten einer ausgefeilten Porträt- und Kunstfotografie. Unsere Aufgabe bestand nun darin, aus der Vielzahl der versendeten Möglichkeiten die möglichst besten Fotos auszusuchen. Unbedarft im Metier, glaubten wir, dass jedes dieser multipel genial wirkenden Fotos vergrößert werden müsse. Jedoch musste daraus, wie es branchenüblich ist, erst einmal eine »pro Set«-Prioritätenwunschliste erstellt werden.

Wenngleich ich zu jenem Zeitpunkt nur wenig Foto- und Studioerfahrung besaß, hatte ich bereits erkannt, warum manche Fotos besser sind als andere. Mal sind die Augen nur halb geöffnet, mal blitzt noch eine Zunge zwischen den Zahnreihen durch. Auch Hände wirken gerne wie abgeklemmte Friedhofsrechen. Die zu erlernende Kunstform ist nicht nur

Analoger Film-Kontaktbogen. Fotos: Jürgen König

das Stylen und Erstellen eines Bildes, sondern das anschließende Aussuchen der besten Bilder, des schlussendlich besten Bildes. Mit dem Vermerk »Porto zahlt Empfänger« durften wir diese Auswahlauflistung zurück an die Studio-Administration in die USA / Los Angeles senden.

Zeitnah kam jener für mich unbekannte Greg Gorman für einen seiner internationalen Aufträge nach Italien. Bei einem kurzen Zwischenstopp in München wollte er seinen zukünftigen Boyfriend treffen. Der erzählte ihm, dass ich in Deutschland als Frau fotografiert und sogar für Modenschauen gebucht würde. Als ein Persönlichkeiten-Fotograf immer an menschlichen Kunstfiguren interessiert, arrangierten er und Ulrik ein gemeinsames Porträt. Wir erfassten noch nicht dessen branchenrelevanten Starfotografen-Status innerhalb einer (Hollywood-) Film- und Fotografenszene.

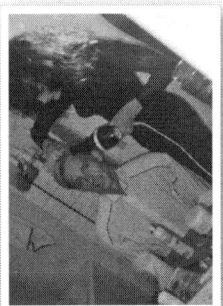

Vorbereitung Hollywood Shooting

Nach München anreisend, ahnte ich, dass ich vielleicht nur einmal diese Chance habe und mir deshalb besondere Mühe geben müsse. In meiner Vorstellung von Optionen entschied ich mich für ein grauschwarzes Outfit des international aufsteigenden französischen Designers Jean Paul Gaultier. Anfang der 90er-Jahre gestaltete dieser ähnlich gewagte Outfits für die Sängerin Madonna zu deren »Blond Ambition Tour«. Über Kontakte konnte ich mir dieses Wunschoutfit ausleihen.

Greg, den Fotografen, lernte ich erst kennen, als ich bereits als Frau präpariert mit diesem neuen Freund in dessen kleiner Einzimmerwohnung auf ihn wartete. Für das anstehende Foto konnten wir, beide gelernte Friseure, uns gegenseitig

Hollywood Portraits. Fotos: Greg Gorman

mit unseren Frisuren unterstützen. Da ich gefühlt nur »Do you wanna have Strähnla bevor I föhn your hair?«-Englisch konnte, war keine sinnstiftende Kennenlern- und Erstkommunikation möglich.

Zu gerne hätte ich Greg mitgeteilt, wie genial ich die Fotos seines/meines zukünftigen Freundes fand. Er portraitierte uns mit dem in Deutschland üblichen grauen Himmel auf dem hässlichsten kleinen Betonbalkon eines alten Münchner Reihenhausblocks. Seine nur auf Englisch kommunizierten Anweisungen verstand ich teilweise überhaupt nicht. Wenn er mir auf Englisch mitteilte, ich solle bitte meinen Kopf ein bisschen drehen, verstand ich, ich solle den Kopf senken. Manchmal senkte ich den Kopf also, wenn ich ihn hätte drehen sollen. Immer irritierter, fiel es mir mit jedem Fotoklick schwerer, meine inzwischen trainierten, in diesem Fall hollywoodentspannten Gesichtsausdrücke zu generieren.

Trotzdem zeigen mich diese Bilder mit (m)einem von da an besten Freund von einer der männlich-weiblicheren Seiten. Die spätere Fotoauswahl wurde wiederholt über seinen privaten FedEx-Account-Service abgewickelt. Vier Wochen später kamen von Greg ausgesuchte Fotoabzüge, auf denen wir in unserer individuell jugendlichen Blüte erkennbar sind. Wir mussten keinen Pfennig dafür bezahlen.

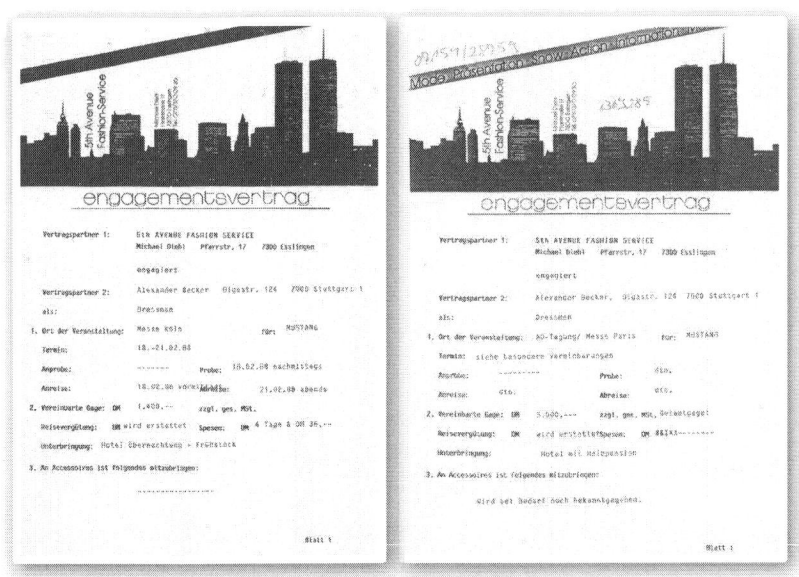

1986, Köln Engagement, Vertrag   *1986, Paris Engagement, Vertrag*

Dass ich von einem Hollywoodfotografen porträtiert, zunehmend für immer mehr regionale Events und Modenschauen angefragt und gebucht wurde, führte zu regionalen Repräsentationsanfragen durch etablierte Modelagenturen. Genommen wurde ich in Wien und Stuttgart. Bei diesen Agenturen

Als Mann. Fotos: Oliver Wroblowski (oben links), Claus Rudolph (oben rechts)

wurde ich für sogenannte »Spezial-Bookings« aufgelistet. Nach Paris und Köln gebucht wurde ich für die Mustang Jeans-Tanzshows von deren Modemesse-Kollektionspräsentationen – dies wegen meiner nicht definierbaren androgynen Schrägheit. In deren Marketingvorstellung brauchten sie einen androgynen, modischen, jungen Mann mit extralangen Haaren.

Europaweit aktuell war die deutsche Popgruppe Modern Talking mit dem damals langhaarigen Frauenschwarm Thomas Anders. Dessen Gesangspartner war der später viel berühmtere Dieter Bohlen. Den Grundtyp Thomas Anders konnte ich bieten. Um diese Anfrage terminlich zu koordinieren, musste ich kurzfristig meine Urlaubstage mit Salonarbeitstagen verbuchen. Beide Male handelte es sich um je vier Messetage mit bis zu vier Shows am Tag. Für diese mussten wir Einzel- und Gruppenchoreografien einüben. Während Deutschland meistens noch choreografiert getanzte Shows präsentierte, sah ich auf den VHS-Videos aus Mai-

Modenschauen. Fotos: Hagen Schmitt

land und Paris bereits geradeaus laufende Darsteller(innen). Deren Kollektionsshows gingen meist über T-förmig verlaufende Laufstege. So was hätte mir sehr viel mehr gelegen. Die vertragliche Tagesgage betrug jedoch für je fünf Tage, durch An- und Abreise, so viel wie mein monatliches Grundgehalt. Ich wollte und brauchte das Geld. So lernte ich die implizierten, jedoch für mich komplizierten Tanzschritte.

An den meisten Tagen eines Jahres war ich Friseur oder Seminarleiter. An Wochen- und Wochenendabenden immer öfter ein zusätzlicher Event- und Bühnen-Gig, meist für kleine kommerzielle Trend- und Verkaufspräsentationen, sogenannte Inhousemodenschauen. Ausgefallenere Regionaldesigner buchten mich als einen weiblichen Showact. Alle Aufträge besprach ich vorab und nahm jeden seriös an. Als weibliche Version angefragt, wollten die meisten, dass ich deren Shows eröffnete, nicht selten auch mit dem letzten Outfit abschloss – ein gefühlter Affront für alle anwesenden Schönheiten. Immerhin gelten diese Momente als die Highlights einer jeden Show. Diese Positionierungen wurden mit den erst entstehenden 90er-Jahre-Supermodels ein zusätzlicher Hip-Indikator. Wenn ich bei diesen Event-Locations ankam, war es nicht selten, dass die realen weiblichen Modelle entgeistert reagierten, sobald ich ihnen als Special Act vorgestellt wurde.

Wie im Nachtleben war ich für nicht wenige ein seltsames Individuum; eine echte Konkurrenz nur für die eine oder andere. Konservativ strukturiert, konnten viele nichts mit diesem noch sehr neuen, eher ungewöhnlichen Showgedanken anfangen. Wenn sie mich nach (m)einer Transformation wieder sahen, waren sie sichtlich erstaunt, hin und wieder auch begeistert. Die schlaueren Models wussten, dass ich nur als ein Hingucker diente. Manche wollten, dass ich mit nach Paris oder Mailand ginge, um mich dort ihren Freunden, den teilweise international agierenden Designer(-inne)n, zur Verfügung zu stellen. Jedoch war ich dafür zu schüchtern. Die Erkenntnis »Wer den ersten Schritt tut, dem wird der Weg (sozusagen) unter die Füße gelegt« kannte ich noch nicht. Retrospektiv betrachtet, hätte ich mir für einige (Lebens-)Stationen und Situationen mehr Mut, vielleicht auch mehr externe Unterstützung gewünscht.

Nach einer dieser in regionalen Stadthallen und Diskotheken stattfindenden Schauen befanden sich alle Models in dem meist sehr engen Backstagebereich. Dann wurde sich erst mal gegenseitig gratuliert. Die Designer(innen), deren Assistenten(innen) und deren Choreograf(innen) kamen vorbei, um ihr Lob auszusprechen. Meist gab es Sekt, der einem nicht selten als Champagner angeboten wurde. Im Backstagebereich, wo die Türen meist offenstanden, erschien ein reiferer, nicht unattraktiver und sicherlich recht solven-

Fotos: Andreas (links oben und unten), Thomas Zörlein, Hagen Schmitt (unten Mitte und rechts)

Fotos: Herbert Allgaier, Hagen Schmitt, Jens Beenker, Jürgen König, Andreas

ter Mann in ebenjener Umkleide- und Schminkraumkabine. Er schien sich explizit nach einem der Modelmädchen zu erkundigen. Im Türrahmen stehend, beschrieb er diesen speziellen Typus Frau, welche er vom Zuschauerraum aus auf der Bühne gesehen habe. Er wolle sie gerne persönlich sehen und kennenlernen. Die anwesenden Mädchen reagierten, wie es bei der Balz zwischen weiblichen und männlichen Vögeln vor dem Vögeln üblich ist.

Ich befand mich in einem abgetrennten Bereich. Die Mädels riefen mir zu, dass der Herr wohl nach mir suche. Ich solle doch bitte zur Türe kommen. Gerade die hochtoupierten Haare zurückgenommen, um mir mit der Reinigungsmilch das Make-up abzuschminken, den feuchten Waschlappen in der Hand, kam ich zur Türe und fragte mit meiner normal männlichen Stimme in die Runde, für wen ich zu kommen hätte.

Sowieso direkt auf diesen mir unbekannten Mann zulaufend, konnte ich (s)einen zuerst freudigen, im selben Atemzug entgleisenden Gesichtsausdruck erkennen. Eine in der Hand haltende Rose muss ich ihm bei meinem Eröffnungslauf übergegeben haben. Von der Bühne aus hatte ich die Anweisung, der vordersten Reihe Rosen zu verteilen. Im einatmenden Moment schien er mir die Rose entgegenzustrecken; zog diese beim Ausatmen jedoch wieder zurück. Er musste etwas anderes gesehen und interpretiert haben als ihm die unmittelbare Realität präsentierte.

Wir erlebten hautnah mit, wie diese Situation einem sichtlich heterosexuell gestandenen Geschäftsmann peinlich wurde. Erschreckend war, dass wir ihm ansahen, wie ihm das Blut

Fotos: Hagen Schmitt

aus dem Gesicht wich. Während die Mädchen zu kreischen begannen, als sie dieser komischen Situation gewahr wurden, war ich dadurch zusätzlich irritiert.

Was durch Naivität begann, heute unter dem Begriff »Gender-Bending« bekannt, mündete vermehrt in hintergründige Gedanken. Frustrierend war, dass ich es nicht einmal geschafft hatte, diese eine Rose zu bekommen. Immer öfter stellte sich mir die Frage: »Finden mich Männer etwa nicht als Mann – in meinem Fall als homosexuellen Mann –, sondern nur als verkleidete Frau attraktiv?« Im Kreise der noch

Fotos: Monika Förster

Anwesenden lächelte ich diese skurrile und kuriose Situation weg. Dieser Moment wurde jedoch zu einem tiefsitzenden Schockerlebnis.

Über plus/minus vier Jahre Parttime-Modeling hinweg vollzog sich in der Moderichtung ein Wandel von breit und voluminös hin zu immer schmalere Linien, tendenziell zu Mini- und Maxi-Rocklängen. Weil ich sehr häufig nicht nur die längsten Haare hatte, zudem die dünnsten, deshalb auch schönsten Beinchen hatte, musste ich bei den neu anste-

Foto: Herbert Allgaier

Foto: Jürgen König

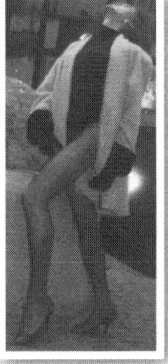

70er - 80er Style. Fotos: Monika Förster (links), Herbert Allgaier (rechts)

henden Shows die zunehmend kürzesten Miniröcke tragen. Spätestens ab da wurden viele echte weibliche Models neidisch. Immerhin mussten sie sich mit mir nun nicht nur aufgrund meiner Haarlänge, Haarqualität und Haarfülle messen, sondern ich war jetzt auch ihre direkte »schönste Beine«-Konkurrenz. Das Wort »Zickenkrieg« bekam plötzlich eine ganz neue Bedeutung.

Trotzdem wurde ich auf die zunehmende Ansammlung von Fotos meiner selbst, die mich sowohl männlich als auch weiblich zeigten, immer stolzer. Wer mich von meinen Friseurkund(inn)en noch nie als Frau gesehen hatte, den lud ich zu einer meist anstehenden Show ein. Gleichzeitig präsentierte ich meine immer üppiger werdende Fotosammlung als Visagist und Haarstylist. Diese dualen Überraschungseffekte nutzend, wollte ich ergänzend die Reaktionen meines sozialen Umfeldes testen. Diese Phase, heute bekannt als »Transgender«, war ein lebendiger Beweis dafür, dass jeder Mensch unterschiedlichste Facetten in sich trägt. Ich zeigte, dass durch individuell konsequentes Styling aus jeder Persönlichkeit sehr viel herauszuholen ist.

Fotos: Hagen Schmitt

Endgültig hinterfragte ich diesen Teilzeitmodeljob, als ich bereits in Madrid lebend über Kontakte einer dortigen Fotografenrepräsentanz für eine internationale Strumpfhosenkampagne angefragt wurde. Ich hatte meiner dortigen Haare- und Make-up-Agentur meine Frauen- und Beinfotos gezeigt. In der Strumpfhosenindustrie schien es kurzfristig ein Trend zu sein, dass für Werbe-Imagefotos wohlgeformte Männerbeine anstatt oberschenkelverdächtige Frauenbeine genutzt wurden.

Von Natur aus schüchtern, mindestens unsicher, war dies in meiner Vorstellung zu viel. Ich wollte mir nicht vorstellen, dass für diesen Job keine echte Frau gefunden werden könnte und ich dafür herzuhalten hätte. (M)eine tiefgründigere Angst lag jedoch, wie ich erst später realisierte, darin begründet, dass mich Bekannte und neu Kennengelernte mit dieser internationalen Veröffentlichung vollends als eine Frau wahrgenommen hätten. Innerlich bereits definiert, hatte ich nicht das Bedürfnis, gesellschaftlich als eine Frau wahrgenommen, gar angenommen zu werden.

Abrupt abgebrochen wurde dieses Vorhaben unterstützend durch eine parallel erlebte Beinahestraßenvergewaltigung. Ich war in Madrid durch die Modebranchenszene zu einem Halloween-Klub-Event eingeladen, bei dem es ansonsten lustig zuging. Weil viele Models in unterschiedlichen »blutigen« Halloweenkostümen kämen, verkleidete ich mich, zu deren Erstaunen, als ein attraktives Frauenmodel. Ich wusste, wie ich beeindrucken konnte. Nüchtern, trotz frühester Morgenstunde, traf ich auf dem Nachhauseweg in einer schmaleren Straße zwischen der Puerta de Sol und der Plaza de Santa Ana auf vier angetrunkene Macho-Spanier. Zum Problem wurde, dass diese Gruppe spätpubertierender Männer, die sich wohl ausprobieren wollte, nicht zu verstehen schien – ich war des Spanischen nicht mächtig –, dass ich sie zurückwies, wenngleich ich dies vehement, gar auf sehr männliche Weise zum Ausdruck brachte.

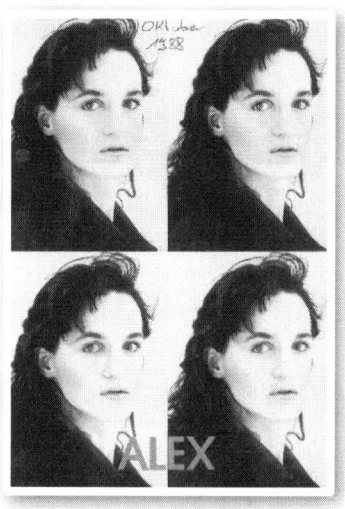

1988 Sedcard.
Foto: Herbert Allgaier

Sedcard Rückseite.
Foto: Hagen Schmitt

In meinem französischen Designersamtkleid von *Marithe Francois Girbaud* und den zwölf Zentimeter gummierten Plateauschuhen von *Jean Paul Gaultier,* die ich mir geleistet hatte, trat ich die Flucht an. Ich musste ihnen entkommen. Was auch immer deren Intention war, sie hätten sehr bald meine wahre Identität erkannt. Dieses Gender-Bending war mir auf einmal zu viel. Diese Schockkonfrontationen wollte ich nicht mehr. Für mich hatte sich dieses Thema erledigt.

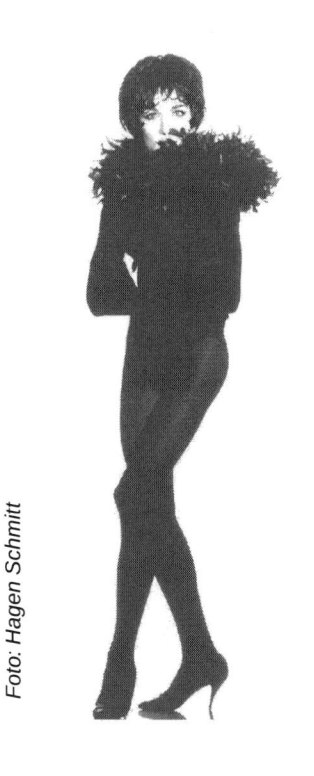

Foto: Hagen Schmitt

Seither kann ich sehr gut nachempfinden, was Mädchen und Frauen, die gemeinhin als attraktiv definiert/bezeichnet werden, mit belästigenden Jungs oder Männern mitmachen. Meine Identitätssuche wurde aufgrund dieser zwei Situationen abrupt definiert und unmittelbar beendet.

Allerdings hatte auch (m)ein visuell männlicher werdender Alterungsprozess begonnen. Die vormals jugendlich naive Ausstrahlung verlor sich. Was ich in dieser Phase gelernt hatte, sollte mir niemand nehmen. Ab jetzt konzentrierte ich mich auf die Jobbezeichnung eines Visagisten und Hairstylisten.

ERSTE FOTOPRODUKTIONEN als FRISEUR und MAKE-UP-ARTIST

Foto: Joachim Würfel

Durch die sich wiederholenden KERTU-Fotoproduktionen, Videoproduktionen und Messeproduktionen sowie den zusätzlich angefragten Modeljob erkannte und erarbeitete (s)ich eine Arbeitsroutine – anforderungsbezogen die wichtigsten Arbeitsschritte.

Eine Friseurkundin, deren Ehemann ein regional akkreditierter Fotograf war, fragte, ob ich ihn bitte für einen *Kodak-Film*-Produkt-Lichttest unterstützen könne und mich kostenfrei für Haare und Make-up bereit erkläre. Dafür wurde extra die *1982 gekürte Ms. Germany* eingeflogen. Sie hatte zudem bei den internationalen »Miss Universe«- und »Ms. World«-Wahlen jeweils das Halbfinale erreicht. Ich war so was von aufgeregt, hatte ich doch weder Ahnung noch Erfahrung eines professionellen Studio-Make-up-Artisten.

Fotos: Axel

Fast synchron outete sich ein weiterer Salonkunde als ein in der Ausbildung stehender Jungfotograf. Er assistierte bei einem in der Modebranche sehr aktiven

Fotografen. Zur Unterstützung seiner ersten Testproduktion fragte er mich an, bitte seinem angedachten Model die Haare zu stylen. Ich wollte es versuchen. So kümmerte ich mich um die Frisur dieses Models. Sich meiner Erfahrung vor der Kamera bewusst, mein androgyn modisches Aussehen seine Fotoidee unterstützend, fotografierte er mich gleich mit. Als er seine Bildauswahl dem Ausbilder zeigte, fragte dieser, wer ihn bezüglich der Haare begünstige. Er sei auf der Suche nach einer Frisurenunterstützung und brauche jemanden für seine professionellen Produktionen. Daraufhin lernte ich seinen Chef, jenen professionellen Modefotografen kennen.

Dieser schlug vor, dass ich mich ihm mindestens an (m) einem freien Tag zur Verfügung stelle. Er würde mich gerne ausprobieren und sehen, wohin dies führe. Gesagt, getan, offerierte ich ihm für die kommenden Wochen meine Dienste, immer an meinem freien Salontag.

In seinem Studio ging es um klassische Broschüren- und Katalogshootings für die Modelle aus Paris, Mailand oder London einflogen. Dass sich Fotomodelle überwiegend selbst stylten, war noch gang und gäbe. In den 60er- und 70er-Jahren schminkten sich die Modelle selbst. Mitunter hatten sie ihre Perückenkoffer dabei, um hierdurch unterschiedliche Looks zu kreieren.

Mit Beginn der 80er-Jahre wurden vermehrt Friseure angefragt, um die jüngeren gegenüber den bereits erfahrenen Modellen zu unterstützen, ihre Haare zu stylen. Weshalb Salonfriseure an Foto-Sets plötzlich als Haarstylisten tituliert wurden. Sofort kommunizierte ich, dass ich einen insgesamt ganzheitlicheren Look kreiere, sobald ich auch Hand am Make-up anlege. Er ließ mich gewähren.

Erstmals saßen zwei nicht Deutsch sprechende, sehr junge, wunderschöne Profimodelle vor mir, die sich mit ihrem teilweise noch selbst applizierten Make-up zu 40-jährigen Frauen modellierten. Trotzdem ich noch nicht alle Tricks draufhatte, war es für sie eine spannende Erfahrung, von einem Mann unterstützt, gar geschminkt zu werden. Meinerseits keine englischen Sprachkenntnisse aufweisend, schienen sie froh, mit neuen Augen gesehen zu werden. Am Set, aufgrund der Vielzahl von Fotos, sollte ich vor allem darauf achten, dass die Haare immer perfekt saßen und nirgends vereinzelte Haare, Strähnen, gar Lockenbüschel abstanden. Dafür brauchte es viel Haarspray.

Ein professioneller Mode- und Accessoires-Stylist kümmerte sich darum, den zu fotografierenden Outfits – vorab gebügelt und in Passform abgesteckt – einen guten Sitz zu vermitteln. Würden solche Styling-Optimierungen von hinten fotografiert, sähe jeder Betrachter, wie viel teilweise für Katalogproduktionen abgesteckt wird, wodurch so manches schreckliche Outfit zumindest von vorn halbwegs attraktiver wirkt. Gearbeitet wurde in Doppelseitenformaten. Pro Tag mussten zwei Doppelseiten mit jeweils drei bis maximal fünf Fotos abfotografiert werden. Die Layouts dafür wurden von Werbeagenturen vorgegeben. So wussten wir, ob ein Model später sitzen, stehen, lehnen oder liegen sollte. Fast jede Woche waren es andere Mädchen. Dadurch erhielt ich Erfahrung und hierdurch entstand eine gewisse Studioroutine.

Mit jeder Produktion wurde das Auge besser darauf geschult, welches der Modelle sich hinsichtlich der oft grässlich wirkenden Outfits optimaler bewegte. Es wurde erkennbar, wer von den Mädels einem eher spannungslosen Outfit etwas mehr Glamour vermittelte. Nebenbei lernte ich zu erkennen, wie der Fotograf verbal kommunizierte, wenn ihm das gebuchte Model hinsichtlich der Sedcard-Vorstellung nicht zusagte.

Fotos: Andreas Pache

Eine Sedcard ist die Visitenkarte eines Models. Ein gedruckter Papierflyer zeigte hierdurch agenturakkreditierte Models. Üblich war ein DIN-A4- oder ein DIN-A5-Format. Ein visueller Ersteindruck erreichte damit die Kund(inn)en. Hierüber werden die bekannten / üblichen Modelmaße, inklusive aktueller Haarfarbe, Augenfarbe und Schuhgröße, vermittelt. Sie zeigt auch vereinzelt abgeleistete Fotos sowie Namen und Kontaktdaten deren teilweise multiplen Agenturen. Mit in Modelmappen abgeleisteten Bildnachweisen (be-)suchen Branchen-Interessent(inn)en neue Kontaktmöglichkeiten und somit Chancen, erklärbar mit »Gehen und Sehen«. Diese Vorstellungstermine sind bekannt unter »Go & See« bei (Kunden-)Castings. Sedcards werden danach als eine Erinnerungsstütze hinterlassen.

Für unterschiedliche Jobanfragen wurden, vormals einzig vom Fotografen, mit der Post angeforderte Model-Sedcards je nach Typwunsch analysiert. Nur (s)eine selektive Vorauswahl definierte (s)eine Typrichtung für das Projekt. Sobald (s)eine Typentscheidung getroffen worden war, telefonierte nur der Fotograf mit der auf der Sedcard gelisteten Agentur. Inzwischen entscheiden mehrere, mitunter zu viele.

Mit deren Agent(in) finalisiert werden noch heute die Produktionstage, Budget, Preise und eine Buchungsbestätigung.

Ein Kunden-Casting oder ein Go&See-Termin kann zu einer späteren Anfrage (Option), gar zu einer Buchung, zur Termin- und Auftragsbestätigung und schließlich zur Rechnungsstellung führen. Sobald alle Regularien verhandelt sind, reisen die gebuchten Models an.

Die übrig gebliebenen, dann meist herumliegenden Sedcards sahen wir nach einer Produktionsselektion. Während meiner morgendlichen Aufbauphase wurden mir für einen Ersteindruck nebenbei aktuell ausgesuchte Sedcards der unmittelbar zu bearbeitenden Models gezeigt. Models, vor allem aus Paris kommend, waren sehr exquisit.

Wenn jemand über die Sedcard gebucht real nicht gefiel, wurde meistens hinter dem Rücken über nicht Vorhandenes gelästert. Mal war es zu viel, mal zu wenig Busen. Oder es war ihnen zu viel oder zu wenig Taille im Gegensatz zur Hüfte. Beim Abfotografieren jeweiliger Outfits standen und stehen anwesende Kund(inn)en oder Werbeagenturleute meist direkt hinter dem Fotografen, um ihm nebenbei ihre Bildvorstellungen ins Ohr zu flüstern, während dieser gleichzeitig versucht(e), das Beste aus den Models herauszuholen.

Ein sein gerne wiederholter Spruch lautet(e): »Ein totes Pferd kann keiner über einen Zaun heben. Ein Pferd kann [in diesen Fällen das gebuchte Model] nur an eine Wasserstelle [den Job] geführt werden. Zum Trinken zwingen kann man es nicht.« Vermehrt bekam ich mit, ob der sich nebenbei teils alkoholisierende Fotograf einen guten und entspannten oder einen für ihn nicht befriedigenden (Alkohol-)Tag hatte. Diese Stimmungsschwankungen beeinflussten das Team und somit den Tagesablauf, nicht selten auch die Bildergebnisse.

Die wegen allgemeiner Sprach- und Kommunikationsschwierigkeiten daraufhin teilweise verunsicherten Mädchen mussten über positive Mimik und Gesichtsausdrücke manchmal erst wieder aufgebaut werden. Wenn in den 80er-Jahren viele am Set glaubten, dass sie der englischen Sprache mächtig wären, entsprach dies in der Realität nie der Qualität einer für alle sinnstiftenden Auseinandersetzung.

Durch das wöchentliche Arbeiten entstand Routine. Auch wenn die Tage oftmals sehr intensiv wirkten, waren sie befriedigend. Wiederholkunden brachten ihre Broschüren oder Kataloge von der jeweiligen Vorsaison mit. Erstmals erhielt ich kommerziell gedruckte Belegexemplare. Hierüber konnte ich abgeleistete Produktionen analysieren.

Das Kennenlernen dieser professionelleren Arbeitsstrukturen ging ich sehr autodidaktisch an. Hinterfragt wurde, ob die Haarwünsche und Vorstellungen für alle Beteiligten nach Fotoanforderungen erfüllt worden waren. Wurde alles im Bedürfnisinteresse der Kunden umgesetzt? Wurden meine Frisurenvorstellungen wie von mir angedacht? Was müsste, was sollte oder könnte verbessert werden?

Jeweilige Vorstellungen kombinierte ich mit jeweiligen Kundenwünschen; definierte sie, setzte sie um, um sie rückblickend wiederum zu analysieren.

Fotos: Andreas Pache

Immer mehr und immer wieder neue Fotografen lernte ich kennen. Sozusagen mutierte ich vom vom Friseur zum Haarstylisten mit Make-up-Erfahrung. Auch eignete ich mir an, eher fotoperspektivische Frisuren zu gestalten. Diese mussten unter Umständen mehrfach umgestaltet werden. Durch die ansteigende Produktionssumme übte ich, Bedürfnisse gepaart mit Machbarkeit zu erkennen, und entschied daraufhin, wie eine gewünschte Bildsprache gegebenenfalls gemeinsam erreicht und umgesetzt würde.

Über die ersten Profifotografen und deren Stylist(inn)en wurde ich immer öfter an deren Branchenkolleg(inn)en weiterempfohlen. Von einer KERTU-Kollegin wurde ich an einen bis heute befreundeten Fotografen vermittelt. Auch durch ihn lernte ich vieles zu beachten, was eine Bildsprache sowie das Verhalten am Set unterstützte. Er und andere mir unbekannte Fotografen sprachen auf meinen Anrufbeantworter und fragten nach, ob ich auch mal bei ihnen ins Studio käme. Manchmal brauchten sie mich nur für zwei Stunden, für einen halben, immer öfter auch für einen ganzen Tag. Zunehmend wurde ich für die Wochenenden angefragt, da sie mitbekamen, dass ich unter der Woche im Salon arbeitete. Bei vielen, auch regionalen Testproduktionen wurde ich auf deren kleine, individuell zu optimierende Details hingewiesen. Nach solchen Testproduktionen ging es anschließend um kommerziell kleinere, jedoch bereits anstehende Produktionen. Hierdurch lernte ich zusätzlich neue Fotoansichten sowie deren Herangehens-, und Interpretationsweise kennen.

Inzwischen arbeitete ich täglich bis zu 16 Stunden: Salon, KERTU-Look-Trainings, Messen, Seminarleiteranwesenheitszeiten, gelegentlich Modeljobs sowie zusätzlich immer mehr Make-up-Artist- und Hairstylist-Anfragen. Ganz selten hatte ich mal frei. Eine Koordination wurde immer schwieriger. Alles wurde zu viel. Ich entschied, dass ich das Salonleben aufgeben sollte, auch wenn das Risiko der Selbstständigkeit sehr hoch war.

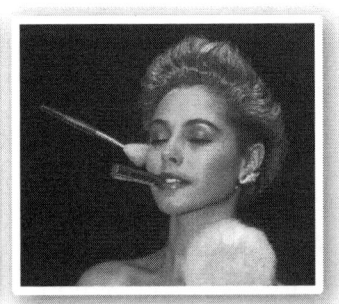

Fotos: Axel / Herb Allgaier / Jens Beenker

KÜNDIGUNG IM FRISEURSALON

Gegen Ende des Jahres 1988 kündigte ich meine Stelle als KERTU-Friseur. Die Kündigung wurde nicht wohlwollend aufgefasst. Man habe viel in mich investiert. Man habe mir viele Freiheiten gelassen und jetzt würde ich einfach alle(s) verlassen. Dabei waren die vertraglich geregelten zwei Jahre Mindestanwesenheit bereits weit überschritten. Dass ich mit dieser selbst auferlegten Salonkündigung nicht mehr zusätzlich als Seminarleiter würde arbeiten können, war mir klar. Ich war lange genug dabei gewesen, um zu wissen, dass bei KERTU niemand jemals als freier oder selbstständiger Seminarleiter gearbeitet hatte. Somit teilte ich in meiner schriftlichen Kündigung ebenso mit – wenngleich mit sehr schwerem Herzen –, dass ich auch darauf verzichten würde, als interner Seminarleiter tätig zu sein.

Im Hintergrund bekam ich mit, dass über meine Situation gesprochen wurde. Irgendwann wurde ich zu einem Gesprächstermin eingeladen. Zu meinem Erstaunen waren alle Inhaber anwesend. Jeder wollte wissen, ob meine Entscheidung zur Kündigung endgültig wäre, was ich überzeugend mit einem festen »Ja« bestätigte.

Regionale Anfragen als freier Visagist und Hairstylist würden immer häufiger. Zu viele davon müsse ich ablehnen. Sollten sie mich weiterhin für ihre saisonalen Film- und Fotoproduktionen brauchen, böte ich ihnen meine Dienste als Make-up-Artist an. Die Herren berieten sich intern und wollten mir in den kommenden Tagen Bescheid geben.

Nur zwei Tage später wurde mir telefonisch mitgeteilt, dass es denkbar wäre, mich weiterhin als freie Fachkraft für die Schulungs- und Kreativleitung in Anspruch zu nehmen. Bisher bezahlte Tagessätze müsse ich künftig in Rechnung stellen. Nur so könnten sie sich diese ansonsten nicht geltende Konstellation vorstellen. Sollte ich mir das vergegenwärtigen, müsse ich dies bis spätestens kommende Woche mitteilen.

(M)eine Zusage hätte ich sofort ins Telefon brüllen können. Bei (m)einem Richtungswechsel würde ich diese frei einteilbaren Lehr- und Dozentenaufträge gern annehmen, zumal ich mir sicher war, dass ich bestimmt mindestens eine Woche pro Monat gebraucht würde und kurzfristig ausfallende Seminarleiter gegebenenfalls ersetzen könnte. Eine solche Ausgangsposition müsste mir ein dringend gebrauchtes Mindesteinkommen garantieren. Nebenbei könnte ich mir diese nicht prognostizierbare Selbstständigkeit aufbauen. Zudem würde ich immer wieder meine lieb gewonnenen Kolleg(inn)en sehen. Gegenwärtig bliebe, was in der Friseurwelt kommt und geht. Die freien Tage würde ich für freie Testproduktionen nutzen.

MODELAGENTUREN

Modelagenturen sind die Vermittler zwischen Models und deren Kund(inn)en. Bereits mit meinen ersten Fotoproduktionen hörte ich viele Agenturnamen, die sich mir erst über die Jahre einprägten. Als marktführendes Urgestein gab es seit 1946 auf der anderen Seite des Ozeans die Eileen Ford Agency. Laut Internetrecherche bringt dieses internationale Agenturnetzwerk mittlerweile bis zu 130 Millionen Dollar Jahresumsatz. Sie war die sogenannte Mutter aller Models. Sie brachte ihren von ihr und ihrem Ehemann ausgesuchten Mädchen noch Anstand, Etikette und eben ein Minimum Make-up bei. Wie eine strenge, jedoch gute Oberschwester soll sie ihre Models gestriezt haben.

1967 kam ihr dort Wilhelmina Models in die Quere. Anfang der 70er-Jahre wurde in Paris die Agentur Karin Models bekannt. Deren unmittelbare Konkurrenz wurde 1972 die Agentur Elitemodels von John Casablancas, der später weit über die Branche hinaus als Modelguru bekannt wurde.

Zu Lebzeiten ein berüchtigter Reviercasanova, hatte er über die Jahre hinweg unzählige Karrieren hervorgebracht. Er war es, der zu meinen Einstiegszeiten Models wie Cindy Crawford, Naomi Campbell, Linda Evangelista und Claudia Schiffer zu Supermodels stilisierte. Viele später bekannt gewordene Models starteten ihre Karrieren durch die seit 1983 international immer berühmter werdenden Elite Model Look-Wettbewerbe.

Für Deutschland wurde erst ab 1978 die Düsseldorfer Agentur Model Pool das, was Eileen Ford bereits seit Jahren in New York war. Unmittelbar danach bildeten sich Talents- und Nova Models als vielbeachtete Agenturen. Sie beackerten den immer schneller wachsenden Markt von München aus. Fast zeitgleich etablierte sich in Hamburg Model Management.

Die mir nur am Rande berühmt gewordenen »Modeling Wars« der 1980er-Jahre produzierten mit der weltweit unvorhergesehenen, sich kommerzialisierenden Marketingwelle scheinbar immer kleiner werdende Modelagenturen. Angestellte Agenten versuchten, meist aus den »Big Playern« heraus, diesen ständig wachsenden Kuchen der Großen unter sich aufzuteilen. Positives wie negatives Branchenverhalten multiplizierte sich. Vermehrt in Ungnade gerieten dabei ebendiese in Paris und Mailand entstehenden Boutique-Agenturen – das aufgrund zunehmend entstehender Zahlungsprobleme.

Models erlebten dort, dass sie teils erfolgreich arbeiteten, manche Chefs ihre Einkünfte jedoch einbehielten, vorab länderspezifisch rechtlich nötige Arbeitsvisen nie beantragten.

Wodurch Models teils illegal gearbeitet hatten und damit einhergehend weiterer Arbeitschancen beraubt wurden, was sie nach einer Projekterledigung teilweise zur Rückkehr zwang. Aufgrund dessen wurden ihnen jeweilige Geldauszahlungen vorenthalten. Models flogen mitunter ohne Geld in ihre jeweiligen Heimatländer zurück. Deutsche, britische und amerikanische Agenturen boten jedoch optimierte, deshalb finanziell lukrative Auftrags- und somit Produktionssicherheit. Was wir durch die Presse nur am Rande mitbekamen, begann mitunter vor meiner aktiven Zeit.

AGENTURFINDUNG

Mit der Freistellung und den sich eröffnenden Jobanfragen wurde ich während laufender Produktionen vermehrt nach meiner administrativen Repräsentanz gefragt. Man wollte wissen, welche Agentur meine Dienstleistungen repräsentiere. Da ich nur Modelagenturen kannte, ließ ich mir solche Optionen erklären. Ein(e) branchenspezifische(r) Agent(in) übernähme, wie bei den Fotomodellen, die Kundengewinnung, das Telefonieren, das Terminkoordinieren sowie die daraus folgende Rechnungsstellung. Selbstständigkeit bedeutet, wie das Wort bereits impliziert, »selbst« und »ständig«. Während der Künstler am Set verweile, könne sich dieser weniger um neue Kund(inn)en kümmern. Durch eine Agentur käme ich schneller, vielleicht sogar an ganz andere Jobmöglichkeiten. Mit deren Unterstützung könne ich mich vollkommen auf meine Kernkompetenzen konzentrieren. Anteilig würden teils bis zu 30 Prozent vom Verdienst abgezogen.

Wenn dem tatsächlich so war, wollte ich das gerne mal versuchen. Nachdem ich mich hierfür bereit erklärt hatte, wurde mir eine regionale Agenturchefin vorgestellt. Sie eröffnete in Stuttgart die erste spezialisierte Agentur zur Repräsentanz von Visagisten, Hairstylisten und Modestylisten. Anscheinend war sie aus dem zuvor nur im kleinsten Kreise bestehenden Branchenumfeld unmittelbar mit dessen Herausforderungen konfrontiert. Von meinen eher bescheidenen Set-Erfahrungen wusste sie. Angesichts meiner Vita-Auskunft (dass ich weder einen Make-up-Kurs noch spezielle

Foto-Haarstyling-Trainings absolviert hatte) empfahl sie mir, bei Ihr mindestens ein Seminar von jeweils fünf Tagen zu buchen. Erst wenn ich diese absolviert hätte, könne sie mich in ihrer neu gegründeten Agentur aufnehmen.

Zu Hause hinterfragte ich den jeweiligen Preis von bis zu 2.500 DM. Immerhin hatte ich bis dato schon viele Foto-, Show- und Eigenproduktionen zustande gebracht, hatte ich doch bereits multiple Erfahrungen, zudem sehr gute Resonanzen und wiederholt positive Feedbacks. Ihre Ängste und ihre Argumentation, dass ich mit Modellen arbeiten würde, die teilweise nur ganz wenige Haare auf dem Kopf hätten, und ich dadurch vermehrt mit Haarteilen und Perücken arbeiten müsse, konnte ich nicht gelten lassen. Seit nunmehr zehn Jahren agierte ich als speziell trainierter Friseur und Haarstylist. Alle Kunden oder Frisurenschau- und Fotomodelle, die ich dienstlich aus Stuttgart, Frankfurt, München, Paris, London und Mailand kennengelernt hatte, hatten immer genug Haare auf dem Kopf gehabt.

Zudem hatte ich autodidaktische Erkenntnisse sowie analytische Make-up-Erfahrungen, die ich nicht nur an mir selbst ausprobiert, sondern vielfach auch an anderen angewandt hatte. Wenn ich nun ihren Make-up-Kurs besuche, dann würde sie mir möglicherweise Dinge vermitteln, die meine eigens erarbeiteten Erfahrungswerte kontrastierten. Das wollte ich nicht. Allein der Preis eines jeden Seminars schreckte mich ab. Mit nicht mehr regelmäßigen Gehaltsüberweisungen war dies nicht sicher finanzierbar. Dass die Agenten von den Kund(inn)en nochmals bis zu 30 Prozent eines Tagessatzes einforderten, bekam ich erst viel später mit.

Mit der Absage an die erste regionale Agentur stieß ich auf eine alternative individuelle Agentur- und Insider-Persönlichkeit. Sie vermittelte immer mal wieder den einen oder anderen Job. Sie wurde zukünftig ein wichtiges Bindeglied für mich. Über die Jahre hinweg hat vieles mit ihr und durch sie sehr gut funktioniert. Noch heute treffen wir uns privat.

80er-JAHRE – PROFESSIONELLES ARBEITEN

Foto: Claus Rudolph

Mund-zu-Mund Propaganda, in Verbindung mit einer aktiven Agentin, ist das Beste, was für Selbstständige generiert werden kann. Immer öfter wurde ich gerade auch dadurch von mir unbekannten Fotograf(inn)en angefragt. Mitunter ging es um professionelle Kampagnenfotos, meistens jedoch um Bekleidung für vielerlei Katalog- und Broschüren-Images. Baden-Württemberg, in Wirtschaftskreisen bekannt als deutscher »Speckgürtel«, bot auf der Schwäbischen Alb viele kleine und mittelständische Textilfachunternehmen, die vormals teilweise durch (deutsche) »Heimearbeiter(innen) bedient wurden. Deutsche Erzeugnisse wurden Mitte der 80er Jahre erstmalig mit der asiatischen, unerwartet günstigeren Produktionswelle kontfrontiert.

Durch die Anhäufung marktorientierter Produktionen wurde mein Arbeitsablauf regelmäßiger, in vielerlei Hinsicht auch unterschiedlicher. Das Arbeiten fand mitunter außerhalb von Stuttgart statt, was bedeutete, dass ich mir Zugtickets besorgen musste. Bei der ein oder anderen unerwarteten Herausforderung stand ich irgendwo im Freien und musste lernen, für die angefragten Frisuren mit Wind, Licht und

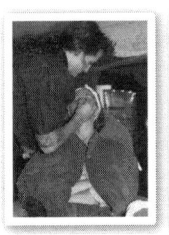

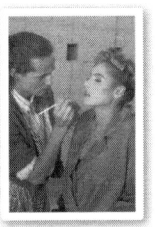

Fotos: Hagen Schmitt / Friedhelm Volk / Jens Beenker

Wetter zurechtzukommen. Mir unbekannte Kataloghäuser buchten mich für deren mehrtägige Produktionen, dann in deren dafür standardisierten Fotostudios. Dafür musste ich in Hotels übernachten.

Damals wie heute bestehen die Teams aus dem Besitzer der Marke, dessen Inhousemarketingleiter, den projektbezogenen Werbeagenturmitarbeiter(inne)n inklusive eines Fotografen, mitunter einer Fotografin. Obendrein gibt es, je nach Auftrag, den/die Modestylisten/Modestylistin mit dessen/deren Assistenzen sowie meiner Wenigkeit als deren Visagist und Hairstylist; für Großproduktionen mit jeweils zusätzlich nötiger Assistenz, zeitweise mit einer hinzukommenden Produktions- und Studioleitung; für die Massen von Kollektionsteilen mindestens eine Büglerin vor Ort.

Kunde und Werbeagenturleiter kamen im Normalfall aus dem Festanstellungsverhältnis. Wir freischaffend Kreativen wurden nur projekt- und anforderungsbezogen ausgewählt. Als Teams lernten wir uns oft erst mit Produktionsbeginn kennen. Bei nachfolgenden Produktionen waren wir uns dann bereits vertrauter. Je mehr aufeinanderfolgende Produktionen stattfanden, umso brancheneingespielter konnte man sich anfreunden. Teams konnten hierdurch effizienter werden. Wohnten alle im selben Hotel, erfuhr die Gruppe auch mehr über den ein oder anderen. Dann wurden unterschiedlichste Branchenstorys mit den entsprechenden Reise- und Kundenerfahrungen erzählt. Darüber hinaus wurden auch Privatansichten und eigene Meinungen geteilt. Nicht alles musste verstanden, gar gutgeheißen werden. Im Normalfall freute man sich respektvoll aufeinander. Gut abgelaufene Produktionen konnten zu späteren gegenseitigen Arbeitsempfehlungen führen. Noch heute stehe ich in Kontakt mit vielen Kolleg(inn)en aus gemeinsamen Produktions- und Erlebniszeiten.

In altehrwürdigen Katalogset-Studios gab es noch verschließbare abgetrennte Bereiche, hinter denen die Maske und das Styling stattfanden. Dort sortierte ich meine mitgebrachten Produkte und richtete mich ein. Der/die Stylist(in) teilte sich entweder den Raum mit mir oder belegte einen Raum mit Extrazugang. Für typische 80er-Jahre Produktionen wurden kofferweise Accessoires angeschleppt. Boxenweise sortiert, wurden einem unterschiedlichste Ohrringe, Ketten, Armbänder, Uhren und Anstecknadelvarianten zur Verfügung gestellt, ausgelegt und präsentiert im Produktions- und Ankleideraum, teilweise wie auf einem Flohmarkttisch. Am Abend landeten – beziehungsweise landen immer noch, auch bei heutigen Produktionen – 95 Prozent wiederholt unbenutzt in einer zugeordneten Box, Schachtel oder Tüte.

Outfitwünsche werden im Voraus von Kunden geplant, somit vorgegeben; meistens angesprochen und besprochen in der Kombination zu Farbwahl, Haptik und einer optimierten Fotogenität. Positive Styling-Alternativen unterstreichen solche Looks. Bis heute geltendes Prinzip: Frage fünf anwesende Personen, welche Schuhe oder welche Kette oder welche Ohrringe besser passen. Immer werden begründet bis zu fünf unterschiedliche Geschmacksmeinungen kommuniziert. – Ein an sich spannender Findungsprozess, der mich bis dato begeistert, wenn auch manchmal erstaunt.

Sind die sogenannte Call-Time auf 9.00 Uhr gesetzt, erscheine ich noch heute spätestens um 8.30 Uhr. Das gibt mir genug Zeit, mich in den jeweiligen Raum, das Studio oder die tagesaktuelle Location einzufühlen. Wenn die Models eintreffen, werden diese vom Team begrüßt und meistens direkt an mich verwiesen. Heute kann sich keiner mehr vorstellen, dass daraufhin die Türe zum Make-up-Bereich geschlossen wurde. Wenn jemand Zutritt zu dem Raum brauchte, hatte diese(r) anzuklopfen, und nur ich ging zur Türe, um durch den Türschlitz nachzufragen, was das Anliegen sei. Einfach in den Raum hereinkommen, das gab es nicht.

Meistens war es der/die Stylist(in), der/die eine Information bezüglich der Schuh- und BH-Größe oder des Taillenumfangs brauchte. Manchmal war es der/die Assistent(in), der/die nachfragte, ob Wasser-, Kaffee- oder Teebedarf bestand. Hin und wieder wünschte er oder sie auch eine ungefähre Zeitangabe hinsichtlich eines ersten Licht- und Techniktests. Eine schwäbische Studioköchin, die extra angestellt worden war, kochte vor Ort und servierte das Mittagsessen – ungünstigerweise schwäbisch deftige Kost für nachmittägliche Lingerie-Fotos, was den sehr schlanken Dessous-Models Blähbäuche verursachte. Diese aßen bei Folgebuchungen lieber nichts mehr. Abends wurden diese Make Up- und Styling-Räume vom Studiomanagement verschlossen.

In Zeiten, in denen es noch keinerlei Retusche-Möglichkeiten gab, musste explizit darauf geachtet werden, dass alles am Set korrekt war, damit es, nachdem die Negative entwickelt worden waren, keine erkennbar bösen Überraschungen gab. Bei Outfits galt dies nicht nur für abstehende Knopflochfäden, vereinzelte Haare, Schuppen oder Sonstiges. Schlimmer noch waren übersehene Stoff- und Knitterfalten. Für damalige Katalogproduktionen wurden oftmals kleine Film- und Foto-Sets gebaut, teilweise nur aus Papier, Pappmaschee oder Leinwand, in die sich die Models später stellten, anlehnten oder setzten. Auf Holz gerahmten Leinwänden gab es unterschiedliche handgemalte Hintergrundhimmel- oder Promenadenvariationen. Bei setvariablen Hintergründen wurde zum Beispiel von »Rückwandhimmel« oder »Promenade Nummer 24« und/oder »Promenade Nummer 32« gesprochen, die dann unterschiedliche Wolken- oder Gebäudeumrissformationen zeigten. Durch Licht und fotografische Unschärfen wurden suggestive imaginäre (Raum-)Eindrücke vermittelt, die jedoch nie der Realität entsprachen.

 Wenn die Fotos »geschossen« waren, wurde das Set schnell wieder umgebaut, während wir diese Zeit für eine Umzieh- und Umstylingphase nutzten. Durch diese Set-Umbauten zeigten sich später teilweise Umbaufußspuren. Auf einem für die Produktion extra frisch gestrichenen Set kamen solche nicht gut an. Wenn es im Studio keine Schlupfschuhe gab, hatte ich zeitweise eigene Gummizug-Stoffpantoffeln dabei, damit ich mitten im Set am Model spurenlos arbeiten konnte. Denn erst mit der Durchsicht bereits fertiggestellter Fotos wurden unnötige Staub- und Wollmäuse oder eben nicht gewollte Fußspuren erkannt. Die Augen hierfür offen zu halten, war wichtig. »Sehen lernen« war für alle Anwesenden die Devise.

Eine imaginäre Bildsprachen-Hintergrundsituation und deren Lichtkoordination wurden noch durch kostenintensive Polaroid[sofort]bildchen abgeprüft, bevor die eigentlichen Fotos »geschossen« wurden. Damit evaluiert wurden die bestehenden oder die zu optimierenden Bild-, Licht- und Modelkompositionen. Schlussendlich Abfotografiertes konnten wir nämlich erst nach ein bis zwei Labortagen sehen. Hierzu brauchte es chemisch zu entwickelnde Filmrollen. Wenn diese meist 36-Kleinformat- oder 12-Mittelformat-Rollfilme vom Assistenten abgeholt oder vom Labor angeliefert wurden, setzten sich hiernach die anwesenden Kunden und Marketingleiter an einen dafür installierten Leuchtkasten. Ein Auge zukneifend, analysierten sie dann mit einer Fotografen-Vergrößerungslupe diese individuell hinterleuchtete Bildsprache. Im Kundenfokus lag/liegt einzig und allein das zu bewerbende Produkt. Ein Model muss auf eine möglichst sympathische Art die jeweilige Marke, deren Produkt(e) sowie deren Bedürfnismarkt repräsentieren. Was für einen selbst als ausdrucksstark und sympathisch gilt, muss nicht unbedingt für andere gelten. Der zahlende Kunde ist König, seine Sichtweise zählt. Und wer möchte einem zahlenden König nicht recht geben? Bei patriarchisch agierenden Kund(inn)en wurde dieses Prinzip unmissverständlich – ungeachtet kreativer Alternativmöglichkeiten – erkannt.

Wurden Fehler- oder Optimierungspotenziale bei der Bildwahldurchsicht entdeckt, mussten diese Fotos gegebenenfalls erneut gemacht werden. Bei einer Fünf-Tage-Katalogproduktion war meistens der letzte halbe Tag für bis dahin erkannte Wiederholungen angesetzt.

Wenn mich das akkreditierte Team als einen positiven Neukollegen wahrnahm, wurde ich bei der Verabschiedung für bereits anstehende Neuproduktionen angefragt. Eine verbal geleistete Zusage galt als eine mündliche Kaufmannsehre-Bestätigung. Hierdurch verpflichteten wir uns, uns für weitere Produktionen mindestens bereitzuhalten. Viele Direktanfragen und Neukundenkontakte leitete ich meiner Agentin weiter. Sie kümmerte sich um die zu koordinierenden Daten, Konditionen und Details, während ich vermehrt damit begann, an unterschiedlichsten Locations mit den unterschiedlichsten Neukunden und Fotografen zu arbeiten.

Saisonale Kollektions- und Werbeproduktionen finden entgegengesetzt einem Saisonablauf statt. Winterware wird mitten im Hochsommer, Sommerware in den Herbstmonaten, Wintermonaten oder – ganz knapp Geliefertes – in den Frühjahrsmonaten abfotografiert.

Weihnachtsbroschüren meist in den heißesten Monaten Juni oder Juli. Wer spät dran ist, noch kurzfristig im August. Wichtig ist stets, eine fotografische Saisonsituation in die jeweils wahrzunehmende Jahreszeitenstimmung zu transportieren. Luftige Blusen für den Sommer können bei strahlendem Sonnenschein, jedoch winterlich fröstelnden Temperaturen abfotografiert werden. In Sommermonaten habe ich beispielsweise mitgeholfen, Weihnachtsbäume zu dekorieren, im Spätherbst Ostereier an Bäumen aufzuhängen.

Jim Rakete

Fotos:
Hagen Schmitt

Fotomodelle, die im Juli für Weihnachtsbroschüren fotografiert wurden, hatten öfter mal ihre Beine im Eiskübel unterm Tisch. Obenrum trugen sie Rollkragenpullis, winterliche Jacken, Mäntel, Mützen und Schals. Über solche oder ähnlich extreme Temperatursituationen beschwerten sich fast alle. Mit einem schwitzanfälligen Mädchen oder Jungen konnte dies zur Tortur werden. Wirklich ohnmächtig wurden die wenigsten. Übergeben mussten sich einige. Die meisten – durch die Tages- oder Wochengagen motiviert – machten trotzdem einen hochprofessionellen Job. Bei sehr heißen Outdoor-situationen, zum Beispiel in Wüsten arbeitend, habe ich Jungs wie Mädchen sich übergeben sehen. Danach machten sie – nachdem sie sich den Mund abgewischt und sich einen Schluck Wasser gegönnt, eventuell der Lippenstift nachgezogen wurde – trotzdem weiter.

Foto: Andreas Elsner

Foto: Hagen Schmitt

Fotos: Hagen Schmidt

In den USA gab es als Lösungsansatz deren stromfressenden Airconditioning-Systeme. Diese wurden immer schon morgens auf eiskalt gestellt. Teams mussten aufgrunddessen immer wieder hinaus in die Sonne gehen, um sich bei sommerlichen Temperaturen aufzuwärmen. Das dortige Erkältungspotenzial war nicht zu unterschätzen.

Mit teilweise Auftrag an Auftrag abgeschlossenen Arbeiten wurde mir erst später bewusst, dass ich für damalige Verhältnisse mitunter die allerbesten deutschen Mode-, Katalog- und Werbekunden bediente. Peter Hahn, Toni Dress und eine der ersten Fotokollektion der noch heute bestehenden Riani-Moden. Zudem hatte ich bereits zwei Schallplattencover. Mit der Buchung für die Eucerin Body- und Gesichtspflege-Kampagne hingen nicht nur deren Imageplakate in allen europaweiten Apotheken; ich wirkte bereits an einer der ersten

Foto: Claus Rudolph

deutschen Yves Rocher-Beauty-Fotoplakatkampagnen mit.

Als Redken-Friseur trainiert, war es mir eine besondere Ehre, deren erstes Plakat für den deutschsprachigen Markteintritt mitzugestalten.

Für mindestens 20 Jahre hingen in der in Stuttgart erst neu entstandenen Parfümerie Breuninger deren beklebte oder verglaste Dekosäulen, alles mit meinen allererste Fotofrisuren und Make-up-Arbeiten. Mit Bekannten und Freunden bin ich dafür scheinbar »ganz zufällig« durch inzwischen »Deutschlands größte Parfümerie« geschlendert, nur um ihnen diese anfänglich professionellen Auftragsarbeiten zu zeigen. Dort konnte ich jedem meine ersten Arbeiten präsentieren – in dem Hause, in dem alles begann. Darauf war ich stolz. Das Leben lief rund und trotzdem fehlte etwas.

Fotos: Jörg Petersen

Erste Redken Kampagne
Foto: Hans Kollmer

Foto: Hagen Schmitt

INTERNATIONALISIERUNG

Routine entstand durch kontinuierlichere Produktionsanfragen, auch mit dem parallelen Unterrichten für die Friseurschule. Mir fehlte die langfristige Herausforderung. Ich wurde hungrig. Ich wollte weiterkommen. Ich hörte von akkreditierten und in Deutschland arbeitenden Visagisten: *René Koch* aus Berlin, bereits 1969 als Visagist beim amerikanischen Kosmetikkonzern Charles of the Ritz ausgebildet. Danach war er über 20 Jahre deren Chefvisagist. Zusätzlich arbeitete er für Yves Saint Laurent. Diese Tätigkeiten führten ihn unter anderem nach Paris, London, New York Zürich, München und später zurück nach Berlin. Dort repräsentiert er bis heute unter seinem Namen (s)eine dekorative Make-up-Linie.

Zudem erfuhr ich von dem in Frankfurt bekannter werdenden Serdar Vural. Er war seit 1982 als freiberuflicher Make-up-Artist unterwegs. Seinen Namen kannte ich aufgrund immer aktueller werdender »High-End Designer Fashion«-Shows. Über ihn wurde in aktuellen Modezeitschriften berichtet. Er kam in Verbindung mit der immer berühmter werdenden Designerin Jil Sander vor. Die Fragen, die sich mir stellten, waren: Wie wird so ein Status erreicht? Wie kommt jemand dahin?

Mir diese Fragen stellend, erfuhr ich, dass die beiden aufgrund ihrer internationalen Kontakte bekannter und deshalb erfolgreicher geworden waren. Um sich einen Namen zu machen, müsse man vielleicht mal für längere Zeit ins Ausland gehen. An Auslandaufenthalte hatte ich bisher noch nie gedacht, schon gar nicht zwecks Arbeit. Dem Prinzip folgend:

»Nur sprechenden Menschen kann geholfen werden,« erzählte ich diesen Gedanken meinen Freund(inn)en und Kund(inn)en.

Eher unerwartet kam eine erst enstehende Modelfreundin als Salon-Neukundin ins Spiel. Im Laden war sie bekannt als ein inzwischen in und um Stuttgart herum aktives Foto- und Laufstegmodel. Von ihrer Stuttgarter Modelagentur wurde Sie dazu angehalten, für ein paar Monate, mindestens ein paar Wochen, nach Madrid zu gehen. Vor Ort solle sie versuchen, Editorial- und Werbeaufträge zu generieren. Je mehr sie in ausländischen Magazinen zu sehen sei, umso besser könne sie sich in Deutschland für kommerziell gut, besser noch sehr gut bezahlte Produktionen positionieren.

Während wir diese für sie neuen Optionen durchgingen, fiel mir auf, dass sie ein sehr ausdrucksvolles Gesicht mit langen, naturbelassenen und qualitativ sehr guten sowie leicht gewellten Haaren, in meiner Wahrnehmung jedoch keinen inspirierenden Look, hatte, geschweige denn eine typgerechte Frisur trug. Models sollten damals, wegen der variableren Frisurengestaltung, möglichst lange Haare favorisieren. Sie, ein perfekter Kurzhaartyp, hätte jedoch eher einen passenden Kurzhaarschnitt tragen müssen.

Wie sie sich dafür offen zeigte, erschien in Modemagazinen erstmals, während wir uns noch diese soziologisch drastische, deshalb emotionale Veränderung hin und her überlegten, das später in aller Munde aufstrebende Supermodel Linda Evangelista. 1988 war sie die Erste, die es sich getraute, entgegen den hauptsächlichen männlichen Vorstellungen, ihre lange Mähne durch einen androgynen Kurzhaarschnitt zu ersetzen. Anfänglich wurde ihr neuer Style von der Model-

und Modebranche nicht gut angenommen. Noch im Herbst 1988 wurden ihr, aufgrund dieser extremen Typveränderung sehr wichtige Image-Modenschauen abgesagt. Gerade diese riskante Frisur- und Typveränderung wurde jedoch zu ihrem »Sprungbrett«, einem nächsten Level-(Branchen-)Türöffner – eben wegen dieser neuen, trotzdem vielfältigen, eher frauenfreiheitsunterstützenden Frisurenmöglichkeiten.

Im darauffolgenden Frühjahr (1989) wurde ihr Haarschnitt ein megawichtiges Laufstegstatement. Später als »das Chamäleon« bekannt geworden, erschien sie damit weltweit, bis in die späten 90er-Jahre, in unzählig wichtigen Verbrauchsgüterkampagnen, auf Magazintiteln und in aktuellen Modetrendmagazinen.

Zur Typveränderung motiviert hatte sie der in Paris und New York lebende, international arbeitende, jedoch aus Düsseldorf kommende Fotograf Peter Lindbergh – leider verstorben, während ich hier über ihn schreibe. Er motivierte Linda im Herbst 1988, sich vor seiner Kamera von dem Tophairstylisten Julien d'Ys die Haare kurz schneiden zu lassen.

So sah (s)ich das Stuttgarter Mädchen. Schließlich durfte auch ich ihr die Haare abschneiden, bevor sie sich mit einem neuen Sedcard-Image ins Ausland wagte. Gleich mit ihren ersten Polaroids und Testfotos war sie für eine Sieben-Tage-Produktion in Miami gebucht. Ihre »Evangelista«-Kurzhaarimitatfrisur wurde auch für sie Trend, zumindest für diejenigen, die etwas mit zeitgemäßen Looks zu tun hatten. Nach der für sie unerwarteten Miami-Buchung wollte sie Madrid austesten. Das klang abenteuerlich, somit spannend. Sie hielt mich auf dem Laufenden, was Kundenanfragen, Buchungen und kurzfristige Reisepläne anging.

Nach drei Wochen in Madrid meldete sie sich und ließ mich wissen, dass sie gelangweilt wäre. Außer Vorstellungsterminen passiere nichts. In Stuttgart war es derzeit ebenfalls ruhiger. Ich hatte keine unmittelbar anstehenden Buchungen, weshalb ich mitten im Gespräch entschied, mir einen Flug nach Madrid zu buchen. Ich würde sie einfach besuchen. Organisieren könnte mir das eine Salonkundin, die ein Reisebüro besaß. Eine kurze Städtereise könnte nicht schaden. Mit keinerlei Erwartungen holte mich die Branchenfreundin am Flughafen ab und bot mir an, bei ihr im Zweibettzimmer zu übernachten.

Zum ersten Mal in Madrid, wohnte sie nicht weit von der Puerta del Sol, dem größten dieser teilweise beeindruckenden Plätze. Nicht weit entfernt davon liegt die viel kleinere Plaza de Santa Ana, umgeben von Tapas-Bars, Terrassencafés, kleinen Pubs und Restaurants sowie von privat betriebenen Pensionen. Auf der gegenüberliegenden Seite der berühmten Fassade des Hotels Reina Victoria lag eine/unsere Pension, in die sie sich für einige Wochen einquartierte.

Zuallererst wurde ich der Hausdame vorgestellt, damit ich die kommenden Tage ein und aus gehen konnte. Das spärlich eingerichtete Zimmer lag im zweiten Stock am Ende des Flures. Allerdings hatten wir mit dem dazugehörigen französischen Balkon den schönsten Blick auf eben diese traumhafte gegenüberliegende Hotelfassade. Unter unserem Balkonfenster war an den Wochenenden mehr los als jemals in Stuttgart-Mitte.

Das Beeindruckende war, dass – mindestens an den Sonntagen – auch Familien, Jung und Alt, sich in Scharen auf dem Platz tummelten, auch wenn der ein oder andere ganz klar als drogen- oder alkoholabhängig erkennbar war. Die Menschen saßen trotzdem dort mit ihnen und um sie herum.

Im Zimmer angekommen, erzählte sie mir von ihren ersten Erfahrungen vor Ort. Sie teilte mir mit, dass in der Pension ganz viele Models aus unterschiedlichen Ländern und von unterschiedlichen Agenturen untergebracht seien. Man lerne sich gegenseitig kennen und würde teils gemeinsam zu den Kunden-Castingterminen gehen. In einer dieser Terrassenbars trafen sich diese sehr jungen, jedoch natürlich attraktiven Menschen, um abzuhängen. In Gesprächen stellte sich heraus, dass fast jede(r) sein Glück als Fotomodell versuchte. Jungs und Mädchen aus Amerika, Italien, Schweden, sogar aus den Niederlanden und Südafrika waren anwesend. Wer es nicht als Model versuchte, wollte ein Mode-, Werbe- und/oder Redaktionsfotograf werden.

Auch wenn ich nur bruchstückhaft etwas verstand, stellten sich mir viele vor und erzählten, wie kurz oder lange sie schon hier verweilten. Wenn ich nicht sofort ihre Repräsentationsmappen zu sehen bekam, wurde mir versprochen, dass wir uns für später verabreden, damit sie mir ihre bereits absolvierten Fotoarbeiten zeigen könnten. Durch ihr besseres Englisch vermittelte sie, dass ich ein Friseur in unserer Heimatstadt, zudem ein Make-up-Artist sei und dass ich ihre Frisur geschnitten und mit ihr dieses und jenes Foto in ihrer Präsentationsmappe umgesetzt hätte. Die anwesenden Jungfotografen wurden hellhörig und waren unmittelbar bereit, meine Unterstützung für ihre fotografischen Optimierungen in Anspruch zu nehmen.

Am folgenden Tag stellte sie mich ihren Modelagent(inn)en vor. Während sie ihre teilweise auf Handzettel geschriebenen Casting- und Vorstellungstermine koordinierte, erzählte sie dasselbe. Ihre Jobvermittler schien das zu interessieren. Fast täglich war ich mit ihr für ihre Castings unterwegs und konnte so die Stadt und zeitgleich den harten und teilweise unangenehmen Teil des Business miterleben.

Sobald wir morgens in ihrer Agentur die unterschiedlichen Adressenlisten für den Tag abgeholt hatten, mussten erst mal all die Orte gefunden werden, die einem im schlechtesten Englisch erklärt und teilweise nur handgeschrieben aufgelistet wurden. Damals noch ohne Google Maps unterwegs, gelang die Adressenfindung nur mithilfe der auffaltbaren (Falk-)Stadtpläne aus Papier. Diese ermöglichten einem, eine völlig unbekannte Stadt zu erkunden, auch wenn sie unter tropischen Temperaturen schon bei leichtestem Regen aufweichten oder bei der kleinsten Windböe zerrissen und einem um die Ohren flogen und deshalb nie wieder richtig zusammenfaltbar waren. Fragten wir nach der Richtung (beide kein Spanisch sprechend), half uns eine Handbewegung, um daraus abzuleiten, dass »izquierda« links und »derecho« rechts meinte.

Wurde es zur angeforderten Redaktions-, Fotostudio- oder Casting-Adresse geschafft, lümmelten nach einer Registrierung erst mal alle herum. Jeder wartete darauf, der Reihe nach ankommend, aufgerufen zu werden. Wenn sogenannte offene Castings und Auswahlverfahren abgehalten werden, können sich bis zu 150 Models und mehr innerhalb eines Zeitfensters zwischen zum Beispiel 10.00 Uhr bis 15.00 Uhr einfinden. Wer endlich an die Reihe kommt, läuft im Normalfall direkt auf die Casting-Direktor(inn)en, deren Casting-Agent(inn)en, gegebenenfalls die Fotograf(inn)en, die Kund(inn)en oder die Moderedakteure/Moderedakteurinnen zu. In gefühlten Hundertstelsekunden entscheiden diese Personen, ob ihnen der ankommende Mensch gefällt oder nicht.

Mal sind die Haare zu kurz oder zu lang. Mal zu blond oder nicht blond genug. Vielleicht sind die Haare super, jedoch die Nase scheint zu lang, zu breit oder anderweitig verschoben. Die Lippenform ist sehr gut, jedoch die dahinterliegenden Zähne strahlen nicht genug. Für die Casting-Assistenz wirkt ein Gesicht zu flächig, für einen anderen ein Kinn zu spitz. Für einen Entscheider sind die Schultern, für den anderen das Becken zu breit. Wenn ein Gesicht und die Figur als passend, manchmal sogar als sehr gut befunden werden, sind vielleicht die Hände nicht angemessen, falls das zu bewerbende Produkt zusätzlich durch die Hände präsentiert wird.

Wird beim Casting jemand für eine später anstehende Beautyproduktion gesucht, müssen die perfekte Haut, die leicht aufgeworfenen Lippen, die richtige Iris- und Pupillenfarbe in Verbindung mit einer adäquaten Nase sowie einem passenden Haaransatz gegeben sein. Fragte ein(e) Casting-Direktor(in) unerwartet, ob das Model doch bitte kurz mal die Haare zurücknähme, konnte es passieren, dass die Ohren nicht mehr den gewünschten Anforderungen entsprachen. Gleiches galt für abstehende Schlüsselbeine, handelte es sich um eine Schmuckkollektion. Kleinste körperliche Defizite können zu Absagen führen, auch wenn diese in der Regel freundlich mitgeteilt werden.

Diese zeitgeistrelevante, meist rational intuitiv und emotional abgeleitete Koordination basiert durch vielerlei Casting-Wiederholungen auf branchenrelevanten Erfahrungs- und Erkenntniswerten. Diese blitzschnelle, sehr kurzfristige Entscheidungsfindung ähnelt einer algorithmischen Programmierung. Projektvorstellungen und Kundenwünsche müssen mit auf Erfahrungswerten basierten Fakten auf einen für alle sinnstiftenden Punkt gebracht werden.

Während die Models auf ihre jeweiligen Casting-Aufrufe warteten, bekam ich unzählige Modelbücher zu sehen, damit einhergehend auch viele unterschiedlich zu erkennende Foto-Bildsprachen. Mit Casting-Abschluss hinterlässt jede(r), auch zur Erinnerung, jene Model-Sedcard. Die komplette Woche war ich mit den teilweise in der Realität nicht erkennbaren, trotzdem auf Fotos schönsten Menschen zusammen. Ich konnte nicht fassen, dass ich mitten in die internationale Branche »geplumst« zu sein schien – genau so, wie ich mir das vorstellt hatte.

UMZUG NACH MADRID

Schon beim allerersten Besuch in Madrid wurde mir von Agenten meiner Modelfreundin eine vor Ort ansässige Haar- und Make-up-Agentur empfohlen. Ich solle mich dort mal unverbindlich vorstellen. Am letzten Tag erhielten wir gleich morgens einen Vorstellungstermin. Sichtlich nervös, stellte ich mich, meine Freundin im Schlepptau, vor. Ich war froh, dass die Hauptagentin zufällig eine Deutsche war. Aus privaten Gründen seit mehreren Jahren in Madrid, sprach sie zudem fließend Spanisch. Dies vereinfachte eine zielführende Kommunikation. Sie hieß Alex. Welch ein Zufall! Sie erklärte uns, dass der spanische Film-, Foto- und Redaktionsmarkt derzeit expandiere. Das sei die Folge von Spaniens Beitritts in die EU (Januar 1986). Sollte ich bereit sein, mich für volle vier Monate in Madrid niederzulassen, würde sie mir gewährleisten, mich vor Ort zu repräsentieren, mich zu unterstützen und in der Branche bekannt zu machen.

Alles, was ich ihr präsentieren konnte, war die Mappe mit den Frisuren- und Testproduktionen meiner mich moralisch unterstützenden Begleitung. Meine bisherige Vita, mein Auftreten und unser Gespräch sowie das wenige Bildmaterial mussten sie beindruckt haben. Mit einer ausgemachten Bedenkzeit und der Aussicht einer baldigen Entscheidung verabschiedeten wir uns voneinander.

Die Modelfreundin war sichtlich erfreut, trugen ihre Kontakte doch auch für mich Früchte. In gleicher Vorstellung der Dinge würden wir uns vielleicht schon sehr bald gegenseitig unterstützend wieder in Madrid treffen, mit dem Ziel, alle zukünftigen Produktionen wechselweise zu empfehlen, vielleicht auch gemeinsam zu meistern. Mit meinem Rückflug entschied ich, möglichst bald wieder in den Pool der Kreativen zu kommen. Zurück in Stuttgart, folgte ich den bereits anstehenden Buchungen.

Inspiriert durch Bärbel Mohrs Buch: »Bestellungen beim Universum«, gelang es mir zeitnah, meine Wohnung an den Mann zu bringen. Ein hochdekorierter Bundeswehrgeneral suchte (s)eine kleine Wohnung. Mit (s)einem jüngeren Liebhaber wollte er (s)ein schwules Coming-out ausleben. Homosexuelle beim ehemals deutsch-preußisch patriarchischen Militär?! Zur Zeit der Anfrage konnte ich mir das nicht vorstellen! Homosexuelle Bundeswehrangestellte konnten allein auf Verdacht ihren Posten verlieren. Meine homosexuellen Neigungen hatte ich als Grund angegeben, um nicht zum Militär zu müssen. Beim Kennenlernen erschien er mir wie »einer von uns«. Mit seinem Angebot, mir im Voraus die Miete für volle vier Monate zu bezahlen, war mir klar, dass ich diese Chance nutzen würde.

Sofort informierte ich meine noch in Madrid stationierte Modelfreundin. Ich meldete mich für den 16. August 1989 an. Bei meiner Ex-Kundin das Ticket gebucht, flog ich innerhalb von nur vier Wochen zurück nach Madrid. Diesmal mich an den Kosten beteiligend, konnte ich wieder bei ihr wohnen. Erstaunlicherweise war niemand mehr von diesen zuvor kennengelernten Jungmodels und Jungkreativen vor Ort. Stattdessen waren Neue gekommen. (M)eine erste Testproduktion ergab sich gleich am zweiten Tag.

Jener Fotograf und sein dafür vorgestelltes Model wohnten ebenso in unserer Pension. Dies vereinfachte die Umsetzung bezüglich deren Wunschvorstellungen, was sowieso eine beschwerliche Kommunikation darstellte. Weder Englisch noch Spanisch sprechend, war eine Verständigung schwierig. Ich war glücklich, überhaupt für (m)einen Dienst rekrutiert zu werden. Rückblickend schienen die meisten bereits zufrieden, wenn jemand nur einen Föhn, eine Bürste, zusätzlich noch einen Lippenpinsel halten konnte; schließlich waren wir alle Neulinge in einer uns unbekannten (Mode- und Medien) Branche.

Im Vergleich zur Kennenlernwoche wurde jedoch in jener Pension mitten in der Nacht vermehrt gebrüllt, geschrien und nicht selten im Flur geweint, des Öfteren auch Türen geknallt. Die vormals nett erscheinende Pensionseigentümerin wirkte zunehmend zerknirscht. Irgendwann lagen auf den Gemeinschaftstoiletten im Flur keine Klopapierrollen mehr, sondern nur noch original spanische Tageszeitungen, die in kleine, handtellergroße Vierecke geschnitten waren. Mit diesen schwarz bedruckten Zeitungfetzen sollte man sich ab jetzt seinen Hintern abwischen. Ab diesem Zeitpunkt war Tabula rasa auf allen drei Stockwerken.

Nicht nur die anwesenden US-Models warfen mit unflätigsten Beleidigungen um sich. Hierzu musste nicht die Sprache verstanden werden. Trotz Verständigungsschwierigkeiten erfuhren wir, dass viele der Anwesenden nicht nur Unsummen an Toilettenpapier, sondern auch zu viel Wasser verbrauchten. In ihrer Wahrnehmung verschwendeten wir vieles und trieben damit ihre Kosten in die Höhe.

Zudem erlebte jene Pensionsmama, eine eher strenge, spanische Katholikin, viele religiös zu hinterfragende Zimmer- und Flursituationen. Diese täglichen Dramen der Art »Er/sie liebt mich, sie/er liebt mich nicht« wurden nicht nur für sie zu einer Zumutung. Irgendwann muss sie sich bei den jeweiligen Agenturen beschwert haben. Die Anordnung, dass sich jedes Zimmer eigenes Klopapier zu kaufen hatte, kam über die Agentur meiner Modelfreundin. Auch das Dauerduschen wurde verboten. Wir deutsch-schwäbisch Geprägten fühlten uns nicht angesprochen.

Mitunter realisierten wir, dass diese Pension bereits zu einer vielfach missbrauchten **»Agenturabsteige«** mutierte, eine sich später wiederholt erkannte Branchensituation: die **»Model-Hurenhäuser«!** Ein von mir kreierter Ausdruck, den ich Jahre später aufgrund dieser international bekannten »Agentur-Apartment«-Situationen prägte. Immerhin müssen Agent(inn)en vor Ort für die ständig saisonal aus dem In- und Ausland ein- und ausreisenden Modelle beziehbare Wohn- und Mitwohngelegenheiten garantieren – ein kontinuierlicher, vorab nicht kalkulierbarer Bedarf, welcher faktisch nie verlässlich ist, jedoch möglichst kurzfristig zur Verfügung stehen soll. Sicherlich existiert diese Problematik noch heute.

Schnelllebige Kunden- und Marktbedürfnisse verlangen nach einem ständig wechselnden Look und somit einem daran angepassten Modelltyp. Wenn dieser neu wirkende Modelltyp gefunden, somit gescoutet ist, sollte jenes Model bestenfalls überall gleichzeitig vor Ort sein – dann, um einen unmittelbar entstandenen Marktwunsch zu bedienen. Weltweite Modelscouts müssen diesen hungrigen Agenten der meist angesagtesten Model- und Castingagenturen ständig neues **»Frischfleisch«** bieten, um einen sich andauernd kommerziell verändernden Kundenmarkt zu befriedigen.

Deshalb offerier(t)en ortsansässige Agenturen allen Neu- und Fremdmodels sofort ihre jeweils regional bekannten Wohnkontakte, auch um ein spontan vermitteltes Modelinteresse und das dazu nötige Reiseangebot schmackhafter zu machen. Budgetorientiert benennen sie dafür unterschiedliche Unterkünfte. Bei der wöchentlichen Abreise und Neuankunft der meist sehr jungen, nicht branchenerfahrenen Models – Weiblein wie Männlein – setzen diese eine grundsätzliche Vertrauensbasis und Kooperationsbereitschaft voraus, zumal sie jene Wohneinheiten für ihren Start auch dringend benötigen.

Bis 2009 gab es noch kein Online-Airbnb-Buchungsmodell, um vorab angebotene Räumlichkeiten visuell abzuchecken. Einen realitätsbezogenen Eindruck gab es erst vor Ort. Weil Models nicht selten oft nur für wenige Tage oder Wochen in einer der wichtigen Städte verweilen, wie zum Beispiel Paris, Mailand, London, New York, Los Angeles, Miami, Tokio, Madrid, Barcelona und Athen, sind die Wohnmöglichkeiten immer teurer als auf lange Zeit vermietete. Ein Hotel wäre noch teurer. Zur einfacheren Koordination stationieren Agenturen ihre Models gerne zusammen, um möglichst viele mit derselben Adresse und den gleichen Grundvoraussetzungen zu bedienen. Zusammen können sich die Models dann auf Vorstellungstermine, die branchenbekannten »Go&See«-Castings, vorbereiten und gegebenenfalls die sich ständig ändernde, zuvor beschriebene Adressensuche meistern.

Nicht selten waren drei bis vier weibliche oder männliche Modelle in einem Zimmer mit zwei Stockbetten und einem kleinen Badezimmer zusammengepfercht. Wer eine Toilette im Raum hatte, konnte das als Vor- oder auch als Nachteil sehen. In vielen Pensionen gab es nur die Gemeinschaftstoiletten im Flur. Gnade Gott demjenigen, der vor verschlossener Türe wartete! Während in Madrid alle sogenannten »Hostals« (Pensionen) privat betrieben wurden, fanden wir Jahre später heraus, dass ganze Wohneinheiten in Mailand und anderen Städten nicht selten bereits den Agenturbesitzern gehörten.

Vor Ort generierte Jobs ermöglichten jedem einen längeren Aufenthalt. So mach(t)en das alle aus der Branche. Auf gebuchte Jobs kassieren die Agenten durchschnittlich 25 Prozent Bearbeitungsprovision – vom Model oder Artisten wie auch vom Kunden bzw. der Kundin, wohlgemerkt.

Für Neumodels kommen anfänglich überraschend hohe Gagenangebote zustande, die sie aber zur Unterschrift umfangreicher, kommerzieller »*Buy-out*«-Erklärungen verpflichten. Je nach Umfang werden die landes- oder weltweiten Rechte, die nationalen und internationalen (Werbe-)Lizenzen an die Agentur abgetreten. Kinder und Jugendliche können hierdurch mit ertragreichen Imagejobs die zusammengenommenen Jahresgehälter beider Elternteile toppen.

Diese schwierig zu definierenden Gagen- und Gehaltsstrukturen werden seitens der Agent(inn)en praktiziert – auf jeden Fall immer eigen-gewinnorientiert, meist auch gewinnmaximiert, und für das Model lottoähnlich. Auf jeden Fall im Interesse der Agentur(en), mitunter sogar zum Vorteil des Kunden bzw. der Kundin. Nicht unbedingt im Interesse des unerfahrenen, zudem noch minderjährigen, Models.

Fast jedes Model hat (s)einen Einstiegspreis; durch Sichtbarkeit einen gegebenenfalls regional oder international sprunghaft ansteigenden aktuellen Marktwertpreis. Aufschlüsselungen dazu sind nur über das jeweils persönliche (Analyse-)Gespräch mit den Agent(inn)en zu (er-)klären. Jeder der Vermittlungsträger(innen) schien dessen höchstmöglichen Preis gepusht zu haben. Mitunter wird versucht, (s)ein prozentuales Stück vom allgemein großzügigen, nicht regulierten Gesamtbudget abzuschneiden.

Models sind erst mal froh, innerhalb einer Sedcard-Auswahl präsentiert und angeboten zu werden. Sie müssen sichtbar sein und dies auch möglichst bleiben. Niemand möchte als sogenannte Karteileiche enden. Sämtliche Bezahlkriterien laufen auf *Vertrauensbasis*. Über die Jahre habe ich einige Models kennengelernt, die sehr gute Arbeit leisteten, am Ende aber außer einer nachweisbaren Sichtbarkeit wenig oder gar kein Geld erhielten. Deren Agenturen schoben es auf Kunden, die nicht bezahlt hätten. Booker schoben es wiederum auf die Agenturchefs, die Gelder zurückhielten, wenn nicht sogar veruntreuten.

Überdrehte und teils von Drogen angestachelte Agenten (nie von Agentinnen gehört) buchten sich, nicht unüblich, allabendliche Limousinen-Car-Services, um mit potenziellen oder bereits befreundeten Kunden in überteuerten Restaurants zu essen und anschließend in die hippsten Diskotheken, gar in Bordelle gefahren zu werden. Gerechtfertigt wurde diese scheinbare Berechtigung damit, dass man ständig (Neu-)Kundenkontakte knüpfe und sich hieraus lukrative Buchungen für die vertretenen Modelle ergäben.

Teils zusätzlich wurden diese teilweise allabendlich summierten Car- und Ausgehservice-Rechnungen nicht anteilig mit deren monatlichen Einnahmen- und Ausgabenabrechnungen verrechnet, sondern jedem repräsentierten Model als voller Rechnungsanteil abgerechnet. Mitunter waren die nicht mal in der Stadt, sondern für ebendiesen Agenten irgendwo bei einer von ihm gebuchten Produktion. Solche (Geschichten-)Einblicke bekam ich, da sie/wir in denselben Unterkünften lebten. Unwissende Brancheneinsteiger(innen) werden hierdurch zusätzlich ausgenutzt, sozusagen abgemolken. Eine vermenschlicht »blöde Model-Kuh« bleibt durch ihr jugendliches Unwissen in diesem sowieso undurchschaubaren Bezahlsystem gefangen.

Viele realisierten erst später, dass ein sich sichtbar positionierender Imagejob mit einer viel höheren Gage angesetzt war. Agent(inn)en forderten Preisverhandlungsversuche heraus, auch um ihre provisionsbasierten »Cash back«-Anteil-Schnäppchen zu erhöhen. Um die Jahrtausendwende gab es eine juristische Sammelklage, in der mehrere Agenturen wegen Preis- und Gehaltsabsprachen verklagt wurden. Trotz dieser anstrengenden Geldspielchen im Hintergrund stell(t)en sich Agent(inn)en als Samariter dar, »weil mal schnell eine Wohnung oder einen Job zu finden« nicht so einfach sei.

Noch komplizierter wurde es, wenn potenzielle Models bereits auf Agenturkosten in eine fremde Stadt kamen. Einige dieser Mädchen waren gerade mal 14, 15, vielleicht 16 Jahre alt. Manche dieser Models bekamen aus welchem Grund auch immer (k)einen einzigen Foto- oder Laufstegjob vermittelt. Diese »nicht arbeitenden Models« häuften sogenannte (Agentur-)Risikoschulden an.

Wenn die Models nicht flüchteten, wurde ihnen beim Überschreiten eines gewissen Kreditrahmens ein vermeintlicher Gönnerkunde zugewiesen, heute als »My Sugardaddy« über digitale Plattformen zu finden. Dieser (»Sugardaddy«-)Kunde präsentierte sich dann als vermeintlicher Retter, der die für ihn kleinen Geldangelegenheiten mit der Agentur klärte. Von da an erschien er ständig an der Seite des betroffenen Models und ließ sich seine Gönneranteile im schlimmsten Falle in »Naturalien« zurückbezahlen. Nicht wenige dieser blutjungen Mädchen ließen sich hierdurch in ein System vielfältiger, mindestens emotionaler Abhängigkeit drängen.

Rückwirkend entstand ein nicht seltenes soziales Problem: Überlebenssex. (Jugend-)Prostitution aufgrund extremer Nöte. Überlebenskampf vor Ort. Mittlerweile ist klar, dass fast ein Drittel der Jugendlichen, die ihr Zuhause früh verlassen, Sex haben für die Beschaffung von Nahrungsmitteln, Drogen oder für eine Bleibe. Innerhalb der herkömmlichen Prostitution tun das manche Frauen vielleicht sogar gern und teilweise freiwillig; andere, weil sie jemand zwingt. Nicht selten, weil sie abhängig sind von Drogen oder einem Mann. Oft auch, weil sie schlichtweg keine anderen Chancen sehen. Innerhalb dieses rasanten, zudem undurchsichtigen Sogs hatten diese kindlichen, teilweise wunderschönen Model-Seelen jedoch keinerlei Chance.

Jahre später diskutierten wir das Thema Überlebenssex: Ich war schockiert, wer von diesen inzwischen erwachsenen Mädchen dies freiwillig zugab und sagte: »Oh, das musste ich oder habe es kurzfristig mal getan.« Dieses Branchen-Gefahrenpotenzial ist komplexer und besteht häufiger, als wir denken. Über die Jahre, inzwischen Jahrzehnte, fanden unzählige Abendevents, Disco-, Jacht- oder Beachpartys statt. Die dafür bestellten Models, Jungs wie Mädchen, wussten/wissen oft nicht, wer diese Abende ausrichtet; welcher interne Deal hintenrum angedacht ist, angesprochen oder bereits besprochen wurde. Wöchentlich neue, mitunter täglich anreisende Models aus all diesen unterschiedlichen Unterkünften galten/gelten bei diesen für sie fremden Events erst mal als Hingucker.

Für die Ausgehungerten gab es immer üppiges Büfett und viele Getränke. Je später der Abend, umso ausgelassener fielen die Partys aus. »Anständige« (meist die Jungs und Mädchen, die am nächsten Tag arbeiten mussten) ließen sich frühzeitig mit den Bussen wieder zurück in ihre Pension(en) fahren. Die Hardcore-Partymeute blieb, auch im Interesse angetrunkener Klienten. Im Verlauf solcher Abendevents wurden den regional immer branchenfremden Models potenzielle Werbe- und Redaktionskunden vor Ort vorgestellt.

Nicht selten wurden großspurig Aufträge vermittelt, die auf Sichtbarkeit ausgerichtet zu sein schienen, sich jedoch später als viel kleinere Aufträge erwiesen. Versprochen wurde, dass sie bei einer potenziellen Buchung gegebenenfalls im Videohintergrund eines aktuellen Topstars in den damaligen MTV- und VH1-Musikvideos zu sehen seien. Solche Chancen wurden gerne kommuniziert. Gleichzeitig wurde mitgeteilt, welches Branchensichtbarkeitslevel durch diesen just kennengelernten Job- und Kundenkontakt erreicht würde. Zusätzlich angefixt wurden die Models mit anfänglich horrend erscheinenden Branchengagen – dies durch ebendiese sich multiplizierenden Buy-out-Summen-Chancen.

Angelockt werden sie, durch ebenjene multiple stattfindenden (Branchen-)Partys, durch die sich eine allgemeine Bereitwilligkeit erhofft wurde/wird. »Kümmere dich doch heute Abend ein bisschen um ihn. Er könnte schon morgen zu deinem Kunden werden!« Diese oder ähnliche Sätze konnte ich immer wieder hören. Für den lokalen Agenten vielleicht keinerlei Jobs akquiriert, somit nicht als potenzielle Gelddruckmaschine erkannt, gerieten junge Models schlimmstenfalls in Geldnot. Moralische Skrupel wurden dabei oftmals über Bord geworfen. Nicht selten wurden die Mädchen dazu angehalten, auf die nächste Party auch ihre hübschen, meist ebenfalls minderjährigen Kolleginnen und/oder vor Ort Freundinnen mitzubringen.

Heute, 20 bis 30 Jahre später, zeigen international aufkommende Gerichtsverfahren vielfach parallele Branchenverflechtungen und Beziehungen aus meiner Vergangenheit. Als junger Mann blieben mir diese Dinge verborgen. Vieles wird inzwischen in Verbindung mit Prostitution, Steuergeldhinterziehung, Alkohol und Drogenvermittlung gebracht. Erfolgreiche Geschäftsmänner, gerne auch Politiker und/oder (sehr) Reiche, luden sich diese weiblichen, naiven Jungblutmodels unter dem Vorwand eines Kennenlernens und einer Motto-Party ein. Um diese nicht kontrollierbaren, oft arglos wirkenden Situationen zu ertragen, die sich hinterher oft als schamvolle Eskalationen entpuppten, konsumierten nicht nur die Mädchen stimmungsaufhellende Kompensationsprodukte: Alkohol und/oder Drogen. Für manche dieser kindlichen Models wurden diese Rituale auf diese Weise einigermaßen erträglich; für nicht wenige der Auftakt zu einer Tragödie ihres noch so jungen Lebens.

Die circa 15 italienischen Modelagenturen der 80er- und 90er-Jahre waren fast alle in den Händen von lediglich fünf Personen. Männern. Deren sehr reiche Freunde wurden teils zu prozentualen Agenturinvestoren, was diese dazu berechtigte, zumindest glaubten manche das, hierdurch Zugriff auf ihren persönlich favorisierten Mädchentyp zu bekommen. Viele dieser Geldhaie kamen gleichzeitig mit dem profilneurotischen Donald Trump, dem späteren 45. US-Präsidenten. Er war zeitweise alleiniger Besitzer aller internationalen »Ms. World«- und »Ms. Universe«-Wahlen. Er nahm sich scheins das Recht heraus, ausgerechnet dann in den Umkleidekabinen zu erscheinen, wenn sich – wie jeder wusste – die gegeneinander antretenden Mädchen gerade umzogen. Mit seinem sich selbst eliminierenden Sexualverbrecher- und Kinderschänder-Freund Jeffrey Eppstein (2019 Tod durch Selbstmord) gehörte er und deren Freunde regelmäßig zu denen, die wir Branchenbeteiligten, wenn auch nur aus der Distanz, im Nachtleben oder bei den vielen Branchen- und Modelpartys von Miami und New York sahen.

Während heute digitale Medien die Ausdrucks- und Informationslieferanten eines Individuums sind, galten damals eben nur jene Sedcard-Flyer. Agenturbesitzer, Investoren und deren Kunden konnten bei eher persönlichem (Buchungs-) Interesse vorab herausfiltern, welches Model am geeignetsten für die geplanten »Privatvorstellungen« sein könnte, vergleichbar mit heute digitalen Partnerbörsen, in denen in Sekundenschnelle entschieden wird, mit wem geschrieben, sich getroffen, vielleicht gesoffen, möglicherweise gevögelt wird.

Einige der damaligen und heutigen Agentur(en)-Geschäftsfreunde und -partner sind/waren Anteilsbesitzer von dadurch bekannter werdenden Modelagenturen. Diese Herren haben bereits hierdurch einen gesicherten Zugang zu diesen jungen, teilweise internationalen, naiven, frisch angereisten Models. Als Agentur[anteils]besitzer konnten sie sich diese regelrecht »abgreifen«. Viele Jahre später offenbarte ein aufgezeichneter Donald-Trump-Video-Mittschnitt (»Grab them by their pussy«) das Gebaren dieser mittlerweile verschmähten Herrenelite. Vor den heutigen #MeToo-Bewegung-Zeiten war dieses Verhalten völlig salonfähig.

Jedes Branchen- und Nischenlevel kannte seinen benötigten Modeltyp sowie dessen dazugehörigen Ansprechpartner. Fast jeder wusste, wer kontaktiert werden musste, um an die in Schubladen kategorisierten Models zu kommen. Gefühlt meinten manche dieser Geldherren durch ihre Agenturleiterkontakte bereits die Zweitschlüssel zu deren Apartments zu besitzen, in denen die aufsteigenden Mädchen teils allein residierten.

Mit jeder Neuankunft entstanden zuvor unkalkulierbare Gefahren einer ungewollten Abhängigkeit, zumindest einer aufgenötigten Dankbarkeit, überhaupt in einer der weltweit bekannten Agenturen aufgenommen worden zu sein, im schlimmsten Fall ausgeliefert zu sein. Wer »blauäugig« in diese Metropolen reist, kommt mit (s)einer Vorstellung vom internationalen Erfolg. Keine/r verlässt einen Ort, ohne irgendeinen visuell sichtbaren Image- oder Bildnachweis mitzunehmen.

Wenn Models durch ihre Agent(inn)en kein Agentur-Image, viel schlimmer noch, keinen finanziellen Erfolg hatten, könnte es bei einer regionalen Alternative noch schwerer werden, unter Vertrag zu kommen. Sogenannte »Talks of the Town« verbreiteten sich wie ein Lauffeuer innerhalb der Mietwohneinheiten. Täglich erfuhren wir, wer welche Jobs bekam, für welche Titelseite oder Kampagnen er/sie angefragt wurde, mitmachte oder wer bei welchen Shows mitlief.

Mit dem heute schnelleren Informationsaustausch sowie dem individuell stärkeren Bewusstsein wendete sich vieles zum Besseren. Ersteinsteiger(innen) müssen heute mindestens 16 Jahre alt sein. Nicht selten war ich erstaunt, dass 14- und 15-jährige Jugendliche ohne elterlichen Schutz in fremden Ländern mit einer völlig fremden Sprache von völlig fremden Menschen angeleitet wurden. Reifere, somit lebenserfahrene (Branchen-)Herren konnten mit dem körperlichen Gut und dessen geistiger Unreife frei nach Lust und Laune schalten und walten! Jedes Branchenindividuum macht unterschiedliche Erfahrungen. Erst retrospektiv wird erkannt, wie es und was wirklich gelaufen ist; im schlimmsten Fall auch, was verloren ging.

Zum Glück gab es um unsere mittlerweile geliebte Plaza de Santa Ana herum noch viele andere Pensionen. Wir machten uns auf die Suche. Wir fanden eine Alternative in einer der vielen kleinen Nebenstraßen. Leider bot dieses Pensionszimmer nicht den unglaublichen Blick auf eben jene beeindruckende Hotelfassade. Von nun an lautete die Adresse »Pension Guernica / Calle de Prado 8 (ocho)«. Wiederholt im zweiten Stock. Das wurde unser neues Zuhause. Von der Straße aus, durch ein großes Holztor tretend, saß im kleinen Innenhof ein Portero in seinem Kabuff und wies uns nach oben – ein damals in Spanien üblicher Job, den es heute so nicht mehr gibt. Für die Hausdame, die keinerlei Englisch sprach, mussten wir wie ein junges Ehepaar gewirkt haben. Zum Innenhof ausgerichtet bekamen wir ein geräumiges Zweibettzimmer. Auf Nachfrage schien diese Pensionsadresse niemand aus der Branche zu kennen. Auch schien sie nichts über unsere Branche zu wissen, was sehr angenehm war. Die Branchenkolleg(inn)en wohnten nur einen Steinwurf entfernt. An die Adresse kann ich mich deshalb so gut erinnern, weil die kleine Verbindungsstraße direkt zum Museo del Prado führte, dem sicherlich berühmtesten Museum in Madrid. Guernica deshalb, weil es zu den Museen gehört, in denen die meisten Arbeiten von Picasso ausgestellt sind. Die Zahl Acht (8) gilt in der Numerologie als die Zahl der Unendlichkeit. Somit steht sie für kontinuierliche Bewegung. Ich suchte nach Bewegung und Veränderung. Auch ich wollte malen, wenn auch nur Gesichter. Diese Adresse schien also perfekt.

Was ich damals nicht wusste, war, dass in südlichen Ländern im August alle Firmen, Redaktionen und sonstige Arbeiter Urlaub machen. Die vormals lebendige Stadt verwandelte sich in eine »Geisterstadt«. Meine deutschsprachige Agentin war im Urlaub. Sehr vieles war geschlossen. Somit gab es weniger berufliche Kontaktmöglichkeiten. Bis zum September konnte diese Zeit genutzt werden, um sich die Stadt und die Museen anzuschauen.

Kaum war meine Agentin aus dem Urlaub zurück, schickte sie mich auf jene berühmten Vorstellungstermine, die mir bereits als wichtige Go&Sees bekannt waren. Aus meiner inzwischen mitgebrachten Arbeitsbildersammlung stellte sie (m)eine branchenübliche Repräsentationsmappe zusammen. Auf mich gestellt, entstanden meine ersten, nun strukturierten Go&See-Erkenntnisse. Zum Glück hatte ich durch meine Freundin mitbekommen, wie so etwas ablief. Hatte ich endlich die zu besuchende Adresse gefunden, kam ich meist unmittelbar dran. Es gab noch eine eher geringe Anzahl von Visagisten und Hairstylisten.

Mit Durchsicht meiner zuvor geleisteten Arbeiten interessierten sich allerdings nur wenige Leute für meine in Deutschland kommerziellen Erfolge. Begeistert hätten sie sich für redaktionelle Magazinbeiträge. Das war neu. In Stuttgart hatte ich zwar nicht wenig gearbeitet, allerdings noch nie für eine redaktionell mehrseitig veröffentlichte Modestrecke. Dieses Arbeitsumfeld war mir nicht geläufig. Lediglich im deutschen Cosmopolitan Magazin erschien 1988 ein Foto mit der später erfolgreichen Schauspielerin *Catherine Flemming*.

Foto: Ralf Schmerberg

Ein redaktionelles Arbeitsumfeld für Modemagazine gab es in Stuttgart nicht. War Stuttgart bis in die 60er-Jahre die Verlagsstadt für Deutschland, verlagerten sich in den 70ern mindestens die Moderedaktionen nach München, Düsseldorf und Hamburg. Das meiste, was ich zu präsentieren hatte, waren deutsche Kataloge, meine KERTU-Frisurenfotos und freie Arbeiten. Freie Arbeiten, sogenannte Test- und Probearbeiten, zeigen meist nur persönlichere Interpretationen zu Fotolooks. Fotografen und die Redaktionen, die ich neu kennenlernte, ließen mich mittels Gebärdensprache wissen, dass sie mit meiner Agentin sprächen. Gesprochenes würde sie mir ins Deutsche übersetzen.

Während ich auf noch handgeschriebenen Zetteln die täglich neu vereinbarten Go&See-Vorstellungstermine abholte, wurde mir erklärt, dass ich für die großen und wichtigen Produktionen leider noch nicht infrage käme. Damit mich die regionalen Fotografen und Redaktionen kennenlernen würden, forderte sie mich auf, künftig bei so vielen unentgeltlichen Testproduktionen wie möglich mitzumachen, da ich hierdurch mehr Routine in der Arbeitsweise bekäme, die hier gefordert war.

Nebenbei erfuhr ich, dass redaktionelle Magazin-Modefotos einen für mindestens sechs, manchmal bis zu zwölf Seiten gleichbleibenden Tendenz-Look brauchten. Damit wurde/wird die anstehende Saison präsentiert. Als Branchenkenner im Bereich »Visagist und Hairstylist« sollte dieser vorab die Bildsprache des jeweils gewünschten (Magazin-) Styles kennen. Je mehr verstanden würde, wofür das jeweilige Magazin in seiner Endaussage stehe, umso produktiver und effizienter sei es für alle Teambeteiligten. Wenn irgendwo spanische Modemagazine herumlagen, meistens in den Redaktionen oder in meiner Agentur, begann ich explizit nach deren Modestrecken zu suchen.

Ich erkannte immer mehr, welches Magazin (s)einen visuell erkennbaren Ausdruck präsentierte. Eine mehrseitig gesetzte Bildsprache zeigt immerhin mehr als tausend Worte. Wenn ich mir Neuerscheinungen der spanischen Magazine kaufte, lagen sie irgendwann im Zimmer und wurden teilweise nur zur bildlichen Ideenfindung einer öfter benötigten Bildsprachen-Erklärung. Lesen konnte ich sie nicht.

Durch die Agentin wurde ich bereits hier und da als Haarstylist vermittelt. Plötzlich kam ich auch in Fotostudios für unterschiedlichste Magazine, Mode-, Porträtaufnahmen und Titelproduktionen, wo ich häufig (High-) Society-Ladys die Haare zu stylen hatte. Das waren nicht die jungen Modelle, wie ich mir das so sehr gewünscht hätte. Sie erinnerten mich viel eher an meine ehemaligen Salonkundinnen. Immerhin verdiente ich ein bisschen Geld. Zudem kam ich in den Genuss erster spanischer Profiproduktionen. Dass dies später bekannte Celebrity-Produktionen sein würden, realisierte ich damals nicht. Diesen Arbeitsbereich kannte ich nicht. Visagisten-Buchungen laufen generell unter verschiedensten Kategorien. Sogenanntes *redaktionelles Arbeiten* gilt für Magazine. Kommerzielle Arbeiten induzieren Kampagnen, Kataloge und Lookbooks. *Celebrity-Buchungen* verbinden zum Beispiel Plattencovers, Musikvideos oder die damals neu entstehenden (Mode-)Storys und Reportagen mit Stars und Sternchen.

Dass ich ein versierter Friseur war, wurde sehr schnell erkannt. Dies musste auch an die Agentur – ich verstand ja niemanden – vermittelt worden sein. Wenn ich, auch an den Wochenenden, mit einem Jungfotografen arbeitete, empfahl mich entweder dessen ausgesuchtes Model oder ebendieser Fotograf weiter. Woche für Woche hatte ich neue und jeweils andere Foto- oder Testproduktionen. Oftmals wusste ich schlichtweg nicht, in welchem Kontext diese entstehenden Fotos benutzt würden oder wo sie erschienen.

Sprachlich eingeschränkt, die englische und die spanische Sprache zeitgleich aufnehmend, jeweils nur phonetisch kopierend, lernte ich eine blonde Südafrikanerin kennen. Sie hatte im selben Jahr als die Schönste in Kapstadt einen der erst berühmt werdenden Elite-Model-Look-Wettbewerbe gewonnen. Wer bei einem dieser internationalen Modelwettbewerbe gewann, hatte bessere Einstiegschancen. Mit ihr konnte ich mich erstaunlich gut verständigen. Ihre Muttersprache war Afrikaans, eine Kombination aus Kolonial-Niederländisch und Englisch. Beide arbeiteten wir an unseren Präsentationsmappen. Wenn sie in Afrikaans sprach, schien ich mehr zu verstehen, als wenn jemand auf Spanisch oder gar Englisch zu mir sprach.

Gisela in Madrid. Fotos: Rheinhardt   Foto: Nick

Spanisch lernte ich durch die Arbeit mit den noch heute befreundeten Geschwister-Models Gisela und Marah aus Puerto Rico. Ein sich kontinuierlich verbesserndes Englisch lernte ich durch Shailah Edmonds, (m)ein erstmals zu schminkendes farbiges Model. Eine umwerfend schöne

Schailah. Fotos: Tom Ruttock (l.), Gemma L. Fernandez, Iwan Petrovich (r.)

schwarze Perle. Auch mit ihr verstand ich mich auf Anhieb, ohne dass wir fließend kommunizieren konnten.

Mit jedem Monat wurden die Sprach- und Verständigungsschwierigkeiten ein klein wenig besser. Erst durch ihre 2019 erschienenen Memoiren erfuhr ich, dass sie in Paris nicht nur die Muse von Pierre Balmain, sondern gleichzeitig auch von Yves Saint Laurent war. Jahrelang war sie für sehr viele Kollektionsvorlagen und Haute-Couture-Schauen das international am meisten gebuchte Laufstegmodel aller akkreditierten Topdesigner. Seit circa zehn Jahren als Jazzsängerin in New York aktiv, nenne ich sie noch heute »the one and only BMW« (Akronym für »Black Magic Woman«).

Innerhalb des Stadtzentrums von Madrid gab es für Branchenleute (wie ich es später auch in anderen Model-Hotspots realisierte) immer wieder diese »Agentur-Klienten-Abendessen«-Events. Regionale Restaurantbesitzer und deren Party-Promoter stellten hierfür Restaurant-Locations zur Verfügung, um uns bereits zwischen 20.00 Uhr und 22.00 Uhr eine meist leichte Kost anzubieten. Wer eine sogenannte Membership-Card über seine Agentur oder durch einen derer Party-Promoter bekam, hatte gratis Essen und Trinken.

Die Branchen-Promoter, die sich erst noch herausbildeten, erkannten, dass sie dafür bezahlt würden, bestimmte Bereiche – die sogenannten »Special Guest«- oder VIP-Bereiche – mit den wichtigsten und attraktivsten Personen zu füllen. Wer gerne ausging, hatte durch diese Promoter gleichzeitig freien Eintritt zu branchenrelevanten Diskotheken und den hippsten Bars; anschließend dann oft zu kostenfreien, von Kunden bezahlten Champagnerorgien. Im Gegenzug standen diese Event-Orte in den Magazinen und Zeitungen. Teilweise wurden diese Bars und Restaurants auch für spätere Foto- oder Videohintergründe genutzt. Deren Klientel realisierte, dass in ihrem Lieblingsrestaurant die »jungen Wilden« der sogenannten »Schönsten der Schönsten« ein und aus gingen. Wenn die Einheimischen erst nach 22.00 Uhr zum Essen eintrudelten, war der Laden bereits imagefördernd gut gefüllt. Diese Branche weiß, wie sie sich gegenseitig füttert.

Montags artete dieses Konzept nicht selten in eine Raubtierfütterung aus. Viele Models hungerten übers Wochenende oder gaben ihr weniges Geld für andere Dinge aus. Dann stürzten sich die Jungs auf die gebratenen Hühnchen mit Pommes; die Mädchen auf den Salat und das Gemüse, was zusätzliche Hühnerportionen für die Jungs bedeutete.

Während sich diese Model-Teenager meist nur leicht geschminkt im Nachtleben bewegten, erinnerten sie teils an filigrane Raupen, die sich innerhalb weniger Wochen – erstmals von den Eltern befreit – in Schmetterlinge verwandelten. In der spätsommerlichen Hitze erschien, nicht völlig unerwartet, hier und da ein Pulk immer neuer Jungendlicher, in diesem Fall aspirierender Models. Kindlich-naive Gazellen mischten unbedarft einen mit Testosteron gefüllten Raum auf. Auf vielerlei Ebenen war das für viele Anwohner(innen) und/oder Tourist(inn)en etwas Besonderes.

Im Teenagealter nicht selten simpel, trotzdem sexy gekleidet, deshalb als unverbrauchtes Freiwild in Klein(st)gruppen wahrgenommen, vereinnahmten diese wohlgeformten Kids den jeweiligen Raum. Dann hatten viele dieser regionalen Jungen sowie älteren Herren mit ihrem individuellen **»Stangenfieber«** zu kämpfen. Diese Trophäen sammelnden, mitunter spät pubertierenden und egogetriebenen Jungs und/oder »Midlife-Crisis«-geplagten Männer genossen dieses abendliche (Spaß-) Potenzial. Je später der Abend, häufig in Verbindung mit spanischer Musik, umso mehr. Alkoholisierte, dadurch altersloser wirkende Männer schienen sich, um an ihre ersehnte Beute zu kommen, nicht selten in (lächerliche) Stierkampf-Matadore zu wandeln. Als externer Betrachter konnte ich vieles beobachten und als Erfahrung mitnehmen, alles im noch intensiven Nachtleben der typischen, jedoch langsam auslaufenden 80er-Jahre.

Um die aus dem Ausland angereisten, zudem minderjährigen Jungmodels kümmerten sich von den Agenten angehaltene Aufsichtspersonen, die sogenannten »Chaperone«. Von Agenturen als Modelbetreuer angeheuert, waren sie damit einhergehend zudem parallel als deren Modelscouts oder Pfadfinder bekannt. Für Agenturchefs mussten sie nebenbei möglichst immer neue – regionale oder zufällige Tourist(inn)en – Jungmodels finden, um diese für einen Brancheneinstieg anzuwerben.

Immerhin war nur zwei Jahre zuvor (1987) die just immer berühmter werdende Claudia Schiffer in einer Düsseldorfer Diskothek entdeckt worden. Mit ihrem ersten Vogue-Titel 1989 (UK) und der durch Karl Lagerfeld unterstützten Chanel-Karriere wurde sie zu einem Model-Leitbild, später zu einer Modelikone. Jeder war darauf aus, im Nachtleben eine »neue CS« zu finden. Kuriose Situationen waren zu beobachten, wenn sich diese Scouts an eine potenzielle neue Modelchance heranbaggerten. Nicht selten leisteten diese einen Spagat zwischen dem Anwerben neuer Models und dem Besänftigen der gerade erst angekommenen, diesen vermittelnd, sie seien nur um sie besorgt. Erstaunlicherweise waren diese »Chaperone« immer nur männlich, meist um die 25 Jahre alt, deshalb nicht selten in ihren »Primetimes«, um leichthin als zusätzlich nächtliche testosterongetriebene **»Rohrverleger«** aktiv zu werden. Bei nicht wenigen hatte ich das Gefühl, dass auch sie nur auf eine internationale Trophäensammlung aus waren.

Deren vermeintlich angebotene Hilfe konnte von den allein angereisten Jungmodellen missdeutet werden, fühlten sie sich jenem von der Agentur zugeteilten »Großer Bruder«-Aufpasser oft nahe, weil sie mitunter Hilfe suchend und (sprach-)schutzsuchend waren. Schließlich wussten diese Jungs, wo es an welchem Wochentag welches Essen umsonst gab.

Zufälligerweise schienen dies deren reifere und männliche Freunde, Kollegen und Geschäftskunden ebenso zu wissen. Ebenso, wo sich die »Branchen-Meute« an welchem Abend aufhielt. »Zufällig« erschienen sie dann just an jenen Abenden und mischten sich nach und nach unter die Models. Auch hier möchte ich für den/die Leser(in) einen intellektuellen

Interpretationsspielraum lassen. Rückblickend war es eine intensive Sozialstudie.

Wenn meine Freundin als (m)ein deutscher (Sprach-)Anker tagelang für Produktionen unterwegs war, war ich auf mich selbst gestellt. Das Mindestmaß an Verständigung ging dann oft Richtung null. Nicht selten interpretierten nur meine Sinne das verbal nicht Verständliche. In Spanien anstrengend war die Gewohnheit, dass sich nicht an zuvor kommunizierte und abgemachte Zeiten gehalten wurde. Nicht selten war ich in einem Fotostudio auf 6.30 Uhr morgens oder noch früher angefragt. Oft auch gebucht. In einigen Fällen, ohne überhaupt Geld dafür zu bekommen. Weder mit der Stadt noch mit irgendwelchen Adressen vertraut, bedeutete es für mich bereits puren Nervenstress, mit meinem ganzen Arbeitsgepäck dort pünktlich zu erscheinen. Wenn ich dann vor Ort klingelte, öffnete oft niemand. Überhaupt erschien Madrid zu dieser Uhrzeit noch gespenstisch ruhig. Also wartete ich und lief dann wiederholt zum Straßenschild, um den Straßennamen und die Hausnummer abzugleichen. Viel Zeit verstrich. Hin und wieder traf ich das Model, jedoch kam niemand sonst.

Dann warteten wir vor verschlossenen Studiotüren. Wenn ich völlig allein ausharrte, irritierte dies. Deshalb war ich gestresst und ging öfter davon aus, dass der Termin wohl nicht stattfindet. Nach circa 60 Minuten Wartezeit – vielleicht war die Adresse ja falsch kommuniziert worden? – erlaubte ich mir, mich auf den Rückweg zur Pension zu machen. Kaum war ich dort angekommen, wartete mitunter bereits die Pensionsmama, um mir zu berichten, dass sich meine Agentur gemeldet habe. Manchmal klingelte das Haustelefon, während ich noch meine Arbeitstasche die Treppen hochschleppte, wenn der Aufzug mal wieder kaputt war. Mobiltelefone gab es nicht. Wo ich denn bitte schön wäre. Alle wären vor Ort. Nur ich würde fehlen.

Im Kontrast zur deutschen Pünktlichkeit lernte ich die spanische »mañana-Mentalität« kennen: »Was du nicht heute kannst besorgen, das verschiebe doch auf morgen« (span. »mañana« = dt. »morgen«).

Spätestens als meine Modelfreundin Madrid verließ, wurde mindestens die Kommunikation zu (m)einer persönlichen Herausforderung. Sie hatte erreicht, was sich ihre deutschen Agenturen erhofften. Sie hatte Bildnachweise aus der spanischen Vogue sowie anderen großartigen Magazinen. Ein ständiges Ausgehen war trotz freier Eintritte nicht drin. Die Agenturen bezahlten einen immer nur dann, wenn der Kunde sie bezahlt hatte. Wenn es Geld gab, musste dieses meist wieder für die nächste Pensionsmiete oder dringend benötigte Materialeinkäufe eingesetzt werden. Wer nach Vorschuss fragte, dem wurden fünf Prozent Gebühr extra abgedrückt.

Gegen Ende meines Aufenthaltes kamen eines Morgens, nachdem sie sich vergewissert hatten, dass ich wirklich Deutscher bin, männliche US-Models aus den umliegenden Pensionen auf mich zu. Sie erzählten mir was von deutschem Glück und deutscher Freude. Nur brockenhaft verstand ich, was sie mir zu erklären versuchten. Ebenso kommunizierten sie was von Kaltem Krieg und Mauerfall. Da sie wiederholt die Mauer in Berlin erwähnten, ging ich davon aus, dass sie mir was von dieser Mauer berichteten.

Wenngleich mein Englisch zu wünschen übrigließ, verstand ich, dass sie mir mitzuteilen versuchten, dass ebendiese Mauer gefallen sei. Dass Deutschland ohne jeglichen Krieg wiedervereint würde und dass die Welt darüber sehr glücklich sei. Da ich mir das überhaupt nicht vorstellen konnte, bis dato auch nichts darüber gehört oder gelesen hatte, ließ ich die Jungs wissen, dass diese Mauer höchstens höher gebaut, jedoch niemals gefallen sein könne. Erst drei Tage später sah ich auf der Puerta del Sol, dem größten Platz, mitten im Zentrum, die ersten deutschen »Bild«-Zeitungsberichte. Während ich in Madrid lebte, fiel am Abend des 09. November 1989 im bis dahin geteilten Deutschland die Grenzmauer zwischen Ost- und Westdeutschland.

Hermetisch für mehr als 28 Jahre durch ein Grenzbefestigungssystem abgeriegelt, löste sich dieses ohne einen einzigen Schuss, Tote oder anderweitige kriegsähnliche Umstände auf. Die Wucht dieser internationalen Veränderung sollte zwei Jahre später unsere Branche beeinflussen. Ausnahmsweise kaufte ich mir von da an die bis dahin noch unregelmäßig erhältliche »Bild«-Zeitung. Das damit in Deutschland entstandene Ausmaß war mir noch nicht klar. Ich konzentrierte mich auf die mir zugeteilte Arbeit.

Vermehrt von Fotografen angefragt, die ich erst kennengelernt hatte, war es zumeist üblich, dass ich mit jenen zuerst freie, später dann kleine redaktionelle, hin und wieder auch kommerziell bezahlte Produktionen umsetzen durfte. Im letzten Monat, dem vierten vor Ort, erschienen fast wöchentlich Magazine, in denen ich durch kleinere oder längere Seitenbeiträge sichtbar war. Wenn ich nicht zufällig darauf stieß, machte mich meine Agentin darauf aufmerksam.

Fotos: Nick Scott

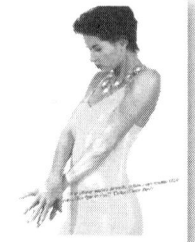

Fotos: Jan Welters   *Fotos: Eliot Siegel*

Vor allem zeigte sie mir, dass bei jeder Veröffentlichung mein Name – meist an den Seitenrändern der jeweiligen redaktionellen Strecke – aufgelistet wurde. Ich wusste nicht, dass sich branchenaffine Personen explizit diese Informationen anschauen, um auf dem Laufenden zu sein, wer an wie vielen, vor allem an welchen beeindruckenden Produktionen beteiligt war. Es dauerte eine Weile, bis ich realisierte, dass eine sogenannte Namensbildung entscheidend für den Erfolg war.

Die vier Monate absolviert, obwohl ich zwischendrin gerne hingeschmissen hätte, konnte ich es nicht abwarten, zurück nach Stuttgart, auch in meine Wohnung zu kommen.

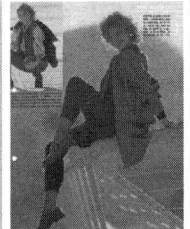

Fotos: Jaime Lopez

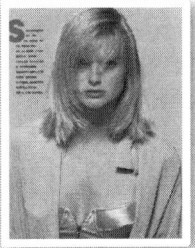

Fotos: Alida Vanni

Fotos: Pepe Botella

Fotos: Iwan Petrovich

Fotos: Juan Ramon Silva

Fotos: Antonio Diaz

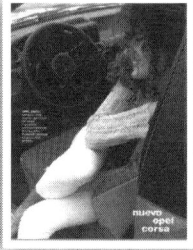

Fotos: Nick Scott

Fotos: Rod Westwood

ZURÜCK IN STUTTGART

Mit meiner Ankunft wussten dementsprechend viele, dass ich etwas zu erzählen hatte. So froh darüber, endlich wieder zurück zu sein, bezeichnete ich anfänglich meine Erlebnisse als negativ, teilweise als tragisch und furchtbar anstrengend. Die vormalig regionale Bekanntheit, nicht nur im Stuttgarter (Nacht-)Lebensrhythmus, hatte mir gefehlt. Allerdings hausierte ich mit all den spanisch redaktionell gedruckten Belegexemplaren. An den Magazinseitenrändern stand: »Alexander Becker, maquillador y peinado para agencia Ana Morelli« (Alexander Becker, Make-up-Artist und Haarstylist für Agentur Ana Morelli).

Explizite Namensnennungen gab es in Deutschland nicht, zumindest nicht für kommerziell orientierte Arbeiten.Es gefiel mir, meinen Namen in fremdländischen Zeitschriften zu lesen. Je öfter ich meine als negativ abgespeicherten Erlebnisse wiederholte, umso vehementer meldete sich mein inneres Alter Ego, immer wieder dieselbe Fragen stellend: »War vor Ort wirklich alles so schlecht?« Mit jeder weiteren Erzählung verspürte ich etwas in mir aufsteigen, was ich als positiv zu deuten erkannte. Immerzu begann mich meine innere Stimme zu hinterfragen:

»War es wirklich so niveaulos? War es insgesamt nicht auch spannend? Kannst du hierdurch nicht ein bisschen Spanisch, sogar besseres Englisch? Hast du nicht viele neue und unterschiedliche Fotografen und Branchenpersonen kennengelernt? Hast du nicht an Magazinen mitgewirkt, die es in Deutschland so nie geben wird? Bist du nicht glücklich darüber, dass dein Name darin erwähnt ist?« Und so weiter und so fort ... Erst mit meiner Rückkehr und durch mir unerwartet entgegengebrachten Neid in Verbindung mit meinem nachweislichen Erfolg erkannte ich die Vorteile des zuvor Erlebten. Retrospektiv so passend erweist sich deshalb wiederum der philosophische Satz von Søren Kierkegaard: »Das Leben wird vorwärts gelebt und rückwärts verstanden.« Ich begann zu verstehen, was ich in Madrid, (m)einem ersten Auslandsaufenthalt, vieles erkennen und dazulernen durfte. Es sollte nicht das letzte Mal sein.

Über die Weihnachts- und Neujahrstage wurde mir suggeriert, dass Madrid noch nicht branchenrelevant sei. Madrid gelte nicht als Trend- und Modemetropole und würde sich vielleicht erst in 10 bis 15 Jahren behaupten. Um gut zu werden, wenn ich mit den Großen der Branche arbeiten wolle, müsse ich Nachweise aus Mailand vorweisen. Schlichtweg wollte mir nicht zugestanden werden, dass ich bereits einen Schritt gegangen war, den bis dato niemand aus der Region gewagt hatte. Zu meinem Glück ergab sich für meine Modelfreundin dasselbe Problem. Seitens ihrer Agentur wurde ihr geraten, sich nach ihren Erfolgen in Madrid auf den Weg nach Mailand zu begeben. Dort solle sie sich positionieren, um ihren Marktwert noch sichtbarer zu machen und diesen mit Bildbelegen von dort zusätzlich zu erhöhen.

Der Februar sollte ein guter Positionierungszeitpunkt werden, auch wegen der dort anstehenden Herbst-Winter-Kollektion-Vorführungen. Davon abgesehen war sie bereits ein sehr gern gesehenes Laufstegmodel. Wir entschieden, diese

Aktion gemeinsam anzugehen. Ende Januar 1990 nahmen wir einen Zug von Stuttgart nach Mailand. Vorgenommen hatten wir uns, dort zuerst einmal jede Profiagentur abzuklappern, in der Hoffnung, dass mindestens eine Agentur bereit wäre, uns zu repräsentieren. Hierfür planten wir eine Woche ein. Zwischenzeitlich hatte bereits jeder die besten und geläufigsten Agenturnamen mitbekommen. Wer aktiv in der Szene ist, findet heraus, über wen positiv, weniger positiv und – im schlimmsten Fall – negativ gesprochen wird. Spät in jener Nacht angekommen, hatten wir auf der acht Stunden dauernden Zugfahrt eine Prioritätenliste erstellt. In meinem Fall würden wir bei der besten Agentur – Option »A« – anfangen und nur bei einer Absage zu Option »B«, »C« oder »D« etc. wechseln. Das war unser Plan. Am darauffolgenden Morgen trennten sich vor dem Hotelausgang unsere Wege. Jeder war nun, zum ersten Mal in Mailand, allein auf sich gestellt.

Weil mich Stadtplänelesen nicht entspannt würde ankommen lassen, schnappte ich mir um die Ecke ein Taxi. Da ich eher schüchtern bin, wenn es um meine Kernqualitäten geht, wechselte ich kurzerhand die Adresse, sprich von Agentur »A«, zu Agentur »B«. Die branchenrelevante Nummer eins wäre »A« wie Aldo Coppola gewesen, die wohl bis heute allerbeste Agentur. Mich dort vorzustellen, getraute ich mich nicht. Zu meinem völligen Erstaunen wurde ich sofort bei Agentur »B« genommen. Ich solle so schnell wie möglich nach Mailand umziehen, damit sie mich zeitnah und vorausschauend für die kommende Saison einplanen könnten. Bereits bei der ersten Agentur wurde ich genommen. Ich konnte es nicht glauben. Was hatte ich doch für ein Glück! Meine Arbeiten aus Madrid mussten sich gelohnt haben.

Dies motivierte mich jedoch nicht, doch noch Option A anzutesten. Sofort fuhr ich zurück zum Hotel. Ich glaubte erreicht zu haben, was ich erreichen wollte. Hauptsache ich hatte eine anscheinend sehr gute Repräsentanz. Zu meinem Erstaunen war meine Modelfreundin nur kurz vor mir zurückgekehrt. Ihr alphabetisch wichtigster Termin hatte sie mit dem Buchstaben »W« zur vor Ort besten »Why Not«-Modelagentur geführt. Sie wollten sie ebenfalls sofort. Sie optionierten sie sogar für eine bereits anstehende Modenschau, dies nach einem noch unmittelbar stattfindenden Showcasting. Wenn sie sofort geblieben wäre, wären zusätzliche Castingshow-Termine (auch aufgrund ihrer »Linda Evangelista«-Frisur) gebucht und festgemacht worden. Ich hörte ihre Story. Sie hörte meine. Noch am selben Nachmittag nahmen wir den Zug zurück nach Stuttgart. Wir wollten kein unnötiges Geld ausgeben.

Wie stolze Pfauen kamen wir innerhalb von nur 36 Stunden zurück. Ich erzählte, dass wir von den besten Agenturen Mailands angenommen worden waren, in meinem Falle immerhin von der zweitbesten. Ein pures Erfolgserlebnis. Jetzt ging alles sehr schnell. Innerhalb von zehn Tagen arrangierte ich für meine Wohnung einen neuen Nachmieter, diesmal einen Ägypter. Da der Teppich mittlerweile fleckig und ramponiert wirkte, ließ ich noch schnell die 25 Quadratmeter in frischem Himmelblau verlegen. Mit dem Zuschlag war er bereit, mir die Miete für drei Monate vorab zu bezahlen. Zumindest versuchen wollte ich es in Mailand.

ABREISE RICHTUNG MAILAND

Den Abreisetermin festgesetzt, vereinbarte ich mit der Freundin, dass sie über ihre Agentur ein Doppelzimmer organisiert. Treffen würden wir uns gleich morgens zum frühesten Zug nach Mailand. Reisefertig, nicht allzu weit entfernt vom Stuttgarter Hauptbahnhof lebend, wartete ich zu Hause und glaubte kommuniziert, von ihr abgeholt und mitgenommen zu werden. Immerhin hatte ich viel Gepäck und war doch eine sehr schmächtige Person. Ich wartete so lange, bis ich schlussendlich ein Taxi bestellen musste, den abgemachten Zug jedoch verpasste.

Ich nahm den unmittelbar nachfolgenden Zug. Acht Stunden fuhren wir, nur eine Stunde voneinander getrennt, hintereinanderher. Sie wusste nicht, warum ich nicht am Gleis gewesen war. Ich wusste nicht, ob sie sich trotzdem in den ausgemachten Zug gesetzt hatte. Es gab damals keine Instantnachrichten. Kurz vor Mailand überzeugte ich, inzwischen durch die entstandene Situation nervös, Mitfahrende mit meiner Präsentationsmappe und ihrer Sedcard in der Hand. Jemand möge mir bitte ihre Agentur »Why Not« kontaktieren. Ich wollte herausfinden, ob eine deutsche angereist sei und wo sie gegebenenfalls untergekommen sei. Dies alles in spanischen und deutsch-englischen Sprachfetzen.

An der »Stazione Centrale«, dem Mailänder Hauptbahnhof, angekommen, half mir eine Deutsch verstehende Mitfahrerin. In meinem Beisein suchte sie an einer der öffentlichen Telefonzellen in einem dicken, auf Papier gedruckten Telefonbuch die Agentur-Adresse und Telefonnummer.

Anscheinend hatte sie die richtige Bookerin erwischt, die bestätigte, dass ebenjene just eingetroffen und auf dem Weg in ihr zugewiesenes Apartment sei. Mit einem Taxi fuhr ich in die Residence Giusti / Via Giusti 6. Die Freundin fiel aus allen Wolken, als ich exakt mit einer Stunde Verspätung in Mailand in ihrem Türrahmen stand. Wir waren wieder zusammen.

Kaum angekommen, klingelte erstmals unser durch die Hausverwaltung freigeschaltetes Zimmertelefon. Sie ging dran. Ich hörte, wie sie auf Englisch immer wieder einen anderen Mädchennamen verneinte und wiederholt ihren Namen nannte. Im Anschluss erzählte sie, was der Anrufer gewollt hatte. Er suchte nach einem bestimmten Mädchen und nannte dafür ständig deren Model- und Agenturnamen.

In späteren Gesprächen stellte sich heraus, dass diese Erstanrufe eine Masche der italienischen Promoter-Jungs waren. Die schienen immer genau zu wissen, von welcher Agentur neue Mädchen in den zur Verfügung stehenden Wohneinheiten ankamen. Diese Anrufe vierliefen folgendermaßen: Anrufer: »Ciao, Bella! Ich bin es, Francesco/Luigi/Giovanni« (oder ein anderer männlicher italienischer Name). »Kann ich bitte mit Carolin/Bernadette/Eloise … sprechen?« Wissentlich, dass die Mädchen mit diesen Namen bereits die Stadt oder mindestens das Apartment verlassen hatten. Model: »Nein hier wohnt niemand mit diesem Namen.« Anrufer: »Ooooohhh, wie schade! Ich hatte ausgemacht, mich zu melden. Ich habe extra Klub-/Konzert-/Dinnerkarten gekauft. Ich wollte mit ihr dorthin. Jetzt weiß ich gar nicht, was ich mit den Tickets machen soll.«

Spätestens dann kam die Frage, ob die sich am Telefon befindende Person, natürlich nur bei Mädchen, nicht ebenfalls aus der Modelbranche wäre. Anrufer: »Bist du auch ein Model? Arbeitest du zufällig bei Agentur A, Agentur B, Agentur C, gegebenenfalls auch noch bei Agentur D?« Innerhalb dieser Aufzählung fiel meist als zweiter, spätestens als dritter der Name jener Agentur, in der das Model bereits unter Vertrag war. Model: »Ja genau, Agentur C ist meine Agentur.« Anrufer: »Wow, du bist auch ein Model?! Du bist bei meinem Freund XY in der Agentur? Ich kenne deine(n) Booker(in) XY sehr gut, das sind Freunde von mir!« Bla, bla, bla … »Ich habe diese Tickets übrig. Möchtest du vielleicht mit uns / mit mir zu diesem Event, in diesen Klub gehen? Du wirst dort viele andere Models treffen und neue Freunde/Freundinnen kennenlernen.«

Brancheneinsteiger(innen) kommen meistens aus den unterschiedlichsten Ländern und, wie bereits erwähnt, oftmals eher vom Land als aus der Stadt. Ab 1991 reisten erstmals ganze Busladungen osteuropäischer Models an, vermehrt auch aus Russland oder dem noch weiter weg liegenden Kirgistan, Kasachstan oder Tadschikistan. Durch den Berliner Mauerfall – kaum, dass der sogenannte »Kalte Krieg« beendet war – generierte dies die erste osteuropäische Welle »hoher Wangenknochen«-Models. Nicht selten lernten wir Mädchen mit eindeutigen Sprach- und Kommunikationsschwierigkeiten kennen. Im Kennenlernverlauf gestikulierten und vermittelten diese, dass sie zu Hause nicht einmal 24 Stunden Strom, eine Toilette mit Kloschüssel und Wasserspülung. Prinzip: Deckel auf, hinsetzen und los!, geschweige denn einen Fernseher hatten. Zudem überhaupt nichts von westlich demokratischen Konsumwelten wussten.

Die meisten Jungblutmodels kamen allerdings noch aus den USA, mitunter aus den innersten, religiöseren Landesteilen, dem sogenannten Mittleren Westen. Im Gegensatz zu der EU besteht in den USA bis heute keine Schulpflicht. 15-jährige Neuankömmlinge besuchten im außergewöhnlichsten Fall nur das dort privatisierte »Homeschooling« im Wohnwagenpark der nicht selten alkoholkranken Eltern, Großeltern, Onkel und Tanten. Nicht wenige wuchsen so auf, was zusätzlich ein reduziertes Schul- und Intelligenzniveau bedeuten konnte und die Naivität der Betroffenen begünstigte.

Schock-konfrontiert mit unmittelbar interkulturellen Großstadt- und Fremdsprachenthemen, vermittelte das unerwartete Aufzählen solcher Agenturnamen das Gefühl, dass sich der Anrufer innerhalb der Branche auszukennen schien und deshalb eine spontane Stütze, ein emotional wichtiger Kontakt sein/werden könnte – mindestens einer, den es in Erwägung zu ziehen wert wäre. Es könnte sich eventuell lohnen, durch ihn und mit ihm diese völlig fremde Stadt auszukundschaften und dadurch gleichzeitig neue Leute kennenzulernen.
 Überhaupt war es für diese Models keine leichte Situation, zum ersten Mal allein in einem fremden Land zu sein, ohne das täglich gewohnte Essen; in einem Land, wo – familiär vereinsamt – zusätzlich die ungewohnte Luft-, Wasser- und Nahrungsmittelqualität innerhalb von Tagen zu individuell unerwarteten Haut- und Haarproblemen und damit auch zu Attraktivitätseinbußen führen konnten.

Wie bereits erwähnt, waren viele von ihnen nicht selten (weit) unter 16 Jahre alt. Zudem ohne Eltern und ohne ihre vertrauten Guardians. Allein gelassen an einem ihnen noch gänzlich unbekannten Fleck Erde. Mit solchen Anrufen wurden sie angesprochen, sogar eingeladen, sozusagen wahrgenommen. Für eine(n) Jugendliche(n) kann solch ein wohlklingender Anruf rasch zu einem verlockenden (Interessen-) Angebot werden. Er kann Teenies gar – zum ersten Mal weit weg, zudem »elternfrei« – dazu reizen, auf keinen Fall eine spannende Erfahrungschance verpassen zu wollen.

Während wir gerade noch unsere Taschen auspackten, lies ich parallel meinen Stuttgarter Fotografenfreund Hagen die dortige Telefonnummer wissen. Der war froh, dass ich mich meldete, sollte ich mich unbedingt, völlig unerwartet, in Zürich bei einer Haare und Make Up-Agentur melden. Die hätten von mir gehört und ich solle so schnell wie möglich mit ihnen Kontakt aufnehmen. Es wäre dringend.

Die Zugstrecke von Stuttgart nach Mailand verläuft direkt durch Zürich. Ich glaube, wir hatten dort sogar 20 Minuten Aufenthalt. Gerade erst 17.00 Uhr, rief ich die zu wählende Nummer an. Es meldete sich eine *Dame*. Meinen Namen habe sie von der Schweizer Make-up-Artistin Susanna, die ich in Madrid kennengelernt hatte. Auf der dringenden Suche nach einem Make-up- und Haarstyling-Artisten war ich empfohlen worden. Wenn ich mich schnell vorstellen käme, könne sie mir eine für sie wichtige Jobkampagne vermitteln. Zudem würde sie mich gleich in ihre neu gegründete Agentur aufnehmen. Als ehemalige »Miss Schweiz« mit internationalen Topmodel-Erfahrungen habe sie viele Branchenkontakte und bereits viele Fotografenanfragen.

Aus dem Bauch heraus entschied ich, dass ich, immerhin gebraucht, am folgenden Tag mit dem ersten Zug die exakt halbe Strecke zurückfahren würde. In Zürich würde ich diesen unerwarteten Branchenkontakt mit dieser mir unbekannten, jedoch zusätzlichen Agentur herstellen. Nicht wissend, was dort auf mich zukommt, packte ich vorsichtshalber vieles von dem, was ich just in den Schränken verstaut hatte, zurück in meinen Koffer und in die Arbeitstasche. Meiner Mitbewohnerin gab ich das Geld für die Miete der ersten vier Wochen.

Voll bepackt fuhr ich im frühesten Morgengrauen, um circa fünf Uhr, zurück zur »Stazione Centrale«. Voll beladen machte ich mich auf die Suche nach einem geöffneten Zugticketschalter. Endlich einen gefunden, wollte ich ein Ticket in die Schweiz nach Zürich lösen. Um meinen Reisepass vorzulegen und besser an meinen Geldbeutel zu kommen, stellte ich das schwere Gepäck um mich herum ab. Um den Beamten besser zu verstehen, stellte ich mich vor den Koffer und die Tasche und lehnte mich vornüber. Der Beamte hinter dem Schalter sprach immer von »Zurrrigo«. Ich aber wollte nach ZÜÜÜÜRICH. »Sì, sì, Zurrrigo«, wiederholte er. Nach einem mindestens fünfmaligen Schlagabtausch gab ich mich geschlagen. Ich kaufte ein Ticket nach Zurrrigo. Als Nächstes musste ich noch das Abfahrtsgleis herausfinden. Das italienische Wort (pista di partenza) kannte ich damals auch noch nicht. Nachdem er mir die Gleisnummer mit den Händen vorzählte, glaubte ich es verstanden zu haben. Sowie ich mein bezahltes Ticket verstaut hatte und mich wieder meinem Gepäck zuwenden wollte, war da – nichts.

Mein Gepäck war schlichtweg verschwunden. Es war gestohlen worden. Mit weit aufgerissenen Augen sah ich mich suchend um, blickte allerdings in eine größtenteils leere, jedoch vom aufgehenden Tageslicht beleuchtete Bahnhofshalle – alles mit einer aufkommenden Schnappatmung, während meine Halsadern pulsierten. Situationsbedingt wild gestikulierend, versuchte ich in Richtung des Beamten Hilfe und Aufmerksamkeit zu bekommen. Der wendete sich jedoch ab und verließ seinen Arbeitsplatz.

Hatte er während des Kaufvorgangs durch ein leichtes Kopfnicken anderen ein Zeichen gegeben? Hatte er gar, während ich mit meinen Sprachschwierigkeiten ein Ticket zu bekommen versuchte, Kumpels dazu aufgefordert, mir meine Sachen zu stehlen? Ich war schockgefroren. Während ich die Agenturfindungssuche vor 10 Tagen als durchaus positiv empfand, hatte scheinbar an meinem ersten Tag die dort organisierte Kriminalität der italienischen Mafia zugeschlagen. Fast alles war weg. Nicht nur meine sündhaft teuren Qualitätsprodukte, auch viele meiner individuellen Outfits, die mir oft halfen, meine Unsicherheit in Sicherheit umzuwandeln.

Zum Glück hatte ich wenigstens noch meine Belegexemplare sowie Ausweise und Geldbeutel. Die eingenommene Miete würde herhalten müssen, um überhaupt einen Teil meines Verlusts zurückkaufen zu können. Ein weiterer Grund, nicht die Polizei zu rufen, sondern lieber gleich den Zug nach »Zurrrigo« erreichen zu müssen: In der Schweiz würden die Menschen mindestens ansatzweise Deutsch sprechen. In Italien verstünde ich beim Einkaufen kein Wort.

Mit dem Einstieg in den Zug schlossen sich die Türen. Nackt kam ich mir vor. Was für ein Start in den Tag! Wenn ich den potenziellen Job von der mir noch unbekannten Agentur bekäme, hätte ich dafür keinerlei Arbeitsmaterialien. Noch nie zuvor war ich in Zürich gewesen. Noch nie hatte ich die Schweizer Sprache gehört. Hatte ich gestern noch mit D-Mark, inzwischen mit der italienischen Lira bezahlt, sollte ich jetzt eigentlich Schweizer Franken in der Tasche haben.

Kurz nach der morgendlichen Agenturöffnung war ich bereits mitten im Stadtkern von Zürich, im sogenannten Niederdorf. Go&See-erprobt, stellte ich mich vor und präsentierte meine Fotoarbeiten, als wäre nichts geschehen. Die Agentin, die ich bis jetzt nur vom Telefon her kannte, war nicht nur sehr attraktiv, sie wirkte zudem äußerst sympathisch. Sie wollte mich direkt haben, zukünftig repräsentieren.

Mit der angedeuteten Aufnahme in ihre Agentur musste ich ihr allerdings gestehen, dass mir am Morgen alle meine Arbeitsutensilien gestohlen worden waren. Ich hatte nichts mehr vorzuweisen, was die zuvor geleistete Arbeit unterstützt hätte. Kurzfristig über diese Geschichte irritiert, empfahl sie mir einen Friseureinkauf, in dem ich vieles gleichzeitig besorgen könne. Wenn ich mich sofort auf den Weg machen würde, könnte ich diese Erledigungen tätigen, um ihr zumindest am Nachmittag für wichtige Go&Sees zur Verfügung zu stehen. Sie erklärte mir, wie ich vom nahe gelegenen Bellevueplatz mit einer bestimmten Tram, der Schweizer Straßenbahn, zu einer bestimmten Haltestelle käme. Von dort wären es nur zwei Minuten Fußweg. Vom Friseureinkauf gab sie mir Name und Adresse und zeigte mir vor der Agentur, in welche Richtung ich zu laufen hätte. Auch gab sie mir das Geld, das ich für das erste Trambahnticket bräuchte. Das fand ich sehr nett.

Wiederholt nach dem Prinzip »Nur wer den Mund aufmacht, dem kann geholfen werden« fragte ich mich durch zu ebenjenem Bellevueplatz, einem zentralen Knotenpunkt, inmitten von Zürich. Dort wartete ich auf besagte Tram. Immer mehr Menschen warteten mit mir. Es wurde stetig unruhiger. Irgendwann stellte sich heraus, dass es mit genau dieser Linie einen Totalausfall wegen eines Anschlags oder mindestens einen unerwartet schweren Unfall gab. Für Schweizer, die funktionieren wie ihre Uhren, die sie für die ganze Welt produzieren, war das unvorhergesehen und passte deshalb nicht ins Tages-(Uhr)zeitgeschehen. Für mich war es nur ein zusätzlicher Schreck und somit eine erneute Herausforderung. So wie der Tag begonnen hatte, schien er nur weitere Hürden bereitzuhalten. Pragmatisch agierend, nahm ich mir wieder ein Taxi. Immerhin haben diese den Vorteil, dass sie einen direkt vor der Türe absetzen und man sich nicht weiter durchfragen muss.

Als Friseur kennt man (s)einen Friseureinkauf. Leider nicht den in Zürich. Ich nahm mir einen Einkaufswagen und schlenderte zwischen den Unsummen von neuen, nicht gekannten Produktmöglichkeiten hindurch. Ich würde Föhn, Kämme und Bürsten brauchen. Zudem Haarfestiger, Haarsprays, Gel und jegliche Make-up-Produkte sowie die entsprechenden Utensilientaschen dafür. In Gedanken zählte ich alles auf, was ich noch suchen müsste, um (m)eine Ersatztasche halbwegs zu füllen. Die Preise vergleichend von einem Regal zum anderen hechelnd, hörte ich durch eine Sprechanlage, wie plötzlich mein Namen ausgerufen wurde. »Herr Alexander Becker wird zur Kasse gebeten!« Nach zehn Sekunden Ruhe wurde die Ansage mit meinem Namen wiederholt.

Ich horchte auf, während mir das Blut in den Adern gefror. In einem mir völlig fremden Land, zum ersten Mal dort, hörte ich meinen Namen in einem mir nicht bekannten Laden. Die Gedanken in meinem Kopf überschlugen sich. Voller Misstrauen ging ich zur Kasse. Dort erwartete mich eine freundliche Kassiererin mit einem Telefonhörer in der Hand. Völlig irritiert nahm ich diesen entgegen.

Es war meine Agentin, die ich just kennengelernt hatte. Im »Schwyzerdütsch-Stakkato« klärte sie mich auf, dass ich sofort und unmittelbar bei einem wichtigen Fotografen zu einem Vorstellungstermin müsse. Ich solle vor Ort alles stehen und liegen lassen. Der Fotograf wäre nur noch 45 Minuten in seinem Studio und ich müsse ihn jetzt sofort kennenlernen, um einen für sie wichtigen Job anzunehmen.

Unmittelbar bezahlte ich alles, was ich bereits im Einkaufswagen hatte. Damit ich es zum Termin schaffen würde, bestellte ich mir wieder ein Taxi, dieses Mal zu der am Telefon übermittelten Fotostudio-Adresse. Wie zumeist sind solche Vorstellungstermine oft schon nach fünf Minuten fertig. Wie immer würde sich der mir unbekannte, jedoch allgemein freundliche Fotograf mit meiner Agentin in Verbindung setzen. Ich fragte mich zurück zur Agentur, um weitere Termine für den Nachmittag anzunehmen. Ich kannte das Spiel. Ich kannte das Vorgehen aus Madrid.

Nebenbei lernte ich das kleine, überschaubare Zürich mit seinen postkartenähnlichen Eindrücken kennen. Als ich am

Abend in der Agentur eintraf, erzählte mir die Agentin ganz aufgeregt, dass ich für die kommende Woche schon wichtige Kampagnen und optionale Produktionsanfragen hätte. Weil ich sowieso schon vor Ort war, hatte sie für mich auch für den folgenden Tag wichtige Vorstellungstermine ausgemacht. Ich solle nicht direkt zurück nach Mailand. Sie empfehle mir ein Hotel um die Ecke und würde mich später zum Essen und Kennenlernen einladen. Zu meinem Erstaunen buchte sie mir dafür das Hotel mit meinem Vornamen: das Hotel Alexander in der Niederdorfstrasse. Das gibt es noch heute. Im Hotel eingecheckt, wurde mir über die Rezeption kurzfristig das Essen und der ausgemachte Kennenlerntermin abgesagt. Gleich am ersten Abend in Zürich war ich allein.

Am folgenden Morgen erhielt ich mit einer kurzen Entschuldigung die neuen Go&See-Adressen. Allein die Stadt erkundend, um Fotostudios und Redaktionshäuser zu finden, lernte ich nicht nur die unterschiedlichsten charmantesten Gegenden und Hinterhofecken kennen; ich traf auch einige der angesehenen Schweizer Fotografen, Redaktionen, Kunden und verschiedene Agenturen. Die jeweilige Resonanz erschien freundlich-positiv. Von der Agentur hörte ich, dass alle daran interessiert seien, zukünftig mit mir zu arbeiten.

Mit dem bereits beginnenden Wochenende solle ich doch besser gleich in der Stadt bleiben. Die Tickets hin und zurück nach Mailand würden genauso viel kosten, als wenn ich vor Ort bliebe. Zudem müsse ich unbedingt ihren Freund, den lokalen Friseur-Matador und gleichzeitigen Agenturbesitzer kennenlernen. Morgen, Samstag, würden wir gemeinsam in die Disco gehen. Am Montag könne ich nochmals ein paar

Vorstellungstermine absolvieren. Bereits ab Dienstag würde ich ganz sicher arbeiten, denn am Montag, spätestens nachmittags, sollten alle Auftragsbestätigungen für die bereits angefragten (optionierten) Jobs der kommenden Woche bestätigt werden. Dadurch würde ich Geld verdienen. Damit wären die drastisch entstandenen Wochenendausgaben wieder drin.

Am Montagmorgen nahm ich die bereits ausgemachten Vorstellungstermine wahr. Bis zum Nachmittag kamen jedoch nur Absagen anstatt Zusagen – mit der Begründung, dass ich ihnen zu jung, deshalb zu unerfahren, auf kommerziellem Level noch zu risikobehaftet sei. Schlussendlich generierte ich keinerlei bezahlten Produktionen – jedoch ein sehr teures Wochenende, was für Mailand einen noch schwierigeren Einstieg bedeutete.

Endlich zurück im italienischen Appartment, erzählte ich alles und meldete mich bei meiner für Mailand zugesagten Agentur. Nun ging das gleiche Spiel von vorn los. Tägliche Vorstellungstermine in einer Stadt, die mich nicht kannte und vice versa. Tägliche Erstkontakte zu Menschen, die ich nur teilweise, wenn überhaupt verstand. Abends erzählten wir uns unsere jeweiligen Tageserlebnisse und waren froh, dass wir im Gegensatz zu Madrid eine kleine Küchenzeile hatten, in der wir uns etwas zubereiten konnten. Ansonsten war, was der Branchenroutine geschuldet war, vieles wie in Madrid.
Das uns zugewiesene Apartmentgebäude war wieder eines dieser typischen Modelunterkünfte; mit dem Unterschied, dass bis 21.00 Uhr vorn am Tor ein Hausmeister saß, der zumindest den Eindruck erweckte, dass hier alles mit rech-

ten Dingen zuging. Danach stoppten verschiedene Luxuskarossen, manchmal sogar Limousinen, vor dem Tor, das dann nur noch von innen oder mit einem Schlüssel zu öffnen war.

Nacht für Nacht riefen, vor allem zu den Wochenenden hin, die branchenüblichen »Modelscouts« oder deren Disco-Promoter die Namen der Mädchen, von denen sie wussten, dass sie im Hause wohnten, skurrilerweise ähnlich dem eher süddeutschen Prinzip des »Fensterlns«, einer inzwischen fast bedeutungslos gewordenen Art der Brautwerbung. Hierbei versuchen Männer nächtens der Geliebten heimlich ihre Aufwartung zu machen, meist in der Hoffnung, zumindest gelegentlich Einlass in deren Schlafgemächer zu finden.

Unten standen grölende Jungs und schrien die Namen ihrer Wunschkandidat(inn)en unendlich lange in die Dunkelheit. Wer Namen hörte, öffnete nicht selten sein Fenster. Jeder wollte beobachten, wer mit wem aus dem Hof ging und wer in welche Limousine einstieg. Auch männliche Models hatten ihre internationalen Verehrer. Während ihrer persönlichkeitsbildenden (Model-)Phase wurden einige »ab dem Nabel variabel«. Nicht selten »gay for pay«. Zeitweise aufgrund individuell gewünschter Sichtbarkeit, dann, um an die hierzu benötigten Jobs, oftmals auch an das unumgänglich angewiesene Geld zu kommen.

Viele der Mitbewohner(innen) bekamen ständig Angebote zu Abend-, Dinner- und Wochenendevents, nicht selten Einladungen zu kostenfreien Partys auf Jachten. Einigen wurden Italiener vorgestellt, die angeblich wohlhabend, jedoch immer Pech mit den Frauen hätten. Darunter waren, zumindest vermittelten sie es so, scheinbar unverheiratete blaublütige Adlige. Würden sie sich um jene kümmern, hätten sie für immer ausgesorgt. Solche Modelkennenlerntreffen versuchten viele dieser reiferen, teilweise vermögenden, trotzdem sehr unsicheren Herren, über diese jüngeren, nicht selten attraktiveren Agenturtalentscouts zu arrangieren. Dann, um möglichst nahe mit ihrem jeweils gewünschten Jungmodel zusammenzukommen.

Mit allerlei Avancen umgarnt wurde, wer in die Gunst dieser Garde von Interessenten kam. Geködert wurden viele mit der Aussicht auf vielversprechende Model-Aufträge sowie Ausbildungsmöglichkeiten für zum Beispiel später anstehende Mode-, TV- oder Redaktionskarrieren. Viele dieser Männer hatten etwas grundsätzlich Schmieriges, in ihrem Habitus nicht selten etwas Gieriges. Wenn mir solche Storys erzählt wurden, malten wir uns aus, wie während dieser multiplen Jacht- und Bootspartys unten im Laderaum nebenbei unmoralische Deals stattfanden sowie Drogen und Waffen von einem Ort zum anderen geschmuggelt würden.

Mein erster größerer Job führte mich nach Bergamo, circa 45 Kilometer außerhalb von Mailand. Der Auftrag kam von einem für damalige Verhältnisse sehr bekannten Brautmode-Unternehmen. Drei weibliche und zwei männliche Fotomodelle sowie fünf Anziehhilfen sorgten dafür, dass ein Brautkleid nach dem anderen fotografiert wurde, eines schöner als das andere. Das Make-up natürlich gestaltet, sollte es über den Tag hinweg halten. Nur die Haare der Mädchen mussten für jedes Outfit verändert werden. Nachdem ich bis zum Abend bestimmt über 30 Kleider fotografiert hatte, fühlte ich mich wie nach einem »Expressjob«, wie ich es von meinen Friseurmessen her kannte. So viel und so schnell hatte ich noch nie gearbeitet. Kreativität entsteht auch unter extremer Beanspruchung. Die Ergebnisse habe ich leider nie gesehen. Sich vorab den Namen des Designers gegebenenfalls für später notwendige Belegexemplare zu notieren, schien die Agentur nicht zu interessieren.

Die nun italienisch geforderte Sprache wurde unter all den verschiedenen Schwierigkeiten eine zusätzliche Hürde. Weder Englisch noch Spanisch konnte ich gut. Mein erlerntes und vor Ort angewandtes Spanisch wollte niemand hören. Branchenbezogen verstand ich jedoch mehr als noch in Madrid. Trotz unzähliger Go&Sees vermittelte mir die Agentur nur hier und da kleine, jedoch eher unbedeutende Jobs. Nichts, was ein sich positiv steigerndes Wahrnehmungs- und Sichtbarkeitslevel beeinflusst hätte.

Während ich in Madrid viele Jungfotografen kennengelernt hatte, um mich kostenfrei durch Versuch- und Testproduktionen zu präsentieren, gar bekannt zu machen, schien dies in Mailand viel schwieriger. In Madrid hatte es keine richtige Konkurrenz gegeben, nur sogenannte Mitstreiter. In Mailand gab es jedoch erfolgreich etablierte Mitbewerber. Wöchentliche, eher zeitungsähnlich erscheinende Modebeiträge finanzierten mir die Miete. Dennoch reichte es nicht, um auch nur im Ansatz ein ausschweifendes Leben führen zu können. Italienisch essen gehen ums Eck war allerdings fast immer drin.

 Durch die Agentur kam ich zu der Erfahrungschance einer Make-up-Assistenz für die Kollektionsshows von Armani, Fendi, Krizia und Trussardi. Hierfür gab es einen leitenden

Fotos: Alesandroo Jedda / Mariella Granata

Make-up-Artisten, der sich zur Unterstützung der Anzahl von Modellen ein adäquates Team zusammenstellte. Bei diesen Shows, bei denen oft bis zu 30 Laufstegmodels gebucht werden, präsentiert der Hauptartist (s)einen umzusetzenden Look und gibt einem die dafür definierte Farbvorstellung, sprich Lidschatten und Lippenstiftfarben vor. Ich freute mich darauf. Im extra aufgebauten Backstagebereich sah ich jedoch mit Entsetzen, wie viele Make-up-Kolleg(inn)en unsaubere, vor allem unhygienisch wirkende Arbeitsmaterialien an den ihnen zugewiesenen Arbeitsplätzen präsentierten. Nachdem ich mit weißen Handtüchern Produkt- und Arbeitsflächen abgedeckt hatte, lagen damals, wie auch noch heute, meine täglich frisch gewaschenen Pinsel und all die anderen Arbeitsutensilien dem Arbeitsablauf nach sortiert wie im OP-Raum neben- oder untereinander.

Noch immer ist es mir ein Anliegen, dass ein Arbeitsplatz nicht nur sauber, sondern zusätzlich hygienisch wirkt. Im Team der einzige Deutsche, wurde ich dafür kritisch beäugt. Zum Erstaunen meiner Kolleg(inn)en, die ich erst kennengelernt hatte, steuerten die im Fünf- bis Zehnminutentakt ankommenden Models immer zuerst auf meinen – den saubersten – Arbeitsplatz zu. Auch das schien diese Kolleg(inn)en zu irritieren. Immerhin war ich der Neue.

Je trendaktueller die Models, für umso mehr Kollektionsshows pro Tag können diese gebucht sein. Je bekannter ein Model, umso später kommt es zum kurzfristigen Umstyling, nicht selten erst unmittelbar vor dem Beginn der jeweiligen Show. Mitunter arbeiten dann bis zu vier Personen an diesen »last minute« eintreffenden Models. Trotz eines deshalb verspäteten Showbeginns wird dann auch seitens der Designer(innen) gewartet.

Die Topmädchen, inzwischen nur saisonweise aktuell, werden mit einem Limousinenservice an die dafür unterschiedlichen Show-Locations gekarrt. Meine »One and Only Black Magic Woman«, die ich in Madrid kennengelernt hatte, hatte in ihren über viele Jahre besten Kollektionssaisons mindestens 10 bis 20 Designershows pro Tag. Bei Topmädchen, die für jede Modehauptstadt gebraucht, deshalb angefragt werden, ist dies ein aufeinanderfolgender Wochenrhythmus. Zwei Mal jährlich werden diese als Verkaufszahlen-Optimierer(inn)en »gebraucht«, deshalb gebucht in den Städten Mailand, Paris, London und New York. Seit der Jahrtausendwende zunehmend auch für Tokio, Singapur, Hongkong, generell für den asiatischen Raum.

Das sind jeweils vier bis sechs sehr intensive Wochen, das heißt je fünf bis sieben megaanstrengende Tage mit sehr wenig Schlaf. Wegen maßgefertigter Anproben stehen diese Topmädchen oft zusätzlich bis tief in die Nacht zur Verfügung. Viele erzählten von nur je zwei bis drei Stunden Schlaf. Was durch den nicht erhaltenen Schlaf und die Anzahl der abzuarbeitenden Showauftritte sichtbare Müdigkeitsauswirkungen hatte, mussten wir mit Make-up, die Farbe Apricot noch neu, frisch wirken lassen und somit ausgleichen.

Aura und Frische brachten zusätzlich meine unerwartet geleisteten Gesichts- und Kopfmassagen. Bis heute gönne ich diese jeder einzelnen Person, bevor ich überhaupt daran denke, geschweige denn beginne, Make-up zu applizieren. Noch heute für viele ungewohnt, hinterließ dies bei den nicht selten müde aussehenden Mädchen einen nachhaltig positiven Eindruck. Jede(r) wollte zuerst immer noch bei mir vorbei, wenn eine Kollegin mal wieder von meiner Massage geschwärmt hatte. Wer sich meinen Namen nicht merken konnte, erinnerte sich später an die außergewöhnliche Massage. »Der Typ, dieser Deutsche im Team, der immer zuerst die Massage macht.« So oder so ähnlich hörte ich dies bei späteren Erzählungen.

Während viele bis dato glauben, dass ich es nur für jene mache, lasse ich hiermit wissen, dass mir grundsätzlich der menschliche Kontakt wichtig ist. Solange ich Personen massiere, kann ich nicht nur fühlen, inwieweit diese sich wohl- oder nicht wohlfühlen. Individuen können sich für zwei bis fünf Minuten einfach mal fallen lassen. Nicht selten erspüre ich, in welchem Stressstatus sich diese Person befindet, während nebenbei 48 Gesichtsmuskeln gestreichelt, geknetet, sozusagen massiert und dadurch aktiviert, deshalb besser durchblutet werden.

Mental gibt es mir die Chance, visuell angedachte Vorstellungen für die anstehende Schritt-für-Schritt-Gestaltung durchzugehen. Sinnstiftend realisierend bekam ich mit, dass eine gegenwärtig massierte Haut grundsätzlich besser durchblutet wirkt, nicht selten sogar weicher. Aufgrund der gelockerten Gesichtsmuskulatur erscheinen viele Personen dadurch großäugiger, deshalb wacher. Jede(r) bekommt mehr Ausstrahlung. Eine individuell berührte Haut strahlt. Ich erkannte, dass frisch massierte Personen weniger unsicher, weniger aggressiv sind, anstehende Arbeitsschritte seltener hinterfragen.

Nach einer Vorbereitungszeit von drei Stunden – die gefühlt nicht enden wollende Anzahl von Models abgefertigt – war ich schockiert zu erfahren, dass diese Kollektionsvorlagen in nur 8 bis maximal 15 Minuten beendet sind. So viel Detailarbeit. So kurz der visuelle Präsentationsfaktor. Kein Wunder, manche der Top-Mädchen schaffen bis zu 20 Shows am Tag. Routine und Schnelligkeit schienen hierbei der neue Trainingsfaktor für viele spätere Shows zu sein.

Erwähnenswert ist auch meine Buchung für das San-Remo-Festival. (übersetzt »Festival des italienischen Liedes«). Es handelte sich um einen Gesangswettbewerb, der gerade zum 40. Mal im italienischen Fernsehen übertragen wurde. Gebucht wurde ich für die sehr junge und nur Italienisch sprechende Sängerin Silvia Mezzanotte. Ich solle ihr die Haare sowie ihr Presse- und Auftritts-Make-up gestalten.

In San Remo angekommen, übernachtete ich in einer riesigen original 70er-Jahre-Suite des Hotels Panorama. Das lag nicht weit entfernt von der Event-Location. Vor Ort erfuhr ich, dass nationale Künstler gegeneinander antraten. Jeder präsentierte sich mit (s)einem Song.
Da meine Sängerin nur Italienisch sprach, wurde ich in einem noch schlechteren Englisch von deren Management angewiesen und zurechtgewiesen, hierfür überallhin mitgenommen und nicht selten einfach abgestellt.
Auf einmal stand ich hinter ebenjener Eventbühne. Rod Stewart, mit seinen auftoupierten Haaren, hatte darauf gerade (s)einen Auftritt. Während ich nochmals an meiner Sängerin Hand anlegte, bevor diese mit ihrem Lied »Sarai grande« auftrat, standen völlig unerwartet die Jungs von Depeche Mode, Liza Minnelli und Tina Turner vor uns. Im Programm folgte Tina Turner Rod Stewart auf der Bühne.
Sozusagen noch **»star-struck«,** konnte ich mich fast nicht mehr auf meine im Vergleich unbekannte Sängerin konzentrieren. In Friseurprodukten gedacht, waren alle diese Stars damals die »Götter« bzw. »Göttinnen« der Friseurproduktbranche. Wie oft hatte ich deren Haarstylings an meinen Kunde(inn)en kopiert und konnte die dafür benötigten Produkte verkaufen. Jetzt standen sie, wenn auch meist mit dem Rücken zu uns gewandt, vor uns.

Die Gesangsinterpretation von Tina konnten wir direkt vom Bühnenseitenzugang sehen. Von der Bühne kommend, wünschte sie meiner Sängerin viel Glück. Die hatte es natürlich schwer, dieses von Tina aufgeheizte Niveau zu halten.

Mailand war hart. Ich hatte keinen Zugang zum italienischen Geschäftsgebaren. Die Agentur hatte nicht nur die üblichen 20 bis 25 Prozent Agenturgebühr abgezogen; sie argumentierte, dass wir vor Ort auch Steuern zu bezahlen hätten, weshalb zusätzlich bis zu 30 Prozent von der jeweils auszubezahlenden Summe abgezogen wurden. Aufgrund meiner Unwissenheit und weil ich keine Steuernachweispflicht einforderte, habe ich erst Jahre später mitbekommen, dass diese Gelder von mir, oft auch von Models eingezogen worden waren, aber nie für die angegebenen Gründe weitergeleitet wurden. Im Agenturgeschehen ging es wiederholt um eine Zusatzeinkommensmaximierung. Jahre später wurde einigen branchenbekannten Agenturbesitzern multiples illegales Verhalten nachgewiesen. Wir Betrogenen hatten nichts davon.

In Mailand keinen ersichtlichen Erfolg, wollte ich nicht zurück nach Stuttgart. Ich wollte mir zu Hause nicht anhören, dass ich eben doch nicht so gut sei, wie ich dachte. Die Agentur aus Zürich meldete sich jedoch sporadisch. Wann ich denn endlich wieder mal käme. Mit deren Interesse glaubte ich einen geografisch gut gesicherten Zwischen- und Mittelstandort zu erkennen. Kurzfristige Jobanfragen aus Stuttgart und/oder aus Mailand, jeweils nur circa drei Stunden Anfahrt, bedeuteten doppelte Überlebensmöglichkeiten.

Foto: Silvio Nobili

Fotos: Maria Pia Carera

Fotos: Mariela Granata

UMZUG NACH ZÜRICH

Mit dem letzten zur Verfügung stehenden Geld packte ich meine Koffer. Ich entschied in Zürich mein Glück zu versuchen. Am Existenzminimum lebend, fing dort wiederholt die Suche nach einer Wohn- oder Mitwohngelegenheit an. Zum Glück konnte ich in Deutschland, durch einen sogenannten Dispokredit, mein Konto dreimal im Wert meines ehemaligen Gehalts als Festangestellter überziehen. Der Bank hatte ich nie explizit mitgeteilt, dass ich mittlerweile freischaffend war. In Zürich schien der Mode-, Model- und Redaktionsmarkt klitzeklein und deshalb überschaubar. Auch wenn Mitwohnmöglichkeiten ungewöhnlich erschienen, wurde ich an einen dort bekannten Wohnungsbesitzer vermittelt. Direkt hinter dem Züricher Hauptbahnhof vermietete dieser (s)eine sehr große Wohnung. In den dort angebotenen sechs Zimmern teilten sich, wie in den vorherigen Städten, bis zu je vier Models ein Zimmer. Zu meinem Erstaunen wohnten erstmals Mädchen und Jungs gemischt. Mit jemand Fremdem das Zimmer zu teilen, kam für mich nicht infrage. Lieber würde ich mehr bezahlen, was pro Monat mit 1.500 Schweizer Franken zu Buche schlug.

Das Zimmer war nicht mal klein, wenn auch verwinkelt. Es hatte seinen ganz eigenen Charme. Im Appartment gab es allerdings nur zwei Toiletten und ein Badezimmer. Tageweise ausgebucht, übernachteten dort bis zu 15 Models. Mindestens zweimal wurden die Türen aggressiv eingetreten, zumindest zu der Zeit, während ich dort wohnte. Nicht selten verließ ich ungeduscht das Haus. Auf die Toilette ging ich in meiner Agentur oder in den umliegenden Restaurants und Hotellobbys. Zum Duschen hin und wieder ins Schwimmbad, im Spätsommer auch mal in den Zürichsee. Den Anblick der dortigen Apartmentküche werde ich nie vergessen. Bei Eintritt sah man ein ohne jeglichen Unterbau großküchenähnliches, metallenes, nur grob installiertes Spülbecken, vergleichbar mit einem hochgebauten Schweinetrog. Sichtbare Abflussrohre mit einem überdimensionalen 100-Liter-Heißwasserboiler. Im »Schweinetrog« stapelte sich grundsätzlich unendlich angehäuftes Geschirr. Keiner fühlte sich verpflichtet, dieses zu spülen. Das wochenweise gammelige Wasser, in dem die Essenreste teilweise obendrauf schwammen, bringt mich noch beim Niederschreiben zum Würgen.

Meine Hauptnahrung waren Cornflakes mit Naturjogurt. Das hatte ich immer im Zimmer. Um nicht das dortige Essgeschirr zu nutzen, legte ich mir Campinggeschirr zu. Als Ministrantenjunge kannte ich das aus meinen Zeltlagerzeiten. Gespült wurde nur unter fließendem Wasser, ohne jemals etwas abzulegen.

Mit der Zeit realisierte ich, dass wir in unmittelbarer Nähe des Züricher Drogenviertels und des international immer bekannter werdenden Prostituiertenviertels lebten, vor Ort Platzspitzgegend genannt. Zürich war Anfang der 90er-Jahre eine der reichsten Städte der Welt. Wo früher anscheinend das vornehme Zürich lustwandelte, tummelten sich nun täglich zwischen 3.000 bis 5.000 Leute, meistens Junkies. Sie lungerten herum, verschoben Drogen, kassierten dafür Geld und fixten sich damit offenbar gegenseitig in ihren Rausch. Von harten Drogen zersetzte und zusammengebrochene Menschen lagen nicht selten in ihrem eigenen Blut und Kot. In den Büschen zwischen dem angrenzenden Landesmuseum und dem Außenbezirk Sihl verkauften verwahrloste Mädchen ihre Körper für ein Taschengeld, nicht selten an gut situiert wirkende Herren.

Hinter improvisierten Marktständen, oft nur aus Kartonagen zusammengestellt, standen mir kommunizierte »Filterli«-Fixer, welche neue Pflaster, Spritzen und Löffel anboten. Als Gegenleistung erfragten sie sich die Restdrogen aus Zigarettenfiltern, durch die ein übrig gebliebener Heroinsud aufgezogen werden konnte. Ständig wurde einem aus tot wirkenden Augen etwas angeboten. Nie habe ich etwas genommen. Nicht mal probiert. Der oftmals nicht zu umgehende Anblick all dieser verloren geglaubten Kreaturen war schockierend genug. In seiner Gegensätzlichkeit erinnerte die ganze Szenerie an ein kriegsähnliches Schlachtfeld. Für mich aus der Konsumgut- und Schönheitsindustrie kommend, mutete mich das Ganze wie ein Horrorfilm an, vor allem im direkten Kontrast zu der unweit beginnenden Bahnhofstrasse, damals eine der teuersten Einkaufsmeilen der Welt.

Während es in unserer WG hin und wieder nach Haschisch roch, muss der ein oder andere auch harte Drogen konsumiert, zumindest versucht haben. Immer mal wieder sah ich seltsame Gestalten auf dem Flur. Einmal spätnachts heimkommend, sah ich, wie eine junge, völlig apathisch wirkende Frau mit entblößtem Hintern auf allen vieren den Gehweg entlangkroch, um wohl nach verlorenen Drogen zu suchen. 10 Meter weiter sah ich einen Jungen sich übergeben.

Wenn die Gebüsche am Wegesrand nicht wie Hundeklos genutzt wurden, wackelten diese, weil zwischenmenschliche **»Quick-Fix«-Kontakte** stattfanden. Meine Zimmertüre war stets von innen abgeschlossen.

In Zürich lebend, nahm ich anfänglich nur so viel Geld ein, wie dringend gebraucht wurde – niemals so viel, wie ich es mir gewünscht hätte. Hier und da bekam ich kleinere, dann meistens frisurenorientierte Jobs; gegenüber Mailand waren es jedoch viel öfter wieder diese freien (Test-)Produktionen, um mich sichtbarer, meine persönliche Art und Arbeit bekannter zu machen. Gegen Ende des Jahres 1990 war das Kreditlevel meiner Stuttgarter Volksbank allerdings aufgebraucht. Ich musste dringend zurück, um mit der Bank zu sprechen. Zudem war Advent- und Weihnachtszeit, die Zeit der Geschenke. Ebenso ein eher ruhiger Branchenmonat.

Mit (m)einem Bankfilialen-Termin wurde ich in ein Büro zitiert. Dort präsentierte ich, wie bei den zuvor vielfach erlebten Go&Sees, meine bereits erreichten Titel und Magazinarbeiten. Dem Bankier erzählte ich, dass ich international als Visagist und Hairstylist arbeitete, jedoch just einen kleinen Übergangskredit von circa 3.000 DM bräuchte. Der Bankangestellte, der mich bereits seit Jahren betreute, freute sich für mich. Zudem bestätigte er, dass ich bis dato mein Konto immer recht sauber geführt hätte, mein Branchenumfeld in Bankkreisen allerdings zu den kommunizierten »Brot und Wasser«-Arbeitsbereichen gehöre, weshalb ich kurz- und langfristig für keine Bank der Welt kreditwürdig wäre.

Mit den neuen Informationen würde die Bank mit sofortiger Wirkung meinen Dispokredit einschränken, was für mich eine zeitnahe Rückzahlung beinhaltete. Mit diesen Worten verabschiedete er mich.

Das war in vielerlei Hinsicht ein Schlag in die Magengrube. Wütend verließ ich das Bankgebäude und echauffierte mich über das Denunzieren unserer Berufsbranche sowie über den gerade erlebten Gesprächsverlauf. 18 Jahre später mussten die Banken weltweit unterstützt werden, weil sie überdimensionierte Kreditlinien überzogen und sich damit rechnerisch verkalkuliert hatten (Bankenkrise 2008).

Apathisch aus der Bank kommend, in Gedanken versunken über den Stuttgarter Schlossplatz schlendernd, dachte ich daran, dass ich mich wohl wieder als Friseur würde bewerben müssen. Immerhin war ich damit mehr als erfolgreich gewesen. Vertieft in der Anschauung, die meine Zukunft betraf, lag auf dem Boden, unerwartet, jedoch mir bekannt, eine der größten golden gewellten Haarnadeln. Sie lag auf den Steinplatten des Stuttgarter Schlossplatzes, genau auf der Höhe des dort so berühmten Königbaues, seit 1860 die erste landesweite Shoppingmall. Mit 34 Säulen im spätklassizistischen Stil als Geschäfts-, Konzert- und Ballhaus errichtet, steht dieser noch immer gegenüber dem königlichen neuen Schloss, das zwischen 1746 und 1807 gebaut wurde.

Intuitiv und in völliger Trance hob ich diese offensichtlich durch die Wintersonne in ihrem Gold blitzende, reflektierende Haarnadel auf. Ganz fest gedrückt hielt ich diese unerwartet gefundene Haarnadel in meiner linken Hand.

Im Friseuralltag, auch in meiner Arbeitstasche, hatte ich stets unzählige Haarnadeln, gewellte und glatte, in jeglicher Größe zur Verfügung. Spontan erinnerte ich mich an eine Geschichte einer meiner Salonkundinnen. Diese Kundin hatte einst erzählt, dass wer eine Haarnadel auf einem ungewöhnlichen Boden finde, dem solle sie Glück bringen. Diese überlieferte Legende beziehe sich auf historische Zeiten, in denen fast alle Frauen hochgesteckte Haare trugen. Damit flanierten die edlen Damen der Welt mit oft kunstvoll gestalteten Haaraufbauten auf den unterschiedlichsten **»Rues della Trap Traps«.** Routinierte Hygienerituale waren jedoch nicht üblich, weshalb viele über Wochen ihr Gesicht sowie die Kopfhaare ungewaschen trugen. Die elitäreren Gesellschaftsdamen führten hierfür einen sogenannten »Läuserechen« mit, um sich damit, wegen des entstehenden Kopfjuckens, durch das meist auftoupierte Haar die beißende Kopfhaut zu kratzen. Hierdurch löste sich hin und wieder eine dieser noch in Handarbeit gefertigten Haarnadeln. Dem Gesellschaftsstand entsprechend konnten diese aus Gold, mindestens aus Silber, in der ärmsten Version aus Holz sein.

Die Erzählung besagt, dass verarmte Bettler(innen) jene oft im gleißenden Sonnenlicht glitzernden Haarnadeln erspähten und aufgriffen, um diese in für sie wertvollere Gegenstände einzutauschen, und somit unerwartet kurzfristig ihren Lebensstandard verbesserten. An ebenjene Erzählung erinnerte ich mich nun.

Für diesen Moment erschien sie mir wie ein Omen. Bis heute sammle ich auf meinen Wegen unerwartet auf dem Boden liegende (Glücks-) Haarnadeln. Eine Nadel erspäht, aufgehoben und fest in der linken Hand gehalten verbinde ich damit sofort einen positiven (Über-) Lebensgedanken. Diesen assoziiert, schicke ich ihn intuitiv dem Universum zur möglichst sofortigen Bearbeitung. Auf jenem Nachhauseweg presste ich diese außergewöhnlich wahrgenommene Nadel in ebenjener Hand und träumte davon, dass sie mir Glück bringe. Vor allem nach diesem frustrierenden Bankgespräch.

Als ich spät am Nachmittag zu Hause ankam, war auf meinem Anrufbeantworter tatsächlich eine Nachricht meiner Züricher Agentur. Wie immer wurde ich um einen schnellstmöglichen Rückruf gebeten. Wiederholt ging es darum mich zeitnah bei einem mir noch unbekannten Fotografen vorzustellen. Er hätte für Jelmoli, das Schweizer Pendant zum deutschen Versandhaus Otto, eine mehrwöchige Fotoproduktion. Für Miami suche er einen neuen Make-up- und Haarstylisten. Mit (m)einer Abreise in Zürich hatte ich der Agentur versprochen, bei dringenden und spannenden Projekten sofort zurückzukommen. Gerade wieder zu Hause, der Bankkredit nicht verlängert, konnte ich es mir nicht einmal mehr leisten, mit dem Zug hin- und herzufahren. Am Telefon versprach ich trotzdem zu kommen, ohne zu erwähnen, dass ich finanziell bankrott war. Meine regionale Freundin, die ehemalige Diskothekeninhaberin und Friseurkundin, fragte ich nach 300 DM, um mir die Zugtickets zu ermöglichen.

Jenen Fotografen, den es zu besuchen galt, lernte ich im Beisein seiner Frau kennen. Ich erfuhr, dass beide ab Mitte Januar 1991 eine 16-tägige Produktion in Miami hätten. Überhaupt wären sie fast das ganze Jahr für potenziell anstehende Katalogproduktionen unterwegs. Wenn alles gut ginge, könnten wir öfter zusammenkommen. Über meine Agentin reservierte beziehungsweise – um es in der Fachsprache auszudrücken – »optionierte« er mich.

Während ich mir diese Buchungsanfrage als Weihnachtsgeschenk wünschte, musste ich jedoch warten. Der erlösende Anruf kam gleich nach dem Feiertag »Heilige Drei Könige«. Gaston, der Fotograf, und seine Frau hatten sich für mich entschieden. Ich dürfe probeweise mit nach Miami. Sie würden es riskieren.

Dieser 16-tägig gebuchte Job startete mit einer für mich bis dahin utopischen Tagesgage von 800 Schweizer Franken. Die Flug- und Hotelkosten sowie die An- und Rückreisetage wurden komplett zusätzlich bezahlt. On top gab es vor Ort ausbezahlte Tagesspesen. Es war wie der Lottogewinn, der mir von der Bank nicht gewährt worden war. Ich würde mich nicht wieder als Friseur bewerben müssen. Ich würde mein Konto ausgleichen und das geliehene Geld meiner Freundin zurückgeben.

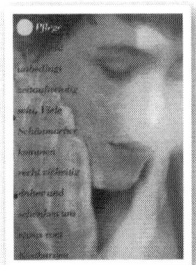

Fotos: Stefan Indlekofer

Fotos: Rudi Bossert

Fotos: Roland Reiter

Fotos: Erwin Windmüller

Fotos: Rudi Bossert

Foto: Rudi Haber

ERSTE KATALOGREISEN

Neben der Miami-Aufregung, dieser unerwartet ersten Chance, entstanden parallele Zweifel. Denn unter Führung der USA intervenierte mit meiner Landung eine internationale Kriegskoalition in einem zweiten Irakkonflikt, wodurch sich Flugrouten- und Einreise-Sicherheitsbestimmungen änderten. Jeder meinte etwas anderes darüber zu wissen. Probleme könnten nicht nur meine Arbeitsutensilien verursachen; auch der Grund meiner Einreise. Deshalb wurde ich auf ein dortiges Zollgespräch vorbereitet. Mir wurde eingebläut, niemals zu sagen, ich gehe zum Arbeiten in die USA. Ich dürfe nur sagen, dass ich für Business, in Verbindung mit (m)einer schriftlich bestätigten Auftragsbestätigung, käme und nach Auftragsabschluss sofort wieder abreisen würde.

Nach meinem bis dato längsten Anflug wurde ich am US-Zoll und bei der Passkontrolle einfach durchgewunken. Alle Aufregung war umsonst. Ich erkannte, dass auch die »Angst-Suppe« nicht so heiß gegessen wird, wie sie gekocht wird. Eine für Miami typische schwülwarme Luft traf mich, als ich aus der Flughafenhalle heraustrat. Miami kann an (s)einer sehr hohen Luftfeuchtigkeit erkannt werden. Jede nachfolgende Ankunft erinnerte mich daran. Dann atmete ich gerne diese oft schwül-warme Luft, meist in einem Taxi sitzend, durch fast immer offene Fenster ein und erinnerte mich an mein erstes Mal.

Mit (m)einer Hotel-Adresse im Taxi sitzend, begeisterten mich zunächst die unzähligen, ineinander verschlungenen

Autostraßen. Die kannten wir nur aus Actionfilmen wie »Miami Vice« mit deren Hauptdarstellern Don Johnson und Philip Michael Thomas. Im erst eröffneten Hotel Ritz Plaza auf der 1701 Collins Avenue eingecheckt, steckte ich mit meinem Gepäck auf dem Weg zu meinem Zimmer gleich mal im noch neu installierten Hotelaufzug fest. Zeitnah, zum Glück lachend, aus dem Aufzug herausoperiert, entschädigte mich die Aussicht auf das offene, türkisblaue Meer. Wahnsinnig beeindruckend war dieser ungewohnt weite Blick in eine gefühlte Endlosigkeit: Wasser und Himmel, die sich farblich ineinander verlaufend zu verbinden schienen.

South Beach, vor allem Ocean Drive, der damals erst im Begriff war, an Berühmtheit zu gewinnen, glich da noch einem stehen gebliebenen, verwahrlosten Fleck aus den 30er-Jahren. Auch wenn die Gebäude in dem für mich erstmals erkannten Art-déco-Design einen gewissen Charme versprühten, wirkten diese schäbig, heruntergekommen und mittlerweile überlebt. Die saisonal erst entstehende Film- und Fotobranche brachte jedoch immer mehr Geld nach Miami, vor allem in die Gegend von South Beach.

Die Legende erzählt, dass der damalige deutsche Otto Group-Marketingleiter sich in das Licht vor Ort verliebte. Mit 300 Sonnentagen im Jahr darf sich Florida zu Recht »The Sunshine State« nennen. Die Sommer sind luftig, dank der

Nähe zum Meer und der leicht bis kräftig wehenden Brise, die meist für eine angenehme Abkühlung sorgt. Die Winter sind warm, trotzdem sonnig mit meist immer noch 25 Grad Celsius. South Beach, Miami und/oder Florida boten unzählige unterschiedliche Fotohintergründe. Zum Ende der 80er-Jahre muss sich die deutsche Otto Group die drei besten Hotelüberreste gekauft und diese kernsaniert haben, um von da an alle ihre Teams für ihre unzähligen, noch analog zu produzierenden Katalogseiten unterzubringen.

Immer mehr internationale Foto- und Filmteams arbeiteten an den dort unterschiedlichsten Stränden. Besonders gerne genutzt wurde die dadurch berühmter werdende Ocean-Drive-Strandpromenade. In den wenigen zur Verfügung stehenden Hotels, in denen meistens mehrere Fototeams einquartiert waren, lernten wir uns gegenseitig im Aufzug, vollgestopften Kollektionsräumen oder an der Rezeption kennen und empfahlen einander. Das dortige Straßenbild veränderte sich schlagartig durch die ständige Zunahme international anreisender Foto- und Filmteams. Kontinuierlich wurde in dort üblichen Medien über eine South-Beach-Rettung durch die deutsche Mode- und Werbeindustrie berichtet.

Mich interessierten und begeisterten die noch lebenden, jedoch teils scheintot wirkenden US-Amerikaner(innen). Im Kontrast zu ihrer runzligen, dunklen, sonnengegerbten

»Schildkröten« (Leder-)Haut trugen die Frauen dazu grell überschminkte Augenlider und Münder in Pink, Blau und Rosa. Zudem gelbstichige, deshalb schlecht blondierte Haare. Viele sahen aus wie von der Firma Mattel lebendig gewordene Barbiepuppen. Nur eben gealtert. Viele erinnerten an die überlebten »Goldenen Jahre« der 40er und 50er jener US-Baby-Boomers.

Bei allabendlich stattfindenden Gruppendinners hatten wir genug Gesprächs- und Erzählstoff. Asiatisches mit Stäbchen zu essen, wurde erst noch ein Trend.

Florida gilt bis heute, vor allem bei den Gutsituierten, als bevorzugte »Altenheim«-Niederlassung, als »Wartesaal Gottes«. Wer diesem »beitritt«, erlebt mitunter täglich das Spiel »Musical Chairs«, auch unter »Reise nach Jerusalem« bekannt. US-Versicherungen erkannten in den 70er-Jahren, dass sich das dortige Klima positiv auf alternde Patienten, somit auf das Budget der Krankenkassen auswirkt.

Mit unserem Eintreffen wurden jedoch vermehrt diese teils liebevollen Rentner(innen) mit ihrem charakterstarken Aussehen vom inzwischen berühmter werdenden Ocean Drive abgedrängt. Mit jedem verkauften, dann renovierten Gebäude konnten sie sich die ansteigenden Lebenshaltungskosten nicht mehr leisten. Innerhalb von zwei Jahren verwandelte sich diese nur 2,1 Kilometer lange Strandpromenade in die weltweit gefragteste Ausgehmeile für Geld, Sex, Drugs und Rock 'n' Roll.

Das dort sonnenorientiert frühmorgendliche Aufwachen war kein Problem. Ich war so was von glücklich. Ich hätte zu allen möglichen Zeiten in die Hotellobby bestellt werden können. Wenn das tägliche Schminken und Frisieren der nur bedingt vor Ort lebenden Models nicht auf meinem Zimmer stattfand, dann in einem der vielen ausgebauten Busse, die uns an unterschiedlichste Foto-Locations brachten.

Sie ähnelten überdimensionierten Reisewohnmobilen. Jedoch sind sie, zumindest in den USA, branchenrelevant konzipiert.

Der hintere Bereich ist meist für die Stylisten und für die Unsummen von Klamotten und Accessoires reserviert. Im mittleren Bereich gibt es im Normalfall eine Toilette, hin und wieder sogar eine Dusche. Vorn sitzt nicht nur der Fahrer, sondern das Team von fünf bis acht Personen. Teilweise saßen alle um einen ausklappbaren Tisch herum, an dem sich bei Wolken und Regen – deshalb Wartezeiten – viele lustige, manchmal traurige (Branchen-)Geschichten erzählt wurden. Neben der Toilette ist meist eine Küchenzeile mit zwei Herdplatten installiert. Zudem gibt es einen für USA typisch großen Kühlschrank. In den Schränken drum herum war verstaut, was kurzfristig gebraucht werden könnte. Gegenüber der Toilette, an der Wand installiert, war ein Schminkspiegel mit diesen multiplen, noch jeweils zu schraubenden Glühbirnen. Manchmal musste die Nase zugehalten werden, wenn jemand die Toilettentüre öffnete. Das war mein Arbeitsplatz, wenn ich nicht dank des allgemein guten Wetters im Tageslicht schminkte, was dann unter ausfahrbaren Segeltuchdächern des Busses stattfand.

Trotzdem, oder gerade, weil alles so neu war, bereitete mir mein Arbeitsanteil sehr viel Freude. Jedes noch so kleine Katalogfoto war mir wichtig. Erste Vor-Ort-Routinen entstanden aufgrund der täglich ähnlichen Zeit- und Arbeitsabläufe. Die ständig wechselnden Foto-Orte mit den teilweise gefühlt endlosen Anfahrten erstaunten und begeisterten. Abends gingen wir zum Essen in eines der wenig gut funktionierenden Restaurants. Sushi essen auf der anderen Seite, in Downtown Miami, war etwas ganz Neues. Das wurde vom Fotografen favorisiert. Wie gesagt, asiatisches Essen mit Stäbchen aufzunehmen, wurde erst noch Trend. Die Tage vergingen wie im Flug.

Der Fotograf und seine Frau, die für das Styling zuständig war, wurden zu nie gekannten Eltern. Wir hatten eine lustige und erfahrungsreiche Zeit. Mir gab es ein zusätzliches, eher familiäres, mindestens ein sehr positives Kollegengefühl. Die bis dato beste Branchenerfahrung meines Lebens. Ich spürte, dass ich mit meinem jugendlichen Engagement gebraucht wurde, vor allem willkommen war. All das vorherige Aushalten könnte sich gelohnt haben. Von diesem Fotografen wurde ich nicht nur einmal gebucht. Die nächsten Jahre arbeiteten wir zusammen und reisten als Team auf die Insel Zakynthos in Griechenland, mehrfach auf die Bahamas, nach San Diego, Santa Fe in New Mexico, nach Nizza, aber auch immer wieder zurück nach Miami. Durch diese mehrtägigen und mehrwöchigen Katalogreisen sammelte ich enorme Erfahrungswerte, die mein Image steigerten, was wiederum dazu führte, dass neue Fotografen und Kunden anfragten.

Fotos: Gaston Wicky

Fotos: Armin Burbach

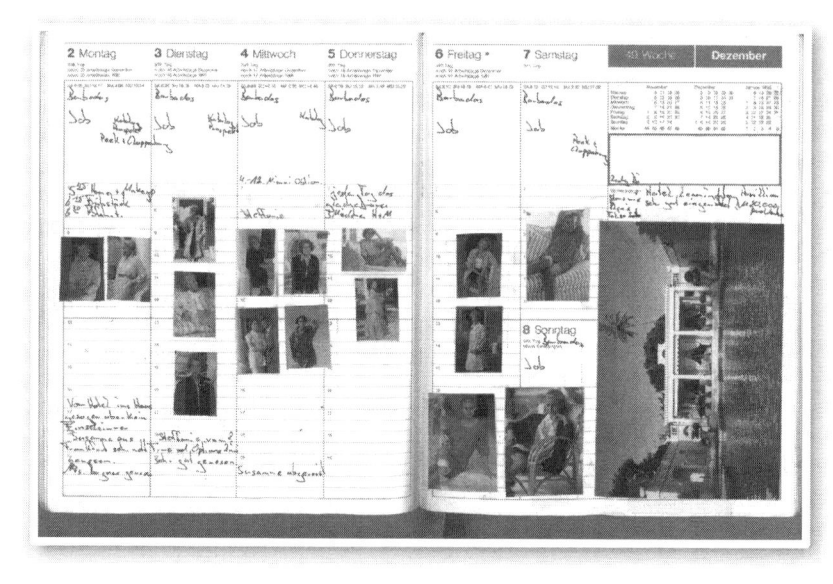

Auf einem Flug nach Barbados saß zwei Reihen hinter mir eine kurzhaarige superattraktive Dame plus/minus 40. Ich fand sie so attraktiv, dass ich ihr kurz vor der Landung mitteilen musste, dass sie eine wunderschöne Frau sei und hoffentlich eine gute Zeit auf Barbados habe. Von einem Produktionsteam am Flughafen abgeholt, stieg diese Frau in unseren Bus und wurde eines der Modelle für das Peek & Cloppenburg-Thema »Klassik«.

Nachdem sie nach drei Tagen die Insel wieder verließ, produzierten wir zwölf Tage in einem Anwesen, in dem unmittelbar zuvor die englische Prinzessin Diana, die Königin der Herzen, allein ihren Urlaub verbracht haben muss. Auch für uns wurde vor Ort gekocht und ständig Essen serviert. Im Zimmer an der Wand und um den gemeinsamen Esstisch herum unterhalb der Tischkannte hatte jeder (s)einen Klingelknopf. Jederzeit konnte dieser, sollte vom Personal irgendetwas benötigt werden, gedrückt werden.

Jahre später erlebte ich das Gleiche in Südafrika, dort in einem noch aus königlichen Kolonialzeiten von Engländern betriebenen Gutshof. Dort drei Tage verbracht, konnte ich mitbekommen, dass der englische Gutsbesitzer mit dem nur farbigen Personal nicht ein einziges Wort sprach. Seine Kommunikation lief mit dem »Anklingeln ausschließlich über Finger- und Handzeichen und/oder über Augenkontakt.

Im gleichen Hochsommer war ich für ein damals EU-weit erfolgreiches Modelabel gebucht. Mit einem sehr jungen deutschen Fotografen kam ich auf eine der exklusivsten Privatjachten, die ich in Toulouse bestieg. Allerdings hatte ich bereits morgens ab 4.00 Uhr die ständig wechselnden Modelle zu präparieren. Ab spätestens 5.30 Uhr wollte er, verständlich, das erste Licht am Ozeanhorizont nutzen.

Während der zehn Tage auf offener See wechselten im Zwei-Tages-Rhythmus die damaligen Topmodels, sie wurden per Hubschrauber eingeflogen. Es war im wahrsten Sinne des Wortes ein fliegender Wechsel. Während die eine Schönheit den (Taxi-)Helikopter verließ, wurde die andere über das Schiffsoberdeck zum Helikopter gebracht. Wir fühlten uns wie auf einem James-Bond-Filmset. Der nicht nur technisch unreife Jungfotograf war für jeden eine maximale Herausforderung. Auf menschlicher Ebene war es – im teuersten und schönsten Umfeld – eine Tortur. Er war ungeübt, somit vielfach überfordert, und wechselte ständig seine Meinung. Wir arbeiteten täglich bis zu 16 Stunden, teilweise mit Gegenwind und im gleißenden Sonnenlicht des offenen Meeres. Jeder erkannte, dass die Sonne am offenen Horizont sehr viel früher aufgeht und viel später untergeht, als wir das sonst an unseren Wohn- und Arbeitsorten erlebten.

Ich werde nie vergessen, wie er uns jeden Mittag um 13.00 Uhr zwang, auf dem Dach des Oberdecks mit jedem Model für diese uns wichtige Imagebroschüren (s)eine jeweilige Titelfotoversion zu versuchen. Die Models standen dafür in der prallen Mittagshitze, gerade dann, wenn die Sonne am höchsten Punkt stand und zudem die härtesten Schatten in jedes noch so schöne Gesicht warf. Alles bei grellstem Licht, während der Seewind mitunter ihre Haare zerzauste, was nicht gewünscht war. Jede im selben ärmellosen, dafür wiederholt aufgebügelten weißen Kleid. Gnadenlos warf die durchdringende Sonne ihre Reflexionen auf den täglich nochmals extra gewienerten weißen Bootslack. Die wasserblau-grünen Augen der Models schienen fast erblindet, bis endlich die vom Fotografen angedachten, jedoch unzähligen, teilweise unnötig geschossenen Fotos im Kasten waren. Flüchten auf offener See – undenkbar.

Jedes Teammitglied war kurz vor einem Nervenzusammenbruch. Alle heulten mindestens einmal. Auch die Models. So wütend sie auch waren, vom offenen Meer aus konnte keine ihren Agenten oder ihre Agentin kontaktieren. Als ich vereinzelte Models wiedertraf, erfuhr ich, dass jedes dieser damals besten Models der Welt diesem deutschen Fotografen jegliche weitere Anfragen, geschweige denn Buchungen untersagte.

Zum Glück wurde keiner seekrank. Wir schipperten von Toulouse über Nizza nach Genua. Weil wir dort verspätet ankamen und mich an diesem Abend kein Taxi sofort zum Flughafen bringen konnte, verpasste ich (m)einen vorab koordinierten Rückflug nach Zürich. Von ebenjener exklusiven Jacht kommend, wurde ich nach Bitten und Betteln als ein Notsitzpassagier mit der laut dröhnenden, in der Luft kalten, zudem rumpeligen UPS-Postcargo-Nachtmaschine mitgenommen. Meine Anschlussbuchung war, nach all den Dramen auf offener See, gerettet.

Fotos: Armin Burbach

US-VISUM-ANTRAG

1988 und 1989 hatten sich unabhängig voneinander zwei ehemalige Friseurausbildungskollegen nach Los Angeles abgesetzt. Oliver aus Stuttgart, nachdem er in Wien zusätzlich die Schauspielschule besucht hatte. Leider verließ er diese ohne (s)einen Abschluss. Er wollte unbedingt nach Hollywood. Dringend wollte er amerikanisches Englisch lernen, um ein – in seiner Vorstellung – Hollywoodstar zu werden.

Mein Freund Ulrik, zu dem sich gerade erst eine Freundschaft entwickelte und der sich zur Ausbildung in München befand beziehungsweise diese gerade beendet hatte, wurde von diesem in Hollywood berühmten Fotografen über ein US-Model-Visum als einer seiner zukünftigen Lebensabschnittspartner ins Land geholt. Während meiner ersten USA-Produktionsreisen telefonierte ich mit beiden, so waren wir gegenseitig informiert.

Im Spätherbst 1989 besuchte ich die Jungs in L.A. und wurde von beiden ermuntert, mich doch ebenfalls um eine US-relevante Arbeits- und Aufenthaltsgenehmigung zu kümmern. Dabei erfuhr ich, dass einer der beiden illegal eingereist und einfach geblieben war. Der andere gab mir Tipps, wie das Visum zu beantragen sei, woraufhin ich dies zwischen ersten Produktionsreisen abcheckte. Ich wollte mein Glück versuchen. Zu Hause glaubten viele, dass für Friseure eine US-Arbeitserlaubnis nicht zu erreichen sei.

Ich blieb zuversichtlich, wusste ich doch um (m)einen staatlich anerkannten Gesellenbrief. Ebenso um meine Zeugnisse als Friseur und Seminarleiter. Zudem hatte ich bereits in drei EU-Ländern gelebt und gearbeitet. Mit inzwischen vier Agenten fragte ich jeden dieser nach einem Empfehlungsschreiben, wie es vom US-Konsulat eingefordert wurde. Gleichzeitig tat ich dies ebenfalls mit befreundeten Fotografen und Kunden. Aus jedem Land generierte ich Empfehlungsschreiben, ebenso wichtige Produktionsvorlagen namentlich genannter Bildnachweise. Beglaubigen ließ ich alles durch teuer zertifizierte Übersetzer. Wer für die USA ein Arbeitsvisum beantragt, muss in seinem Fachgebiet einen erhöhten Qualitätsnachweis liefern. Kein Eingereister soll einem US-Amerikaner dessen Jobmöglichkeiten minimieren.

Fotos: Paco Navarro

Intuitiv davon ausgehend, dass es sich bei der Bearbeitung der Unterlagen eher um einen männlichen US-Beamten han-

VOGUE HOMBRE

Suplemento de la revista Vogue n.º 37

vicente verdú
LA ESTETICA DE LA
POSGUERRA

barcelona 92
LAS CARAS DE
LAS MEDALLAS

trajes
INSPIRACION
TIERRA

sorpresa
FELIPE,
EMPERADOR
DE EUROPA

salud
RECONSTRUIR
EL FISICO

vilallonga
VICTORIA ABRIL
EN EL TEJADO
DEL MUNDO

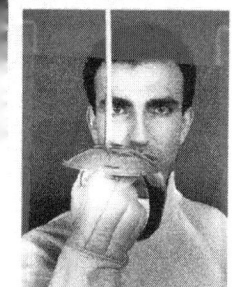

MANUEL PEREIRA
La esperanza del
esgrima español

en guardia

Portada. Fotografía: Joseph Hunwick; Estilista: Todd Kaelin; Peluquero: Alexander Becker.

Foto: Joseph Hunwick

Fotos: Paco Navarro

deln würde, nutzte ich die Gunst der Stunde der just imposant erschienenen Coca-Cola-Kampagne, zudem (m)ein aktuelles Vogue-Herren-Titelblatt für die 1992 in Barcelona anstehenden Olympischen Sommerspiele. Alternative Bildmaterialien boten sich zusätzlich aus inzwischen unterschiedlichen namhaften Magazinen an. Ein Deutscher, der eine Coca-Cola-Kampagne umsetzen darf, ohne in den USA zu leben, musste doch ungewöhnlich wichtig sein. Alle behördlichen Regularien erfüllt, den Antrag eingereicht, erhielt ich im Herbst 1991 mein erstes H1-Visum.

UMZUG NACH MIAMI

Mit dem unerwartet bestätigten US-Visum bezweifelte ich zunächst einmal diesen riskanten, nicht kalkulierbaren Schritt. Alles müsste ich hierfür aufgeben, und das nicht nur in Deutschland. Wiederholt war ich in eine Situation geraten, die nicht vorhersehbar war. Die Einzimmerwohnung, in der ich zur Miete lebte, wurde wegen Eigenbedarf gebraucht. Ich hätte mir also auch in Stuttgart eine neue Wohnung suchen müssen. Weil ich nie kochte, somit keinerlei Kratzer an Herd und Spülbecken der von mir eingebauten 16 tausend DM Exklusivküche entdeckt wurden, konnte ich den hundertprozentigen Preis zurückverlangen. Dieses eher unerwartete Geld würde/könnte ich als US-Startkapital nutzen.

Sicherheitszweifel be- und entstanden wegen der mitunter mehrmaligen Hin- und Rückflüge im Jahr. Teilweise verliefen diese über eben jene arabischen Kriegsgebiete. Mit dort sowieso ansteigenden Fotoproduktionen könnte, sollte und wollte ich mich lieber gleich in Richtung USA positionieren. Zum Jahresbeginn das Geld für die verkaufte Küche erhalten, entschied ich für den 16. Januar 1992 in die USA zu ziehen. Vor meiner Abreise ließ ich alle Agenturen wissen, dass ich mich in Verbindung mit (m)einem Arbeitsvisum in Miami stationieren würde. Für betriebswirtschaftlich erstmals eingesetzte Excel-Tabellensortierer und Gewinnmaximierer entstanden hierdurch weniger abzurechnende Reisetage und deshalb reduzierte Reise- und Verköstigungskosten – für EU-Kunden inzwischen ein Schritt, der angesichts vermehrter standardisierter Großproduktionen begrüßt wurde.

Überschaubarer wurden damit auch bis dahin unkontrolliert finanzierte Kreativbereiche, die Jahre später allerdings immer noch äußerst kostenreduziert produzierten. Wahre Kreativität bräuchte nicht nur wieder mehr Zeit.

Kurzfristig vor-Ort-Jobs annehmen konnte ich, weil familienorientierte Kolleg(inn)en immer zu bereits festgesetzten Flugzeiten aus Deutschland an- und abreisen mussten. Meine Flexibilität ermöglichte es, mich vor unbekannten Teams an deren Fotowiederhol- und unerwarteten Schlechtwettertagen zu beweisen. Manche konnten mich hierdurch kurzfristig austesten, deshalb erleben. In kommenden Saisons führte dies zu weiteren Produktionsanfragen, schlussendlich zu Buchungen.

Meine South-Beach-Agentin, deren Agentur nur wenige Häuser entfernt war, quartierte mich direkt am Ocean Drive ein. Diese Gegend war noch kein Mega-Touristen-Hotspot, ich wohnte kurzfristig in einem seit 1930 nicht renovierten, aber wunderschönen Anwesen. Später wurde dieses verwahrlost verfallene Gebäude zur berühmten Villa Casa Casuarina, bekannt als die Versace Mansion. Nachdem im Frühjahr 1992 der italienische Modeimporteur Gianni Versace dieses Anwesen kaufte und für seinen Eigengebrauch umgestaltete, mussten wir Branchenhippies nach US-Immobilienrecht innerhalb von 14 Tagen dieses wunderschöne, jedoch verfallende Gebäude verlassen. International berühmt wurde es fünf Jahre später (August 1997), als Versace morgens am helllichten Tag vor seinem Eingang von einem vom FBI gesuchten Serienkiller erschossen wurde.

Während unmittelbarer Polizeiabsperrungen und einem sich daraufhin völlig unerwartet internationalisierenden Presserummel wohnten wir als Fototeam nur 150 Meter weiter im Betsy Ross Hotel, einem der ersten Branchenhotels vor Ort. Diese namentlich genannte Betsy Ross soll die erste Flagge der Vereinigten Staaten genäht haben. Zumindest ist das eine Legende, die es bis in die amerikanischen Schulbücher geschafft haben soll.

Bis Mitte/Ende April 1992 wurde ich kontinuierlich von EU-basierten Kampagnen sowie Katalogen angefragt und gebucht. Koordiniert mit meinen Agenten aus Stuttgart, Miami und Zürich dauerte meine nahtlos längste Buchung am Stück 56 Tage. Ohne einen freien Tag. Die Teams wechselten durchschnittlich alle zwei bis fünf Tage.

Fotos: Rolf Bruderer

In Miami gab es mit dem Übergang in die 90er-Jahre vor allem in und um South Beach herum keine mittlere Altersgruppe. Neben individuell aussehenden US-Senior(inn)en hielten sich dort – im Kontrast – nur gebuchte, meistens eingeflogene, dann sehr junge und attraktive Models auf.

Fotos: Blasius Erlinger.

Wir, die wir vor Ort lebten, erkannten sofort in dem noch überschaubaren Nachtleben diese plötzlich international anreisenden Geldkofferherren. Regelrecht mit ansehen konnten wir, wer in kürzester Zeit alles aufzukaufen schien, was die teils noch verwahrlosten und bis dato gewaltbereiten Straßenzüge hergaben. Wegen der überproportionalen Summe von weiblichen Jungmodels mischten sich abends ebenjene international angereisten Herren unter die Besucher der noch privat betriebenen, jedoch wenig imagefördernden Bars und Restaurants.

Alles genauso wie zuvor in Madrid und Mailand. Sie strahlten und prahlten in diesen sehr einfachen, eher heruntergekommenen Bars und Restaurants. Dann erzählten sie, für welches Schnäppchen sie sich diese und andere exklusiven Wohnadressen reserviert oder bereits gekauft hatten. Wenn sie jene Bar nicht gleich aufkauften, erklärten sie diese bei erhöhtem Alkoholpegel zum zukünftigen Hotspot.

Ein Deutscher »Geldkoffer« war einer der wahrgenommenen Hauptakteure, ein ehemals lizenzierter Investmentbroker der Lehman Brothers, der bereits 1986

Fotos: Blasius Erlinger

(s)eine eigene Firma gründete. Zeitweise war er verheiratet mit der dritten Generationen Tochter vom Gründer eines sehr bekannten deutschen Verlagshauses, für das ich bereits mehrfach gebucht war. Als ich in Miami zum ersten Mal von seinem Namen hörte, kannte ich diesen bereits aus den Klatschspalten meiner 80er-Jahre-Friseurzeiten. Laut damaligem Klatsch und Tratsch war er ein gescheitertes Finanzgenie, weshalb der Familien-Clan grundsätzlich gegen die Beziehung zwischen ihm und ebenjener Tochter war. Die Klatschpresse kolportierte, dass sie aufgrund dessen enterbt werden solle.

Anfang der 90er-Jahre kaufte er brachliegende Teile Land vom heute exklusiv bekannten South Pointe, der Südspitze von South Beach, damals ein verwahrlostes Wohngebiet mit sehr hoher Armut und deshalb hoher Kriminalitätsrate. Angeblich bekam er den gesamten Südzipfel dieser Halbinsel für läppische 45 Millionen US-Dollar. Politische Beeinflussung soll ihm vieles ermöglicht haben, um die Errichtung der höchsten Gebäude südlich von Manhattan durchzubringen.

Weil er als Deutscher, entgegen dem US-Kreditkartenzahlungssystem, hauptsächlich Bargeld zeigte und scheinbar sehr gerne nur damit bezahlte, schien ihn jeder zu kennen, mindestens kennenlernen zu wollen. Anscheinend kaufte er sich viele Appartements, prachtvolle Villen und kleine Hotelüberreste, bevorzugt in Strandnähe. Sein Name war fast täglich in den 24/7-regionalen Nachrichten zu hören oder zu lesen. Jeder, der nur ein Quäntchen Nachtleben in Miami miterlebte, kannte ihn. Nur zu gerne lud er Personen aus der Foto- und Modelbranche ein.

Als ein Paparazzi-Playboy zeigte er sich kontinuierlich mit blutjungen, ständig die Haarfarbe wechselnden Models. Allerdings boten sich ihm die heiratsfähigen Ü-25-Jährigen sehr gerne an. 25 Jahre alt zu werden, war für weibliche Models das Branchen-Ausstiegsalter, damals ein individuell absehbares K.O.-Kriterium. Weil ich ein vor Ort lebender Deutscher war, wurde ich oft nach ihm befragt, so als würden sich alle Deutschen kennen, die außerhalb Deutschlands lebten. Nicht wenige Models erzählten von ausschweifenden Partys in räumlich begrenzten Locations.

Auf mich wirkte er wie der später noch bekannter werdende Donald J. Trump, da nur bekannt als ein USA-New York-presseaffiner-Immobilienkönig. Auch er nahm sehr gerne an den scheinbar endlosen Models (Arrangements) Partys in Miami, später in N.Y. teil, wenn er sie nicht ausrichtete. Manchmal auf seinem heute in Florida zusätzlich bekannten Maro-Lago-Immobilienanwesen. Nicht nur über ihn konnten viele Models, auch unbekannte, eine (teilweise machoähnliche) fragwürdige Story erzählen.

Nach jahrzehntelangen politischen und finanziellen Korruptionsvorwürfen wurde der Deutsche schlussendlich mehrfach angeklagt, anscheinend auch verurteilt. Sein ehemaliger Arbeitgeber, die vormals berühmte Lehman-Brothers-Investmentbank, musste 2008 mit ihren 158 Jahren Historie Insolvenz anmelden. Sie war mitverantwortlich für eine der größten Weltwirtschaftskrisen (2008).

Zwischen 1991 und 1995 eröffnete gefühlt jeden Monat ein neues Hotel, eine vermeintlich aktueller werdende Bar oder ein neues, hippes Restaurant. Verlassene Villen mit Zugang zum Meer wurden kernsaniert, zumindest renoviert. Diese Gebäude wurden teuer an uns als Foto-Location vermietet, noch bevor der oder die Besitzer(in) einzog. Zum Beispiel fotografierten über mehrere Saisons fast täglich internationale Foto- und Filmteams in der Villa eines immer bekannter werdenden US-Schönheitschirurgen. Frühmorgens empfing uns (s)eine saisonal frisch operierte Frau. Sie kümmerte sich um das Geschehen vor Ort.

Täglich arbeiteten zwei bis drei Fototeams auf deren Anwesen. Wegen derer verschieden brauchbarer Fotohintergründe buchten wir Haus und Grund oft mehrere Tage am Stück. Unterschiedlichste Kunden bezahlten dafür viel Geld. Dieser Arzt zog nur vier oder fünf Jahre später, für uns acht oder neun Saisons, nebenan in eine neue, noch größere Villa.
  Er bestätigte, dass sie vollständig durch unsere Arbeiten finanziert und von Migranten aus Kuba und Mexiko erstellt wurde. Das System wiederholte sich und viele Teams fotografierten dann auf deren neuem Grundstück.

Beachvolleyballerin Gabrielle Reece für AVON-PARFÜM

Je voller und nachtlebenlastiger der Ocean Drive wurde, umso mehr zog man sich zwei bis fünf Straßenblocks zurück. Auf der Washington Avenue fand ich ein kleines Hotel-Apartment, das noch immer in Reichweite, der meist täglich anzusteuernden Produktionshotels lag. Je kontinuierlicher ich gebucht wurde, umso mehr Routine entstand. Speziell für deutsche und englische Kataloge war ein perfektes Haarstyling wichtig. Trotz der vor Ort hohen Luftfeuchtigkeit wurden richtige Frisuren erwartet. Die teils sehr hohe Luftfeuchtigkeit erschwerte vieles. Wer eine Friseurausbildung hatte, war klar im Vorteil.

Es dauerte einige Saisons, bis vermeintlich kreative Art-Direktoren erkannten, dass zeitgemäße Looks zusätzlich dem Wetter vor Ort und den imaginär suggerierten Lebenssituationen angepasst und gegebenenfalls lockerer gestaltet

Fotos: Blasius Erlinger

werden sollten. Perfekt toupiert frisierte Haare wirkten für ein Beachflair oft seltsam. Abdeckcremes, kombiniert mit da noch ölhaltigen Flüssig-Make-ups, zusätzlich in Verbindung mit Puder, hinterließen im Sonnenlicht einen aufgesetzten, eher geschichteten, damit maskenhaften Eindruck.

Gemäß dem Prinzip »Weniger ist mehr« erprobte ich deshalb neue Anwendungs- und Umsetzungstechniken. So testete ich talkumfreie, somit leichtere Pudervarianten, die später als mineralische Puder bekannt, inzwischen bei Kundinnen sehr beliebt sind und dadurch als Klima angepasste Looks erklärbar wurden. Nicht nur weibliche Models dankten es mir, dass ich sie – der teils sehr hohen Luftfeuchtigkeit angepasst – frischer, atmungsaktiver und zudem »hautiger«, somit natürlicher erscheinen ließ. Der übliche meistumgesetzte Look erinnerte noch immer an den Dallas- und Denver-Clan, trotz mittlerweile überholter 80er-Jahre.

Unsere saisonal vorausschauenden Arbeiten sahen wir in nachfolgenden Saisons, dann in ausschließlich gedruckter Form – als mitgebrachte Broschüren, Kataloge und/oder Zeitungsbeileger. Zwischenzeitlich gemachte Set-Erfahrungen konnten in sich wiederholenden Situationen verglichen, gegebenenfalls angepasst werden. Selbstkritisch lernte ich meine vorab geleisteten Arbeiten zu analysieren, situationsbedingt neu erkannte Arbeitsschritte zu optimieren. Meine Kernkompetenz wurde das Verändern der immer wieder gleichen Mädchen, ohne sie dabei lächerlich wirken zu lassen. Noch heute nenne ich es »die drei bis fünf Gesichter einer jeden Frau«. Endkunden erkannten oft nicht, dass es sich auf vielen Bildern um ein und dieselbe Person handelte. Trotzdem ich dort teilweise mehrere Monate am Stück überwinterte, muss ich zwischen den Jahren 1991 bis ca. 2006 insgesamt um die 90-mal nach Miami eingeflogen worden sein. Zeitweise fühlte sich Miami, vor allem South Beach, für mich so wie die Innenstadt meiner Heimatstadt an.

Miami wird im Hochsommer gerne von wilden Tropenstürmen heimgesucht. Diese kündigen sich in kontinuierlich dramatisierten TV-Nachrichten an. Trotzdem wurde ich genau dann gebucht. Beim ersten gingen wir noch davon aus, dass es sich nur um ein in Deutschland ähnlich starkes Gewitter handle. Mit dem aufgehenden Sonnenlicht versuchten wir gerade noch im Hotellobby-Ambiente unsere speziell für Unterwäsche gebuchten Models zu fotografieren. Unser Arbeitsbeginn wurde jäh unterbrochen durch kontinuierlich nervös auscheckende Hotelgäste. Ständig diskutierten wir mit der Rezeption, während sich nebenbei unsere Mädchen in teilweise sehr sexy Wäsche auf dortigen Empfangssofas und Stühlen rekelten. Perplex schauende Hotelgäste mussten wir um etwas mehr Diskretion bitten. Während sich das schönste Morgenlicht sehr schnell veränderte, mussten wir permanent deren abgestellte Koffer aus dem Bildhintergrund schieben.

Das US-Model verweigerte irgendwann die weitere Anwesenheit. Sie wolle sich so nicht mehr diesen sie angaffenden Menschen präsentieren. Außerdem wolle sie sich vor dem angekündigten Sturm in Sicherheit bringen. Wir fotografierten mit dem EU-Model weiter. Irgendwann kam, vorab über die Hotellobby informiert, das Miami Police Department. Innerhalb von 20 Minuten hatten wir das Hotel zu verlassen, andernfalls würden wir wegen Befolgungsverweigerung ins Gefängnis kommen. Zu diesem Zeitpunkt hatte die mit Vorsicht zu genießende Windsturmgeschwindigkeit bereits halbstündlich zugenommen.

1992 war es der namentlich bezeichnete Hurrikan »Andrew«, ein zerstörerischer Hurrikan der Kategorie 5. In die Kategorie 5 eingestuft, erreicht jener eine andauernde Windgeschwindigkeit von mehr als 251 km/h. Dieser Sturm löste die höchste Alarmstufe aus, die bis 1992 jemals auf den Bahamas, in Florida und Louisiana ausgerufen wurde. Er war der heftigste Hurrikan, bis seine Wucht von »Katrina« im Jahr 2005 übertroffen wurde. Katrina war dann der stärkste und teuerste Hurrikan, bis er wiederrum 2017 von Hurrikan »Irma« als der überhaupt teuerste abgelöst wurde.

Die zwei von mir erlebten Stürme hatten Windgeschwindigkeiten von bis zu 270 km/h. Zum Glück wurden wir aus sicherheitstechnischen Gründen von unseren Produktionsteams vor Ort immer in Flughafenhotels evakuiert. Dort sind die Fenster technisch so konstruiert, dass sie stärkstem (Wind-)Druck standhalten.

Während der Sturmnächte die Teams immer nur je einem Hotelzimmer zugeordnet, presste sich darin verweilend das Regenwasser bereits durch dessen Fensterrahmen. Wie in Kinofilmszenen sahen wir kleine Boote, ein Moped, Mülltonnen, große Bäume und Straßenschilder durch die Luft fliegen. Keiner getraute sich, auch nur mit den Fingern an die teilweise stark vibrierenden Fensterscheiben zu klopfen, sie wären womöglich geborsten. Beide Stürme überlebten wir, wenn auch mit kurzfristig dramatisch nötigen Dispositionen. Bei Hurrikan Andrew mussten wir viermal innerhalb einer Woche die Hotels wechseln, jedes Mal mit bis zu 30 der größten Cargo-Boxen, worin sich die zu fotografierenden Outfits sowie das dazu benötigte Equipment befanden. Der Fotoassistent und ich waren die einzigen Jungs im Team; was für ein Glück, dass während dem ersten Hurrikans »zufällig« der Ehemann der Stylistin vor Ort war. Er überraschte sie zu ihrem 40. Geburtstag.

Foto: unbekannt

UMZUG NACH HOLLYWOOD

Foto: Greg Gorman

Für Foto- und Filmproduktionen ist die South-Beach-Saison spätestens ab April oder Mai beendet. Noch bevor sich die internationalen Reisetouristen in den folgenden heißesten und schwülsten Sommermonaten auf diesen kilometerlangen Stränden quälen, verlassen normalerweise bis circa Mitte September alle branchenrelevanten Personen diese Gegend.

Mein in Hollywood lebender Freund trennte sich gerade von jenem berühmten Fotografen. Das war auch der Grund, warum er aus dessen bauhausähnlicher Villa mit einem Fünf-Terrassen-Blick über ganz Hollywood ausziehen wollte, sicherlich auch musste. Telefonisch entschieden wir, in ein Apartment auf der North Orlando Avenue zu ziehen. Es lag mitten in West Hollywood, gleich um die Ecke des Beverly Boulevards, nur 500 Meter von dem 1982 eröffneten Beverly Center. In diesem einstöckigen, sandfarbenen 30er-Jahre-Gebäude, wovon wir das obere Stockwerk mieteten, hatten wir eine große Wohnküche, Bad und Toilette. Natürlich hatte jeder sein eigenes Schlafzimmer. Am Tag meiner Anreise war er beruflich unterwegs und konnte mich nicht vom Flughafen abholen. Er würde erst später am Abend zurück sein.

Damit ich bereits in die mir nicht bekannte Wohnung konnte, versteckte er mir (m)einen zukünftigen Haustürschlüssel in einem beistehenden Blumenkübel. Im Taxi mit dem Gepäck vom Flughafen zum Apartment fahrend, fiel mir auf, dass verhältnismäßig wenig Verkehr herrschte, jedoch sehr viel Militär unterwegs zu sein schien. Als ich vor knapp zwei Jahren dort gewesen war, konnte ich mich nicht an solch eine Präsenz erinnern.

Ich fand sofort den Apartmentschlüssel und war begeistert vom ersten Raumeindruck. Ulrik hatte in der offenen Küche mit Blick in diese typischen Hinterhöfe und deren angrenzenden Seitengassen eine Willkommensnotiz mit seiner angedachten Ankunftszeit hinterlassen. Das Gepäck abgestellt, war bis zu seiner Ankunft noch etwas Zeit, um gleich mal die neue Wohngegend zu erkunden.

Um die Ecke auf den Beverly Boulevard abbiegend, war zu meinem Erstaunen nicht ein einziges Auto auf dieser doch sehr breiten Straße zu hören oder zu sehen. Befremdet darüber, lief ich weiter. Diese Endlosigkeit jener Hauptverkehrsader war mir erst ohne die sonst so vielen Autos aufgefallen. Dass mich nicht ein einziges Auto auf der links und rechts bebauten Straße passierte, verwunderte mich zunehmend. Noch gespenstischer wirkte alles mit der sich langsam senkenden Sonne und einem sich wie im Armageddon gelblich orange verfärbenden Himmel. Es war mucksmäuschenstill.

Die typischen in Reih und Glied US-Flachdach gebauten Ladeneinheiten waren bereits geschlossen, obwohl es erst ungefähr 19.00 Uhr war. Es fühlte sich an, als liefe ich ganz allein an einem verlassenen Hollywoodfilmset entlang. So konnte ich mir (m)eine Landung auf dem unbelebten Mond vorstellen. Diese Totenstille realisierte ich, als ich aus der Ferne plötzlich ein in meine Richtung brausendes Auto hörte. In Höchstgeschwindigkeit raste dieses, jegliche Ampeln ignorierend, mitten auf dem Boulevard anstatt auf seiner dafür vorgesehenen Spur. Da sich nichts anderes auf der Straße zu bewegen schien, bekam ich Angst. Hatten dessen Insassen es möglicherweise explizit auf mich abgesehen? Durch die US-typische 24/7-Nachrichtenflut wusste ich, dass die dortige Schusswaffengewalt ein häufig kommuniziertes Thema war – und leider noch immer ist, während ich dieses Buch verfasse.

Kurz versteckte ich mich neben einem Ladeneingang. Weil mir das alles doch sehr suspekt vorkam, ging ich zurück in Richtung des neuen Apartments. Ich hatte ein sehr komisches Gefühl. In was für eine Gegend, bitte schön, waren wir hingezogen?! Als Ulrik endlich zurückkam, war er froh, dass ich noch nicht festgenommen worden war. An diesem Vormittag, meinem Anreisetag, war für ganz L.A. über alle Radio- und Nachrichtenzentralen ein kriegsähnlicher Notstand ausgerufen worden. Niemand dürfe zwischen 18.00 Uhr abends und 6.00 Uhr morgens auf die Straße. In diesem Zeitfenster dürfe sich niemand unnötig auf den Straßen und Gehwegen aufhalten. Zur Kontrolle setzten der damalige US-Präsident George H. W. Bush sowie dessen kalifornischer Gouverneur staatliche Institutionen wie die California Army National Guard, die 7. Infanteriedivision und die 1. Marinedivision ein.

Es waren die Riots ausgebrochen, wie wir später erfuhren. Das englische Wort »riots«, welches ich noch nie gehört hatte, stand für Randale durch Ausschreitungen. Diese später international bekannten »Los Angeles«-Unruhen waren eine Reihe von Tumulten, die Ende April 1992 im Süden von Los Angeles begannen und bis in den Mai andauerten. Ausgelöst wurde die Ausgangssperre – 30 Jahre später als »Black Lives Matter«-(BLM-)Bewegung bekannt – durch die ungerecht wiederholte Freisprechung von vier hellhäutigen Beamten des Los Angeles Police Department (LAPD), die jedoch zu Recht angeklagt waren, weil sie während der Verhaftung exzessive Gewalt am farbigen Lastwagenfahrer Rodney King angewendet hatten. Trotzdem die Angeklagten erstmals überführt wurden.

Dies durch einen 30-Jährigen, der diese Szenen – aus technischer Neugierde – zufällig von seinem Balkon aus mit (s) einer neu gekauften Sony-Videokamera aufgenommen hatte. Trotzdem dieser Videomittschnitt als 24/7-Dauerschleifenwiederholung in den nationalen, vermehrt auch in den internationalen Nachrichten gezeigt wurde, schloss auch dieser Prozess mit einem fortgesetzt beschämenden Rechtsurteil.

Jene Freisprechung sorgte, trotzdem jener Rodney King in 81 Sekunden 54-mal getreten und geschlagen worden war, für interkulturelle Spannungen, die sich schon seit Längerem aufgestaut hatten und bis heute bestehen. Sie sind auch derzeit im Feldzug gegen den Rassismus – unter ebenjenem aktualisierten BLM-Projekttitel – ein Thema.

Ordnung und Frieden wurden erst nach ungefähr 14 Tagen hergestellt. Auf über eine Milliarde US-Dollar belief sich allein der Schaden für die zerstörten Immobilien. Exzessive Plünderungen, Überfälle, Brandstiftungen und Mordanschläge verstärkten den Verlauf dieser Unruhen. Wer Richtung L.A.-Süden musste, passierte an fast jeder Ecke militärische Einheiten. Täglich beobachteten und zählten wir vom Fotografenhaus in den Hollywood Hills bis zu 35 Rauchschwaden, während nebenbei gelacht, gegessen und getrunken wurde.

Weil ich inzwischen sehr gutes Geld verdiente, richteten wir uns spartanisch trotzdem exklusiv-gemütlich ein. Ulrik, der bereits einige Branchenkontakte hatte, schleppte mich zu den Vor-Ort-Agenten, damit ich vielleicht auch in L.A. arbeiten könne. Versuchen wollte es die neu gegründete Agentur Celestine, die damals auf dem berühmten Sunset-Boulevard ihr Quartier bezog. Damit ich gleich mehrere Präsentationsmappen für sie hätte, empfahlen sie mir direkt einen ihrer Copyshops. Dort sollte ich die von ihnen gewünschte Foto- und Bildauswahl vervielfältigen. Der Copyshop wäre nur ein paar »Straßenblocks« weiter auf jenem Sunset-Boulevard. Wie in Stuttgart, Zürich, Madrid und Miami/South Beach glaubte ich dorthin laufen zu können. Zu Fuß brauchte ich in der frühsommerlichen Mittagshitze jedoch circa eineinhalb Stunden von deren Hausnummer bis zum Copyshop.

Weder einen Führerschein noch ein Auto besitzend, erfuhr ich, dass der Sunset Boulevard etwa 35 Kilometer lang ist und als die bekannteste Straße der Stadt gilt. Er beginnt in Downtown Los Angeles und führt durch verschiedene Stadtteile wie Silver Lake, Los Feliz und Hollywood. Zusätzlich verbindet er die beiden selbstständigen Städte West Hollywood und Beverly Hills. Danach führt er wieder durch die zu Los Angeles gehörenden Stadtteile Westwood und Brentwood und mündet im US-Pacific Coast Highway, der circa 400 Kilometer am Wasser entlang als die berühmte West-Coast-Verbindung nach San Francisco führt.
Da außer mir keine Menschenseele dort lief, hupten ständig vorbeifahrende Autos, um mir eine Mitfahrgelegenheit anzubieten. In deren Wahrnehmung musste mein Auto stehen geblieben sein.

Ich glaubte jedoch, dass ich in Kürze diesen zu erreichenden Copyshop fände. Endlich angekommen und wieder zurück zur Agentur gelaufen, erkannte ich, dass ich unbedingt einen Führerschein würde machen müssen. Da ich bis dato nie einen Führerschein machte und über keinerlei Auto- und Fahrerfahrung verfügte, bot Ulrik mir großzügigerweise an, mich mit seinem Auto einzuweisen.

Durch ihn erhielt ich die allerersten Fahrübungen, in der Nähe von Beverly- und La Brea Boulevard, einer jüdisch orthodoxen Wohngegend. Auf deren kleineren Nebenstraßen wäre es zwischen Freitagmittag bis Samstagabend sehr ruhig. Erste Anfahr- und Abbremsschwierigkeiten hatte ich mit sichtlich schwitzigen Händen und zitternden Beinen, einhergehend mit der Angst, die um uns herum geparkten Autos zu demolieren.

Gleich am Montag fuhr Ulrik mich zum DMV der US-Führerschein-Zulassungsstelle. Er wartete draußen, während ich einen schriftlichen Test bearbeitete.

 Nur ein Punkt fehlte, um die schriftliche Prüfung unmittelbar zu bestehen. Kein fließendes Englisch sprechend, war das Nichtbestehen den Wort- und Verständnisschwierigkeiten geschuldet. Die Unterlagen durfte ich mitnehmen, weshalb ich Ulrik sofort nach der fehlenden Antwort fragte. Am folgenden Tag erhielt ich exakt den gleichen Fragebogen und bestand.

Um nach einer schriftlich bestandenen gleich die praktische Prüfung zu absolvieren, boten Einheimische dort, meist mexikanischer Herkunft, ihre Privatautos an. Zur Abnahme einer Fahrprüfung konnten/mussten diese angemietet werden. Hatte man sich für eines der anwesend geparkten Autos entschieden, wurde unter der Anweisung des Besitzers eine kleine Testrundfahrt getätigt. Hierbei erzählte dieser in perfektem Spanisch, jedoch in schlechtestem, zumindest gebrochenem Englisch, was an seinem Auto alles nicht funktionierte.

Wer sich trotzdem für eine Fahrprüfung entschloss, zog eine Nummer und kaufte damit für je 40 Dollar ein Testabnahme-Ticket. In der Schlange wartend, kam im gefühlten Zehnminutentakt ein Fahrprüfer. (Zumindest bemerkte ich nur Männer.) Meiner setzte sich als Beifahrer in das für 50 Dollar gemietete Auto, um mich, eher durch Handzeichen, nur um einen Häuserblock zu lotsen. In etwa so, wie wenn man auf einem leeren Messeparkplatz zweimal im Kreis fährt. Ich begegnete keinem einzigen Auto. Ich absolvierte keinerlei Einpark- oder Überholmanöver oder gar einen Spurenwechsel. Bei der letzten, zu eng genommenen Kurve, um das Auto abzustellen, rumpelte ich über die Bordsteinkante, weshalb ich auch die praktische Prüfung wiederholte. Dabei lernte ich nebenbei das englische Wort »Curb« für Bordstein. Für nur 200 Dollar Gesamtgebühr erhielt ich einen alle drei Jahre zu aktualisierenden US-Führerschein. Dies alles, ohne jemals durch einen zertifizierten Fahrlehrer unterrichtet worden zu sein!

Der US-Führerschein, schon damals nur so groß wie eine Kreditkarte, wird überall als US-Identifikationsnachweis gebraucht. In Deutschland galt noch ein unhandlich größerer Papier-Führerschein sowie ein bookletähnlicher Personalausweis. Während ich innerhalb Europas nur für Auslandsreisen einen Ausweis bei mir trug, wurde ich aufgefordert, zukünftig diese Identifikationskarte grundsätzlich bei mir zu haben. Jene müsse jederzeit vorlegbar sein.

Noch am selben Nachmittag kaufte ich mir in einem der vielen Autohäuser das erste von später insgesamt drei Autos. Es wurde ein schlichtes US-Markenauto. Zu deren Erstaunen kaufte ich dies nicht auf Kredit. Amerikaner bezahlen vieles nach einem für uns unverständlichen Kreditkartensystem. Nicht selten trägt das dazu bei, warum dort kontinuierlich sehr viele Menschen verschuldet sind.

Während ich auf Produktionsreisen war, parkte ich dieses Auto meistens im Hof; wenn ich dann wieder zurück in L.A. war, fuhr dieses Auto unerklärlicherweise immer nur eine bestimmte Anzahl von Kilometern, um dann völlig unerwartet mitten auf einer Kreuzung stehen zu bleiben, was zu enormen Stresssituationen führte. Unerfahren mit dem Hantieren eines Autos, des Englischen auch in technischen Details nicht mächtig, hatte ich nicht verstanden, dass dieses Auto bereits beim Kauf ein Ölwannenproblem hatte. Wenn ich es für viel Geld immer wieder zur Werkstatt brachte, wurde mir berichtet, dass wieder nur Öl gefehlt habe. Ich müsse einfach viel öfter Öl nachfüllen. So kaufte ich von der Werkstatt einige Liter Motorenöl, die ich ständig im Kofferraum mittransportierte.

Auf Informationssuche zu diesem Problem fand ich heraus, dass niemand sonst exzessiv Motorenöl im Kofferraum transportierte. Als ich bezüglich einer möglichen Reklamation nachfragte, erfuhr ich, dass jene Ölwanne bereits beim Kauf des Autos defekt gewesen war, und durch dessen Vorbesitzer ein Leck bestand. Das englische Wort dafür hatte ich nicht gekannt und deshalb nicht verstanden. Auch wusste ich nicht, entgegen deutschen Standards, dass US-Gebrauchtwagen nicht komplett fahrbereit sein müssen, solange beim Verkauf auf die jeweiligen Mängel hingewiesen wird.

Also tauschte ich für neues Geld diesen Wagen gegen ein asiatisches Modell. Wegen (m)einer Unerfahrenheit in Bezug auf technische Herausforderungen gab es auch bei diesem Wagen ständige Probleme. Nicht funktionsfähig war er immer dann, wenn ich von gebuchten Produktionen endlich mal wieder zurück in L.A. war. Immer musste ich mir zusätzlich einen Mietwagen buchen, um dort überhaupt das tägliche Leben bestreiten zu können. In L.A. hat ohne Auto keiner eine Überlebenschance. Dies führte dazu, dass für mich künftig nur noch technisch ausgereifte, deutsche Produkte infrage kamen.

Endlich mal vor Ort, vermittelte mir auch die L.A.-Agentur diese branchenüblichen »Go&Sees«, um deren Fotografen zu besuchen und kennenzulernen – besuchen deshalb, weil viele Adressen nicht nur aufgrund ihrer Distanz, sondern auch wegen der permanenten Autobahnstaus bis zu zwei, gar drei Stunden Anfahrtszeit beinhalteten – nur in eine Richtung! Für einen üblicherweise nur fünf- bis fünfzehnminütigen Kennenlerntermin war ich also teilweise für mehrere Stunden blockiert – eine besondere Art der unbezahlten Beschäftigungstherapie!

Los Angeles wirkt wie ein Ensemble wild gewordener Dörfer. Die gewaltige Ausdehnung dieses städtischen Siedlungsgebildes verstört viele, vor allem Neuankömmlinge. Für Verwirrung sorgen die Entfernungen. Bis auf wenige Buslinien gibt es keinerlei öffentliche Verkehrsmittel, um von A nach B zu kommen. Hollywood entstand aus dem Nichts und entwickelte sich erst ab circa 1910 zum Zentrum der amerikanischen Filmindustrie. Davor galt New York als Anker der Entertainmentindustrie. Filmemacher von dort fanden in den 1900er-Jahren das sonnig gemäßigte Wetter besser für alljährliche Drehortsituationen.

Neue US-Automarken entstanden auch dort zum Ende des 19. Jahrhunderts. Der erfolgreiche US-Autobauer Henry Ford initiierte mit der Entstehung einer sich fortsetzenden Industrialisierung die erste Massenproduktion von Kraftfahrzeugen: die Fließbandproduktion. Die zeitgleich steigende Zahl der Einwanderer, die in der Stadt ankamen, um Arbeit zu finden, brachten nicht selten den revolutionären Eifer und Idealismus ihrer Heimatländer mit. Für die erst entstehende Autoindustrie bedeutete dies ein garantierter Abverkauf ihrer Autos, um inländisch große Distanzen überbrücken zu können.

Gefühlt international »Go&See«-erprobt, gab mir die Agentur jedoch, um an ihre gewünschten Besuchs- und Kennenlernadressen zu kommen, völlig unbekannte, deshalb unerwartete Anweisungen. Ich hörte Fahrziel-Erklärungen wie: »Fahre einfach den 101 Freeway (Autobahn) West. Biege nach dem Kilometerstein X rechts ab und fahre Richtung Süden weiter, bis du zum XX Boulevard kommst. Nimm diesen Boulevard östlich fünf Meilen. An der Kreuzung von Blvd. X und Blvd. Y siehst du gleich auf dessen Nordseite die angegebene Studio-Adresse.« Hausnummern wie 13251 oder 90210 waren keine Seltenheit.

Mit solchen Erklärungen konnte ich allerdings nichts anfangen. Ich wusste weder, wie Kilometer in Meilen umgerechnet würden, noch kannte ich die dortigen Himmelsrichtungen, nach denen sich alle richten. Zudem wusste ich (noch) nicht, dass auf US-Autobahnen gleichzeitig von rechts und links überholt wird. Keinerlei Auto(fahr)erfahrung und nur einen mäßigen Orientierungssinn besitzend, dazu die ständigen Probleme mit dem Motor, überforderten mich diese teilweise vier- bis sechsspurigen Autobahnstreifen auf nur einer Fahrseite. Wie Ameisenschwärme schossen plötzlich unerwartet links und rechts unzählige Autos vorbei. Jede Adressenfindung wurde zu einer emotionalen Herausforderung. Purer Stress war das, nicht nur aufgrund bis dato nicht gekannter Distanzen, sondern in Kombination mit fortwährend technischen Problemen sowie schlussendlich in Verbindung mit zusätzlich zwischenmenschlichen, ständig neuen (Branchenkunden-) Kennenlernerfahrungen.

Mich mitunter selbstsicherer fühlend, fuhr ich – gegenüber dem in Deutschland bekannten Autobahnfahrverhalten – zeitweise aggressiver; dann wegen dort gefühlter Langsamkeit. Einerseits angstvoll, andererseits eher riskant, weil aus vielerlei Gründen wutentbrannt. Dann hörte ich um mich herum alle wie wild hupen.

Mittlerweile ist nachgewiesen, dass bereits »verloren geglaubte Menschen« auch im Alltag höhere Risiken eingehen: in diesem Fall Menschen, die sowieso ständig an ihre (gefühlte) Sterblichkeit erinnert werden. Sie erheben sich über die eigene Endlichkeit, indem sie sich vormachen, auch bei Risikosituationen die Kontrolle zu behalten. Aufgrund dieses ständigen Stresslevels – auf vielerlei Ebenen – glaubte ich öfter, sowieso nicht mehr lange zu (über-)leben.

In L.A. habe ich mich oft »verloren« geglaubt. Alles war zu groß und zu weit. Autofahren als »Selbsttraining« wurde Fluch und Risikokitzel zugleich.

Weil einige Fotograf(inn)en bei Palm Springs, das ungefähr 170 Kilometer weit entfernt liegt, ihre Wohn- und Arbeitsdomizile hatten, fanden das Kennenlernen und daraus folgende Buchungen oft schon sehr früh am Morgen im dort berühmten Joshua-Tree-Nationalpark statt. Dieser liegt im Süden Kaliforniens. Er verbindet zwei Wüstentypen, die Colorado-Wüste im Osten unterhalb von 900 Meter Höhe und die höher gelegene Mojave-Wüste im Nordwesten, in der die Josua-Palmlilien wachsen. Die saisonal ansteigende Hitze der Mojave-Wüste prallt im Laufe des Tages gegen die im fernen Hintergrund liegenden Berge. Deren trockenes Seebett »El Mirage Dry Lake« wird noch immer für viele Foto- und Musikvideoproduktionen genutzt.

Nach einer sehr anstrengenden Hitzeproduktion stiegen wir abends in diesem kilometerweit staubig ausgetrockneten Seebett in mein Auto. Wir fanden jedoch nicht mehr dessen Zugang, den Ausgang ebenso wenig, und das bei einem immer dunkler werdenden Himmel. Wir irrten ewig umher, wie es schien, die US-Stylistin und ihre Assistentin neben beziehungsweise hinter mir sitzend.

Gerade als der Tank zur vollendeten Neige ging, kamen wir endlich an den Zugang, über den wir auch morgens hergekommen waren. Wenn ich nach einer solchen Tagesproduktion oft fix und fertig sowie zusätzlich ausgehungert nach Hause kam, wurde ich damit getröstet, dass die Angst, in den USA angefahren zu werden, nicht die Überhand bekommen solle. Wer angefahren würde und dabei überlebe, bekäme viel Geld von der Versicherung.

Zum Glück darf in den USA nirgendwo schneller als 120 km/h gefahren werden. Das ergibt auch Sinn vor dem Hintergrund dessen, dass viele Immigranten sicherlich nie eine offizielle Fahrschule besucht haben.

Dem Prinzip »Alle guten Dinge sind drei« folgend, wollte ich nach all den technischen Auseinandersetzungen und Hindernissen unbedingt ein deutsches Automodell. Die ständigen mechanischen Herausforderungen gingen mir auf die Nerven. Zur Unterstützung (m)einer dort möglichen Statuserweiterung wollte ich eine imagebildende Marke. Bei der ersten Probefahrt – bei einem für deutsche Autos spezialisierten Autohändler – glaubte ich bereits den Motor eines VW-Käfers zu vernehmen. Der Klang des Autos erinnerte mich daran.

Die Karosserie war allerdings eindeutig die eines mir bekannten Porsches 911. Von einem *Modell 912* hatte ich noch nie gehört, geschweige jemals eines gesehen. Diesen erstaunlich günstigen, für mich wunderschönen schwarzen Porsche 912, Baujahr 1966, kaufte ich; allein wegen dessen Designlinien und weil mir der Status zusagte. Dass er in meinem Geburtsjahr produziert wurde, war der emotionale Kaufgrund. Zudem war er bereits ein sogenannter Youngtimer, somit ein Liebhaberfahrzeug.

Erst viele Jahre später erfuhr ich, dass es sich bei diesem Auto um ein US-Einstiegsmodell der 60er-Jahre in Kooperation mit den deutschen Volkswagen-Motorenwerken handelte. Dieses Modell erschien als Spezialedition nur für den amerikanischen, einem reguliert langsam fahrenden Markt. Auch wenn ich sonst von Autos und Technik keine Ahnung hatte, wusste ich, dass in diesem Automodell zwei deutsche Imageprodukte fusioniert waren. Wie zu erwarten, funktionierte dieses Auto, wann immer ich einstieg. Von mir bekam es den Kosenamen BUBU. BUBU machte mich in vielerlei Hinsicht tagaus, tagein glücklich. Aufgrund seiner Verlässlichkeit wurde er mir ein unterstützender, mich besänftigender Freund.

Während in South Beach viel von Deutschen geregelt wurde, erschien mir in L.A. alles amerikanisch. Generell musste ich erst mal ankommen im US-gelebten Alltag.

Mit der uns zugeteilten Festnetznummer erfuhr ich, dass die Vorwahl als mögliche Eventeinladungschance galt. Ein Wohnbezirk und die dafür erhaltene Vorwahl entscheiden über (d)einen sozialen Status und folglich über (Aufstieg-)Möglichkeiten. Die Top-Favorit Festnetzvorwahl ist die »310«, um Einladungen in besten Hollywoodkreisen zu ergattern.

Mit unserer »213« hatten wir zwar nicht die allerbesten Chancen, waren jedoch immer noch sehr gut im Rennen. Alle anderen Vorwahlen waren eher raus. Ulrik hatte die richtige Wohngegend ausgewählt.

Installierte Bankautomaten, aus denen 24/7 Geld rauskam, waren auch etwas Neues und Geniales, solange man nicht, wie ich es dummerweise tat, die erst erstandene Prepaidtelefonkarte dort hineinsteckte.

Auch ein US-Bankkonto musste eröffnet werden. Wie es für ein erstes Bankberatergespräch üblich ist, zumindest in Stuttgart, zog ich mich dafür »anständig« an. Aus Mailand hatte ich einen schwarzen, perfekt sitzenden Designeranzug im Sommerstyle. Modisch orientiert trug ich dazu, auch wegen des vor Ort gleißenden Sonnenlichts, eine schwarze, verhältnismäßig große Sonnenbrille. Die Arbeitsgenehmigungsunterlagen, Ausweise, den Agenturkontakt etc. in einer passenden Straußenlederaktentasche verstaut, betrat ich, erstmals erlebend, eine Sicherheitsschleusentüre.

In jene Eingangstüre tretend, öffnete sich die zweite, nachdem sich die erste rückwärtig verschloss. Hinter schusssicheren Schaltern sitzendes Personal drückte dafür einen Türöffnerknopf. Draußen trockene 30-Grad-Temperaturen und darüber, trat ich durch die zweite Türe in eine auf unter 16 Grad heruntergekühlte Bankfiliale, wie es schien. Durch die hierdurch fröstelnde Atmosphäre unsicher geworden, realisierte ich Mitarbeitergesichter, die mich in meinem Anzug zumindest skeptisch musterten, wenn nicht gar angstverzerrt anstarrten.

Völlig overdressed wurde ich als ein Europäer identifiziert. Während ich für (m)ein Bankkonto die Formalitäten durchlief, ließ mich der Berater wissen, dass bei meinem Eintritt die Mitarbeiter(innen) geglaubt hatten, ich wäre ein Bankräuber. Der Filmtitel »Men in Black« sollte erst fünf Jahre später ein Kinohit werden.

Mich über das Ausehen am Nebenschalter amüsierend, stand dort eine magersüchtig schlanke, schlecht gesichtsoperierte Frau in neonpinkfarbenen Hotpants und nuttigen Stilettos. Jene Hotpants, mitunter nur billig wirkend, erinnerten an ein »Ritzenputzer«-Strandoutfit. Hörbar fragte sie mit ihren da schon unschön aufgespritzten Lippen nach 50.000 US-Dollar in bar. Parallelwelten treffen sich halt auch in Bankfilialen.

Kundenanfragen schneller zu bearbeiten, ermöglichte mir ein erst mal völlig unbekanntes, ein sogenanntes »Pager-System«. Dies wurde in Verbindung mit den ersten Prepaid-Telefonkarten genutzt, dem Vorläufer eines Smartphones, das sechs Jahre später massenmarkttauglich werden sollte.

Wer diesen kleinen Pager an seinem Gürtel oder Hosenbund trug, konnte darüber angerufen, mindestens über einen Anruf informiert werden. Auf dessen sehr kleinem Display wurde lediglich die zurückzurufende Nummer angezeigt. Prompt konnte man sich ein öffentliches Telefon suchen, um sich zurückzumelden. Die Art der Kommunikation wurde schneller.

Kalifornien, speziell die kleinen Hollywoodszenen, schienen soziologisch anders als vieles, was ich bis dato gesehen und erlebt hatte. Männer wie Frauen wirkten wie von Da Vinci in Fleisch und Blut produziert. Die meisten erzeugten einen jungen, dynamischen und erfolgreich anmutenden Eindruck. In meiner Wahrnehmungsfantasie schien jeder in einem Hollywood-, mindestens in einem Pornofilm mitmachen zu können. Jeder Muskel und jede Sehne wirkte definiert und abstrahiert bearbeitet. Man schien auf keine griechische, italienische oder spanische Nase zu treffen. Die meisten Nasen waren verschmälert, begradigt, wenn nicht gar dümmlich stupsig zum Himmel gerichtet. Nicht wenige kopierten den topaktuellen Michael Jackson und seine später überzogenen Nasenkorrekturen. In mancherlei Hinsicht ein Trendvorreiter, mündeten jedoch vielerlei plastische Chirurgie-Kopierversuche in Gesichtstragödien.

Kleine Narben an Augenbrauen, Lidfalten, unter der Nase sowie vor und hinter den Ohren erinnerten an schlecht verwachsene Reißverschlüsse. Auf Abendveranstaltungen wurde erzählt, wer sich aktuell extra für welchen Film hätte operieren lassen. Wer vor einem lief, kam nicht selten sehr jugendlich-sportlich rüber. Wenn sich die- oder derjenige umdrehte, konnte das wahre Alter nur noch erahnt werden. Manche Abendgäste zuckten unkontrolliert mit teilweise rundum erneuerten Gesichtern, weil anscheinend versehentlich ein wichtiger Gesichtsnerv verletzt wurde.

Während eines Restaurantbesuchs, bereits im Jahr 1989, meinem allerersten Besuch in L.A., stellte uns jener szenebekannte Starfotograf die Schauspielerin Jennifer Grey aus dem aktuell weltweit berühmten Kinohit »Dirty Dancing« mit Patrick Swayze vor. Greg und sie unterhielten sich. Ihre sympathisch auffällige, leicht nach unten gebogene, jedoch zum Gesicht passende Nase schien nicht gewünscht zum üblichen Hollywood-Schönheitsideal. Eher unerwartet ließ sie sich während ihres erst aufkommenden Erfolgs, noch bevor Greg sie fotografieren konnte, eine vermeintlich perfekte kleine Hollywood-Stupsnase anfertigen. Allerdings buchte sie nach einer insgesamt erfolgreichen Nasen-OP niemand zusätzlich. Denn ab dem Moment erkannte sie keiner mehr. Später kommentierte sie dies wie folgt: »Ich bin als Berühmtheit in den Operationssaal gegangen und als Unbekannte herausgekommen.«

Retrospektiv betrachtet, gab und gibt es in L.A. schon immer das (Star-) System, in dem das gesamte Umfeld einem das Gefühl gibt, schlecht, zumindest nicht gut genug auszusehen. In Los Angeles wird gesagt: »Wenn du lange genug in einem Barbershop sitzt, wirst du einen Haarschnitt bekommen. Wenn du lange genug in L.A. verweilst, wirst du irgendeine Schönheits-OP erhalten oder machen lassen!« Außenstehende scheinen auf irgendeine Art einen Weg zu finden, das Gegenüber so zu verunsichern, dass er oder sie sich danach schlecht genug fühlt, um sich chirurgisch »verbessern« zu lassen. Es geht fast immer um das (vermeintlich) bestoptimierte Aussehen.

Neu kennengelernte Bekannte (darunter sich amerikanisierende Deutsche) erzählten, wie sie morgens und abends Unsummen von synthetisch produzierten, teilweise überteuerten Vitamintabletten von Pharmakonzernen zu sich nahmen. Hoch konzentriertes Vitamin C war gerade sehr aktuell. Das spülten viele flaschen- und dosenweise mit ihren beliebtesten Cola-Softdrinks runter. Dass deren hoher Zucker- und Phosphoranteil sofort den sowieso nicht bioverfügbaren, meist überdosiert synthetischen Vitaminanteil eliminierte, wollte schon damals niemand hören. Dem optischen Altern entgegenzutreten, das schien essenziell.

Als ich gegen Ende der 80er-Jahre zum ersten Mal in L.A. ankam und über die bestehende HIV-Epidemie erfuhr, bemerkte ich zusätzliche, vor allem unvorhergesehene Verhaltensweisen. Nicht nur dass mich viele Kalifornier(innen) wegen (m)einer spargeldünnen Figur mit diesen zudem unmännlich langen Haaren schief ansahen. Da ich zu geladenen Events (geschweige denn privat) nie die US-typischen Bluejeans, Turnschuhe und T-Shirts trug, wussten alle: Der ist Europäer – »completely overstyled«! Ich war jedoch stolz auf den verkörperten Kleidungsstil europäischer Stardesigner.

Skurrile Situationen entstanden bei Willkommens- und Begrüßungsritualen. Bei persönlicheren Begrüßungen wollte ich in Verbindung mit einem Handschlag die teils für Europäer üblichen freundschaftlichen Wangenküsschen verteilen. Bei meinem Versuch, mich zu (m)einem Gegenüber zu beugen, wurden diese nur mit Widerwillen angenommen. Völlig überraschend schien dies verpönt.

Warum wurde gegenseitiges Küsschengeben geächtet? Nie zuvor hatte ich derartige Reaktionen erlebt. Menschen, die ich neu kennenlernte, wichen einem (mir) aus noch unerfindlichen Gründen aus. Körperlicher Kontakt schien unbedingt vermieden zu werden, zumindest in meiner Anwesenheit. Dies passierte gänzlich unvorhergesehen.

Durch diese unmittelbaren Irritationen wusste ich gar nicht, wie mir geschah. Diese gefühlt gegen mich gerichtete Verachtung traf mich zutiefst. Zuerst glaubte ich, zu viel oder zu wenig Parfum aufgetragen zu haben. Eine Erklärung bekam ich, nachdem ich es in einer der Gruppen ansprach, die mir vertrauter wurden. Auf Nachfrage erfuhr ich, dass diese körperliche Nähe im damaligen entstehenden Gesellschaftsbewusstsein zu einer unmittelbaren HIV-Übertragungsinfektion führen könnte. Zumindest war das die gesellschaftliche Vorstellung. Die inzwischen berühmten, in Hollywood praktizierten Bussi-Bussi-Luftküsschen, bei denen sich die Wangen niemals berühren, fanden darin ihren Ursprung und überleben bis heute. Dass es für den ersten Eindruck keine zweite Chance gibt, erklärt sich von selbst. In meinem Fall schien es vernichtend.

Weltweit galten Hollywood, San Francisco und New York als die zweifelsfrei bekanntesten HIV- und Aids-Hochburgen. Mögliche HIV-Risikoinfektionen wurden durch ständige Medienartikel zu sich aufbauenden Themen- und Kommunikationspunkten. 1985 begann sich das Thema erstmals durch Rock Hudson, dem weltweit berühmten Frauenschwarm der 50er- und 60er-Jahre, herauszukristallisieren.

Nicht nur der weltbekannte Balletttänzer Rudolf Nurejew, der Frontsänger von Queen, Freddie Mercury, der Kunstfotograf Robert Mapplethorpe und der US-Tennisstar Arthur Ashe waren bereits an durch Aids verursachten Krankheiten verstorben; unter anderem auch der noch junge New Yorker Pop-Artist Keith Haring. Da HIV noch als tödliches Virus galt, wurden innerhalb der Kreativszenen plötzlich vermehrt viele damit diagnostiziert.

Jedem Neuinfizierten wurde prognostiziert, sich als Überlebenszeitraum nur acht bis maximal zehn Jahre einzuplanen. Spätestens mit dem Bekenntnis des amerikanischen HIV-positiven Basketballstars Earvin »Magic« Johnson im November 1990 war dieses Thema in allerlei Gesellschaftsschichten angekommen.

Irgendwann erfuhr ich, dass unter unserem Apartment der Lebenspartner eines in Hollywoodkreisen bekannten Modestylisten im Endstadium (s)einer HIV-Infektion lebte. Ich hatte ihn nie kennengelernt und bekam ihn unter diesen Umständen nie zu Gesicht. Mir wurde erzählt, dass er, gepflegt von seinem Freund, abgeschirmt leide und keinen zu sich lasse. Wenn der Postbote nur einmal an der Türe klingele, verstecke er sich im Schrank. Das war alles, was ich über meine Kontakte mitbekam.

Mit meinem Ausländerenglisch verstand ich vieles sowieso nur eingeschränkt. Mein Englisch reichte zwar (noch) nicht, um Zeitung zu lesen, in der von vielen tragischen Geschichten berichtet wurde, jedoch lernten wir etliche Personen kennen, die jemanden kannten, der bereits einen Menschen durch die Immunkrankheit Aids verloren hatte. Aus welchen dieser unterschiedlichsten Hollywoodkreativszenen auch immer.

Der implizierte Verhaltenskodex hierfür wurde nicht explizit kommuniziert. Implementiert wurde er aufgrund der sich steigernden Gesellschaftsängste eines potenziellen Infektionsrisikos. Nachdem erkannt wurde, dass HIV nicht durch Küsschen und Händeschütteln übertragen wird, wurde dieser vermeintliche Schutz zurückgenommen. Mittlerweile ist bekannt, dass Infizierte recht hohe Überlebenschancen haben. Unter US-Präsident Clinton gründete das Weiße Haus erst 1993 das Büro für nationale Aids-Politik (ONAP). 1992, im Jahr meiner US-Ankunft (ich war gerade 25 Jahre alt geworden), galt Aids als die häufigste Todesursache für den 25- bis 44-jährigen US-Mann. L.A. erschien wie das Krematorium der kreativen US-Szene(n).

Trotzdem kamen mir viele überfreundlich vor. Überall grüßte jeder jeden. Auf der Straße, im Café, im Supermarkt. Jeder sprach nur Gutes über den anderen. Die meisten bekundeten einander den beruflichen Erfolg, das neu gelungene Gesicht oder den zusätzlich optimierten Körper, zumindest solange die betreffende Person anwesend war.

Freunde und Bekannte, die sich unerwartet trafen, erhoben oftmals ihre Stimmlage, als hätten sie dafür zuerst Helium eingeatmet, damit diese kreischende, überzogene, für L.A. relevante Stimmbandhöhe überhaupt erreicht werden konnte. Da ich vieles phonetisch lernte, trainierte und kopierte ich diese Stimmlage, um besser im Singsang dieser »Bussi, Bussi«-Hollywoodgesellschaft mithalten zu können. L.A. wird nicht umsonst als LA-LA-Land [Blabla-Land] bezeichnet. Meine persönliche Herausforderung bestand darin, diese unterschiedlichen, teilweise sehr berühmten Menschen zu beobachten, zu analysieren, teilweise auch zu katalogisieren. Die wöchentlich vor Ort bestehende Anwesenheitspflicht bei **S&M**-Gruppenpartys, hatte nichts mit sadism and masochism zu tun. »**S**tanding & **M**odeling« hörte sich bei Einladung langweiliger an als: »Kommst du heute Abend mit auf diese S&M-Party?«. Substanzielle Gespräche fanden bei diesen »get together« Partys selten statt; in meinem Fall aufgrund fehlender Sprachkenntnisse.

Irgendwann wurde ich für einen Sonntagnachmittag zum volljährigen Geburtstag einer der Töchter eines sehr bekannten Schauspieler-Ehepaares mitgenommen. Er wurde bekannt durch US-amerikanische, auch in Deutschland gezeigte Fernsehserien. Abgehalten wurde die Geburtstagsparty ab circa 18.00 Uhr im Malibu Estate, dort, wo sonst nur deren Pferde lebten.

Während der Anfahrt erfuhr ich im extra gebuchten Limousinenservice, dass deren Mutter, Schauspielerin und dreifache Gewinnerin des Golden Globe, knapp zehn Jahre zuvor in ihrem Nachthemd bei einem mysteriösen Bootsausflug morgens tot auf der Wasseroberfläche aufgefunden worden war. Fragen, die in meinem Beisein kommuniziert wurden, waren: »War die Frau dieses US-Fernsehstars, zu dessen Estate wir gerade fuhren, wirklich nur ertrunken? Oder war es doch (s)ein Mord?«

Immerhin handelt es sich bis heute um eines der größten Rätsel in der Kriminalgeschichte Hollywoods. Ein gleichfalls weltweit bekannter »Bösewicht«-Schauspieler berühmt aus ersteren Batman- und James-Bond-Filmen, war scheins mit auf diesem tragisch endenden Bootstrip, was die Storys zu diesem noch immer mysteriösen Fall zusätzlich anfeuerten.

Da mein Mitbewohner bereits wusste, wie solche Events abliefen, zählten wir bis zum Verlassen dieser Party circa 120 Kurzgespräche, oftmals keines länger als 90 Sekunden. Auch Stars (er-)kennen sich gegenseitig nicht. In L.A./Hollywood gibt es so viele Versionen von Stars, auch wegen verschiedener Berufsfelder. Mal ist es ein Regisseur, ein Casting-Direktor oder der Filmproduzent eines gerade erschienenen Blockbusters. Selbst ein Caterer kann, wenn er Filmcrews über Wochen mit gutem Essen betreute, kurzfristig als Star seiner Branche gelten. Visuelle, im Verbrauchergehirn abgespeicherte Celebrity-Wahrnehmungen entstehen durch unser projektbezogenes (Verschönerungs-)Metier.

Im Gedächtnis behalten Konsumenten meist nur imaginäre Erinnerungen vormals produzierter Looks. Diese brennen sich in deren Gehirn ein. Ist eine(r) der Schauspieler(innen) gerade in einem neuen Film oder Kampagnenprojekt involviert, können solch abgespeicherte Aussehensmerkmale wie Körpervolumen, Haarfarbe, Haarfarbenlänge, Bart etc. dieses Wiedererkennen irritieren.

Mir musste meist mitgeteilt werden, wer sich gerade in unserer unmittelbaren Umgebung befand. Erstaunlich ungezwungen unterhielt ich mich mit einem jungen, nicht unattraktiven Mann. Bis mir, nachdem er sich bereits einem anderen Gesprächspartner widmete, mitgeteilt wurde, dass es sich um den Sohn einer weltweit berühmten Sängerin handle.

Er hatte in den US-Medien just (s)ein sogenanntes homosexuelles Coming-out. Seine Mutter, eine international vielfach ausgezeichnete Sängerin, Schauspielerin und Produzentin, gilt bis dato als Schwulenikone. Ein echter Fan hätte sicherlich die Chance genutzt, sich weiter mit ihm zu unterhalten und hierüber vielleicht irgendwann die Mutter zu treffen. Jedoch war ich ab jenem Erkenntnismoment blockiert, sozusagen überfordert, weil ich mich mit meiner kleingeistigen Herkunft assoziierte. Ich konnte ihm, trotz (s)eines Versuchs, nicht mehr offen und neutral gegenübertreten.

Mit Ulrik, jeder (s)einen Früchtecocktail in der Hand, unter einem der überdachten Pferdeställe über dieses großzügige Estate blickend, glaubte ich in der Entfernung eine männliche bekannte Gestalt mit vom Gegenlicht durchwehten Haar zu erkennen. In der Musikibranche nicht sicher, stupste ich Ulrik an und meinte, dass die Person, die ich gerade zu sehen glaubte, doch vor Jahren im Central Park (1980) in New York erschossen wurde. So etwas wusste ich aufgrund meiner Friseursalonzeiten und dem dort intensiven Klatschspaltenkonsum. Als ich ihm meine Fata Morgana präsentierte, lachte er laut auf, um mir mitzuteilen, dass dies der Sohn jenes Musikers sei. Damals 16 Jahre alt, wirkte er in der unmittelbaren Entfernung eins zu eins wie zuvor sein Vater (an dessen 35. Geburtstag er geboren wurde) auf vielen seiner berühmten Fotos.

Während eines dieser unterschiedlichen Events lernte ich eine sehr individuell wirkende Person kennen. Da ich selbst noch ein eher androgynes Wesen war, waren wir uns im Gespräch nähergekommen. Er lud mich für die kommenden Tage zu sich nach Hause ein. Als ich auf seinem Grundstück eintraf, fragte er sogleich, ob ich vor Tieren Angst hätte. »Nein, grundsätzlich habe ich nichts gegen Tiere«, antwortete ich. Dass ich in (s)einem Privatzoo landen würde, hatte ich nicht erahnen können. Ich kann mich an Schlangen, Leguane, Kröten, Spinnen und allerlei sonstige krabbelnde, halbgroße Kleintiere erinnern. Je länger ich in dem Garten auf und ab lief, während er mir gefühlt (s)eine Zoohandlung präsentierte, umso mehr kribbelte es an meinem ganzen Körper bei der Vorstellung, dass nachts unerwartet alle diese Tiere gleichzeitig ausbrächen.

Während er sein Haus zeigte, fiel mir ein Raum auf, in dem – rückblickend – ein für mich als Sechsjähriger erkennbarer Friseurstuhl stand, in dem die Wandflächen mit aktuell berühmten Film- und Eventplakaten beklebt waren, unter anderem von MJ. Erstaunt darüber (zudem wie Millionen andere ein eingefleischter Fan), fragte ich, warum er diese zusätzlich handsignierten Poster besitze. Er outete sich als Stammfriseur einiger Hollywoodgrößen und war somit ein Arbeitskollege. Er erzählte, dass er um die Welt geflogen sei, um Stars die Haare zu schneiden oder filmgerecht zu stylen, dies wohl auch für eben jenen. Mit ihm verbinde ihn auch die Liebe zu allen Tieren.

Da dieser zu jener Zeit immer mit seinem vermenschlichten und inzwischen ebenso berühmten Affen unterwegs war, erlaubte ich mir die Frage, ob er denn vor diesem Hintergrund wisse, wie er wirklich sei, und mir gegebenenfalls mitteilen könne, in welcher Form er zum Beispiel seine körperliche Orientierung auslebe. Zu gerne wollte ich wissen, ob er hetero, schwul, asexuell oder sonst was war.

Seine unerwartete Antwort, obwohl er eine Vertraulichkeitserklärung unterschrieben hatte, wie er mir mitteilte, lautete: »Möge es nie herauskommen, was er wirklich tut.« Nach all den unterschiedlichen Skandalen, zu denen es erst Jahre später kam, werde ich diese Aussage nie mehr vergessen.

Die wichtigste Hollywood-Partyregel, die ich nicht nur für diese Events lernte, lautete: »Wenn du nichts Gutes zu sagen hast, dann sage lieber gar nichts.« Wer dir Komplimente über (d)ein angeblich »interessantes Outfit« macht, fragt sich, welch seltsames Outfit du gewählt hast. Wer dich anspricht mit »Du siehst ja richtig gesund aus!«, möchte vielleicht darauf hinweisen, dass du zugenommen hast.

Wer nach Hollywood zieht, sollte diese Codesprache erst mal lernen. Auch um zu verstehen, dass Gesagtes möglicherweise nicht wirklich gemeint ist oder auch anders interpretiert, werden kann, oftmals muss. Zudem wurde ich angehalten, niemals persönliche, politische oder religiöse Problemthemen anzusprechen. Alle Gesprächsansätze sollten möglichst positiv und zukunftsorientiert formuliert werden, was für mich als soziologisch Themen hinterfragenden Deutschen, der ich dazu noch ein eher »bruddeliger« Schwabe bin, eher ungewöhnlich war.

Während ich bei vielen Pool- und Geburtstagspartys nur das sogenannte fünfte Rad am Wagen meiner Bekannten war, wurde ich teilweise vorgestellt wie ein Außerirdischer, der es als ein Europäer ebenso über den Teich geschafft hatte. Meistens wurde direkt aufgezählt, wo ich international die letzten Wochen arbeiten durfte, auch wenn dies nur für deutsche oder hauptsächlich EU-Kataloge und viele kleinere, eher noch unbedeutendere Magazine war. Eine Kommunikationsbrücke wurde über meinen Titel der Männer-Vogue-Zeitschrift für die Olympischen Spiele 1992 und die parallel erscheinende Coca-Cola-Kampagne gebaut. Während der kurzen ritualisierten Begrüßungsgespräche wurde immer vorab nachgefragt, ob man den Gastgeber persönlich kenne. Verneinte ich dies, was meistens der Fall war, wurde sehr schnell von einem abgelassen. Im Auftrag des Erfolges schien sich jeder nur für die nächsthöhere Ebene von Kontaktmöglichkeiten zu interessieren.

Bei meinem allerersten L.A.-Aufenthalt (1989) wurde ich ernsthaft gefragt, ob ich mit dem Auto nach L.A. gekommen wäre. Mein Gegenüber glaubte, die Anreise aus Deutschland hätte mit dem Auto stattgefunden. Ein anderer dieser unterschiedlich erlebten Gastgeber erzählte von seinen 20 Schlafzimmern, wobei er nach 10 aufgehört habe, diese individuell zu begutachten. In einem weiteren sehr großzügigen Estate wurde mir lang und breit der offene Kamin präsentiert. Zu meinem völligen Erstaunen produzierte dieser auf Knopfdruck eine festgelegte Gasflamme, die zwischen der Echtholz-Dekoration nur ein imaginäres Holzofen-Kamingefühl ermöglichte, was für mich in einen Lachanfall mündete und die folgende intonierte Kommunikation nicht angedacht unterstützte.

Ein andermal zeigte mir jemand seinen schneeweißen, hochglanzlackierten Klavierflügel. Derjenige setzte sich dahinter und begann darauf zu spielen. Romantisierend glaubte ich ihm dies, bis ich bemerkte, dass die Tastatur sich automatisch bewegte und er auch hierfür nur einen Tastenknopf drückte. Der Schein machte bereits das Sein – mittlerweile nicht nur in Hollywood.

Mitten in Westhollywood lebend, glaubte ich hin und wieder typisch Friseur, einen ungeschminkten Star oder eine sogenannte Celebritiy zu erkennen. Dies galt auch in den Einkaufszentren, ebenso wie in den zahlreichen Cafés oder wo auch immer. Manchmal wurde irgendeine Person spontan erkannt. »Das ist doch …!«, entfuhr es einem dann, wenn jemand gerade über die Straße lief oder wir ihn/sie unverhofft an einer Ampel im danebenstehenden Auto sitzen sahen, teilweise in der Nase bohrend. Wenn Ulrik dabei war, wusste der meistens, um wen es sich handelte, auch im ungeschminkten Zustand.

Wenn wir mit Ulriks Freund unterwegs waren, trafen wir grundsätzlich sogenannte Berühmtheiten aus der Film- und Musikbranche. Jeder kannte ihn. Jeder wollte von ihm fotografiert werden. Würde ich jemals mit ihm arbeiten?

Meine Vor-Ort Agentur kommunizierte, dass sie nicht glücklich darüber sei, dass ich nicht exklusiv für sie arbeite. Das, weil ich monatlich für mehrere Tage, manchmal sogar für Wochen über andere Agenturen verbucht wurde. Dann nur für Katalogproduktionen, weshalb ich ihrerseits für ›WICHTIGE‹ Editorial-Produktionen nicht in Frage käme.

Ihr Argument: Für kurzfristig entstehende Hollywoodproduktionen könnten sie mich nicht promoten, schon gar nicht pushen und somit kein Geld verdienen. Terminlich war ich ihnen zu oft blockiert, weshalb ich im Agententeam als ihre »Polyester-Queen« gehandelt wurde. »Polyester« deshalb, weil viele der zu fotografierenden Katalog-Outfits eher aus synthetischen als aus natürlichen Materialien bestanden. **»Queen«**, weil Homosexuelle gerne auch als Queens (Königinnen) tituliert werden.

Wenn ich mal wieder zurück war, dann war Ulrik gut vernetzt und stellte mir ständig junge, vor Ort lebende Neufotograf(inn)en vor. Hier und da wurde ein Schauspieler(innen)-Porträt gebraucht. Während ich mich viel mehr für Mode interessierte, wollten diese oft nur abgepudert werden. In meiner von Make-up-Chancen geprägten Wahrnehmung verstand ich das gar nicht. Mit einem Gesicht kann doch so viel gemacht werden!

Durch meine zahlreichen Erfahrungen, vor allem durch die intensive Katalogarbeit, hatte ich gelernt, Gesichter zu modellieren, somit zu verändern. Meistens sollten die oft nicht mal 20-jährigen Mädchen aussehen wie gut in Schuss gebliebene 40-Jährige. Je kommerzieller sie gebraucht wurden und je konservativer ihr Look sein sollte, umso älter sollten sie wirken. Saisonweise wiederholten sich viele dieser fortwährend zu fotografierenden Outfits. Einige davon erinnerten daran, wie die eigenen Tanten und Omas bei Beerdigungen und Familienhochzeiten im immer gleichen Ensemble erschie-

Erste L.A. Testproduktionen. Fotos: Ralf Lehner

nen. Gemessen an den Verkaufszahlen, wurden seitens der Kund(inn)en allerdings die am hässlichsten wirkenden Outfits für deren saisonale Bestseller erklärt. Wenn wir glaubten, so etwas Geschmackloses würde niemand kaufen, meinten die Einkaufsleiter(inn)en: »Das ist ein Bestseller!«

Es hat etwas zu lange gebraucht, bis ich verstand, dass Schauspieler(innen) nur aufgrund ihres physiognomischen Grundcharakters ausgesucht, angefragt und gegebenenfalls gebucht werden. Das nochmals reduziertere Arbeiten mit diesem kalifornischen Hauch von eher gar nichts lag mir (noch) nicht. Da es sich um sehr junge, wohl erst angehende Schauspieler(innen) handelte

Foto: Jürgen Reisch

und viele der Fotos oft nicht meinem modisch orientierten Anspruch entsprachen, sammelte ich diese nicht. Selten merkte ich mir deren Namen. Allerdings lernte ich hierdurch wieder neue Fotograf(inn)en kennen, mit denen ich Probe arbeiten konnte. Später produzierten wir mit dem/der ein oder anderen kleinere Fotostrecken – in L.A. lebend, nicht selten für die Fitness- und Wellnesstrend-Magazine, die sich immer mehr auf dem Markt etablierten.

Ein farbiges Zwillingspaar lernte ich eher zufällig kennen. Sinden, die als Fotografin tätig war, und ihre Schwester Rhett, die sich um das jeweilige Fotostyling kümmerte. Ursprünglich kamen die beiden aus der Musikbranche, sie hatten Ende der 80er-Jahre einen Plattenvertrag bei der Motown Records

Corporation. Mit einer für den EU-Markt konzipierten Gruppe landeten sie einen Top-20-Hit. Gemeinsam produzierten wir viele Shootings, bei denen jeder seine Ideen und Vorstellungen einbrachte. Wir verstanden uns auf Anhieb und sind bis heute miteinander befreundet.

Für eine anstehende Testproduktion wurde uns, von einer der vielen L.A.-Model- und Castingagenturen, ein für dort außergewöhnlich erscheinendes, junges Model mit leicht rötlichen Haaren vermittelt. Endlich mal nichts Barbarella-Blondes mit diesen damals tupperschüsselüblichen, operierten Plastikbusen-Dekolletés. Zum Shooting erschien diese mit ungeschminktem Gesicht. Darauf waren unzählige Sommersprossen. Ihr natürlicher Look war nicht nur, mit eben jenen unerwartet vielen Sommersprossen, jedoch besonders für L.A. außergewöhnlich. Gerade deshalb gefiel uns dieses authentisch natürliche, vor allem europäisch wirkende Aussehen. Diese Naturschönheit wollten wir belassen. Wir entschieden, nur dunkle Lippen zu malen. Mit der bereits untergehenden Sonne fotografierten wir sie in Schwarz-Weiß, wie es bereits die besten und berühmtesten Modefotografen in aktuellen Magazinen als »Up-2-Date«-Look propagierten.

Wenige Tage später erhielten die Zwillinge von der Modelagentur einen erbos-

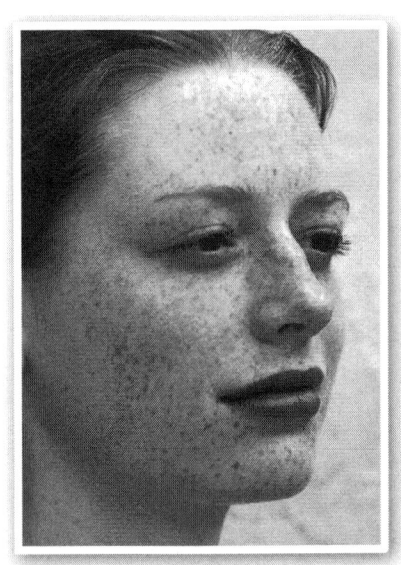

Foto: Sinden Collier

ten Anruf. Sie wurden gefragt, wer denn bitte das Make-up gemacht habe. Es wäre eine Unverschämtheit, dass sich derjenige, -in diesem Fall ich- es mir erlaubt hätte, ihre Haut derart zu verunstalten. Das Mädchen würde auf den ansonsten schönen Fotos aussehen, als habe ich ihm mit einer Gabel Scheiße ins Gesicht gespritzt. Völlig perplex, begriffen wir erst mal diese Aussage nicht. Auf Nachfrage erklärte uns das Mädchen, dass seine Agent(inn)en es zuvor nie mit seinen natürlichen Sommersprossen gesehen hätten. Sie habe immer Make-up aufgetragen, um dem üblichen US-Frauenbild zu entsprechen.

Als immer besser funktionierendes Team mit teilweise großartigen, aufeinanderfolgenden Foto(test)produktionen führte unsere Zusammenarbeit zu einer gemeinsamen Bildsprache, die unter unseresgleichen erkannt, teilweise sogar kopiert wurde.

Während der Durchsicht meiner Arbeitsmappe bei einem Go&See wurde ich nach den Namen der Fotograf(inn)en jener Fotografien gefragt, die ich mit den Zwillingen produziert hatte. Meine Begeisterung für die Künstlerinnenschwestern führte daraufhin zu einem Vorstellungstermin mit ebendiesem interessierten, für uns potenziellen Kunden. Den Agenturkund(inn)en hatte ich bereits mitgeteilt, dass es sich um eine weibliche Fotografin und ihre Zwillingsschwester für das Modestyling handle, nicht um einen Mann, wie dies in der Regel üblich war. Darüber schienen diese trendorientierten Kund(inn)en sehr erstaunt zu sein, sie waren jedoch begeistert. Als ich dann mit meinen Freundinnen zum besprochenen Termin erschien, sah ich mit dem Eintritt in deren Besprechungsraum durch die Mikromimik ihrer

Fotos: Sinden Collier

Foto: Sinden Collier

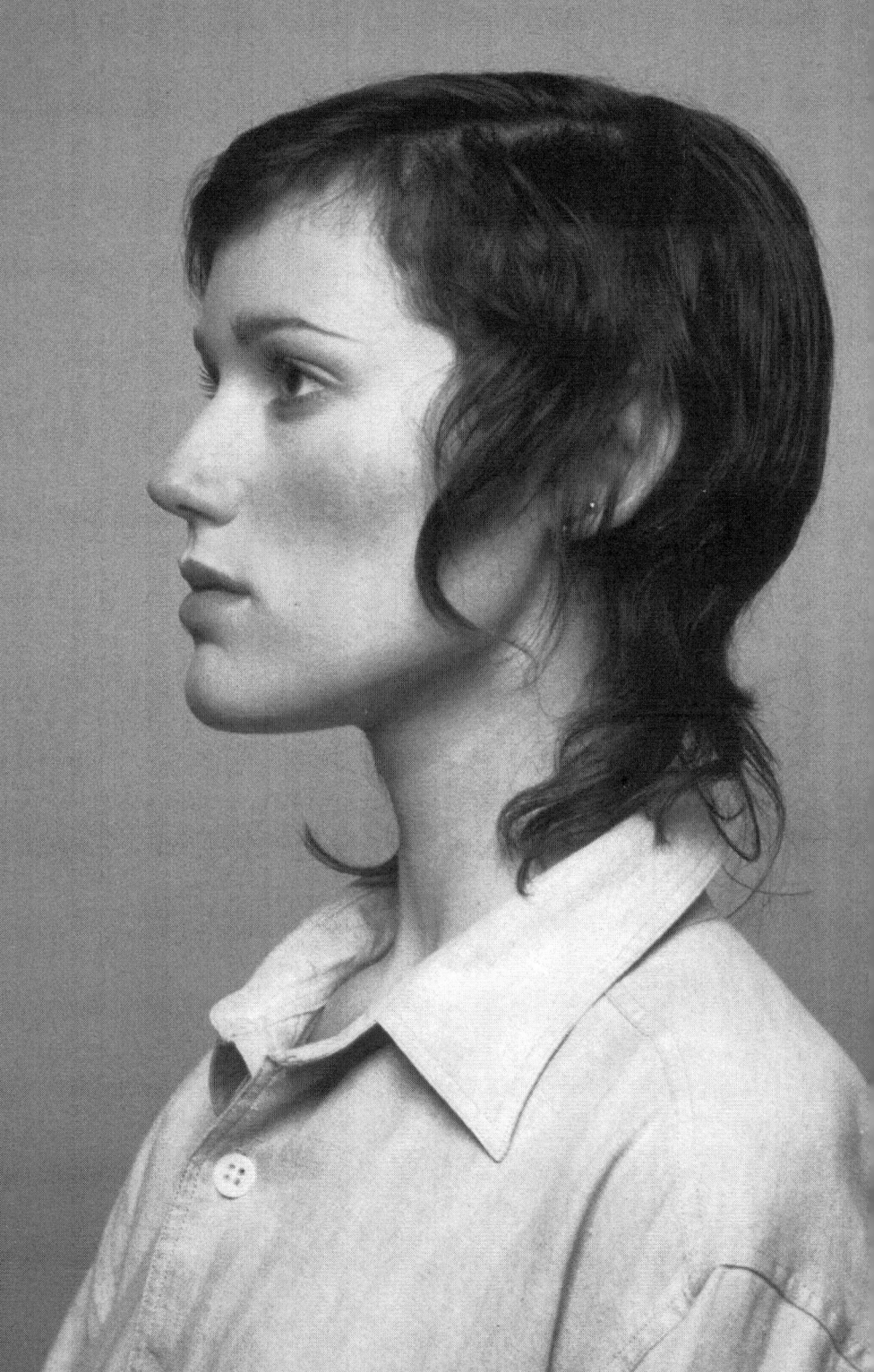

Gesichter, dass sich deren Ausdruck unmittelbar von einem zuerst erstaunten in einen schließlich enttäuschten Gesichtsausdruck verwandelte.

Während sich alle reflexartig freundlich begrüßten, raunte mir eine der Kundinnen ins Ohr: »Du hast uns nicht gesagt, dass die auch noch schwarz sind!«
Eine solch eindeutig rassistische Aussage war mir noch nie untergekommen. Nach einem kurzen, trotzdem gefällig wirkenden Geplänkel wurden alle drei weder für den Job angefragt noch optioniert oder gar gebucht.

Auf der Rückfahrt erzählten mir die beiden, wie hart es für farbige Menschen sei – nicht nur in der Kreativbranche. Zudem erfuhr ich, dass Dunkelhäutige oft schlechtere Kredite für allerlei Leasing- und Wohnkonditionen bekämen. In manchen Gegenden sei es ihnen schlichtweg versagt, sich ein Haus zu mieten, geschweige denn, eines zu kaufen.

Den Schwestern gelang es jedoch dranzubleiben. Mit wachsendem Brancheneinfluss erreichten sie noch viele zeitgeistorientierte Bildsprachen-Versionen. Allerdings war es ihnen nicht möglich, die ungefilterten Visionen ihrer jugendlich erhofften Träume umzusetzen – ein grundsätzliches Problem vieler kreativer Menschen. »Vollgas voraus mit angezogener Handbremse.« Mir wurde klar, dass viele Menschen ihr Leben mit angezogener Handbremse ertragen, teilweise hinnehmen müssen.

Über Ulrik bekam ich die lang ersehnte Anfrage, ob ich bereit wäre, mit seinem Freund, dem Fotografen Greg Gorman, für eine Woche nach Santa Fe (New Mexico) mitzukommen. Für sein neu geplantes Buch würde er unterschiedliche Bilder, hauptsächlich Nacktaufnahmen in Schwarz-Weiß, umsetzen wollen. Anreise, Unterkunft und Namensnennung (im Falle einer Veröffentlichung) wären gewährleistet. Freudig bekundete ich mein Interesse. Schon am ersten Produktionstag erkannte ich, wie er für seine qualitative Bildsprache die facettenreiche Natur, in Verbindung mit verschiedenen Lichtsituationen, nutzte, um zeitlos stilvolle (Kunst-)Fotos zu produzieren.

Mein erstes Model war ein aktuelles US-Playmate, das nackt in einer knorrig-stachlig verdorrten Palme verharren musste. Anschließend lag sie von Sanddünen umhüllt in der Abendsonne. Während der noch sehr junge deutsche Fotograf auf der zuvor beschriebenen Bootsproduktion nie wusste, mit Licht und Schatten umzugehen, wusste Greg jede Millisekunde des Tages zu nutzen, um wunderschöne und stimmungsvolle Fotos zu generieren. Jungschauspieler(innen) und Models rissen sich regelrecht darum, von ihm im wahrsten Sinne des Wortes ins richtige Licht gerückt zu werden.

Fotos: Greg Gorman

Vor Ort erfuhr ich auch Wichtiges zur Umsetzung ästhetischer Nacktaufnahmen. In seiner Interpretation durften die für das Set ausgesuchten Personen, entgegen den minderwertigsten Pornoproduktionen, keinerlei Druckstellen und Abdrücke von eng sitzenden Jeans, Unterhosen, BH-Trägern oder Strumpfrändern etc. haben. Die zu fotografierenden Models waren dafür barfüßig oder in Flip-Flops in nichts weiter als leicht zusammengebundene Seidenkimonos gehüllt – dies in der sowieso schon sehr trockenen Santa-Fe-Hitze, was sich (nicht nur bei mir) aufgrund der austrocknenden Nasenschleimhäute mit unerwartetem Nasenbluten zeigte.

Diese Kimonos hatten sie so lange an, bis die richtige Location und die passende Lichtsituation mit der angedachten Lichtstimmung gefunden wurden. Beachtet werden musste, um Druck- und Abdruckstellen zu vermeiden, dass die Models, solange sie im Auto oder auf einem Stuhl saßen, nicht die Beine überkreuzten. Wenn wir wussten, dass sie als Nächstes fotografiert würden, mussten sie sofort aufstehen, damit sich abgezeichnete Druckstellen und Sitzmuster »verflüchtigen« konnten.

Bei den Jungs wirkten viele der individuell erkennbaren Muskeln durch deren natürliche Körperbehaarung nicht definiert genug. Sogenannte »Sauerkraut«-Arme und -Beine wollte er nicht. Deshalb sollte die Bein-, Arm- und Achselbehaarung so kurz wie möglich sein, auch, um durch Lichtverhältnisse zusätzlichen Spielraum zu ermöglichen. Für (s) ein ästhetisches Empfinden war eine vollständige Bodyenthaarung das Beste. Eine »Nacktschnecke« lasse sich besser fotografieren, weil glatte Haut ein höheres Reflexionspotenzial besitze. Wer sich für eine damals noch nicht übliche Nacktschneckenversion entschied, machte den Fotografen

Fotos: Greg Gorman

besonders glücklich. Da Ulrik mich vorab über Gregs Vorstellung zu gewünschter und nicht gewünschter Behaarung informierte, hatte ich genug Enthaarungscreme aus dem Frauenbereich der dortigen Drogerien dabei.

Die Enthaarungscreme konnten sich die Jungs dann selbst an den nicht so sensiblen Stellen auftragen, einwirken lassen und abduschen. Allerdings wollte Greg angesichts des Risikos von Gegenlichtsituationen sichergehen, dass keinerlei abstehenden Schamhaare zwischen den Beinen, dem Scrotum, innerhalb und außerhalb jener Poritzen, an »privaten Glocken und an teils nicht beschnittenen (Rollkragen-)Stangen« zu sehen waren.

Er forderte mich auf, bitte jegliche Haare von deren Scham- und Analbereichen zu entfernen, eben um lichtoptimierte Flächen zu generieren. Zu diesem Zweck standen mit dem täglichen Auf- und Untergehen der Sonne in meinem Zimmer angehende Jungschauspieler oder damals aktuelle Jungs aus der Topmodelliga, während ich deren privateste Körperpartien enthaarte. Dass dies beiderseits peinlich und recht unangenehm war, interessierte nicht. Was zählte, war das gewünschte Bildergebnis.

Eine Vorauswahl der Fotos zeigte er sogleich einer vor Ort akkreditierten Fotoschule. Nicht nur dort ist er bis heute ein gern gesehener Fotokursdozent. Sein Metier der Porträt- und Nacktfotografie ist international gefragt. Da sie mich live erlebten, fragten sie, ob ich mir vorstellen könne, über Tipps und Tricks in Bezug auf Fotolicht und Make-up zu referieren. Da ich Greg sowieso für mehrere Tage bei seinen Lichtpräsentationen unterstützte, konnte ich den anwesenden und interessierten Schüler(inne)n parallel mitteilen, was hinsichtlich Make-up und Haarstyling zu beachten sei. Das gelang mir trotz holprigstem Englisch.

Mit Ausnahme eines in Japan veröffentlichten Covers des Modemagazins ELLE durfte ich Greg leider nur für vereinzelte, eher freie und buchorientierte Produktionen begleiten. Die Top-A-Level-Hollywoodstars hatten ihre(n) persönlichen Make-up-Artisten. Dafür erscheint mein Name in zwei von Gregs inzwischen sechs Büchern.

In L.A. empfand ich die menschliche Branchenlernkurve als sehr intensiv und äußerst anstrengend, trotzdem hielt ich sie für ausnehmend wichtig, schlussendlich für lehrreich.

Foto: Greg Gorman

Während grammatikalisch mein anfänglich gesprochenes Englisch falsch und nie richtig formuliert war, entwickelten sich trotzdem kontinuierliche Sprach- und Konversations(er)kenntnisse. In Miami lebend, kommunizierte ich vorwiegend in meiner Muttersprache, sodass sich mir die Landessprache erst mit der Zeit erschloss. Das Hollywood-Englisch mit all seinen Eigenheiten und idiomatischen Wendungen zu verstehen und es auch regelmäßig sinnstiftend anzuwenden, wurde ein ungewöhnlich langer, deshalb intensiver Prozess. Anfänglich haben mein Zungenschlag und meine Satzkonstruktionen für viele US-Amerikaner(innen) sehr deutsch akzentuiert geklungen, nach einem für sie typischen Immigranten-Englisch eben.

Über Ulriks Kontakte wurde ich für eine kanadische Sängerin angefragt. Jung, deshalb auf dem US-Markt noch unbekannt, meist in Französisch singend, wolle sie sich mit einem englischen Popsong für den US-Markt positionieren. Dem Namen der Sängerin Céline Dion begegnete ich erstmals mit der Buchungsbestätigung. Es war eines ihrer ersten Musikvideos für den US-Markt. Frisch verheiratet mit ihrem langjährigen Manager am Set, war sie eine zurückhaltende, jedoch sehr sympathische Person.

Alle nahmen ihr ab, dass sie ganz und gar bereit war, hart für diesen neuen, schlussendlich sehr erfolgreichen Karriereabschnitt zu arbeiten. Mit ihrem französisch unterlegten Akzent und ihrer authentischen, unverbrauchten und freundlichen Persönlichkeit gefiel sie uns Anwesenden sehr. Mit der erfolgreich beendeten Produktion wurde ich von dieser Regisseurin für ein Taylor-Dane-Video engagiert. Mehr kann ich hierzu nicht schreiben, unterschrieb ich jeweils vorab eine Geheimhaltungsvereinbarung.

Auf dem Weg zu einem dieser Akronym genannten S&M-Branchenevents erzählte mir Ulrik später, dass jene Regisseurin ihn gefragt habe, ob »Eva« ebenfalls anwesend sein würde. Ulrik wusste erst nicht, wen sie meinte. Mit einem Lachanfall erklärte sie, dass sie mir von nun an den Spitznamen »Eva« gebe, dies aufgrund meiner grammatikalisch deutsch-englischen, harten Aussprache. Ich klänge so, wie sie sich in ihren Regiegedanken vorstelle, dass Adolf Hitlers Freundin Eva Braun geklungen haben könnte. Sarkastisch frotzelnd wurde ich von da an einigen ihrer vertrauteren Gäste mit diesem neu erworbenen und seitdem nicht selten genutzten Spitznamen vorgestellt. Intern witzig gemeint, titulierten sie mich von nun an mit dem Namen Eva. Bis heute fungiert dieser als (m)ein heimlicher (Branchen-)Spitzname. Auch nach 30 Jahren noch werden mir hin und wieder »Grüße an Eva« aus Los Angeles ausgerichtet. Mittlerweile gilt dies als ein sehr oft erzählter Tischrundenschwank.

Während sich die beiden immer wieder vor Lachen kringelten, war ich anfänglich ziemlich schockiert. Rückblickend motivierte es mich, mein Englisch zu verbessern. Ich lernte die typisch deutsch akzentuierten Betonungen auszumerzen.

Diese teilweise sehr anstrengenden Konversationsübungen meiner Los-Angeles-Zeit haben schlussendlich generell mein Sprachbewusstsein sensibilisiert, sodass ich künftig auch auf Deutsch gezielter und bewusster zu kommunizieren lernte. Übrigens: »Magda (Göbbels)« werde ich in Deutschland von einem anderen sarkastischen Freund genannt.

Wenngleich in L.A. permanent strahlender Sonnenschein herrschte, waren kurzfristige Strandbesuche in Malibu, Santa Monica oder Venice Beach wegen der Distanzen nicht immer möglich, weshalb wir für Kurzerholungen öfter mal bei Greg zu Hause eingeladen wurden. Er besaß einen Garten mit Pool und für uns bedeutete dies eine sehr kurze Anfahrt, um diese Vorteile vor Ort zu genießen. Bei ihm ging es meistens zu wie in einem Taubenschlag, ein ständiges Kommen und Gehen. Immer hatte er regional und international unterschiedlich wichtige und bekannte Leute bei sich und um sich herum. Darunter waren viele, die ich eher ohne persönlichen Bezug kannte; wenn überhaupt, dann vom Namen her. Wenn mir auf Englisch deren Arbeiten – teilweise sehr berühmte Filmtitel und Plattencoverproduktionen – aufgezählt wurden, hätte ich – nach Hollywoodmanier – alle diese Stars eigentlich sofort daran erkennen müssen. Ich hätte deren kreativer Kunst unmittelbar begeistert zustimmen und diese sofort belobigen müssen, am besten in jener L.A.-Helium-Kommunikationsart. Allerdings musste ich das Gehörte zunächst einmal im (Friseur-)Gehirn verarbeiten; mitgeteilte Informationen und mögliche Kino- oder Plattentitel gedanklich erst einmal auf Deutsch übersetzen. Für Hollywoodreaktionen dauerte das zu lange.

Ständig wurden uns neue Leute vorgestellt, die oft noch zum Essen blieben. Die meisten waren spontan gekommen, um sich bereits fertige/erschienene Produktionen anzuschauen, bei denen sie mitgewirkt hatten, oder um sich im (Kennenlern-)Gespräch auf zukünftige Produktionen vorzubereiten.

Greg fotografierte gerade die Sängerin und Schauspielerin Bette Midler. Sie brauchte neue Presse-Images. Sie waren bereits seit langem befreundet. Sie war seit Jahrzehnten mit einem Deutschen verheiratet, weshalb Greg durch mich, nachdem er mich ihr vorgestellt hatte, ihre Deutschkenntnisse getestet wissen wollte. Trotzdem ich sie mit einem typischen US-deutschen Akzent verstand, geriet die angedachte Konversation ins Stocken. Mein Übersetzungstalent vom Deutschen ins Englische war schlichtweg nicht gut genug, was für alle Beteiligten eine eher unangenehme, deshalb peinliche Situation war.

Ein anderes Mal, während wir gerade in seiner Küche verweilten, zeigte er uns ganz kurz zwei schlüpfrige Polaroids, die er im Anschluss einer gebuchten Produktion noch schnell in einer persönlichen Session in dessen nackten Zustand schoss. Völlig unerwartet sahen wir auf aktuellen »Andy Warhol«-Polaroids die »Fleischwurst« des Schauspielers, der 1993 gerade eine oscarnominierte Hauptrolle innehatte.

Weil gerade der TV-Hit Baywatch mit seinem »Pamela Anderson«-Look topaktuell war, empfand ich die zum Abendessen eingeladenen Barbi-Twins als spannend. Sie verkörperten diesen Look in damaliger Perfektion und zierten mit diesem mehrere US-Playboy-Covers. Als Zwillingsschwestern geboren, wurden sie von US-Schönheitschirurgen immer identisch operiert. Anscheinend wurde alles gemacht, was damals am Gesicht für Nase, Kinn, Busen, Zähne und Lippen möglich war. Jeder dieser Abende hatte (s)eine (Kurz-)Geschichte(n)!

In kurzzeitigen Anwesenheitszyklen hatte ich zwar viele nette L.A.-Menschen kennengelernt, allerdings hatte ich zu sehr wenigen einen persönlichen Draht. Fachbezogene Kontakte wurden zu meiner Rettung. Immerhin definierten wir uns durch Branchengespräche mit individuellen Zielvorstellungen. Da ich jenen feinfühligen Hollywood-Singsang nicht bieten konnte und mein Englisch vom Zungenschlag her eher hart wirkte, gar stakkatoartig, klang ich eher wie ein deutscher Feldwebel, der klar strukturierte Entscheidungen bot und einforderte, gemäß meinem inzwischen in Hollywood bekannten »Eva-Syndrom«. Aufgrund dessen wurde mir eine Attitüde bescheinigt, die eher dem New-York-Style glich. New York sei in der Kommunikation direkter, gewissermaßen rau, dafür ehrlicher. Dort gebe es auch mehr Mut zu kreativen und freien Make-up-Interpretationen. Mit meiner Art würden sie sich an meiner Stelle in Richtung New York orientieren. Und so kam es dann später auch.

Nachdem ich inzwischen viel und sehr oft in Miami produzierte, hatte ich dort aus Stuttgarter Friseur- und Modelzeiten sehr gute Freunde und Freundinnen. Eine davon war Liz, ein australisches, in Deutschland erfolgreich arbeitendes Ex-Model. Auf einer Europa-Jobreise hatte sie sich Jahre zuvor in Blasius verliebt, den aus München kommenden angehenden deutschen Handballmannschaftsstar. Als das junge Paar in der Verliebtheitsphase war, hatte sie ihn – auch aufgrund seiner ungewöhnlichen bayrischen natürlichen Attraktivität – zum gemeinsamen Modeln und später zum Fotografieren animiert – eine bewundernswerte Branchenliebe zweier Menschen, die ihre lebenslange Bestimmung und auf diese Weise zueinander fanden.

Foto: Paul Empson

Fotos: Blasius Erlinger

Fotos: unbekannt

Fotos: Rune Stokmo

Fotos: Rune Stokmo

Auf dem sich immer mehr profilierenden Fotomarkt wurden wir nicht mehr einfach so völlig »blind« gebucht. Es musste immer mehr visuell nachweisbar werden, wofür wir schon einmal gebucht worden waren. Magazinstrecken, wichtige Imagebroschüren und namhafte Katalogproduktionen waren gefragt, vermehrt erreicht durch internationale, nicht mehr nur regional agierende Fotografen. Immer öfter mit dafür eingeflogenen Produktionsteams, in meinem Fall französische, englische, griechische, türkische sowie norwegische.

Unterdessen, während ich vermehrt in L.A. (über-)lebte, hatten sie sich als junge Familie in Miami für dort anstehende Saisons positioniert. In Miami war ich, auch durch die zwei, nicht nur an meinen ersten deutschen Editorialseiten für Titel wie Gala, Freundin, Brigitte und Für Sie beteiligt. Denn auch Blasius versuchte international immer wichtiger werdende Imagefotos und aktuelle Sichtbarkeitsnachweise zu generieren.

Für Australien (Sydney) wollte er sich mit erstem Kleinkind als später anerkannter Mode- und Porträtfotograf platzieren. Er wollte nicht nochmals als Model-Kleiderstange vor deren Kameras benutzt werden. Ihn interessierten eigene Bildsprachen-Möglichkeiten. Für (s)einen geplanten Trip fragte er mich an, ob ich nicht Lust hätte, ihn dort, zusammen mit seiner Angetrauten, bei einem länger geplanten Fotoaufenthalt zu unterstützen. Mit dem Fehlen englischsprachiger Unterlagen sah ich dies als (m)eine Chance: schließlich wollte ich (m)einen beruflichen Höhepunkt nicht als eine in L.A. erkorene »Polyester-Queen« erleben.

Foto: Blasius Erlinger

ERFAHRUNGEN IN SYDNEY

Foto: Blasius Erlinger

Liz hatte sich von ihrem verdienten Modelgeld ein kleines Haus in Paddington, einem Innenbezirk von Sydney, gekauft. Wenn ich mitkommen wolle, wäre unter ihrem Dach auch Platz für mich. Dieses Angebot (1993) wollte ich mir nicht entgehen lassen. Die internationale Modebranche orientierte sich immer mehr auf den US-Konsummarkt, dort vermehrt auf New York konzentriert. Ich wusste, dass viele US-Kund(inn)en und Magazin-Mitarbeiter(innen) noch recht neu in diesem unerwartet aufstrebenden Marktsegment waren.

Das teilweise unschlagbar defizitäre Allgemeinwissen eines Durchschnittsamerikaners erkannt, baute ich darauf, dass ich in Australien erstmals meine erhofften und dringend englischsprachig gewünschten Bild- und Textnachweise, sogenannte tears sheets, generieren würde.

Trotz Beantragung (m)eines dafür nötigen Einreisevisums – nach australischem Gesetz war ich ein »Ausländer« – hatte ich dort kein Anrecht auf eine Arbeitserlaubnis. Diese würde mir nicht erteilt. Empfohlen wurde mir, meine Anreise zum Zeitpunkt der dort jährlichen Mardi-Gras-Veranstaltungen zu terminieren, einer sagenhaften Sydney-Gay-Party, die mit ihrer international berühmten Mardi-Gras-Parade den krönenden Abschluss eines mehrwöchigen frivolen Schwulen- und Lesbenfestivals bildet. Perfekt könne ich in Verbindung mit diesem Event meine Make-up- und Haarutensilientaschen einschmuggeln. So würde es am wenigsten auffallen. Falls ich am Zoll befragt würde, solle ich einfach sagen, dass ich als einer von sehr viel einreisenden Travestiekünstler zu diesem Megaevent käme. Zudem würde ich in Sydney meinen Make-up-Artisten-Freund Robert treffen, den ich in Zürich kennengelernt hatte. Allein das war mir eine Reise wert. Als einziger australischer Make-up-Artist hatte er viel in den Niederlanden, in Deutschland, in der Schweiz und in den USA gelebt und gearbeitet. Zeitgleiche Lebensstationen sowie Parallelbuchungen hatten in Miami, Phoenix und später in New York dafür gesorgt, dass wir uns immer wieder trafen. Er war mir über all die Jahre hinweg ein branchenrelevant guter, fast väterlicher Freund.

Im Frühjahr, eigentlich die Hauptsaison für Katalogproduktionen, wagte ich es, alle angefragten Produktionen abzusagen, um mich für meine ersten drei Monate nach Sydney zu begeben. In den darauffolgenden Jahren sollte ich dies noch zweimal tun. Während in den USA das Frühjahr anbrach, war dort immer schon Herbst. Oder war es erst Herbst? Immerhin geht auf der anderen Seite der Erdkugel das Sommerhalbjahr von November bis April. Deshalb erlebte ich dort einmal in Badehose liegend mein ungewöhnlichstes Weihnachten, dies bei 35 Grad plus in praller Sonne an deren berühmtem Bondi Beach.

Australien, von der Fläche her so groß wie die USA, ist jedoch von nur ungefähr 16 Millionen Menschen bewohnt. Im Gegensatz dazu sind es knapp 330 Millionen in den USA. Umso beeindruckender war die Natur Australiens mit diesen menschenleeren Distanzen. Das Land wurde nach der Niederlage der Engländer im amerikanischen Unabhängigkeitskrieg Ende des 18. Jahrhunderts meist für Strafgefangene in Kolonien genutzt. Ich spürte sofort diesen erkennbaren, kulturell eher europäisch-englischen Einfluss.

Sydney ist mit circa fünf Millionen Einwohnern die größte Stadt Australiens. Sie ist das Industrie-, Handels- und Finanzzentrum. Gleichzeitig stellt die Stadt auch einen sehr wichtigen Tourismusort dar. Wo immer man sich in Sydney aufhält, brauchte es von diesem Standpunkt aus maximal 15 Minuten, um an einen nächstgelegenen Strand zu kommen. Fast täglich waren wir an einem der vielen kleinen individuellen Strände.

Da wir bereits lange vor der erst noch anstehenden Olympiade (2000) anwesend waren, wurden wir als EU/US-Touristen regelrecht hofiert und umgarnt. Eine Flugzeit von mindestens 21 Stunden ohne die oftmals nötigen Zwischenstopps wurde damals noch eher selten gewagt. Australien lebte von den näher gelegenen asiatischen Touristen. Man bewunderte uns für unser Kommen.

Mit Liz, Blasius und deren Tochter gemeinsam in ihrem Haus, hatten wir eine großartige Zeit. Blasius, der Fotograf, nahm mich, trotz der nicht vorhandenen legalen Arbeitsgenehmigung, nicht nur zu seinen Produktionen mit, die er vor Ort an Land gezogen hatte. An Wochenenden ermöglichte er mir es auch, dass ich durch seine/deren Privatkontakte auf Bootstouren oder auf sogenannte Outbacktouren mitgenommen wurde. Im Gegenzug gestaltete ich ihren von der Zivilisation entfernten Bekannten neue, modischere Haarschnitte.

Währenddessen hüpften nicht selten die für Australien berühmten Kängurus vorbei. Diese endlose, unschlagbar traumhafte Natur kann ich nur empfehlen. Ich erlebte das Leben, lebte meine Berufung, lernte Land und Leute kennen, während ich nebenbei von vielen Menschen mit viel Lust und Liebe bekocht wurde. Die australischen Menschen erschienen mir offener, dadurch realer, deshalb authentischer. Sie wirkten natürlicher – wie die Umgebung, die sie umgab.

Foto: Alfie Hamilton

Diese erfahrungsreichen Zeiten, trotz erneut ungewöhnlich neuer Lebenssituationen, empfand ich wie einen (Arbeits-)Urlaub. Wenn ein (Über-)Leben nur durch diese angenehmen Erlebenserfahrungen geprägt wäre, würde ich sofort wieder nach Australien zurückkehren.

Über wenige Saisonwochen verteilt produzierten wir – auf diesem neuen Markt, - neben dem üblichen Kennenlernen, viele Probe- und Testshootings – vielerlei unterschiedliche Editorials und/oder regional kommerzielle Kampagnen, zum Beispiel (m) eine US-Calvin-Klein-Kampagne.

In meinen Recherchen für dieses Buch erfuhr ich, dass das hierfür gebuchte »australische Topmodel« zehn Jahre später dort einen multiplen Album-Vertrag mit Sony BMG Music Australia hatte. Nach ihrer Model- und Musikkarriere heiratete sie 2007 den dort wohl reichsten Immobilienbillionär, der sich nach deren Scheidung (2013) mit der Über Diva Mariah Carey verlobte, bis diese beiden sich im Jahr 2017, kurz vor einem angedachten Hochzeitstermin, trennten. Das Model hatte wärenddessen ein Verhältnis mit dem Sänger Seal, einem der ehemaligen Ehemänner von Heidi Klum, von dem sie sich nach einiger Zeit ebenfalls trennte. Meine abgekapselte Friseurseele hat diese individuell vielfältigst kombinierbaren Koordinaten der Society-Klatschpresse wohl nie ganz verlassen.

Zurück in den USA, musste ich erst mal darauf warten, dass diese saisonversetzten, jedoch für uns unverzichtbaren Arbeitsbelege vom entgegengesetzten Ende der Welt erschienen und hoffentlich postalisch an uns weitergeleitet wurden. Branchenaktuell präsentieren und vermitteln konnten wir uns nur noch durch allerneueste Bildbeweismaterialien. Das galt nicht nur für die USA. Gegen Mitte bis Ende der 90er-Jahre spürte und erlebte jeder auf seine Art den zahlenmäßig rapide ansteigenden Mitbewerberandrang von Fotografen, Stylisten, Visagisten und Haarstylisten. Kontinuierlich mussten saisonrelevante Sichtbarkeit, nachweisbare Umsetzungs- und Entwicklungsschritte, sowie individuelle Visionen präsentiert werden. Diese Dauersituation fühlte sich nicht selten wie ein »Im-Kreis-Tanzen« an.

Bis zu sechs Monate Produktionsvorlaufzeit gelten bei hochwertigen Editorials. Je unbekannter und geringer die Druckauflage, desto schneller war/ist eine kurzfristige Bildveröffentlichung möglich. Die imagefördernden Modemagazine, wie Elle, Marie Claire, Vogue und Harper's Bazaar, legen September und Februar als die Monate ihrer Trend- und Kol-

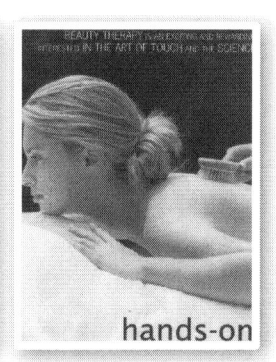

Fotos: Blasius Erlinger

Fotos: Larry Barker

lektionserscheinungstermine fest. Mit diesen Ausgaben wird die jeweils kommende Saison definiert. Geringere Chancen, gebucht zu werden, entstanden aufgrund einer drastisch ansteigenden Zahl von Mitbewerbern. Während Vorstellungsgesprächen meinten viele, dass sie sich lieber erst mal die meinerseits kommunizierte(n), zu erwartende(n) Ausgabe(n) anschauen würden. »Geduld und Warten« ist eine nicht zu verachtende Branchendisziplin.

Dass unser aktuelles Australien-Bildmaterial ankam, war somit wichtig. Damit es ankam, koordinierten wir das im Voraus über unsere Vor-Ort-Agentur oder über kennengelernte Kontakte. Dafür wurde Geld hinterlegt. Das jeweilige Erscheinungsdatum notiert, versendeten diese Kontakte oft stapelweise Magazinpakete über das internationale, inzwischen branchenübliche, immer bekannter werdende FedEx-Postsystem. Jeder benötigte genügend Belegexemplare, um seine bis zu zehn, meist in schwarzem Leder gebundenen Präsentationsmappen zu aktualisieren. Ein digitales Zeitalter gab es noch nicht.

Inzwischen wird alles digital abgespeichert; über einen Download-Link auf Knopfdruck kopiert, reproduziert, verschickt oder präsentiert. In den 90ern hatte jeder noch die analoge, personalisierte Präsentationsmappe(n) mit dazu passenden Henkel- oder Rucksacktaschen. Um als »hip« zu gelten, mussten diese von einem ganz bestimmten New-York-Hersteller sein. Dem »House of Portfolio«.

Die Agenten erwarteten mindestens eine auf ihren Kundenmarkt abgestimmte monogrammierte Mappe. Da jede Mappe immer nur eine Kundenanfrage und deren eventuelle Vorstellungen bediente, wollten alle Agenturen so viele Mappen wie möglich haben, um gegebenenfalls zeitgleiche Projektanfragen zu koordinieren.

Unterschiedliche Kundenmarktdarstellungen wurden für gegensätzliche Kunden-(Vorstellungen) gebraucht. Deshalb wollte jede Agentur möglichst viele Mappen zur Verfügung haben.

Erstpräsentationen garantieren – trotz Jobanfrage – keine Buchung. Mappen mussten, sobald eine als wichtig kommunizierte Kundenanfrage hereinkam, nochmals individualisiert und speziell auf diesen Kunden abgestimmt werden. Fertiggestellte Mappen wurden mit den durch das jeweilige Gewicht entstehenden Portokosten an diese vielfach unterschiedlichen Projektanfragen versendet. Auf exklusive Jobanfragen konnten bei einem Kunden oder dessen Werbeagenturleitung bis zu 40 oder mehr Mitbewerbermappen ankommen. In der zweiten Definitionsrunde war ich vielleicht unter zehn potenziell Auserwählten.

In der dritten, meistens dauerten diese mehrere Tage, wurden nur noch vier Bewerber in Betracht gezogen; nach wochenlanger Endausscheidung nur noch zwei. Was nicht bedeutete, dass ich schlussendlich der für den Job Gebuchte, somit der Glückliche war.

Branchenindividuell haben wir oft Stunden damit verbracht zu entscheiden, welche Fotos in welcher Reihenfolge für welches Kundenlevel zusammengestellt werden müssten. Wiederholt galt: Zehn Freunde oder Kollegen gefragt, zehn unterschiedliche Meinungen erhalten. Freischaffende Künstler(innen) sind glücklich, wenn der noch fremde Kunde sich sofort für eine kooperative Arbeit entscheidet. Vermehrte, oft nicht klar definierte Absagen mussten damals und müssen noch heute hingenommen werden.

Wer eine Künstlermappe in die Hand bekommt, entscheidet innerhalb der ersten fünf gesehenen Bilder, ob überhaupt ein teamorientiertes, mindestens ein allgemeines Themeninteresse besteht. Im sogenannten Spannungsbogen darf eine Mappe nur mittig etwas schwächer wirken, solange die letzten fünf Doppelseiten wieder hervorstechen. Nächtelang habe ich meine Mappen hin und her modelliert, in der Hoffnung, dass sie bei Durchsicht zumindest das Interesse, am besten gleich eine Kooperationsbereitschaft garantieren, möglichst eine Buchung bewirken.

Während ich nach einer solchen Investitionsreise, finanziell verarmt, sowieso auf die jeweils neuesten Arbeitsbilder wartete, konnte ich im Saisonanschluss meine das Bankkonto unterstützenden Buchungen für Miami, Las Vegas, San Diego oder Phoenix Arizona ergattern. Zu meinem großen

Glück gehörte ich zu den Professionellen, somit zu den sehr gerne gebuchten Polyester-Queens. Branchenkollegen kommunizierten wiederholt das New-York-Thema. Ich überlegte, ob ich es dort nicht einfach mal versuchen sollte.

Wiederholt kam eine völlig unerwartete Buchungsanfrage von der Fotografen-Regisseurin, die den Spitznamen »Eva« an mich vergab. In New York brauchte und wollte sie mich für ein ihr sehr wichtiges Musikvideo. Nachdem sie inzwischen vieles für die Sänger Prince und Barry White produziert hatte, würde sie mich sofort buchen, wenn ich eine Möglichkeit fände, mich vor Ort einzuquartieren.

Aus Madrid-Zeiten den mittlerweile langjährigen New-York-Kontakt, meine »One and Only Black Magic Woman« (BMW), aus der noch handgeschriebenen Telefonliste herausgesucht, fragte ich diese an, ob ich kurzfristig bei ihr unterkäme. Dies war kein Problem. Wieder einmal galt: »Nur wer den Mund aufmacht, dem kann geholfen werden.« Zudem lohnt es sich, auf dem Weg nach oben immer schön freundlich zu bleiben. Denn auf (d)einem unerwarteten Weg nach unten triffst du meist dieselben Menschen wieder.

Foto: Sinden Collier

ERSTKONTAKT MIT NEW YORK

»Nur die Besten der Welt treffen sich in New York.« Diesen Satz hatte ich bereits mehrfach gehört. Von New York hatte ich bislang nur das ein oder andere interessant wirkende Skyline-Bild gesehen. Ansonsten hatte ich keinerlei Vorstellungen. 1985/86 muss ein KERTU-Friseurkollege für ein paar Wochen dort gewesen sein. Dabei kam er wohl auf einer der vielen Partys auch mit dem Megakünstler Andy Warhol zusammen.

Zugetragen wurden mir unterschiedlichste Horror- und Angstmachgeschichten. Zunächst einmal über das Wetter. Im Sommer solle es brütend heiß und im Winter aufgrund der Häuserschluchtenwinde arktisch kalt sein. Die Stadt sei zudem ein multikultureller Moloch. Die Drogen- und die damit verbundene Kriminalitätsrate sei sehr hoch. Frauen würden teilweise mit durchgerissenen Ohrläppchen herumlaufen, weil ihnen der persönliche Schmuck auf offener Straße entrissen würde. Manche Männer hätten nur eine Hand, weil ihnen mit Macheten die teuren Rolexuhren vom Handgelenk abgehackt würden. New York wäre zwar exorbitant teuer, zeitgleich jedoch für seine kreative Künstlerszene bekannt. Die günstige Untergrundbahn würde nie genutzt, weil man darin oder in einem der engen Gänge, die dorthin führten, des Öfteren ausgeraubt würde. Aus diesem Grund würden auch so viele Taxis herumfahren. Geschäftsfrauen würden in ihren Turnschuhen zur Arbeit rennen, um diese in einem der vielen Aufzüge gegen teure High Heels zu tauschen.

Ein Gebaren, das später die Stars der US-TV-Serie »Sex and the City« darstellten.

Ich wollte es mir zumindest mal anschauen. Mit der zugesicherten Unterkunft wurde ich für dieses dort zu produzierende Musikvideo bestätigt und somit gebucht. Es ging um ein Duett der US-amerikanischen Sängerin und Schauspielerin Dolly Parton und des spanischen, jedoch internationalen, in Miami lebenden Weltstars Julio Iglesias. Dolly Parton hatte ihren privaten Make-up- und Haarstylisten. Exklusiv sollte ich Julios »Grooming« betreuen. Zusätzlich war ich für ein im Hintergrund darstellendes/figurierendes Liebespaar (zwei Models) zuständig. Somit würde sich die Erkundungsreise nach New York selbst finanzieren.

Um New York City wenigstens ein bisschen kennenzulernen, reiste ich ein paar Tage vorab an. Vom John F. Kennedy Airport (JFK) im Taxi ankommend, erlebte ich meine erste Fahrt nach Manhattan wie einen elektrischen Stromschlag. Die Erinnerung meines ersten Anblicks von New York ist geprägt von der Brooklyn Bridge. Mit ihrer Fertigstellung 1883 war sie die damals längste Hängebrücke der Welt, von der bei gutem Wetter ab 1886 das französische Geschenk bewundert werden konnte: die weltweit berühmte US-Freiheitsstatue, das internationale Symbol der demokratischen Freiheit. Diese Statue schien mir vom untersten Zipfel einer immer deutlicher erkennbaren Hochhaus-Skyline zuzuwinken. Dort, wo der East River und der Hudson River zusammenfließen, wacht sie über die Ankommenden. Sie empfing mich auf die Art und Weise, wie es in dem Zitat von Emma Lazarus, das in eine Bronzetafel eingraviert am Fuße der

Freiheitsstatue angebracht ist, beschrieben wird: »*Gebt mir eure Müden, eure Armen, eure geknechteten Massen, die frei zu atmen begehren.*«

Jene Statue of Liberty an der Südküste Manhattans gilt als die Symbolfigur für das Tor zur neuen Welt und ist somit wichtig für alle Einwanderer. An diesem Punkt meiner Ankunft hatte einst die Geschichte von New York begonnen. Rückblickend könnte deren Romantisierung auch in Verbindung mit den dort allerersten elektrischen Straßenlaternen stehen sowie mit jenen fast parallel errichteten, zukunftsorientierten Wahrzeichen zusammenhängen. Das kann derjenige nachempfinden, der damit alle vier Sensationen verbindet, welche die Technik und die Industrie damals revolutionierten – Motor, Licht, Elektrik sowie Film und Fotografie –, bekannt durch die facettenreiche, noch immer viel gepriesene Film- und Fotomotiv-Bildsprache, da noch nur in Schwarz-Weiß.

Gleich am Anfang von New York, oder eben an dessen geografischem Ende, schlägt das Herz des internationalen Finanzzentrums: die mehrfach krisenerprobte und ebenso krisenfördernde Wall Street. Von dieser nadelöhrähnlichen Zufahrtsstraße entdeckte ich die mir noch unbekannte Insel Manhattan mit ihren unzähligen gelben Taxis. Diese gehören zum Straßenbild. Durch ihren intensiven gelben Farbton bilden sie einen auffälligen Kontrast zu dem allgemeinen Betongrau und zu den inzwischen durch Rußpartikel eingefärbten, schwarz wirkenden, teilweise noch aus Backsteinen gebauten (Hoch-)Häusern. Diese erschienen bei späteren Foto- und Videoproduktionen in ihrer ständigen Bewegung als unzählige Licht- sowie Farbpunkte. Sie tänzelten zwischen den endlos langen Häuserschluchten, die sich rechts und links entlang fast aller Straßen in den Himmel emporrecken. Im Sommer wirkten sie erhellend zwischen den vielfach schattigen Straßenzügen. In spätwinterlichen Zeiten belebten sie das Stadtbild wie frühzeitig umherreisende Osterglocken.

New York offeriert, im Gegensatz zu Los Angeles, ein unvergleichliches Nahverkehrssystem mit circa 12.000 Taxis, 200 unterschiedlichen Buslinien und einer über 1.000 Kilometer langen S-Bahn-Strecke, konzeptionell angelegt, um jedem eine schnelle Fortbewegung zu ermöglichen.

Vom untersten Zipfel Manhattans fuhr ich vorbei am berühmten Wall-Street-Bereich zu den erst in meinem Geburtsjahr begonnenen Zwillingstürmen, meinem Sternzeichen. Aufwärtsfahrend passierten wir das berühmtere und in nur zwei Jahren errichtete Empire State Building (1939–1941). Bis 1972 galt dies weltweit mit seiner strukturellen Höhe von 381 Metern (bis zu dessen Antennenspitze sind es rund 443 Meter) als das höchste Gebäude. Dem Straßenverlauf folgend, überquerten wir den international bekannten Times Square, vorbei an diesen unzähligen, omnipräsenten, plakatierten Hochhäusern, die aus dem Meer in einen grenzenlos scheinenden Himmel ragten und mich wie eine leere Batterie aufluden.

Jene BMW-Model-Freundin, die ich in der Anfangsphase meiner Internationalisierung kennengelernt hatte, lebte mit Blick über den berühmten Central Park West, dort auf Höhe der 72. Straße, nur einen Block entfernt von dessen berühmten »Strawberry Fields«, der Gedenkstätte des legendären John Lennon, dessen Sohn ich in Los Angeles aus der Ferne gesehen hatte. Fast daneben liegt das berühmte Dakota-Gebäude, in dem dieser mit seiner Künstler-Ehefrau Yoko Ono lebte, bevor dieser am 8. Dezember 1980 einem Fan-Attentat zum Opfer fiel.

In ihrer für New Yorker Verhältnisse großen Wohnung durfte ich mein eigenes Zimmer haben. Für ein sehr kleines Entgelt könne ich dies für 14 Tage nutzen. Ein sehr großzügiges Angebot. Das viele Jahre später bekannte Airbnb-Prinzip schien geboren.

Wie so oft üblich in unserer Branche, musste sie unmittelbar nach der Schlüsselübergabe und einem kurzen Kaffee auf eine Produktionsreise. Bis ich für meine Produktionsanfrage gebraucht wurde, lernte ich auf eigene Faust Manhattan kennen. Bereits am ersten Tag, ich hatte ständig so ein Kribbeln im Bauch, war ich mir sicher, dass New York gut für mich würde.

Dieser inselähnliche Lebensbereich umfasst nur 59 Quadratkilometer Landfläche. Manhattan ist das kleinste Gebiet in New York State. Jedoch ist es das am dichtesten besiedelte. Niemand kann es sich leisten, in New York zu leben. Jedoch leben acht Millionen Menschen dort. Eine atemberaubende Stadt an der Ostküste der Vereinigten Staaten. Tatsächlich eine der wenigen Städte, die, zumindest bis zur Coronapandemie 2020, nie zu schlafen schien. Retrospektiv gilt sie als eine lebende Legende. Jährlich zieht es bis zu 19 Millionen Charaktere dorthin, um zu (über-)leben, zu arbeiten oder um dem eigenen Fernweh nach einer anderen (Kreativ-)Welt nachzugeben. Unzählige Nationen und Kulturen verschmelzen darin. Es ist dieses pulsierende Lebensgefühl, das einen eingefleischten New Yorker beschreibt. New York hat nichts mit dem sonstigen Amerika, gar der Welt zu tun. New York ist etwas, was es sonst nirgendwo zu geben scheint.

Wer nach New York geht, scheint etwas eigensinniger und autarker zu sein. Ich fühlte mich vom ersten Tag an wohl in dieser Stadt. Vor allem schien ich direkt verbunden mit deren hoher Energiefrequenz.

Während ich mit meiner Ankunft in New York glaubte, außer jener Bekannten niemanden zu kennen, erkannte ich bereits beim ersten Rundgang in einem kleinen französischen Cafe – an der Ecke 11th Street und 6th Avenue – jemanden aus dem Stuttgarter Nachtleben. Nachdem ich ihn zuerst eher schüchtern auf Englisch angesprochen hatte, erkannten wir uns aus einer in Stuttgart gemeinsam besuchten Marylin-Monroe-Geburtstagsgala. Gefeiert worden war diese in der zuvor aus meiner Stuttgarter Zeit erwähnten New York City Dance School, der Tanzschule meiner allerersten Make-up-Erfahrungen. Rückblickend feierten wir dort am 1. Juni 1986 Marilyn Monroes 60. Geburtstag, hätte sie ihn je erlebt.

Meine Freundin, die Besitzerin jener Tanzschule, die zudem aktiv in der internationalen Kunstszene unterwegs war und immer noch ist, hatte alle 1962 bis 1967 gefertigten Fehldrucke dieser pastellig oder knallig anmutenden Marilyn-Diptychon-Siebdruck-Versuche von Andy Warhol ausgehändigt bekommen. Zum Andenken an Marylin waren alle ihre Tanzräume mit diesen galeriegroßen Bildern bepflastert. Eingeladene wurden aufgefordert, als ebenjene zu erscheinen, was nicht wenige wörtlich nahmen. Wir waren die einzigen Jungs (wir kannten uns untereinander nicht), die sich dies individuell persifliert getrauten.

Beim Event hatten wir uns nur kurz kennengelernt, die vergangenen neun Jahre hatten wir keinen Kontakt zueinander gehabt. Erst in New York erfuhr ich, dass ebenjene Cafebekanntschaft bereits eines der vielen Frisurenmodelle gewesen war – beim Friseurunternehmen, für das ich in Stuttgart gearbeitet hatte und wo ich meine allerersten Möglichkeiten im Bereich »Printmedien-Make-up« angetestet hatte.

Momentan sei er ein angehender Mode- und Porträtfotograf und führe mit dem neben ihm sitzenden Mädchen eine Fernbeziehung – eine Stuttgarterin, die just eine Stelle als

Erste NY Testproduktion. Fotos: Bernd Kammerer

Designerin bei dem rasant aufsteigenden Modelabel Calvin Klein begonnen hatte. Weil ich überall und ständig meine inzwischen monogrammierten Präsentationsmappen wie einen Pickel auf dem Rücken mit mir trug, konnte er unmittelbar meine bisher international geleisteten Arbeiten einsehen. Im Café entschieden wir, die kommenden Tage gemeinsame Testproduktionen zu absolvieren, bevor er (leider) wieder zurück nach Stuttgart müsste.

Seine soeben kennengelernte Freundin bot ihren für Modefotos benötigten Styling- und Designfundus an. Dass sie zuvor in Paris studiert hatte und längere Zeit für den Modedesigner Issey Miyake gearbeitet hatte, erfuhr ich, als sie unerwartet drei überfüllte Boxen unter ihrem Bett hervorzog. Alle waren mit dem Designmuster »PLEATS PLEASE®« by Issey Miake vollgestopft. Ich hatte fast einen Herzstillstand.

Für sehr gute Testproduktionen ist es entscheidend, die besten sowie aktuellen Designerstücke zu präsentieren und zu (be-)nutzen. Es war ein großartiges Einstiegsgefühl, sich mit einem Gleichgesinnten, vor allem mit seiner zukünftig in New York anwesenden Freundin, zu verbünden. Leider trennten sich die zwei kurz danach. Wie immer darf ich mit beiden befreundet bleiben.

Gleich am zweiten Tag stieg ich auf die Aussichtsplattform des später noch berühmter werdenden World Trade Centers. Von oben betrachtend erfasste ich diese speziell organisierte New York Straßengewebestruktur. Diese zu erkennen, ermöglichte es mir, das engmaschige Metropolen-Straßengeflecht besser zu verstehen. Dort, wo ich vor zwei Tagen mit dem Taxi einfuhr, waren die Straßen sowie deren Namen unüberschaubar. Die im unteren Bereich verlaufende Houston Street gilt als eine quer verlaufende Hauptverkehrsader und verbindet die dort definierte West- und Ostseite. Sie verknüpft nicht nur die Autotunnelzufahrten, um in die Außenbezirke zu kommen; alles unterhalb ihrer Linienführung begrenzt den sogenannten New-York-Downtown-Bereich, auch unter SOHO bekannt. Soho steht für South of Housten.

Oberhalb dieser berühmten Houston Street wurde, ab dem Jahr 1811, die Struktur initiiert, wie wir sie heute kennen. Von da ab bekam sie das für New York typisch durchnummerierte Straßen-Schachbrett-Rastersystem: das sogenannte NOHO (North of Housten). Dieses für Neuankömmlinge klar strukturierte Konzept sollte multikulturell unterschiedlichen, nicht selten analphabetischen Emigranten das Zurechtfinden vereinfachen und es ihnen gleichzeitig schneller erklärbarer, somit vertrauter machen.

Mittendrin stellt die wichtige 6th Avenue mit bis zu 21 Kilometer Länge die Mittelachse der Manhattan-Insel dar. Zwölfmal, numerisch von der Ostseite beginnend, regulieren diese breiten Avenues den senkrecht verlaufenden Straßenverkehr. Individuell bekannt, schlängeln sie sich wie die Hauptadern unserer Blutbahn durch das sich vernetzende Stadtgeflecht. Verkehrstechnisch sind diese wegen ihrer jeweils nur in eine Richtung verlaufenden Fahrtrichtung sehr wichtig. Diese durchnummerierten Avenue-Bezeichnungen können schnell erlernt werden. Im Handumdrehen kann behalten werden, welche Avenues einen nur nach oben in Richtung Uptown oder nur nach unten in Richtung Downtown transportieren. Von dieser Mittelachse aus wird die West- oder Ostseitenhälfte definiert. Die erste numerisch quer verlaufende Straße beginnt oberhalb jener Housten Street. Aufwärts zählend endet es mit der 128. Straße im immer aufs Neue berühmt gewordenen Harlem-Viertel.

Die schmaleren Querstraßen, dividiert in gerade und ungerade Zahlen, dürfen ebenfalls nur in jeweils einer Richtung befahren werden. Motorisiert führen alle geraden Zahlen von der West- in Richtung Ostseite. Die ungeraden entgegensetzt. Zum Glück darf zu Fuß in alle Richtungen gelaufen und gerannt werden.

Mit jeder Straßenecke bildet sich ein durchnummerierter Häuserblock. Wer nach dem Weg fragt, bekommt nicht selten Antworten wie: »Nur noch zwei oder soundso viele Blocks«. Die zur Straßen- und Adressenfindung erwähnte Ost- oder Westseitenbezeichnung erklärt jedem die anzusteuernde Blockrichtung. Jeder Block zwischen den Avenues besteht aus aufgeteilten 100er-Hausnummern. Alle Hausnummern zählen sich aufsteigend nach außen, immer von der Mittelachse aus, entweder zu der Hudson-River-Westseite oder hin zur Ost-Wasserstraße (East River). Allein aufgrund der Hausnummernrichtung lässt sich errechnen, in welchem Block und von welcher Avenueseite das gesuchte Gebäude zeit- und effizienzsparender erreicht wird. Einmal erkannt, handelt es sich für einen Neuankömmling um ein geniales System, um sich unmittelbar routinierter, somit zielorientierter zurechtzufinden.

Da ich beruflich sehr viel unterwegs war und demzufolge mindestens an eine Mitwohngelegenheit kommen musste, wurde mir empfohlen, doch lieber gleich das *Gay-Community-Zentrum* zu besuchen. Darin sollte ich mir nicht nur unbedingt die vom Street-Art-Künstler *Keith Haring* ausgestalteten, damals schon über drei Millionen US-Dollar wertvollen Toilettenwände anschauen; vielmehr sollte ich mir die teilweise noch handgeschriebenen, auf dem Schwarzen Brett ausgehängten Mitwohngelegenheiten ansehen.

Nachdem ich einige davon kontaktiert hatte, lernte ich die unterschiedlichsten New Yorker Wohnungen und deren Charaktere kennen. Ich sah schuhschachtelgroße Zimmer in meist sehr dunklen, teilweise kleinsten Wohnungen. Diese erreichte ich oftmals über schmutzige Treppenhäuser und Hausflure. In manches Zimmerfenster schien kein Licht zu kommen, weil die nächste Hauswand nur eine Armlänge entfernt stand. Mal kam ich schnaufend im fünften Stock bei jemandem an, der mir als erkennbarer Kettenraucher im gesamten Flur- und Wohnzimmerbereich stolz seine mindestens 20 Jahre alten, nur teilweise gelesenen Zeitungen, die bis auf meine Brusthöhe gestapelt waren, präsentierte. Eine angebotene Erdgeschosswohnung mit angeblicher New-York-Terrasse zeigte exakt auf eine Zwei-auf-zwei-Meter-Freifläche, die wiederum auf allen vier Außenseiten bis zum fünften Stock von umliegenden Backsteinhäusern zugebaut war. Rußverschmiert stand auf dieser kleinen Fläche ein abgebranntes Baumgerippe, während die roten Backsteinziegelmauern eindeutig neueste Brand- und Schmauchspuren zeigten.

Erhofftes Tageslicht kam nur senkrecht in diesen kaminähnlichen Terrassenschacht.

Angesichts meiner Jugendlichkeit fühlten sich viele dieser meist homosexuell reiferen Apartmentbesitzer an ihre eigene Jugend erinnert, wie es schien. Einige vereinsamt wirkende Seelenwesen schienen sich mich nicht nur als Mitwohnkompagnon zu wünschen, der ihre Mietausgaben reduziert. Menschen gegenüber grundsätzlich positiv eingestellt, konnte ich gut mit jenen kurzfristig neu kennengelernten Charakteren umgehen. Immerhin waren fast alle nett, ob der »Messie-Typ«, der wohl seit Jahren seine Wohnung nicht geputzt hatte, oder der mit einer komplett baumhausähnlich holzverkleideten Wohnung, in der ich nicht einmal meine Arbeitstaschen hätte, untergebracht. Manche Wohnungen lagen unter dem Dach. Andere schienen unterhalb der Gehwegebene zu sein. Wer im Hause einen Aufzug habe, müsse in den heißesten Monaten nicht die vielen Treppenstufen hochjapsen.

Nachdem ich die ein oder andere seltsame Erfahrung gemacht hatte, wurde ich bei einem gleichaltrigen Mitbewohner fündig, einem Pianisten, der tagsüber als Gerichtsschreiber arbeitete. Für den übernächsten Monatsbeginn bekam ich auf der neunten Avenue West an der 27. Straßenecke im zehnten Stock ein gefängniszellengroßes (zwölf Quadratmeter), hellblau gestrichenes Zimmer. Seine von der toten Mutter vererbte Wohnung gehörte zu einer ehemaligen Arbeiterwohnanlage. Aufgrund des Apartmentstockwerkes gab es dort diese als Luxus viel gepriesenen Aufzüge. Mit Eintritt in die Wohnung bot sich zudem, stundenweise sonnendurchflutet, ein offener, in die imaginäre Zukunft ausgerichteter Ausblick. Vom Balkon aus, der Wohnzimmerseite, schaute ich in diese endlos wirkende Ninth Avenue, fast bis zu den Twin Towers. Zukunftsorientiert denkend, sollte diese für New York ungewöhnliche Aus- und Weitsicht meine Zukunft bestimmen.

Wer noch nie in New York war, sollte sich daranmachen, diese Stadt für mindestens eine Woche zu erleben. Jeder Schritt bietet einem (vieles ist zu Fuß erreichbar) unzählige

Möglichkeiten, seien es die multikulturellen Straßengesichter oder die werbelastige, überladene Buntheit einer unendlich vielschichtig kommerziellen Vielfalt. Ebenso die hohe Energiefrequenz einer allgemein unbekannten Schnelligkeit.

Denn Massen von Menschen »**speedwalken**« von einem zum nächsten Termin. Menschen rannten bei Rot über die Straße, ohne auf die damals noch kreuz und quer fahrenden Autos zu achten. Unzählige Taxis krachten und schaukelten sich durch die Unsummen von Schlaglöchern oder fuhren quer über die Straße, wenn jemand nur laut genug von der gegenüberliegenden Straßenseite rief. Dies führte zu einem ständig aggressiven Hupen der deswegen kontinuierlich ertönenden Polizei- und Krankenwagensirenen. Ein immerzu gefühltes Chaos, in dem sich doch alle zurechtzufinden schienen. Wer sich von der Hektik erholen mochte, nutzte den New York Central Park. Dieser ist nur etwas kleiner als der Münchner Stadtpark. Er wird auch die grüne Lunge von Manhattan genannt.

ERSTE NEW-YORK-PRODUKTION

Mittlerweile hatte ich meine ersten New-York-Testproduktionen mit dem aus Stuttgart bekannt gewordenen Fotografen absolviert. Endlich kamen diese sehr gut bezahlten Videoclip-Tage. Ich wurde mit einem Minivan abgeholt und mit meinem Gepäck, das ich zu keiner Sekunde selbst tragen musste, an eine außerhalb von Manhattan liegende Mansion als Film-Location gefahren. Ein schlossähnliches Gelände, in dem auf der einen Seite ein Rückzugsbereich für den Sänger Julio Iglesias und auf der entgegengesetzten Seite einer für die Sängerin Dolly Parton lag. Im mittleren Bereich befanden sich die angedachten Drehorte.

Als sie uns bei ihrer Ankunft vorgestellt wurde, hätte ich niemals die Persönlichkeit erkannt, die wirklich dahintersteckte. Für ihre Auftritte trägt sie nicht nur exklusiv handgefertigte Langhaarperücken, die ihr damals erkennbar halblanges, eher dünnes und weiches Haar verdeckten. Ich entdeckte ein ungeschminktes, leeres, wenngleich sehr sympathisch wirkendes Gesicht, welches für Auftritte durch sehr viel Make-up modelliert und in Form gebracht wird. Sie muss sich einen Identifikationslook kreiert haben, der sie von ihrer wahren Persönlichkeit zu differenzieren scheint. Wenn sie privat auf die Straße ginge, würden sie die wenigsten Menschen erkennen. Am Ende scheint sie nur für uns die Bühnenfigur zu leben, die wir zu (er-)kennen glauben. Mit einem späteren Interviewsatz: »Nichts an mir ist echt, aber alles kommt von Herzen" beschrieb sie sich meiner Meinung nach sehr gut.

Während mir mein Arbeits- und Vorbereitungsbereich der »Video-Extras« – die später im Hintergrund agierenden Models – aufgezeigt wurde, lernte ich Julios Stylistin kennen. Sie versuchte ihn mit Unsummen von bereits präferierten Outfitversionen zu beeindrucken. Zwei volle Kleiderstangen mit klassischen, jedoch kostbarsten Materialien und Designerlabels wurden aufgebügelt und imaginär zusammengestellt. Über die Assistent Directors hörten wir nebenbei die knarzigen Walkie-Talkie-Funk- und Sprachansagen. Wir erfuhren, dass Julio mit seiner Managerin im Privatjet von Miami aus gestartet und somit auf dem Weg in Richtung New York sei. In circa drei Stunden könne deren Ankunft erwartet werden.

Somit hatten wir noch etwas zeitlichen Spielraum, den ich in Absprache mit der Regisseurin dem im Videohintergrund agierenden Liebespaar widmete. Bis zu seiner Landung auf La Guardia Airport hörten wir im Zwanzig- bis Dreißigminutentakt die noch verbleibende Flugzeit und die angenommene Ankunftszeit. Sobald Julio von seinem Privatjet in einen Helikopter wechselte, wurden uns am Set Wartenden diese Ansagen in immer kürzeren Abständen mitgeteilt. »Mr. Julio Iglesias ist soeben in La Guardia gelandet. Beide besteigen just den Helikopter. Die Flugzeit wird mit 20 Minuten berechnet.« Alle sollten sich bitte bereit machen.

Während er mit einem Helikopter auf dem zu filmenden Areal landete, wurden wir wie bei einer königlichen Begrüßungsformation aufgereiht. Weil wir die Ankunft und den Landeplatz nicht einsahen, hörten wir nur stakkatoähnlich diese für die Walkie-Talkies typisch knarzenden Ansagen, die immer kurzatmiger wurden, vor allem mit Julios unmittelbar zu erwartender Ankunft. Solche oder ähnliche Mitteilungen kamen im Minuten- bis hin zum gefühlten Sekundentakt: »Julio wird gleich landen.« »Julio steigt soeben aus dem Helikopter.« »Julio ist jetzt auf dem Weg zum Haupteigang.« »Julio erreicht das Hauptgebäude.« »Julio betritt die erste von drei Treppen.« »Julio biegt um die Ecke, um die zweite Treppe zu begehen.« »Julio betritt den letzten Treppenabsatz.« Je mehr er sich uns näherte, umso stiller wurde das Umfeld.

Zumindest ich war furchtbar aufgeregt durch diese urplötzlich entstehende Umfeldstille, dieser filmreif aufgebauten Spannung. Tatsächlich kam er bei uns im oberen Stock an. Die Regisseurin geleitete ihn an uns vorbei und stellte jeden in Reih und Glied stehend vor. Während ich eines der Gesangsidole meiner Mutter kennenlernte, erreichte mich eine schwammig weiche Hand, die keinerlei Selbstbewusstsein kommunizierte.

Mit seinen 185 Zentimetern wirkte er in der Realität zudem kleiner, irgendwie gebrechlich, auf jeden Fall sehr viel älter. Seine sonnengegerbte, wenn nicht gar verbrannte Haut zeigte sich mir unmittelbar. Er muss wie viele andere in den 60er-, 70er- und 80er-Jahren die Sonnenlichteinwirkung bis zum Maximum ausgereizt haben. Man sah ihm an, dass sein Leben ausschweifend gewesen sein könnte. Weil ich für sein **»Grooming«** zuständig war, meinte er lakonisch, dass er für diese Produktion besonders viel Arbeit benötige.

Da ich, neben der Stylistin stehend, so ziemlich der Letzte in der Begrüßungsreihe war, geleiteten wir ihn in seinen privaten Bereich. Dort hatte ich einen zweiten Arbeitstisch präpariert. Da (Hetero-)Männer noch sehr viel weniger

Make-up-affin waren, versuchte ich nur wirklich benötigte Utensilien zu positionieren. Hierdurch sollte suggeriert werden, dass ich mit wenigen Handgriffen zum Ergebnis käme. Mein Vorteil war, dass mir seine aus den Niederlanden kommende, sieben Sprachen beherrschende Managerin ein für seinen Hautfarbton ausgewähltes Produkt reichte, mit dem ich ihn bitte vorbereiten solle. Für seine nicht wenig irritierte Haut war dieser Farbton perfekt, auch bezüglich der Konsistenz. Anscheinend wurde das Produkt extra für ihn produziert. Mir war das nur recht.

Im kleinen Gesprächskreis kam heraus, dass er sich nur von einer bestimmten Seite – ich glaube von seiner rechten Seite – filmen und fotografieren lasse. Vor allem diese Seite sollte keinerlei Hautmakel erkennen lassen. Um ihm dies zu garantieren, reichten wir ihm ständig (s)einen kleinen goldenen Handspiegel.

Das zu bewerbende Lied kontinuierlich im Hintergrund hörend, erfuhren wir, dass sich diese beiden Stars noch nie zuvor begegnet waren und das *Duett-Album* mit unterschiedlichsten Künstlern einzig und allein in einem dafür ausgesuchten Tonstudio zusammengeschnitten wurde. Duett-Partner(inn)en hatten in ihren Studios die für sie angedachten Textzeilen gesungen. Erstmals digital zusammengeschnitten wurde dies unter einem technisch noch nicht für möglich gehaltenen Aufwand. Es muss viel Arbeit bedeutet haben, bis jeweilige Duetts authentisch, vor allem real klangen. Vom Management verpflichtet, diente das Video zur Album-Promotion.

Während »Dolly« in ihrem Trakt noch gerichtet wurde, probierte er schon ein paar der möglichen Outfits. Zwischendrin wurden mit ihm und seiner Managerin, die er 2010 heiratete, seine allein abzuleistenden Videosequenzen besprochen. Nachdem seine Video-Kleiderauswahl entschieden war, gab er der Stylistin bekannt, welche zusätzlichen Outfits, die nicht fotografiert oder gefilmt würden, er ihr überdies abkaufe. Er deutete auf seine Managerin, die dafür die nötigen Schecks ausstellte.

Sagenhafte 45.000 US-Dollar betrug die Gesamtsumme der gewünschten Outfits. Die Stylistin wurde unerwartet zur Personal Shopperin. Sie war so was von glücklich darüber! Sie musste also viele der Kleidungsstücke, der mitgebrachten Gürtel und Schuhe nicht mehr wieder zurück in den jeweiligen Laden schleppen, sondern nur noch den dafür richtigen Scheck abgeben.

Zudem konnte sie bei den entsprechenden Presseagenten prahlen, wer die Outfits gekauft hatte. Obendrein bot es ihr für die Zukunft immense Vorteile, sollte sie für später anstehende Produktionen außergewöhnliche Sachen brauchen. Wer Geld bringt, ist in jedem (Fach-)Geschäft der König. Selten habe ich eine so glückliche Stylistin gesehen.

Während seine Einzel- oder die Duett-Sequenzen abgedreht wurden, erfuhren wir nebenbei, dass er über 300 Millionen verkaufte Tonträger erreicht hatte, circa 400 Gold- und Platin-Alben. Weltweit lief damals im Durchschnitt alle drei Sekunden ein Lied von ihm. Sein Einkommen generierte er über die GEMA-Rechte. Sein weltweiter Erfolg basierte darauf, dass er in 14 Sprachen sang, darunter Spanisch, Italienisch, Deutsch, Französisch, Englisch und Portugiesisch.

Foto:Randee St Nicholas

Erst 25 Jahre später sah ich zum ersten Mal, dank YouTube, dieses 1995 produzierte Video. Weil die Regisseurin noch vor Ort war, durfte ich gleich im Anschluss das CD-Cover des US-Sängers Michael Feinstein mitgestalten. Er gastiert(e) für viele Gesangsabende mit Liza Minnelli, der Tochter der ersten Schwulenikone Judy Garland.

Mittlerweile wusste ich, dass es sich lohnt, sich den Vor-Ort-Agenturen vorzustellen. In New York hatte ich ja noch keine. Den hiesigen Markt kannte ich nicht. Über L.A.-Kontakte wurde mir der ein oder andere Vorstellungstermin empfohlen. So tingelte ich von Agentur zu Agentur, um mich möglichst vielen zu präsentieren. New York schien eine nicht enden wollende Agenturwelt. Nirgendwo sonst hörte ich von so vielen unterschiedlichen und vielfältigen Perspektiven, um an Kontakte zu kommen. Mit der Zeit realisierte ich, dass der/die New Yorker(in) immer geschäftsorientiert ist und gegenüber Neuankömmlingen durchgängig offenbleibt. Im ersten Gespräch werden grundsätzlich alle erst einmal für eine sogenannte »Kategorienschublade« definiert. Dem US-Kommunikationskonzept angepasst, wird jeder vorab gelobt für den Mut, herzukommen. Mehr herausfinden wollten sie dann mittels der klassisch gestellten **W**Fragen: **W**er bist du? **W**arum bist du hier? Für **w**as stehst du? **W**ie willst du es anstellen?

Ziemlich beeindruckt von diesen gegenübersitzenden Personen, habe ich erst später festgestellt, dass ebendiese Interviewer auch nur Lebensabschnitt bezogene New Yorker sind. Allerdings hielten diese sich in ihrer Position teilweise für den »**Nabel der Welt**« und unterzogen jeden Neuankömmling dieser branchenüblichen Feuertaufe. Als angestellte Königs- und Meinungsmacher verfügten sie immerhin über die für Neuankömmlinge dringend benötigten Vor-Ort-Kontakte und hatten somit eine Branchenmacht inne. Anfänglich konnte ich damit prahlen, extra für diese als wichtig erachteten Videoclip- und CD-Cover-Produktionen von Hollywood – dem Nabel der Stars und Sternchen – gebucht gewesen zu sein.

Dortigen Agent(inn)en und Redakteuren/Redakteurinnen fehlten allerdings redaktionell modischere Magazininterpretationen. Meine Mappen waren geprägt vom Los-Angeles- und Sydney-Markt, das heißt durch eher sportlich-natürlich gewünschte Looks, weswegen ich mich erst mal um Testproduktionen zu kümmern hatte, die sich mehr an New Yorker Modethemen orientierten, was eine komplette Neustrukturierung meiner multiplen Mappen bedeutete. Mit immer neuem Bildmaterial versuchte ich mich intervallartig in Erinnerung zu rufen, jedes Mal in der Hoffnung, doch eine ihrer begehrten Produktionen zu erhaschen. Allerdings schien und scheint jede Agentur/Redaktion immer darauf zu warten, dass eine andere dich zuerst bucht(e).

Bis zum heutigen Tag hört man die unterschiedlichsten Argumente, warum es gerade jetzt keine Jobs zu vergeben gibt oder warum keine Buchungen zustande kommen. Für

New York war ich jedoch einer derjenigen, der die Möglichkeiten nicht für das dort verführerische Nachtleben, sondern für Arbeits- und Erfolgschancen nutzte. Unsäglich viele, teilweise unbezahlte Produktionen leistete ich mir mit unzählig vielen erst später bekannter werdenden und teilweise völlig unbekannten Fotografen und aufsteigenden Models. Bei etablierten Fotografen kooperierte ich mit deren ebenso interessiert aufstrebenden Fotoassistenten. Zudem boten die Modelagenturen und die Vielzahl an Modestylist(inn)en vor Ort sehr gute Andock- und Kontaktmöglichkeiten. Diese ständig aktiv gelebte Vernetzung brachte mich an kleinere Produktionen.

Dies ermöglichte neue Anschlussbuchungen, zumindest eine Chance darauf, mindestens eine zusätzliche Vernetzung. An etliche Produktionen kam ich, weil mich nicht wenige durch die extensive Mitarbeit bei Fotografen und Produktionsstylist(inn)en, die ich bei freien Arbeiten kennengelernt hatte, kannten und einige von diesen mich explizit wollten. Sie empfahlen mich und kämpften dafür, mit mir zusammenzuarbeiten zu dürfen. Manche bestanden darauf, mich für das Make-up und Haarstyling zu buchen.

Viele, die mich über (m)einen Go&SEE-Kennenlerntermin nicht buchten, kamen schlussendlich auf Umwegen zu mir. Wenn ich von Kunden, Fotografen und Redaktionen eine Absage bekam, fragte ich halbjährlich um neue Termine. Bis zu sieben Mal wurde ich abgewiesen. Jedoch bin ich bis zu acht Mal wieder aufgestanden, um mich vorzustellen.

Fotos: Patrick Demarchelier

Die Chance eines »Nein« bestand immer, ich hatte also nichts zu verlieren. Es könnte jedoch genauso gut ein »Ja« daraus werden, was inzwischen immer öfter der Fall war.

Kleinere Magazinthemenanfragen behandelten wir mit genauso großer Sorgfalt wie groß erhoffte Produktionen. Viele dieser kleineren Modestorys wurden zeitnah gedruckt. Obendrein konnten Testproduktionen immer öfter an sich neu positionierende Magazine vermittelt werden. Dies führte, solange die fotografierten Outfits noch saisonrelevant waren, zu teilweise unerwartet imagefördernden Veröffentlichungen. In deren Bildauslegung boten sie den größeren Publikationen oftmals Paroli. Aufgrund garantierter Namensnennung konnte ich mich gegenüber Mitbewerbern damit positionieren. Mit der unerwarteten Beteiligung an einer überdurchschnittlich langen Saisonkollektionsauftaktstrecke für die US-Harper's Bazaar, fotografiert von dem im April 2022 verstorbenen Starfotografen Patrick Demarchelier, bewies ich bisherigen Zweiflern meinen »Ich will dabei sein«-NY-Überlebenswillen.

Um monatlich das dringend vor Ort benötigte Geld zu verdienen, musste ich, sehr zum Ärger meiner erst entstehenden Toplevel-Branchenkontakte, gezielt die oft tagelangen

Kataloganfragen meiner EU-Klientel justieren. »Abwertende Produktionen« sind, eine Imageleiter erklimmend, nicht gewünscht. Auf das eigene Renommee musste/sollte sehr genau geachtet werden. »Kommerziell schlechte Jobs« sind schlecht angesehen. Wer sich diesen hingibt, riskiert in »edgy-«glamourösen Sphären die vermeintlich saisonale Topliga. Dazu gehört, immer den Eindruck zu vermitteln, es gehe einem grundsätzlich um den künstlerischen Prestigeausdruck. Niemals um so kleinliche Dinge wie Geld. Die Tatsache dieser gratwandernden Schwierigkeit ist jedoch, dass jeder aufs Geldverdienen und Rechnungenbezahlen, vor allem in New York, angewiesen ist, dies hierfür aber verschleiern muss/sollte. Wenn dieses jedoch dringend gebraucht und ständig vonnöten ist, wird das zu einer zusätzlichen, meist emotionalen Belastung.

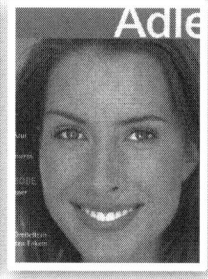

Fotos: Sigried Rothe

Wochenweise nur tageweise an hochwertigsten Produktionen beteiligt, bediente ich zum Beispiel für zwei Jahre die deutschen Adler-Modehauskataloge. Deren kleines Produzententeam kam fast monatlich eingeflogen, dann für jeweils drei bis vier intensive Produktionstage.

Die Fotografin und ich lebten bereits vor Ort und reduzierten somit die sonst üblichen Teamreisekosten. Mit dem eingesparten Geld konnte sich Adler für seine Broschüren die ansonsten nicht bezahlbaren, ebenfalls vor Ort stationierten

Topmodels leisten, die eher »kommerziell orientiert« waren. Weil ich die mittlerweile befreundete Produzentin sehr gut kannte und sie sich im Gegenzug auf mein wertevermittelndes und damit wertsteigerndes Arbeitsethos verließ, organisierte sie die Produktionswochenenden möglichst zwischen Freitag und Sonntagabend. Zusätzlich vorteilhaft war, dass ich jeweils unmittelbar nach Beendigung der Produktion bezahlt wurde. Nicht selten war dies mein (Überlebens-)Taschengeld bis zur im nächsten Monat stattfindenden Buchung. 2020 schlossen diese Adler-Modehäuser, unter anderem wegen der Coronapandemie. Dieses »Branchenthema« böte sicherlich genügend Stoff für ein weiteres Buch.

Geld wurde immer gebraucht. Unsummen verschlungen die in chemischen Labors zu entwickelnden Spezialpapier-Fotoprints. Diese zusätzlichen Kopien brauchte ich für diese unzähligen, teilweise international verteilten Fotobücher. An den wichtigsten Imageorten gab es, außer vermeintlichem Ruhm und regionaler Ehre, für viele der geleisteten Kleinst- und Kleinproduktionen überhaupt kein Geld. Als Gegenleistung angeboten wurden hin und wieder Kollektionsteilausschüttungen meist unbekannter Jungdesigner. Weil ich auf seltsamste Art, noch immer ohne einen Agenten, auf ungewöhnlichste Weise immer wieder an teilweise sehr gute Produktionen geriet, wurde die eigene Motivation, mir eine Agentur zu suchen, geringer. Schlussendlich wollte jeder dieser Agent(inn)en nur meine mittlerweile global miteinander vernetzten Geldkunden, zudem die ansteigend gelisteten Kontaktdaten, um mir am Ende für diese oft eigenständig initiierten Produktionen bis zu 30 Prozent meiner selbst verhandelten Tagesgagen abzuluchsen.

Internationale Anfragen und deren Themenbearbeitungen wurden da noch per Fax verhandelt. EU-Kunden kontaktierten mich hierzu über meinen in Stuttgart stationierten »**Service Germany**«-Anrufbeantworter.

In New York stand (m)ein Faxgerät direkt neben meinem Bett. EU-Produktionsthemen-Bearbeitungen dort teils bis zu deren Mittagszeit strukturiert, versendeten diese sogleich ein für mich wichtiges Informationsfax. Teilweise brummte dann bereits ab drei Uhr morgens mein New York Faxgerät. Die sechs Stunden Zeitverschiebung wurden von den wenigsten mit eingerechnet. Zumindest wusste ich, dass etwas im Gange war. Der Drahtseilakt bestand aus der Balance zwischen einer monatlich nachweisbaren Sichtbarkeit und einem immer wichtiger werdenden Branchenruhm.

Für eine Ausgabe der italienische Harper's Bazaar gebucht, bestellte mich dieser Fotograf morgens bereits früher, damit ich (s)ein Model schon mal schminken möge. Die StudioPutzfrau war noch zugange. In der Ecke saß ein kindliches Wesen, das ich als ihre Tochter zu erkennen glaubte. Als jener Fotograf ankam, ließ ich ihn wissen, dass sich das Model nicht gemeldet habe. Er zeigte auf das in der Ecke sit-

Fotos: Paul Empson

zende Mädchen. Sie war gerade 13 Jahre alt geworden. Sie ist auf den Fotos unten links.

Während viele Freunde und Bekannte meinten, mich mal in New York besuchen zu wollen, schafften dies die wenigsten. Regelmäßig erhielt ich, wie es für alle Mitbewohner üblich geworden war, deutsche Luftpostbriefe. Diese innenseitig auf blauem Papier beschriebene, an der Außenkante mit roter und blauer Umrandung ankommende Post kannte irgendwann jeder.

All die Reisejahre erhielt ich diese von Oma und Opa Nummer fünf. Bevor meine Geschwister und ich sie kennenlernten, arbeiteten sie im Berliner Staatsministerium. Bei der Oma handelt es sich um die leibliche Mutter meines Stiefvaters. Sie war inzwischen mit ihrem dritten Mann verheiratet. Eine initiierte Familiensuche und -zusammenführung kam über die Rote-Kreuz-Organisation. Mein Stiefvater traf nach 43 Jahren endlich, aufgrund deutscher Kriegswirren, zum ersten Mal wieder auf seine leibliche Mutter. So gewannen auch meine Geschwister, inzwischen 11 bis 15 Jahre alt, nochmals eine neue Oma und einen neuen Opa.

Die beiden präsentierten sich uns als sehr kultiviert. Keine eigenen Kinder schienen sie sichtlich interessiert, unsere jugendliche Entwicklung mitzuverfolgen. Während aller Auslandsaufenthalte wollten sie genau wissen, was ich tat und wo ich was erlebte. Vorwiegend interessierte sie, wann ihre regelmäßig handgeschriebenen Briefe an meinem jeweiligen Wohnort eintrafen, vor allem, wie lange ebenjene globalen Postsendungen brauchten.

Erste Briefversionen erreichten mich bereits in Madrid. Überall wo ihre Briefe ankamen, lernte ich auf folgende Art zu antworten: »Liebe Oma, lieber Opa, Euer Brief vom …, der meine derzeitige Adresse … erreichte und am Wohnort … entgegengenommen wurde, konnte wegen meiner Reise(n) nach … von mir erst am … gelesen werden. Heute, am …, berichte ich Euch über die letzten Wochen. …« Opa Dieter, einem vor dem Mauerfall preußisch strukturierten Staatsdiener des Westberliner Bildungswesens, waren diese klar nachvollziehbaren Ansagen und Abfolgen sehr wichtig. Dummerweise, aufgrund der unglaublichen Summe oftmals liebevoll handgeschriebener Briefe, habe ich diese leider alle nach meinem 40. Geburtstag vernichtet.

Andere erkundigten sich durch Telefonate, wie ich es in die USA oder nach New York geschafft hätte. Nicht wenige wollten wissen, was hierfür zu tun wäre. Telefonisch meldete sich, eher unerwartet, der inzwischen ehemalige Fotograf, der in Stuttgart die ersten weiblichen Fotos von mir gemacht hatte. Auch er wolle in den USA arbeiten. Er suche nach einem US-Arbeitgeber und wolle (s)ein Praktikum absolvieren. Dafür würde er nach New York kommen.

Allerdings traf er genau am Vorabend der immer berühmter werdenden Christopher-Street-Day-Parade ein; für mich irritierend, in (s)einer Regenbogenjacke. Zuerst traf mich der Schlag, weil ich glaubte, dass er mit dieser New-York-Anreise vielleicht auch (s)ein sogenanntes schwules Coming-out suchte. Am Folgetag holte ich ihn in einem kleinen Hotel ab. Gemeinsam gingen wir zu der seit über 50 Jahren stattfindenden Straßenparade, die damals LGBT-Parade hieß; zur Inklusion der Diversität der Geschlechter inzwischen als LGBTIQ bezeichnet. Initiiert wurde diese Bewegung aus Solidarität zu den internationalen LGBTIQ-Gemeinden und deren Vorurteilsbekämpfung. Die Parade ist eine sich seit 1979 global steigernde Institution und entstand durch viele unmittelbar nicht erkennbare Zusammenhänge, die auch vielen Homosexuellen nicht bewusst beziehungsweise nicht unbedingt bekannt sind.

1969 – Die LGBT(IQ) GESCHICHTE[1]

Die Mafia und Judy Garland gelten als zwei oft vergessene Wurzeln der inzwischen bekannten CSD[2]-Bewegung. Der Gesang- und Schauspiel-Weltstar Judy Garland verstarb 47-jährig am 22. Juni 1969 in einem Hotelzimmer in London. Am 27. Juni 1969 wurde sie in Hartsdale / New York beigesetzt. Sie ist die Mutter der später weltberühmt gewordenen Sängerin und Schauspielerin Liza Minnelli. Wohl nicht zum ersten Mal kam es in der Nacht, jenem 27. Juni, einem Freitagabend, zwischen Polizei und Homosexuellen in der seit damals für New York berühmten Christopher Street zu außergewöhnlich heftigen Zusammenstößen. Das war der eigentliche Beginn des heute bekannten Christopher Street Days.

In jener Nacht, die dem Tag der Beerdigung dieser Schwulenikone folgte, hatte die Polizei wiederholt das Stonewall Inn, einen Treffpunkt für Homosexuelle, gestürmt. Juristisch war der Verkauf von Alkohol an Schwule illegal. Tanzen durften sie auch nicht. Frauen durften nur dann Hosen tragen, wenn sie außerdem mindestens drei »weibliche Kleidungsstücke« trugen. Das war die gesetzlich diffuse Begründung der Polizei, die Bar, wie viele Male zuvor, zu durchsuchen.

---

1   Teilweise handelt es sich um Auszüge des schwulen amerikanischen Autors Toby Johnson: »Grundlage der Symbiose von LSBTI und Mafia«, zzgl. Infos von Jennifer Fronc, Professorin für neuere Geschichte an der Universität Massachusetts)

2   Christopher Street Day

Dieser heute als »Stonewall«-Revolution bekannte Aufstand erwuchs jedoch aus vielerlei Ursachen, darunter auch eher gemeinhin unbekannten.

Jener CSD wiederholt sich immer in den Sommermonaten und wird im Gedenken an ebenjene New Yorker Nacht zelebriert, allerdings nur in eher demokratisch orientierten Ländern. Judy Garland, berühmt durch ihre Hauptrolle in dem Filmklassiker »Der Zauberer von Oz« von 1939, sang die Originalfilmversion des Liedes »Over the Rainbow«. Dieses Lied wurde nicht nur zu einer von allen geliebten Kleinkinderhymne; es wurde auch zur Hymne der später entstehenden Schwulenbewegung. Der darin besungene Regenbogen wurde zum Synonym für die später definierte LGBTIQ-Gemeinde. Die heute repräsentierende Regenbogenflagge gilt als Ausdruck einer queeren Identifikation.

Dieser Regenbogen symbolisiert einerseits den nicht selten für Schwule und Lesben kommunizierten Satz »Der/die ist vom anderen Ufer«. Seine Farbigkeit unterstreicht zudem die Vielfältigkeit der queeren menschlichen Möglichkeiten.

Ebenjene Judy Garland wurde unbewusst die heimliche Herrin einer erst entstehenden Regenbogenfraktion. Zur Geschichte dieser sozialen Bewegung gehört sie jedoch dazu wie die Herren der Unterwelt. Nach Informationen und Recherchen für dieses Buch betreiben viele Mafiafamilien schon seit den 30er-Jahren zusätzlich auch Gay Bars. Mitunter war das Engagement der Mafia nicht einem besonders ausgeprägten Menschenrechtsverständnis geschuldet, vor allem in Anbetracht dessen, dass es unter anderem zum Geschäftsmodell der Mafia gehörte, auch wohlhabende, gleichzeitig schwule Männer bezüglich ihrer Homosexualität zu erpressen. Die Mafia wollte leicht Geld verdienen. Die nur heimlich erlaubte, trotzdem funktionierende Gay Community brauchte jedoch Autoritäten, die ihnen Lebens-, Entwicklungs- und Funktionsräume ermöglichten. Davon gab es recht wenige, in denen sich homosexuell orientierte Menschen mindestens begegnen konnten.

Homosexualität wurde nicht nur durch US-Amerikaner(innen) als abartig betrachtet. Darin sah die Mafia ihr Geschäft. Homosexualität, verboten unter dem Sodomie-Paragrafen, war zu jener Zeit nicht nur als solches untersagt. Autoritäten empfanden dies als anstößiges Verhalten. Homosexualität könne sich durch körperlich ausgetauschte Kontakte übertragen. In deren Annahme reichten dafür bereits Umarmungen und Küsse. Homosexuell zu sein, war somit strafbar. Für homosexuell veranlagte Menschen bedeutete das, sich keine gleichgeschlechtlichen Küsse erlauben zu können. Keine Berührungen und kein gemeinsames Tanzen in der Öffentlichkeit. Hierzu zählten allerdings gerade diese wenigen Bars und Nachtklubs, in denen bereits das Tragen von »nicht geschlechtskonformer« Kleidung zur Verhaftung führte.

Die »New York Liquor Authority« (Amt für öffentliche Ordnung) kontrollierte in öffentlichen Lokalitäten die Einhaltung sehr strenger Regeln zu Kleidung und Verhalten. Wirte konnten ihre Lizenz verlieren, wenn sich ihre Gäste nicht daranhielten. Kein Fummeln, kein Küssen, kein Tanzen, keine aufregende Kleidung – undenkbar im Nachtleben. Nicht nur für Heteros.

Dragqueens hatten mit dieser Bekleidungsvorschrift Existenzverbot. Auch die Dykes, also maskulin auftretende Lesben, waren hierdurch schwer getroffen. Die Polizei hatte somit Handhabe, jeglichen Betrieb von Gay Bars zu beenden. Oder – und das war oft die gewählte Alternative – Schmiergeld zu kassieren. Das konnten sich die meisten Barbetreiber allerdings nicht leisten. Deshalb sprang die Mafia ein und die kümmerte sich darum, dass der zahlenden Kundschaft, den »Finocchios« (Cosa-Nostra-Ausdruck für Tunten), nichts passierte. Wie gesagt: Nicht nur in New York gab es in der Illegalität schon seit den 20er- und 30er-Jahren heimlich stattfindende Tanzevents. Scheinbar per Schmiergeld geduldet – dann unter dem Schutz der Mafia.

Zum Aufstand kam es jedoch erst in jener Sommernacht des 27./28. Juni 1969, die sich unterdessen zum Mythos ausgewachsen hatte. Zusätzlich, im soziologischen Gesamtkontext eines historisch größeren Rahmens, war es der Geist der multiplen anschwellenden Bürgerrechtsbewegungen. Gesellschaftlich waren bereits viele gegen den Vietnamkrieg. Vermehrt ging es auch um verbesserte Frauenrechte. Zeitgleich fand der wichtige Kampf zur Gleichberechtigung von Farbigen statt. Dieser soziologisch geprägte Veränderungswille sprang eben auch auf die noch unterdrückte LGBT(IQ) Community über.

Judy Garlands Beerdigungsfeier wurde zu einem unerwarteten Schwulentreffen. Ihr Tod war mitunter der auslösende Funken dieser entstehenden Bürgerprotestbewegung. Die vielfach nur heimlich gelebte Schwulenikone war, wie bereits erwähnt, sechs Tage vor der besagten Nacht des Aufstandes gestorben. Queer-Historiker(innen) sehen die Trauer und das Aufgebrachtsein über ihren Tod als den emotionalen Treibstoff, der diese individuellen Gruppierungen auf die Straße brachte, auch wenn ihr Publicity-Stern bereits am Sinken war. Allerdings mobilisierten der Tod Garlands und die damit folgende Beerdigung auch außerhalb von Manhattan die queere Community, somit die Homosexuellen.

Aus dem New York Greenwich Village strömte wohl eine unerwartet große Menge schwuler Männer zu Garlands Beerdigungsfeier in der Upper East Side / Madison Avenue. Fast 30.000 Menschen nahmen am offenen Sarg von Judy Garland Abschied. Was die individuell Anwesenden beeindruckte, war nicht die Beerdigungsfeier, sondern die große Menge schwuler Männer. Es waren wohl Massen an Schwulen, die sich dort zum ersten Mal als Summe einer Gruppe erkennbar machten. Dieser Moment in der Madison Avenue gilt als die erste große Zusammenkunft einer Art »Proto-Gay-Pride«, einem ausgeprägten Selbstbewusstsein oder auch Selbstverständnis der Schwulen(bewegung).

Viele aus dieser Gruppe waren in den folgenden Jahren und Jahrzehnten Verfechter der LGBT(IQ)-Bürgerrechtsbewegung. Der Aufstand habe ab diesem Moment in der Luft gelegen. Queere Historiker(innen) streiten sich bis heute darüber, welche Gruppe sich des Aufstands vor dem Stonewall-Inn rühmen darf: Schwule? Lesben? Drags? Sex-Arbeiter(innen)? Farbige? Weiße? Zeitzeugen sehen als treibende Kraft eher die Lesben und Transvestiten. Eine spindeldürre Dragqueen namens Miss New Orleans, die völlig ausflippte, soll fast allein eine Parkuhr aus dem Boden gerissen haben.

Während auf jener Christopher Street Randale gemacht wurde, öffneten sich immer mehr umliegende Fenster. Immer mehr Anwohner solidarisierten sich mit den Gepeinigten. Viele outeten sich erstmals als Homosexuelle innerhalb ihres unmittelbaren Umfeldes. Was folgte, ist die Geschichte eines tagelangen Aufstandes mit Tausenden und Abertausenden Beteiligten, was in den Folgejahren in aufgesplitterte, sich flächendeckende Bürgerrechtsbewegungen mündeten. Da dieser Aufstand nicht nur in den regionalen, immerzu auch in den nationalen TV-Sendern gezeigt wurde, erkannte nicht nur die US-Gesellschaft, dass es mehr von dem zu geben schien, was bisher offensichtlich unterdrückt worden war. Die Gesellschaft hatte noch nie zuvor so viele homosexuelle Coming-outs und deren Befürworter(innen) gesehen.

Schon 1970, ein Jahr nach den Unruhen, fand der erste Gedenkmarsch statt. Anfangs mit rund 150 Teilnehmer(inne)n, schlossen sich im Laufe des Tages mitunter 3.000 Menschen an. Den Aufstand und dessen Bewegung hätte es sicher irgendwann auch ohne Mafia und Judy Garland gegeben. Dennoch: Die Mafia ermöglichte es, dass sich über viele Jahre hinweg erstmals eine LGBT(IQ)-Infrastruktur aufbaute. Garland initiierte mit ihrer Beerdigungsfeier das erste schwule New Yorker Klassentreffen. Jenes Stonewall Inn hat heute musealen Charakter.

Der Mythos besagter Nacht wird mal so, mal so erzählt. Übereinstimmend erinnern sich allerdings viele der Zeitzeugen: Laut Historiker(inne)n war es ebenjene spindeldürre Dragqueen namens Miss New Orleans. Die flippte völlig aus und riss fast allein eine Parkuhr aus dem Boden. Den verwendeten die »Queens« als Rammbock, um einen der bereits verschlossenen Polizeikastenwagen, der auch an die Judendeportation erinnerte, zu öffnen, damit diejenigen fliehen konnten, die sonst auf dem Weg zur Polizeistation infolgedessen auch mit einem gesellschaftlichen Outing konfrontiert gewe-

Plakate am N.Y. Times Square. Fotos: Udo Spreitzenbarth

sen wären. So rekapituliert es Zeitzeuge Martin Boyce aka »Miss Martin«.

Übrigens hat der Homosexuelle Gilbert Baker, verstorben im März 2017 in New York City, vor fast 40 Jahren für die Schwulen- und Lesbenbewegung das Symbol der Regenbogenflagge entworfen.

»Der Regenbogen ist so perfekt, weil er so gut zu unserer Vielfalt in Bezug auf Rasse, Geschlecht und Alter passt. Außerdem ist es ein natürliches Zeichen!«

Während ich mit meinem deutschen Ankömmling auf dieser bunt gemixten Gay-Parade war, erfuhr ich im Laufe des Tages, dass er sich diese doch sehr bunte Jacke wirklich nur gekauft hatte, weil ihm die unterschiedlichen Farbkombinationen gefielen. Er war nicht schwul geworden, wie ich mir das bei seiner Ankunft im Kopf ausgemalt hatte. Während ich ihn als ausgebildeten Schuhfachverkäufer und angehenden Modefotografen kennengelernt hatte, suchte er jetzt im Bereich »Interieurdesign« nach US-Jobmöglichkeiten. Ohne mein Wissen hatte er zusätzlich eine Schreiner- und Interieurdesignausbildung absolviert. Trotzdem es

Plakate am N.Y. Times Square. Fotos: Isabel Snyder

keine Internetverbindung gab, besorgte er sich potenziell relevante Firmen-Kontaktdaten und machte damit (s)eine US-Praktikumstour.

Als wir irgendwann einmal abends unterwegs waren, führte ich ihn, selbstredend zielorientiert, über den von Werbeplakaten überquellenden Times Square. Denn dort hingen erstmals hauswandgroß beleuchtete Plakate mit von mir brandneu erarbeiteten US-Label-Kampagnen. Noch heute stehen wir in regelmäßigem Kontakt. Er lebt inzwischen in L.A. und baut dort teuerste Villen (um). Er sagte mir, dass er damals glaubte, ich sei im Werbehimmel der Fotografen- und Modelwelt mit ihren unendlichen Möglichkeiten angekommen.

Im September 2001 hatte ich– auch wegen zahlreicher EU-Anfragen und Buchungen – fünf Tage vor der Tragödie

Fotos: Frank Baresel Bofinger

Foto: Frank Baresel Bofinger

am 11.09.2001 New York verlassen, während er dort für eine der renommiertesten Interieurdesignfirmen arbeitete. Bis 2020 renovierte und gestaltete er dort teuerste Apartments, welche die berühmte 5th- und Madison Avenue – für die Reichsten der Welt bietet. Sogenannte »Klatschspalten-Infos« tauschen wir hin und wieder aus, die wir dann untereinander schmunzelnd mit einem wissenden Augenzwinkern bestätigen, um unsere Münder wieder zu verschließen.

NACHT(ER)LEBEN IN NEW YORK

Wenn ich bis dato glaubte, schon viel gesehen zu haben, bot New York in vielerlei Hinsicht Dinge, die sich in der Retrospektive fast unwirklich anhören. Ein paar Leute, die ich erst kennengelernt hatte, hatten mich eingeladen, mit auf einen sogenannten **»Underground-Event«** mitzukommen. Während wir in einem der vielen kleinen »Off-off-off« Broadway-Klubs« landeten, trat dort eine in der Nachtszene aufsteigende Dragqueen auf. Als persifliert erscheinende Frau bot sie den Anblick jugendlicher Perfektion, die modisch interpretiert perfekt geschminkt, frisiert und gigantisch gestylt war. Mit einer für Männer ungewöhnlich trainierten Sechs-Oktaven-Stimme trat sie ins Scheinwerferlicht, ganz getreu dem Gedanken: »Ob Mann oder Frau, wer weiß es schon genau.«

Nicht allein ich war fasziniert und glamourisiert, nicht nur von der unglaublich live singenden Stimme. Dass es sich unter dieser für Fashionistas bekannten Versace-Couture-Garderoben-Fassade noch immer um einen Mann handelte, konnte ich (fast) nicht glauben. Je länger der Auftritt andauerte, umso mehr veränderte sich demgegenüber diese just noch als perfekt bezeichnete Bühnenfigur. Scheinbar durch die Hitze des Bühnenlichts. Spätestens ab dem fünften Song stellten wir einen visuell drastisch erscheinenden Umbruch fest; immerhin war ich auf Gesichts-, generell auf körperliche Veränderungen trainiert. Vor unseren Augen verschmolz – scheinbar nebenbei – diese vormals wunderschöne Persönlichkeit. Visuell waren wir, (ich kam ja mit ein paar Leuten) irritiert darüber, während das Dargebotene sortiert werden musste.

Je länger er/es auf der Bühne stand wurden die dazu vorgetragenen Songs melancholisch, immer trauriger, gleichzeitig aggressiver. Der Bühnenakt beinhaltete eine tragische Darstellung aus dem Leben: »Eine jugendliche Schönheit löst sich mit den Jahren durch Alkohol, Drogen und Depressionen in eine nicht wiederzuerkennende Hässlichkeit auf.«

Erreicht wurde dieser Effekt, wie ich später erfuhr, indem dieser nicht mehr lange lebende Neukünstler in seiner Garderobe einen Gefrierschrank stehen hatte, in dem sich eine extra hierfür angefertigte Metallkorsage, ähnlich einer Ritterrüstung, befand, die er kurz vor seinen Auftritten anlegen ließ. Hierdurch die Körperform modellierend, entschied er sich bewusst für diese Tortur, sich selbst unter die Haut injiziertes Glyzerinwachs zu spritzen – das alles tat er, um jene unglaublich weiblich perfekten Körperformen zu simulieren.

Mit Beginn seiner Auftritte, die makellose Schönheit (s)einer Jugend besingend, erwärmte sich dieses selbst injizierte Material im immer wärmer werdenden Raum, vor allem unter dem auf ihn gerichteten Bühnenlicht, wodurch dieses von Minute zu Minute vermehrt dahinschmolz. Wortwörtlich verfloss vor unser aller Augen diese vormals in Perfektion ausgemachte Schönheit. Zum Showende wirkte sie/er/es immer hässlicher, entstellter, deshalb karikaturähnlicher.

Die Besucher tobten. Schlussendlich war es eine Kunstperformance. Niemand hatte damit gerechnet. Vor Augen geführt wurde, dass wir das, was wir wahrzunehmen glauben, in wenigen Jahren, manchmal schon innerhalb weniger Augenblicke, vergangen sein kann.

Diese Aufführung erinnerte mich an unzählige Models, die ich von Saison zu Saison traf und die ich immer wieder mit Wesen aus einem Fruchtkorb assoziierte. Menschen, nicht nur Models, wirken oftmals wie leicht verderbliches Obst! In realen Fruchtkörben darf auch nicht alles zusammengelegt, präsentiert, vor allem ausgesetzt werden. So können jegliche Arten von (emotionalem) »Obst« beim individuell organischen Verfall beobachtet werden. Mal geht es schneller, mal dauert es länger.

Über die sozialen Medien bin ich noch immer mit vielen (Ex-)Models freundschaftlich verbunden. Da gibt es durchaus das eine oder andere Model, das nichts, viel oder nur ein klein wenig seiner damaligen Model-Attraktivität eingebüßt hat. Schönheit, immer im Auge des Betrachters liegend, ist mitunter vergänglich.

In unseren Gesichtern zeichnet sich nicht positiv Erlebtes ab, wodurch gelebte Strukturen gespiegelt werden. Heutzutage wird »künstlich« versucht, möglichst lange einen visuell positiven Eindruck aufrechtzuerhalten, was nicht immer gelingt. Mögen alle ihr Leben wahrhaftig und in vollen Zügen genießen, persönlich, wo nötig, vergeben und dadurch mit sich im Reinen sein.

Im Entscheidungsfall immer an (m)einer Arbeitschancenoptimierung interessiert, war ich zeitweise viel im Nachtleben unterwegs. In den 90er-Jahren wurden die ersten New-York-Monostores der international bekanntesten Designerlabels wie Museumseröffnungen gefeiert. Wir Kreativen wurden zu Partys von Prada, Helmut Lang, Donna Karan, Versace etc. eingeladen. Heute übernehmen das sogenannte

Online-Influencer. Damals waren wir die »jungen Wilden«, die, kreativ wirkend, nicht selten mit ausgehungerten Mägen die Büfetts leerräumten. Wer eingeladen war, glaubte etwas Besseres zu sein.

Bei diesen Megaevents trafen wir auf Branchenbekannte und Freunde. Wir wollten zusammen gesehen werden und nebenbei Spaß haben. Auch mussten wir uns zeigen, um an die potenziell nächsten Produktionschancen zu kommen. Die Möglichkeiten, etwas über hippe Szenen mitzubekommen, waren nicht so vielfältig, vor allem nicht so einfach wie heute.

Foto: Steve Eichner, Getty Images

New York CLUB KIDS

Kurz vor Downtown Manhattan gab es unterhalb des Gehweglevels eine eher heruntergekommen wirkende *Boutique*. Jedoch gaben sich viele große Stars sowie die international kleineren Nachtsternchen aus der Musik- und Filmindustrie hier die Klinke in die Hand. In meiner Freizeit zog es mich stundenweise dorthin. Es gab zu viel Schräges zu sehen. Es reichte für eine sonst nirgendwo zu findende Auswahl an Kleidern, Accessoires und Eindrücken. Dort hingen kostümähnliche Outfits, wie man sich diese nur für Las-Vegas-Shows vorstellen konnte. Dieser Betrieb, bereits seit meinem Geburtsjahr bestehend, öffnete erst zur Mittagszeit. Getragen wurde er von der in den 2000er Jahren damit berühmt werdenden Kostümbildnerin Patricia Field. Sie bekam viele ihrer Auszeichnungen für die weltweit erfolgreiche HBO-TV-Hitserie Sex and the City. Die Hauptrolle darin spielte ihre private Freundin Sarah Jessica Parker. Um diese Rolle durch ein Vorsprechen zu bekommen, fragte jene dort um die passenden Outfits an.

Aufgrund dieser gelungenen Outfitauswahl arbeiteten die beiden zusammen für diesen später generationsübergreifenden TV-Hit. Der Clou an ihrem Ladenkonzept war, dass sich jeder (s)ein Outfit herstellen lassen konnte. Vieles, was an den Bügeln hing, wurde nie abgeholt oder musste nochmals verändert und/oder angepasst werden. Das zusätzlich Interessante war, dass dem Personal, das jeweils darin arbeitete und das auf skurrile Art meist seltsam unattraktiv wirkte, zugeschaut werden konnte. Individuell androgyne Wesen, waren die meisten geschlechtlich auf den ersten Blick nicht erkennbar und aufgrund dessen nicht definierbar, deshalb nicht eindeutig zuzuordnen. Zu Ladenöffnungszeiten noch verschlafen und verkatert, zudem ungeschminkt, verwandelten sich diese hybrid erscheinenden Wesen erst im Verlauf der vorbeigehenden Stunden. Sich im Tagesverlauf individuell präparierend, wurden sie jedoch nebenbei zu diesen immer berühmter werdenden New York »Club Kids.«

Dieses außergewöhnliche Ladenjuwel präsentierte ich meinen wenigen nach New York verirrten Bekannten. Die waren teils richtig erschrocken, wenn ich ihnen mittags dieses Ladenkonzept mit dem ungeschminkten Personal vorstellte, das sehr schräg, teils gar richtiggehend »hässlich« wirkte. Begeistert waren sie, wenn wir diese spät in der Nacht fertig gestylt als karikaturähnliche Superwoman-Reproduktionen wiedersahen – das war für sie etwas, das für ihre späteren »New-York-Storys« durchaus brauchbar war.

Die Modeindustrie der 90er-Jahre wurde mehrschichtig forciert. Ein Beispiel hierfür ist das im Entstehen begriffene *Topmodel Kate Moss*, die einen trendorientierten »No Make-up«, eine sogenannte »Heroine Chic« repräsentierte. Parallel dazu boten diese immer bekannter werdenden »New York Kids« allabendlich eine ordentliche Portion überspitzter Individuallooks, für eben jene New-York-Klubszene einen eher »überdrehten« Mode-Kunstlook. Vor allem repräsentiert durch zwei Individuen, wovon einer erst kurz zuvor aus USA-Indianapolis in N.Y. aufschlug. Diese »Club-Kids« sowie deren partizipierende Initiatoren schafften es damit bis in die US-Mainstream-TV-Tagesnovellen.

Hierdurch stieg deren Bekanntheitsgrad. Teils angestellt als Verkäufer(innen) in der Patricia-Field-Boutique, wurden diese zur Nacht die international immer berühmter werdenden Türsteher(innen) der angesagtesten New Yorker Nachtklubs.

Die originalen **»Club Kids«** waren eine »It-Gruppe« sehr junger Partyveranstalter. Sie galten als hippe, naiv infantil aufblühende, aufgrund ihres Erfolges immer berechnender werdende New Yorker Tanzklub-Persönlichkeiten. Ihr Trend hin zu kostümähnlichen, extravaganten Kleidern präsentierte sich mit dem Übergang in die 90er-Jahre und erreichte seinen Höhepunkt mit dem Ende der 90er-Jahre. Diese stetig wachsende Gruppe – heute sind das »Follower(innen)« – wurde für ihr extravagantes Konkurrenzverhalten unter ihren Mitgliedern und deren jeweils empörende, jedoch wiederholt faszinierende Kostüme bekannt.

Anerkannt wurden sie wegen ihrer oftmals künstlerischen, auch wegen ihrer modebewussten Jugendkultur. Innerhalb dieser Underground-Klubkultur waren sie eine visuell maßgebliche Kraft. Sie waren vor Ort die Stars des Nachtlebens. Als sogenannte »Hingucker« (heute: »It-Girls«) wurden sie zu den größten Events und Galas eingeladen. Bevor es Influencer (innen) gab, waren Club Kids die Ikonen der Popkultur. An den Pforten der Nachterlebensmöglichkeiten entschieden sie, wer Zutritt zu diesen Klubs bekam. Immer extravagant und selbstbezogen, beherrschten sie dieses Nachtleben mit Glitzer, Glamour und unglaublichen Possen.

Viele dieser Club Kids leisteten Impulse und Beiträge zur später entstehenden Mode und deren Mainstreamkunst, alles in Verbindung mit dem noch exzessiv möglichen Nachtleben.

Leider begannen diese Partyinitiatoren mit einem vermehrt heftiger ansteigenden Drogenkonsum, ebenso deren unaufhörlich ansteigende Zahl kultähnlich agierender Anhänger(innen). Immer mehr exaltierte »Club-Kids« schienen drogenabhängig zu werden. Ein vormals wirkender Farbrausch, ausgelöst durch ein außergewöhnliches Make-up und verschiedene Styling-Varianten, wurde durch einen entstehenden Drogenrausch vernebelt.

Meistens lernte ich jemanden kennen, der jemanden kannte, den ich bereits kannte, und so lernte ich viele solcher nur im Nachtleben zum Vorschein kommende Individuen kennen. Wenn die beschriebene Boutique um circa 20.00 Uhr schloss, hatten sich diese darin entstehenden Club-Kids bereits ab 17.00 Uhr zu schminken und zu frisieren angefangen. Wer schlussendlich fertige Endergebnisse dieser ab Mittwoch stattfindenden Verwandlungen sehen wollte, musste an die jeweiligen Klubeingänge kommen. Wer in deren Einlassschlangen oftmals bis zu zwei und mehr Stunden wartete, hatte trotzdem keine Garantie, in diese Klubs eingelassen zu werden.

Vor allem die »Schönen und Reichen« reisten in Privatjets aus der ganzen Welt an, nur um es mitunter doch nie in diese Klubs zu schaffen. Weil ich öfter in dem Laden herumlungerte, lernte ich den einen oder anderen Make Up-Trick, was heute durch YouTube Themen-Filme kommuniziert wird.

Wenn sie nicht bereits von Drogen zugedröhnt waren und ich mich an der teilweise unglaublichen Schlange vorbei zu ihren Klubeingängen traute, erkannten sie mich und gewährten mir auch mal freien Zutritt. Wer es schaffte, in diese Klubs zu kommen, hatte schon viel gewonnen.

Wer durch andere Kompensationsmittel noch mehr Spaß suchte – dies wegen der anorganischen, rhythmisch erst noch im Entstehen begriffenen Technomusikwelle auch brauchte –, wurde nach dem Zutritt unmittelbar in kleine Seitenräume verwiesen. Darin konnte das abgeholt werden, was illegal gewünscht oder emotional als benötigt erachtet wurde.

Weil ich nichts mit Drogen zu tun habe, damit auch nicht in Verbindung gebracht werden will, ging ich nie mit in diese Räume. Erzählt wurde, dass alles in halb geöffneten Koffern präsentiert wurde – anscheinend alles, aber auch wirklich alles, was es an synthetischen oder organischen Drogen gab. Ecstasy und Crystal Meth waren nicht nur in den USA als stimmungsaufhellendes und leistungssteigerndes Präparat verbreitet.

Während viele versuchten, sich in die Klubs zu drängen, gafften, Touristen von den gegenüberliegenden Gehwegen diese immer berühmter werdenden Drag-Persönlichkeiten in ihren teils gigantischen, extra für diesen Abend individuell hergestellten Outfits an. Unfassbar große Mühe gaben sich auch deren (Kult-)Anhänger(innen) – alles in der Hoffnung, in jene Klubs eingelassen zu werden. Busladungen von Touristentrauben beobachteten und bewunderten dieses für sie ungekannte Nachtgeschehen. Manche versuchten durch laute, dann meistens herablassende Kommentare das erkennbare anders Aussehende als überzogen, gar als pervers zu bezeichnen. Dann konnte es sein, dass der- oder diejenige vom ganzen Block ausgebuuuuuuhhhht wurde.

Das für mich beeindruckendste Outfit war ein meerjungfrauenähnlicher Look, bei dem der Brustbereich mit Wasser gefüllten Plexiglasbrüsten ausgestattet war, in denen je ein Goldfisch schwamm, ähnlich dem 1989 ausgestrahlten *Jessica-Rabbit-Komikfilm.*

Im »Groove der Zeit« – nicht exzessiv, jedoch regelmäßig im Nachtleben unterwegs – sah ich unterschiedliche Gestalten, die immer und überall aufzutauchen schienen. Weiße Engelsflügel, die mindestens einen Meter an Spannbreite zeigten – sie fielen jedem auf. Ich erfuhr, dass es sich hierbei um einen der vielen, mit (s)einem Bauchladen dem sichtbarsten und den wohl image- und geschäftstüchtigsten Club-Kids-Drogendealer handelte. Mit dem Spitznamen *Angel (Engel)* – ein ansonsten unscheinbar wirkender Junge mit kolumbianischem Hintergrund. Jeder (er-)kannte ihn.

Wer seine Flügel sah, wusste, dass auch er sich wiederholt unters Partyvolk mischte, jedoch um Ware zu verkaufen. Ich fühlte mich cool, wenn ich die wichtigsten Nachteulen sah, erkannte und inzwischen namentlich benennen konnte.

Bis eines Nachts das Gerücht die Runde machte, dass jener »Angel« nicht mehr am Leben sei. Ein Drogendeal sei schiefgelaufen. Die Modebranchen- und Nachtklubszenen-Nachrichten überschlugen sich und verbreiteten sich wie ein Lauffeuer. Ebenjene Party-Promoter, noch relativ neu zugegen, um ihren Einfluss auf New York und die Klubszene geltend zu machen, arbeiteten sie für einen berüchtigten Nachtklub-Impresario. Dieser war, zumindest nachts, für alle erkennbar durch (s)eine schwarze Augenklappe. Er war der Besitzer vieler bekannter New Yorker Nachtklubs, darunter befand sich der Club USA, The Limelight, Palladium und Tunnel. Ihm gehörten somit die als wichtig erachteten Klubs. Zusammen schmissen sie viele Partys und gründeten schlussendlich die exklusive DISCO 2000 & Clubnacht im New Yorker Klub

The Limelight, einer ehemaligen Kirche. Schon mittwochs versammelten sich dort bis zu 2.500 Partyliebhaber.

Deren Blütezeit erfuhr ein abruptes Ende, nachdem jemand Wind bekam von den Drogengeschäften zwischen den zwei wichtigsten Glubbesitzern, deshalb Konkurrenten. Anfang 1997 kam heraus, dass sich der eine Promoter, zusammen mit (s)einem Drogendealer alias »Freeze«, sich für schuldig an dem Mord und der Zerstückelung von unserem auf Distanz (un-) bekannten Klubkollegen Andre Melendez alias »Angel« erklärte. »Angel« lag wohl fast eine Woche in deren Appartment-Badewanne, bevor die beiden im Heroinrausch seinen durch die Zersetzungsprozesse des toten Gewebes süßlich riechenden und inzwischen verwesenden Körper bestialisch zerhackten. Mit einer extra hierfür besorgten Kreissäge amputierten sie scheinbar dessen Beine und packten diese in Plastiksäcke; den Torso legten sie in einen – leider für sie – mit Korkanteilen dechiffrierten UPS-Karton. Alles luden sie in ein zufällig vorbeifahrendes Taxi.

Vor einem weiteren Sonnenaufgang glaubten sie diese Leichenteile für immer im Hudson River entsorgt. Jedoch schwammen diese wegen der erst später erkannten UPS-Korkanteil-Kartonage nur unterhalb der Wasseroberfläche, weshalb spielende Kinder sie Wochen später auf der gegenüberliegenden Flussseite entdeckten. Nachdem die Leichenteile obduziert waren, konnten sie für diesen grausamen Mord identifiziert werden. Mit der Verurteilung verbrachten sie 12 und 15 Jahre im Gefängnis. Diese Club-Kids-Periode hat immerhin die Karrieren von Amanda Lepore und RuPaul ins Leben gerufen. Auch andere Mitglieder dieser damaligen, von außen beobachteten Szene haben erstaunliche Karrieren in Kunst und Mode gemacht, alles ohne soziale Social-Media-Plattformen. Auch ein Nacht(er)leben verändert sich.

Wer im Nachtleben unterwegs sein konnte, musste auch bei den tageweise sehr langen Produktionen durchhalten. Denn redaktionelle Modestrecken und Titelproduktionen waren nicht selten eine Herausforderung. Das betrifft alle Beteiligten. Jeder Magazintitel galt als eine Krönung. Mal war es für die internationalen Magazine wie Elle, Marie Claire oder für die Vogue; häufig auch für Branchen- und Händlermagazine, deren Images nicht im freien Handel zu finden waren. Mit über 60 Modeproduktionstiteln erreichte ich mehr, als ich es mir je erträumt hätte. Leider schaffte ich nie (m)einen Harper's-Bazaar-Titel. Der Titelversuch, den ich mit der noch am Anfang ihrer Schauspielkarriere stehenden Diana Kruger verwirklichte, hatte es nicht zur Veröffentlichung geschafft.

Auch spätere Sichtbarkeitsbemühungen nicht, trotzdem ich oft bei der italienischen Harper's Bazaar für deren Modestrecken und Titelversuche mitarbeitete. Wie bereits erwähnt, schaffte es so manch geplante und umgesetzte Produktion

Diane Kruger. Fotos: Paul Empson

nicht in die jeweils angedachten Zeitschriften, geschweige denn auf deren potenzielle Titelseite.

Manchem Entscheider gefiel der vom Fototeam umgesetzte Look nicht. Trotzdem entstand ein ständig kreativer, deshalb hoher Routine- und Umsetzungsfaktor. Heute nenne ich es das Prinzip des olympioniken Trainings. Irgendwann hatte ich gehört, ein Olympionike müsse jeden Handgriff mindestens 100.000-mal analysiert und umgesetzt haben, um überhaupt an eine internationale Medaillenchance zu kommen. Denn Übung macht den Meister. Vor Ort üben konnte, wer wollte.

Wenn es eine initiierte Modestrecke nicht in das vorab anvisierte Magazin schaffte, bestand durch bereits bestehende oder entstehende Kontakte die Möglichkeit, diese bereits produzierte Strecke einem Alternativmagazin zu präsentieren. Sichtbarkeit war das, was angestrebt wurde. Wichtig dabei war die individuelle Namensnennung, möglichst durch monatlich multiple angehäufte Magazinstrecken. Gegen Ende der 90er-Jahre sammelten wir Magazinseiten und deren Themenstorys sowie die gleichzeitig benötigten Flugmeilen dafür. Es ging uns um einen möglichst hohen Multilevel-Sichtbarkeitsstatus.

Foto: Paul Empson

ELLE

SUPLEMENTO ESPECIAL
NOVIEMBRE 1996

Antes de regalarle este suplemento a tu pareja, devórate sus secretos...

pornografía por qué nos gusta **moda** clásica, deportiva, rebelde... para no andar desnudo **impotencia** nuevos tratamientos revolucionarios ¿Cómo saber si **está loca por ti? belleza** coquetos y sin complejos

Foto: Tony Kim

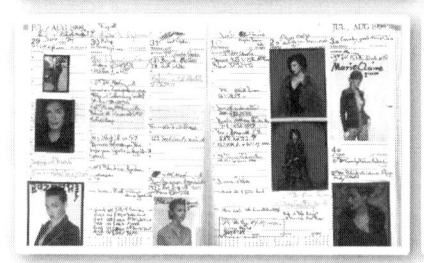

Foto: Tony Kim

Foto: Robert Curren

Fotos: Udo Spreitzenbarth

Fotos: Blasius Erlinger

Fotos: Parick de Warren

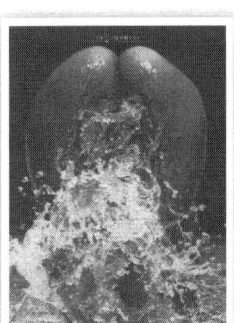

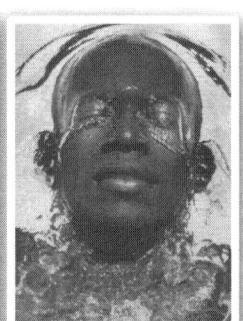

Fotos: Guido Flueck.

Fotos: Parick de Warren

Fotos: Parick de Warren

Fotos: Paul Empson

Do The White Thing

Fotos: Mateo Garcia

Bis (d)eine Arbeit in Magazinen veröffentlicht wird, sind vorab circa 30 Personen beteiligt. Alle Beteiligten beeinflussen eine vorgestellte Endaussage. Gut ausgesuchte Bildstrecken sowie sehr gut bearbeitete Fotos können schlecht aussehen, wenn anschließend kein grafisch oder drucktechnisch optimiertes Verfahren angewandt wird.

Imaginär vorgestellte Endergebnisse können sich, aufgrund der Summe von Mitwirkenden, trotz einer vermeintlich einvernehmlich verstandenen Bildsprachen-Wahrnehmung anders ergeben.

Denn Geschmäcker, Sichtweisen und Herangehensweisen sind unterschiedlichster Natur. Ein ergebnisorientiertes, deshalb auch verbindendes Qualitätslevel ist wie der zufällige Lottogewinn vorab zusammengewürfelter Personen. Nicht selten waren gut gemeinte Ideen sowie mitunter deren Aus-

outré couture

Abiti di francesissimo taglio impero, abiti in pizzo e tulle, trasparenze e ricami, drappeggi e volants. John Galliano trasforma la donna Givenchy in moderne Paoline Bonaparte

Fotos: Paul Empson

Fotos: Hubie Frohwein

arbeitung umsonst investierte Energie – somit frustrierend. Erfreuliche Ergebnisse gab es allerdings auch; dann eher unerwartet.

Um an die interkulturell abgearbeiteten Veröffentlichungen zu kommen, gab es in New York ein international orientiertes Magazin- und Zeitschriften-Geschäft. Dies war essenziell für unsere Branche. In Café-Atmosphäre konnten wir dort stundenlang nach neuen Ideen stöbern, ohne jedes Magazin kaufen zu müssen. Die Mitarbeiter(innen) kannten uns. Gleich stapelweise kauften wir alle vorhanden ausliegenden Ausgaben, wenn wir dort eine unserer weltweiten Veröffentlichungen fanden. Die im Original gedruckten Belegexemplare brauchten wir für multiple Präsentationsmappen. Veröffentlichungen aus Deutschland, Kanada, Italien, Frankreich, Spanien und natürlich aus den USA stellten ein geringeres Problem dar.

Schwierig war es, die Magazinbeweise zum Beispiel aus Russland, Singapur, der Türkei, Mexiko, Brasilien und Norwegen zu erhalten. Hierfür telefonierte ich oft wochenlang, um portokostenorientiert mindestens je zwei originale Belegexemplare zu erhalten, was heute durch einen E-Mail-Link mit einem einzigen Klick möglich ist. Mit der teilweise entstehenden Flut an Veröffentlichungen wurde auch das Sortieren der sich ständig verändernden Präsentationsmappen eine Herausforderung.

Fotos: Thabatahan

Fotos: Gunther Intelmann

Foto: Karin Kohlberg

ERFAHRUNGEN ALS REDAKTEUR

Auszüge aus A.B. Redaktionsstrecken. Fotos: Steven Sullivan

Irgendwie schien ich für viele Teams zu arbeiten, erhielt jedoch nicht immer das gewünschte, oftmals vorab kommunizierte Ergebnis. Weil ich themen- und bildorientiert, nicht selten in meinem »Eva Style«, dafür teamstrukturiert agierte, wurde ich immer öfter angefragt, ob ich nicht die mehrseitige Bildsprachen-Regie übernehmen wolle. Mittlerweile gut vernetzt, fragten mich bereits kleinere oder neu auf dem Markt erscheinende Magazine an, doch ihre redaktionellen Themen zu betreuen.

Dies bot mir die Möglichkeit, zumindest teilweise, an meine Vorstellung verbesserter Endergebnisse zu kommen. Ich entschied, mit wem ich die angefragten Themenproduktionen erarbeiten wollte. Zudem durfte ich die Bildauswahl und deren Optimierungspotenzial mitbestimmen. Hoch motiviert übernahm ich dies, schlussendlich auch die undankbare

Auszüge aus A.B. Redaktionsstrecken

Fotos: Daniela Federicci

Fotos: Hubie Frohwein

Fotos: Paul Empson

Fotos: Remi Rebilliard

Fotos: Michele Laurita

Arbeit der Entscheidungsfindung; meistens, ohne für diese Zusatzaufgaben bezahlt zu werden.

Lernfaktisch ging es um (m)eine redaktionell verbesserte Bildsprachen-Chance. Hierüber generierten sich die wichtiger werdenden Konsumenten-Produkt-Imagekampagnen. Innerhalb unserer Szene wurde ich zudem als freischaffender Redakteur, mindestens als Bildsprachen-Koordinator wahrgenommen.

Auszüge aus A.B. Redaktionsstrecken

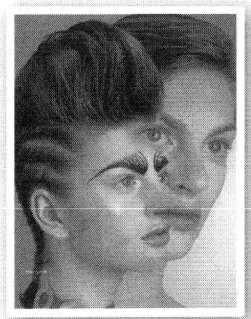

Fotos: Christina Blum

Fotos: Patrick de Warren

NEUE BUCHUNGSCHANCEN

Immer fließender wurde der Übergang von den als bedeutend erachteten Editorial- zu den als hochklassiger geltenden Werbeproduktionen, die ich mittlerweile für deutlich größere (und deshalb für mein Image wichtigere) Kunden tätigte. Das monatliche Überleben glich, trotz vermehrt erfolgreicher Buchungen, einem finanziellen Spagat. Wenngleich ich nun kontinuierlicher / häufiger mit Foto-Set-Produktionen beschäftigt war, musste ich gleichzeitig auch neue Produktionen finden, diese koordinieren und deshalb organisieren.

Mobile Telefone vereinfachten ab 1996 eine Organisation. Kurzfristige Anfragen konnten erstmals am Set kommuniziert werden. Ich musste nicht mehr bis abends, gar nachts warten, bis ich meinen Anrufbeantworter abhören konnte, nur um zu erfahren, wer mich unerwartet angefragt, gar gebucht hätte. Mit den ersten mobilen Telefonen entstanden tatsächlich kontinuierlichere Anfragen, oftmals parallel. Während es im Winter in New York sehr kalt und deshalb auch unangenehm war, freute ich mich, wenn anstehende Frühjahrs- und Sommerproduktionen mich auf die Bahamas, nach Mexico/Cancún oder eben doch wieder nach Miami führten.

Die kurzfristigen Flugumbuchungen, die jeweilige Terminkoordination oder unerwartete Stornierungen hatten ihr ganz eigenes Dramenpotenzial. Durch ständig wechselnde Flugrouten sowie deren Anschlussflüge, die es zu koordinieren galt, erlebte ich so einiges an Wetterturbulenzen, technischen Defekten und Zeitverschiebungen.

Als Bademodenproduktionsteam fuhren wir mal für nur einen Tag von den bereits traumhaften Cancún-Stränden in Mexiko mit einem rumpligen Fischerboot zu den nahe gelegenen Isla Mujeres-Stränden. Auf offener See überschwemmte uns eine Welle so heftig, dass Teile unseres Equipments über Bord gingen. An vielen dieser mir unbekannten Orte dachte ich mehrmals, dass eine solche unerwartete Situation mein Lebensende bedeutet. Trotzdem erschien jeder Trip wichtig, mindestens erfahrungsreich. Es ging uns auch um ebenjene nebenbei gesammelten Flugmeilen, wobei wir explizit darauf achteten, dass möglichst alle US- und EU-Flugmeilen immer einem kooperierenden Fluglinienpartner zugerechnet wurden. Sogenannte »Upgrades« des Flugservice wurden großspurig scheinbar nebenbei erwähnt. Es gab Jahre, in denen ich mich wertgeschätzt, somit glücklich fühlte, fast wöchentlich in ein Flugzeug zu steigen.

Auszug aus Kalender Tagebuch

Durch diese mobilen Direktanfragen wurden neue Produktionen regelmäßiger. Da ich (m)einen unmittelbaren Kontakt zu Kunden pfleg(t)e, wurden mir, mit dem Ende einer abgeschlossenen Produktion, bereits nächste Saison-Produktionsdaten übermittelt. Wenngleich dies grundsätzlich als positiv zu werten war, waren zukünftige Saisontermine allerdings bereits vorab blockiert, zumindest reserviert. Dies ermöglichte das Sicherheitsgefühl einer lukrativen Saison sowie garantierter Einnahmequellen. Jedoch innerhalb dieser blockierten Zeiträume konnte es nämlich sein, doch noch kurzfristige Anfragen für Imageproduktionen zu bekommen, die ich aus Prestige- und Sichtbarkeitsgründen mitunter gerne umgesetzt hätte. Immerhin hatte ich in die dafür oftmals nötigen Go&See-Termine viel Zeit und Engagement investiert. Gedanklich alle möglichen Kunden- und Branchensegmente in oberste, mittlere und eher unterste kategorisiert, blutete mir das Herz, wenn ich deshalb ein wichtiges Magazineditorial, eine imagetreibende Anzeigenkampagne oder einen sehr guten Katalogjob nicht umsetzen konnte. Opportunistisch gehandelt habe ich nie. Auch spätere Saisons mussten überlebt werden. Es gab bereits saisonale Stammkunden und Kollegen, die ich allzu gerne traf und bediente. Mit eingespielten Teams wurde grundsätzlich konzentriert, trotzdem entspannt gearbeitet. Jeder freute sich. Jeder erzählte seine saisonale (Lebens-)Geschichte.

Auf unterschiedlichsten Produktionen, bei denen ich deren Kunden, Produzenten, Fotografen, Stylisten und Models kennenlernte, erfuhr ich auch sehr viel über teilweise themenübergreifende Branchensituationen. Seitens der weiblichen Models waren nicht selten hauptsächlich deren individuelle Modelagenten ein nicht zu verachtender Themenpunkt.

Foto: Edmond Laufer   *Fotos: Blasius Erlinger*   *Foto: Lars Matzen*

Fotos: Ron Contarsy

Fotos: Joachim Würfel

Fotos: Bill Burns

Fotos: Paul Empson

Fotos: Ken Middleton   Foto: Steven Koh   Foto: Shu Akashi.

Fotos: Blasius Erlinger

Fotos: Blasius Erlinger

Fotos: Blasius Erlinger   *Fotos: Roger Weber*

Fotos: Ron Contarsy

Fotos: Peter Palm

MODELSCOUTS:
DIE WOHL MIESESTEN

Branchenrelevant geht es hierbei um die über Jahrzehnte aktivsten, menschlich um die wohl miesesten. Bis zum aktuellen Zeitpunkt bestreiten alle inzwischen angeklagten, ehemaligen Model-Agenturchefs die bis dato wiederholt aufkeimenden Vergewaltigungen und deren sexuell nötigendes Verhalten der 80er- und 90er-Jahre. Seit September 2020 kämpft ein Pariser Top Agent mit (s)einem aktiven Strafverfahren. Vormals hatte er die Agentur »Paris Planning« aufgebaut. Später wurde er beteiligt an der EU-Division der internationalen Modelagentur »Elite Management«.

Seit Dezember 2020 sitzt ebenfalls in Untersuchungshaft sein Pariser Branchenkollege, internationaler Playboy und Modelscout Jean Luc Brunel. Wenige Menschen kennen sie. Innerhalb der Branche galten sie in den 80er, 90ern und 2000er Jahren als die Berühmtesten ihres Metiers. Jean-Luc Brunels eigentlicher Name wurde bei fast allen Branchen-Erzählungen durch seine Initialen »JLB« abgekürzt. Die Aufgabe aller Scouts – sowie auch der Agenturinhaber(innen) – ist es, kontinuierlich neue (Frischfleisch-) Models zu finden und diese daraufhin nach unterschiedlichen Branchenstandards zu sortieren, um sie für möglichst viele Marketingmärkte vorzubereiten.

Über ihn erfuhren wir auch, dass er trotz allem die Karrieren einiger der erfolgreichsten Models der späten 80er- und 90er-Jahre-Ära ermöglichte. Unter seiner Federführung wurden Jerry Hall, Angie Everhart, Rebecca Romijn und Christy

Turlington weltweit bekannte Foto- und Laufstegmodels. Gérald Marie, kurzfristig verheiratet mit Linda Evangelista, verhalf zudem Cindy Crawford, Naomi Campbell und vielen anderen zum Erfolg.

Jungmodels gehen, um eine schnelle und zugleich langfristigere Branchenpositionierung zu erreichen, am besten zuerst nach Paris. Für eine internationale Startpositionierung wurden und werden noch immer zudem Mailand, London oder New York akzeptiert. Erst in Paris, später in New York, lebte und agierte ebenfalls der inzwischen 2013 verstorbene Scout und Agenturchef John Casablancas der die sehr erfolgreiche Modelagentur Elite Management aufbaute.

Während er ab Anfang der 90er-Jahre für die US-Markt-Dependancen zuständig war, kontrollierte sein inzwischen »Paris Planning«-fusionierter Geschäftspartner den EU-Markt. Während vielerlei hipper, zuvor kommunizierter Modelpartys wurde nicht nur den Genannten nachgesagt, dass sie äußerst ausgiebig, in reichem Maße menschlich, moralisch zu hinterfragende Erfahrungsmöglichkeiten (aus-)lebten.

Jener »JLB« arbeitete bereits in den späten 70er-Jahren für die Agentur Karin Models. Das Hauptquartier dieser Agentur liegt noch heute in der für Fashionistas berühmten Avenue Hoche. Nachdem er jahrelang als ihr »Beschaffer« agierte, übernahm er Anfang der 90er-Jahre deren Agenturhauptsitz. Bereits 1989 gingen Jean-Luc Brunel und sein ebenso im Business aktiver Bruder eine Kooperation mit der in New York relativ neu etablierten Agentur NEXT Models *Management* ein. Für die Brüder waren es deren erste Schritte auf diesem für sie neuen US-Territorium, bevor sie später in

New York ebenjene Karin-Models-Dependance eröffneten, eine weltweit agierende Agentur mit Sitz in New York, London, Paris, Mailand, Los Angeles und Miami. Dominierend in New York waren, bis sich neben der französischen *Elite-Agentur* auch die bekannte(n) Karin-Dependance(n) im US-Kundemarkt ausbreiteten, hauptsächlich die Modelagenturen *Ford-* und *Wilhelmina Models.*

Die Brüder lotsten jedoch nur alle in New York gelisteten und vor Ort lebenden Models in ihr für die Zukunft geplantes Agenturnetzwerk – deshalb eine kurzfristig währende Übereinkunft. Branchenverständlich mündete dies in viele juristische Streitereien. Denn just als ich anfing, mich 1995 in New York bei allen möglichen Agenturkontakten vorzustellen, erklärte sich ein mir dort vorgestellter Ford-Agent, bereit, zukünftig für diesen »JLB« deren US-Geschäfte zu übernehmen. Die New Yorker Szene, für mich noch neu, schien alarmiert, dass die Pariser Agentur »Karin Models« mit einer Dependance dorthin kam.

Zeitlebens als Modelscouts aktiv, sich immer als internationale Playboys gegeben, hatten diese Herren auf allen internationalen Märkten zusätzliche sogenannte Jungscouts, tituliert als Pfadfinder. Zur Neufindung von **»Frischfleisch«** durchkämm(t)en diese das internationale Nachtleben, Flughäfen und die immer größer werdenden Einkaufsmeilen. Ein erkanntes Modelpotenzial angesprochen, erledigten sie mit ein paar Testfotos alles bis zur jeweils kommunizierten Erstchancen- und Interessenbekundung. Jene marktentscheidenden Modelagenten, weltweit als sehr wichtige Besitzer der Pariser Mode- und Agenturmetropole bekannt, kamen erst dazu, wenn vor Ort eine bestimmte Summe potenziell neuer Mädchen (und Jungs) gefunden war. Dann casteten und selektierten sie, was sie dem nationalen Markt zu belassen oder dem internationalen Markt anzubieten glaubten. Alles noch ohne Internetkommunikation, eilte ihnen der Ruf voraus, wie multifacettenreich sie dies zu handhaben schienen.

Bereits Ende der 70er- und Anfang der 80er-Jahre müssen sie ein besonderer Fixpunkt der schillernd sozialen Nachtszene in der französischen Hauptstadt gewesen sein. Im gleichzeitig berühmt werdenden Nachtklub Les Bains muss vieles angefangen haben – dort, wo junge Mädchen und Frauen durch lokale Party-Promoter eingeschleust wurden und sich dafür teilweise abhungerten und allabendlich nicht nur für jene Genannten aufmarschierten. Viele positionierten sich im Nachtleben mit der Hoffnung, von ebenjenen als ein mögliches Model, noch besser als deren zukünftiges »Topmodel« erkannt zu werden.

Neueinsteiger(innen) bekommen recht schnell mit, durch wen man an die wichtigsten Jobs für die zukünftig erhoffte, in diesem Fall eine Modelkarriere kommt. Umso besser, wenn es der »eigene Agenturchef« ist. International, vor allem in elitären Pariser Kreisen etabliert, sollen nicht nur in deren Hauptquartiere seit Jahrzehnten schlüpfrige Partys stattfinden. Nach öffentlichen »Kennenlern Klub- und Tanzabenden« folg(t)en anschließend im Privaten organisierte »Komm doch einfach mit«-, Puff- oder Etablissement-Partys.

Nicht wenige dieser später sexuell möglichen Übergriffe müssen ebenda oder nochmals später in der Nacht in deren gut ausgestatteten Häusern in der Nähe ihrer Agenturen stattgefunden haben. Immerhin beherbergten sie die international für sie angereisten Einsteigermodels nicht nur in ihren privaten Wohnungen, sondern auch in den umliegenden Wohnmöglichkeiten.

Im privaten Apartmentbereich kamen meistens die bereits erfolgreicheren Models unter, die gute Chancen hatten, sich zu etablieren. Bei den anderen handelte es sich um völlig naive, neu aufstrebende Models, die von ihren Eltern, wie diese glaubten, in beschützende Obhut gegeben wurden und deshalb zur Verfügung gestellt wurden. In Paris waren die jüngsten Models nicht selten erst 13 Jahre alt.

Mit dem Ende des »*Kalten Krieges*« (1989) zog es während der 90er-Jahre hauptsächlich Mädchen aus osteuropäischen Ländern in dieses Glamour vermittelnde Branchenumfeld. Hierdurch kamen junge, unter Kulturschock stehende, sprachlich überforderte, deshalb vielerlei unschuldige, nicht versierte Mädchen hinzu, nicht selten aus sehr armen, mittellosen und elektrizitätsreduzierten Verhältnissen. Bei Erstgesprächen lockten Agenturchefs nicht nur diese ahnungslosen Mädchen, sondern meistens auch deren Eltern, mit dem Versprechen, gutes (Branchen-) Geld zu verdienen.

Das ein oder andere Mädchen fand schnell heraus, dass von ihnen erwartet wurde, dass sie sich in diesen Häusern und Wohnungen die Schlafzimmer teilen sowie individuellen »Pfadfinder-Scouts« und deren männlichen Freunden »Gesellschaft leisten« sollten. Besonders »JLB«s Name wurde im Zusammenhang mit zahlreichen dieser Anschuldigungen genannt, auch von Mädchen, die ich kennenlernte.

Denn auf vielen meiner tage- und wochenweise gebuchten (Katalog-)Reisen arbeitete ich mit einigen von dort gebuchten Models zusammen. In einsamen Locations im sogenannten Nirgendwo gab es genug Zeit, sich ausführlich über die unterschiedlichsten Konstellationen dieser eigentlich interessanten, attraktiven Branche zu unterhalten, die jedoch hinsichtlich dieses Themas alles andere als attraktiv oder »lustig« schien. Wegen wiederholten Fehlverhaltens reichen diesbezügliche Vorwürfe innerhalb der Branche bis in vergangene Jahrzehnte zurück.

In späteren, mitunter momentan juristischen Fällen, dieses Thema immer wieder aufgegriffen, wurde vermerkt, dass es nicht nur die ungewollten Berührungen, die anzüglichen Suggestionen in Bezug auf Sex und die unangebrachten Bemerkungen seien. Einige Mädchen behaupt(et)en, dass sie immer mal wieder ungewollten Sex mit ihrem Agenten, Scout oder gar mit einem Fotografen hat(ten,) meist aufgrund einer versprochenen Sichtbarkeitssteigerung.

Viele dieser mittlerweile nachweisbaren Übergriffe fanden damals – und finden womöglich noch heute – innerhalb dieser besonders elitären und durch jene Agenten vermittelten Herrengesellschaften statt, mitunter auf deren beeindruckenden Jachten oder in einer ihrer Immobilien mit Pool – in New York, in Miami, in Palm Beach oder auf einem anderen wunderschönen Fleckchen Erde. Manche egogetriebene Megareiche besitzen inzwischen Privatinseln, die nur durch eine Privatjacht, einen Privatjet oder einen Hubschrauber zu erreichen sind, im Branchenjargon als »Inseln der Pädophilen« bekannt.

So manches Mädchen wurde »vermittelt«, da davon ausgegangen werden kann, dass betuchte Herren den Agenten viel Geld bezahlten, um ihre Traumfrauen auf Events oder Partys zu sehen. Den angefragten Models wurde dies wiederum nur als anwesenheitspflichtiger Partyevent »vermittelt«. Auch ist bekannt, dass dafür sogenannte »Lolita Express«-Charterausflüge unternommen wurden, dann, um abgeschirmt auf privaten Inseln oder Ländereien den eigenen Leidenschaften zu frönen.

Mädchen erzählten immer wieder, dass sie mit Privatjets vermeintlicher Kunden ein- und ausgeflogen wurden. Auf Nachfrage stellte sich heraus, dass es sich nie um eine Fotoproduktion oder eine Kollektionspräsentation drehte, vielmehr um ein gegenseitiges »Kennenlernen«. Als Job-Vorwand wurden gerne diese den Status steigernde berühmten Jahreskalender-Castings angegeben.

Die Mädchen erzählten, dass vorwiegend ebenjener »JLB« sowie auch andere seiner Pfadfinder-Scouts teils handgreiflich wurden. Die Mädchen wurden mitunter unsittlich angefasst, unerwartet geküsst und es wurde oftmals versucht, sie dazu zu bringen, sich auf das ganz zufällig bereitstehende Sofa oder Bett zu legen, nur um es mal »auszuprobieren«.

Eines der trickreichen Argumente war, dass die Agenturchefs oder deren »Pfadfinder«, ja schließlich auch den Körper »casten« müsste. Um ihnen Jobs vermitteln zu können, müssten sie schließlich auch den Busen, die Taille und die Bauchmuskeln gesehen haben. Nicht selten versuchten sie, die Mädchen hierfür auszuziehen.

Immerhin waren die Agenturbesitzer mitunter viel älter als die Väter vieler noch jungfräulicher Models, was sicherlich unangenehm für das ein oder andere unerfahrene Mädchen war.

Mitte der 1990er-Jahre und Anfang der 2000er-Jahre positionierten sich alle diese Agenten nochmals verstärkend auf dem US-Markt. Während ich in New York lebte, wohnte zum Beispiel »JLB« eine ganze Weile in einer Wohnung im »Trump Tower«. Retrospektiv könnten hier Querverbindungen erkennbar werden zwischen ihm und dem später individuell berühmten US-Präsidenten Nummer 45, gegen den es allein zu diesem Anklagepunkt bereits mehrere Vergehen und Anklagen gibt.

Benannte Agenten saßen oft als Jurykollegen bei dessen alljährlich national und international stattfindenden »Miss World«- und »Miss Universe«-Wahlen, deren weltweiter alleiniger Business- und Rechteinhaber er war. Diese Teenager-Miss-Wahlen dienten diesen Herren als »offene Kennenlern-, Vorstellungs- und Mitmachcastings«. Bei diesem (Branchen-)Geschäft und Milieu mussten viele Mädchen, sicher auch einige Jungs von Anfang an feststellen: Wer nicht im Sinne der Organisatoren oder der Agenten kooperiert, hat, verloren.

Circa 1999 wurden jene Agenten, völlig unerwartet, aufgrund multibler sexueller Avancen von ihren Pariser Mutteragenturen verbannt. Leider nur kurzfristig. Dies nach ersten international gesammelten, durch die englische BBC im Fernsehen übertragenen Missbrauchsanschuldigungen. Juristisch nicht sattelfest argumentiert, wurde(n) die Anklage(n) fallengelassen. »JLB« gründete nebenbei in den USA eine neue Modelagentur. Nicht wenigen schien er auch hier eher wie ein Party- und Eventorganisator, der sehr viele internationale, als neu definierte Jungblutmodelle gerne auch an den ehemaligen US-Präsidenten, für dessen internationale Miss-Wahlen, vor allem dessen internationale Herrenelite sowie deren Freunde vermittelte. Durch sogenannte »offene« oder zuvor arrangierte »Analyse-Party-Castings« zogen sich diese Herren vorab die besseren Gewinnerinnentypen heraus. Gleichzeitig versuchten sie die eine oder andere, die nicht ganz optimal wirkte, für Poolpartys und »private After-Partys« zu gewinnen. Mitunter eine Regel und Motto bei vielen dieser Poolpartys war: »No swimsuits inside the pool!« – »Keine Badebekleidung im Pool!«

Ständig »zukünftiges Material« anbietend, wurden nach heutigem Kenntnisstand, vor allem durch ebenjenen »JLB«, immer schon außergewöhnlich viele, zudem ausschließlich sehr junge, vermehrt osteuropäische Teenagermädchen mit einem Model-Visum speziell für den USA-Markt akquiriert und eingeflogen. Das brauchte aufgrund deren jungen Alters, nicht nur im Falle der USA, eine gut strukturierte und funktionierende Visa-Organisation; auch damit ebendiese Jugendlichen überhaupt in diese nur mit Visa einzureisenden Länder gebracht werden konnten. Nicht unbedingt als Fashion Models eingeplant, wurden einige Visumanträge von Jeffrey Epstein, einem *New Yorker Multimillionär,* anwesend auf vielen Branchenpartys bezahlt. Auf seine Verurteilung wartend, er im August 2019 (scheinbar) Selbstmord beging. Nachweisbar durch internationale Journalisten aufgedeckt, kannten sich nicht nur »JLB« und »Jeffrey« sehr gut. Diese Zwei lernten sich scheins während einer der damals unzähligen »Privatjet-Shuttles« zwischen Manhattan und Miami kennen.

Auch wenn ich nie in einem Privatjet mitflog, so »shuttelte« ich Mitte der 1990er-Jahre bis Anfang der 2000er-Jahre zeitweise wöchentlich zwischen New York und Miami. Es war die Zeit der Vielfliegerei. Wir arbeiteten ständig mit Mädchen aus diesen für uns bekannten Vor-Ort-Dependance- und -Kontaktagenturen. Bereits um die Jahrtausendwende gab es sich verbreitende Insider-Storys, die leider nie wirklich verifiziert wurden. Sobald verschiedentlich etwas über missbräuchliches Agenturverhalten ans Licht zu kommen schien, schloss eine vermeintlich angeklagte Agentur ihre Pforten, nur um kurz darauf unter neuem Namen, aber mit ebendiesen Angestellten, weiterzumachen, so als sei nichts gewesen. Immer wenn ein entstehender Branchenskandal die Community aufrüttelte, behauptete der Angeklagte, schon lange nichts mehr aktiv mit dieser Agenturverbindung zu tun zu haben. Ein bis zwei Saisons später hörte ich in den Gesprächen heraus, dass dieses oder jenes neue Mädchen durch ebendiesen Scout oder Pfadfinder in unser Metier gefunden hatte.

Ein damals bekannter Agentur-Pfadfinder und Testfotograf meinte, dass er entsetzt, sei über die Neumodel-Behandlung durch »JLB«. Wenn ich mich richtig erinnere, fasste er es in folgende Worte: »Der Typ ist ein gemeines Schwein!« Anscheinend haben die Mädchen, die mit ihm schliefen, einen Job bekommen und haben somit davon profitiert. Wenn die Mädchen nicht taten, was von ihnen verlangt wurde, kam es vor, dass deren Karrieren sabotiert wurden. Dann wollte derjenige nicht mehr, dass sie für irgendetwas empfohlen, gar gebucht wurden. Dann war es egal, wie schön sie waren, welche fotogene und telegene Ausstrahlung sie besaßen und was für einen kommerziellen Marktchancenwert sie infolgedessen hatten.

In aktuell individuell gerichtlicher Beweissuche geht es darum, wie viele dieser jungen Mädchen über ihre Agenten von Anbeginn zur Prostitution verführt, gar als Sexsklavinnen für (sehr) reiche Kunden gehalten wurden, also körperlich und deshalb auch emotional »herhalten« mussten. Unter ihnen waren angeblich sehr mächtige Männer, teils aus den Königshäusern, Staatsanwälte, Juristen, Wall-Street-Finanzhaie, Intellektuelle, Schauspieler und andere Vermögende.

Nicht nur »JLB« muss jegliche Vorwürfe gegen sich, verbal sowie polizeilich, bestritten haben. Allerdings soll keiner jemals, zumindest bis Ende 2021, eine Gegenklage erhoben haben. Bis zum letzten Quartal 2020 bereisten sie den Globus trotz vieler, auch weit zurückliegender Vorwürfe, immer auf der Suche nach jungen Mädchen, um daraus »ihre« Models zu machen. In Untersuchungshaft kamen sie wegen multipler recherchierter Verbindungen zu internationaler Prostitution. Auch wegen Vorwürfen zu organisiertem Mädchenhandel. Einer 2013 eines natürlichen Todes verstorben; werden den noch Lebenden mindestens »Vergewaltigungen von Minderjährigen« sowie »sexuelle Belästigung(en)« vorgeworfen. Inzwischen Mitte 70 ist dies ein tiefer Fall für diese ehemals uns berühmt bekannten Partylöwen!

AKTUELLER STAND: Während ich für diese meine Lebensgeschichte die letzte Textkorrektur vornahm, hat sich betreffender »JLB« im Pariser Gefängnis anscheinend selbst das Leben genommen. Zwei Tage nachdem sich ein königlicher Prinzensohn für circa zehn Millionen Euro gegen eine dieser erniedrigenden Anklagen »freigekauft« hat; wie es scheint. Nur knapp zwei Monate nachdem dessen persönliche Freundin die, innerhalb der internationalen High Society mittlerweile bekannt, als (s)eine Sexualstraftäter(in) Komplizin wegen sexueller Ausbeutung Minderjähriger angeklagt, in New York für schuldig erklärt wurde. Inzwischen 60 Jahre alt, wartet sie auf ihren Schuldspruch, bei dem ihr bis zu 65 Jahre Haft drohen.

Im Gegensatz: Wenn Einsteigermodelle, sogenannte »Babymodels«, mit ihren Eltern diese Berufschance angehen, werden sie erst gar nicht von diesen (Pfadfinder-)Scouts »ausprobiert«.

Als bestes Beispiel gilt das deutsche Model Claudia Schiffer, der nach über 30 Jahren Branchenzugehörigkeit nicht ein einziger Skandal nachgewiesen wird. In ihrer Entdeckungsphase waren ihre Erziehungsberechtigten, meistens ihre Mutter, immer an ihrer Seite. Der Vater, ein Anwalt, konnte alle angebotenen Verträge einsehen. Bei blutjungen, unschuldigen Mädchen, die es wagen, in diese mitunter glamouröse Konsumwelt einzutauchen, wurde – trotz Einverständnis ihrer Eltern – meist sofort bei ihrer Ankunft vor Ort »gecheckt«, wie weit eine Einwilligungserklärung ausgereizt werden könnte. Überdies stehen diese Jugendlichen oft unter dem Druck ihrer (egogetriebenen) Eltern, die hoffen, dass

»ihr Baby« den Weg in dieses Erfolg versprechende Umfeld schafft, um bei ihren Bekannten und Freunden mit ihren potenziellen »Topmodel«-Töchtern zu prahlen.

Digital ermöglicht durch die online Informationsvernetzung, (ver-) sammeln sich unterdessen, seit ca. drei Jahren, wegen internationaler, juristisch aufzuarbeitender Fälle, diese ehemals »missbrauchten« Model-Mädchen. Heute sind es Frauen, teils Mütter, mitunter feststellend, dass nicht nur sie individuell vergewaltigt, damals missbraucht wurden. Es gab mehrere solcher Lebensabschnittsgeschichten. Jedoch glaubte jahrelang jede, die Einzige gewesen zu sein. Ich denke, viele Menschen, nicht nur Branchenkolleg(inn)en, haben oben beschriebene Männertypen satt. Vielleicht hilft die aktuelle #MeToo-Bewegung, um künftig dieser Art von Missbrauch vorzubeugen. Möglicherweise braucht es international noch ein bisschen mehr evolutionären (Generationen-)Mut. Unter Umständen schaffen wir es immer besser, die Geschichten von misshandelten Kindern, Mädchen und Frauen zu thematisieren.

Ich möchte nicht wissen, was für Geschichten männliche Models zu erzählen haben.
    Missbrauch findet auf vielerlei Ebenen statt, bestimmt auch in diesem Branchensegment.

CROSS-OVER-MARKETING

Im zeitgenössischen Branchen(erfolgs)rhythmus drin, bekam ich verstärkt auch dessen Branchenkontaktknotenpunkte mit, zum Beispiel wie die Mode-, Model-, Werbe- und Marketingmetiers mit der Wall-Street-Branche vernetzt wurden. Erstmals miteinander verschmolzen, deshalb »cross-over«, haben sich unterschiedliche Branchenbereiche kommerzialisiert. Weltweit kombinierte Auftritte und somit für die Presse real wirkende (Image-)Mitschnitte entstanden, die eine Vorstufenidee zu Facebook und dem noch späteren Instagram-Hype waren. Nicht nur die erfolgreichsten Wall-Street-Herren schmückten sich mit diesen inzwischen zusätzlich imagetragenden Models. Diese Herren hatten sehr gerne eine an der Hand (wenn es bei nur einer blieb).

Manhattan strotzte während den 80er- und 90er-Jahre vor unterschiedlichen und individuellen Wohn- und Lebensquartieren. Der 1994 gewählte Bürgermeister *Rudolph Giuliani*, in Insiderkreisen **»Adolf Giuliani«** genannt, räumte in seiner Vorstellung vieles auf. Zumindest glaubte er die Stadt sicherer, dadurch kommerziell erfolgreicher zu machen. Sein Amt als Bürgermeister veränderte nicht nur die Regeln des New Yorker Nachtlebens. Mit seiner Kampagne für »mehr Lebensqualität« wollte er vor allem das ausschweifende Nachtleben der Stadt ansprechen. Jedoch schien er die Problemthemen Drogen und Kriminalität zwischen dem Downtown- und Times-Square-Bereich nur über die Brücken und durch die Tunnels in die sozial schwächeren Vororte zu verschieben. Durch ihn veränderte sich vieles. Bars und Klubs mussten plötzlich jährlich neue Individuallizenzen beantragen, um Musik, Tanzen und Alkohol anbieten zu dürfen, dies aufgrund der zuvor beschriebenen »Club-Kids«-Szene und anderer Branchen- und Drogenskandale. Strikte Aufsichtsbehörden schienen diese Teillizenzen willkürlich einzuschränken oder vollumfänglich zu eliminieren.

Steuerlich subventioniert, wurde von überproportional erfolggekrönten Wall-Street- und Immobilien-Haien investiert, und zwar – wie zuvor in Miami – in übrig gebliebene, noch nicht kommerzialisierte Gegenden. Sie kauften die heruntergekommenen Gebäude auf und kernsanierten diese. Anschließend wurden sie für horrendes Geld weiterverkauft. Viele, die Mitte der 90er-Jahre einen für New York akzeptablen Mietpreis bezahlten, begannen sich über die jährlich immer drastischeren Mietpreiserhöhungen zu beschweren. Wir sprechen von 3.200 Dollar Mietpreis für eine lichtarme 40-Quadratmeter-Wohnung. Meine Mitwohngelegenheit kostete mich 1.800 Dollar für durchschnittlich 14 Quadratmeter.

Wo sich individuelle, jedoch kleine Krämerläden befanden, kamen Boutiquen rein, deren Preise sich die wenigsten leisten konnten. Mit dem abflauenden Kult der originalen Riege von Supermodels realisierten wir, dass sich etwas verändern würde. In welcher Form dies geschieht, konnte keiner ahnen.
 1998 reiste ich nochmals kurzfristig mit einem befreundeten *New Yorker Fotografen* zurück nach Mailand. Wir hofften, dass wir aufgrund der inzwischen multiplen Vogue-, Marie Claire und *italienischen Harper's-Bazaar-Editorials* dort noch

mehr italienische Designerproduktionen und Werbekampagnen generieren. Rückblickend schien die Mailänder Szene beleidigt, dass wir – in deren Augen New Yorker – es uns erlaubten, durch arrangierte Vorstellungstermine zusätzlich deren heimischen Markt zu beackern. Während wir in Mailand die bereits in New York koordinierten Produktionen ableisteten, entschied er sich, auch wegen eines Neugeborenen, früher zurückzufliegen.

Ich glaube, mit meinen mittlerweile High-Fashion-Bildunterlagen dort noch etwas mehr zu erreichen. Unnötigerweise hielt ich, wie in einer schlechten (Ehe-) Beziehung, an der Mailänder Szene fest, obwohl ich in Italien Jahre zuvor bereits keinen zusätzlichen Durchbruch erreichte. Sodass sich die Situation von 1990 wiederholte, während ich in New York verfügbare Produktionsanfragen nicht mitgestaltete.

Wie ich mich auf die dort international möglichen Produktionschancen besann (wohingegen die Chancen in Mailand eher landesorientiert waren), hatten sich inzwischen viele meiner kleinen Direktkontakte und Auftraggeber mit anderen Kolleg(inn)en verbündet. Vor Ort über Jahre von mir trainierte Assistent(inn)en durften/konnten sich mit ihrem jeweiligen (neuen) Stil zeigen und teilweise positiv positionieren.

Zurück in New York, musste ich, nach nur drei Monaten saisonrelevanter Abwesenheit, nochmals von vorn beginnen. In Gesprächen ist es nie an meiner Person oder an meiner Arbeit gescheitert. Ich fand heraus, dass es für New Yorker normal ist, dass zugezogene Brancheninsider durchschnittlich alle drei Jahre kommen und gehen. Sie glaubten schlichtweg, dass ich genug gehabt und mich deshalb abgesetzt hätte.

Da diese Stadt davon lebt, schnelle Entscheidungen und neue Chancen auf- und wahrzunehmen, war das für die dort ansässigen Entscheidungswege kein Hindernis. Ich war schlichtweg nicht da, als ich gebraucht wurde. New-York-Motto: »Der eine geht, ein(e) andere(r) kommt.«

Tatsächlich musste ich mir nochmals ordentlich in den Hintern treten und mich motivieren, mich gegen die nachweisbar immer stärker erkennbaren Mitstreiter zu behaupten. Durch vertrauensvolle Kontakte akquirierte ich neue Produktionen und wurde in New York immer mal wieder sepreariert nur für das Haarstyling oder für das Make-up gebucht. Dabei wurde ich vermehrt Augenzeuge, wie bei redaktionellen Modestrecken das Haarstyling nichts mehr mit dem zu tun haben sollte, was in meiner entstehenden Generation dafür definiert zu sein schien.

Die immer jünger werdenden Haarstylisten, teilweise ohne Friseurausbildung, kamen ans Set und machten nichts, was für unser Empfinden nach Haarstyling aussah. Im Gegenteil; sie beließen die Haare meist so, wie das Mädchen bereits gekommen war. Einer befahl einem Model sogar, sich seinen Pferdeschwanz so zusammenzubinden, wie es sich das zu Hause immer mache. Er wurde am Set dafür bejubelt und hat es mit seinem »Undone«-und »Out-of-Bed-Look« geschafft, diesen Look bis heute, 20 Jahre später, zu professionalisieren, diesen mittlerweile gar für salonfähig zu erklären.

Wenn ich teilweise die letzten 10 Jahre Modekampagnen und Redaktionsstrecken betrachte, frage ich mich, ob überhaupt noch ein gelernter Friseur als Haarstylist am Set ist. Manche Kampagnenhaare erinnern mich an von mir benannte **»Spritzlappenfrisuren«.** Kurzum: Unmittelbar vor der

Jahrtausendwende veränderten sich vereinzelt unscheinbar wirkende Dinge, die sich jedoch erst weit nach der Jahrtausendwende kommerzialisierten. Zum Beispiel die digitale Fotografie. Fotografen verwendeten seit Mitte der 90er-Jahre Kamerasysteme, in die keine Filmrollen mehr eingelegt wurden, sondern Speicherkarten. Da dem System vorerst nicht vertraut wurde, wurden die ersten Produktionen »doppelt gemoppelt«: Es wurde herkömmlich analog und zusätzlich digital fotografiert.

Beim analogen Arbeiten wurden noch viele Fotograf(inn)en in den dafür vorgesehenen chemischen Labors und deren Abholstationen angetroffen. Neue kennengelernt, wurde sich untereinander empfohlen. Dort wurde über das Pro und Kontra dieser technischen Revolution diskutiert. Jeder hatte seine Meinung. Dass sich der Markt veränderte, war jedem klar. Wie drastisch dies passierte, konnte/wollte keiner erahnen. Allerdings erkannte ich, dass Make-up und Haarstyling weiterhin gebraucht wurden.

KOMMERZIELL ERFOLGREICH

In New York mit viel (Branchen-)Herzblut und Engagement wieder alte Strippen gezogen und neue geknüpft, waren die Jahre zur und nach der Jahrtausendwende in vielerlei Hinsicht die branchenweit erfolgreichsten. Noch immer ohne Agenten, trotzdem an gleichbleibend wertige Produktionen gekommen, schien ich zunehmend die Balance zwischen redaktionellem und kommerziellem Arbeiten zu schaffen. Mit der für das Jahr 2000 anstehenden Olympiade durfte ich mit einer mittlerweile befreundeten Fotografin, die als »schnellste Frau der Welt« kommuniziert wurde, für das in den USA wichtigste *Sportmagazin* präparieren. Grundsätzlich sehr kurz angebunden, musste alles sehr schnell, wie bei ihren Goldmedaillen-Sprints, ablaufen.

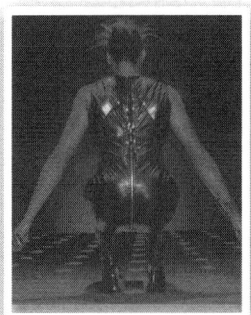

Fotos: Isabel Snyder

Als Team erstaunte, dass sie mit ihrem Managementteam vor unseren Augen kiloweise, frittierte Hähnchenschenkel und Pommes in sich hineinstopfte. Immerhin hatten wir geglaubt, eine Asketin und einen Ernährungsprofi kennenzulernen.

Fotos: Isabel Snyder

2007 wurden ihr sämtliche Medaillen aberkannt, da sie sich zu extensivem Sportdoping bekannte. Für die USA hatte sie immerhin drei olympische Goldmedaillen und zwei Bronzemedaillen erkämpft.

Mit dieser Fotografin wurden wir kurz darauf in München für das deutsche Medienhaus Burda gebucht. Sie stammte aus der Schweiz und lebte lange in Paris und Los Angeles. Innerhalb zweier Tage lernten wir Namen deutscher Stars kennen, die wir bis dahin nie zuvor gehört hatten. Unterschiedliche Porträts schafften es später in die deutschen Magazinausgaben ELLE, Hörzu und Bunte. Daraufhin schienen deutsche

Werbeproduktionen aufmerksam zu werden; ebenfalls nachdem ich international unterschiedliche Magazincover und Modetrendgeschichten generiert hatte und diese auch marketingbeeinflussend positionierte.

Angesichts dessen, dass der ständig neu zu erkämpfende Erfolgsdruck an meinen Nerven zehrte, war ich froh, für EU-Kampagnen-Anfragen in Betracht zu kommen. Nebenbei explodierten in Miami plötzlich die Produktionskosten, weshalb viele Teams für anstehende Image- und Katalogproduktionen neuerdings ins günstigere Kapstadt in Südafrika wechselten, auch wegen der neu möglichen Bildhintergründe. Mit dem Ende des diskriminierenden Apartheid-Regimes (1994) manifestierte sich dort eine stabilisierende Demokratie. Für uns bedeuteten diese verlagerten Produktionsorte zusätzliche, vor allem weitere Hin- und Rückreisen.

Aus der Friseurbranche kommend, mittlerweile kontinuierlich die internationalen Redken-Produktimages mittragend, wurde ich immer häufiger für Haarproduktkampagnen in Deutschland akquiriert. Tatsächlich hatte mich mein Friseurherz motiviert, extra für diese Produktionen einzufliegen.

Fotos: Steven Sullivan

Foto: Jens Stuart

Foto: Steven Sullivan

Foto: Jens Stuart

Fotos: Bruno Gaget

Fotos: Jürgen Altmann

Fotos: Thomas Kilper

Foto: Thomas Kettner   Foto: Siegrid Rothe   Foto: Blasius Erlinger

Fotos: Michael Munique

Fotos: Simone Schneider

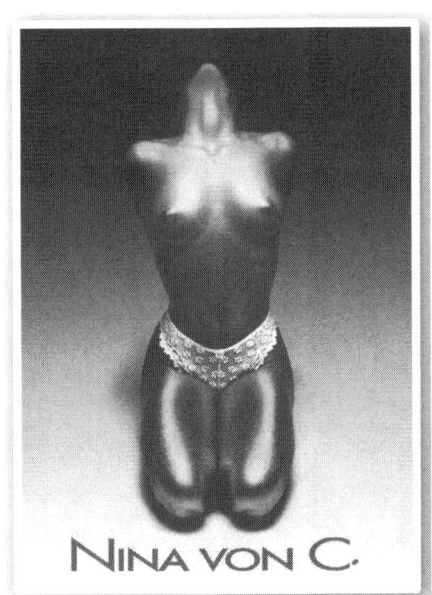

Foto: Manfred Keupen

Foto: Simone Schneider

Fotos: Tabatahan   Foto: Simone Schneider

Fotos: Paul Empson

Foto: Harald Habermann

Fotos: Manfred Keupen

Fotos: Karin Kohlberg

Fotos: Peer Oliver Brecht

UMORIENTIERUNG NACH BERLIN

Zum Jahrtausendwechsel glaubten nicht nur New Yorker einen digitalen Computer-GAU zu erleben. Was alles nicht geschah! Jedoch erlebten wir zum Frühjahr des ersten 2000er-Jahres einen unerwartet drastischen Rückgang der internationalen Wirtschaft. Hautnah durchlebte die Kreativbranche die als »New Economy/Dotcom-Blase« titulierte Rezession. Zu viele luftblasenorientierte Firmengründungen implodierten, davon sehr viele in New York aufgebaute Luftschlösser. Gründer waren zuvor wie Hollywoodhelden gefeiert worden. Sie erhielten irrsinnige Fantasiebeträge für noch sehr vage digitale Geschäftsideen. Banken versenkten Hunderte Millionen Dollar. Dieser Wirtschaftseinbruch reduzierte (in der Kreativbranche wird zuallererst gespart!) viele Buchungsanfragen. Im Herbst/Winter 2000/2001 gab es zudem in den USA einen die internationale Zukunft beeinflussenden 43. US-Präsidentenwechsel. Alles andere lief, wie es eben lief.

Im Frühjahr lernte ich in einem Waschsalon in Miami über einen (noch immer) befreundeten Make-up Artisten-Freund einen aus Berlin angereisten Existenzgründer und später internationalen Teppichdesigner kennen. Beide lebten in Berlin und priesen es als die zukünftige Mode(l)-Hauptstadt Europas. Nichts wie weg von New York wollte ich, nachdem ich im selben Frühjahr erstmals für eine Produktion dorthin eingeflogen worden war.

Fotos: Ben Wolf

(M)ein unvergesslicher Ersteindruck von Berlin wurde durch ein für Deutschland ungewöhnlich traumhaftes Frühlingswetter noch eindrucksvoller, verbunden mit den asiatischen Zierkirschen, die dort gerade voll aufblühten. Unmittelbar fesselte mich dieses nicht gekannte Berlin, nicht nur wegen seiner breiten Straßen und der Jahrhundertarchitektur. Ich glaubte dort eine neue und zukunftsorientierte EU-Marktchance zu erkennen. Die Mieten in New York waren wiederholt angestiegen, ungeachtet der entstandenen Arbeitsflaute. Das war (m)ein Ärgernis. Mit der nicht völlig legitimen Wahl des US-Präsidenten Georg W. Bush zog es mich – eine politisch

Fotos: Udo Spreitzenbarth

Foto: Thomas Rabsch

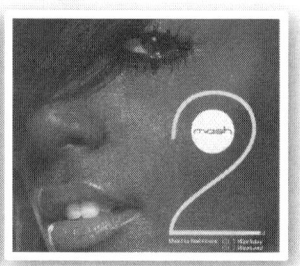

Fotos: Marcus Fischer

orientierte Entscheidung meinerseits – auch wieder eher in Richtung meiner deutschen Wurzeln, die inzwischen auch als EU-Wurzeln bezeichnet werden konnten.

Imaginär sollte dort – Berlin war in diesen Jahren die größte Baustelle der Welt – vieles möglich werden. Jener Teppichdesigner (er war im Laufe des Jahres für sechs bis acht Monate in Argentinien) bot mir seine voll möblierte Zweizimmerwohnung an. Nachdem ich immer mehr EU-Image- sowie Editorial- und Katalogbuchungen für Südafrika/Kapstadt erhielt, wollte ich nicht immer um den halben Erdball fliegen, damit ich jene gewinnbringenden Buchungen abarbeiten könnte. Noch im Spätsommer schaffte ich den Sprung nach Berlin und mietete dessen Wohnung, ähnlich der erst 2009 entstehenden Airbnb-Option.

Katrin R

Fotos: Blasius Erlinger   Foto: Ben Wolf

Das arbeitsfeldreduzierte Berlin funktionierte jedoch komplett anders. Das 1989 mit dem Mauerfall wiedergeborene Berlin schien, verglichen mit einem Jugendlichen, in (s)einer pubertären Findungsphase. Das Attribut »arm, aber sexy« erhielt diese Stadt durch den später ersten homosexuellen Großstadtbürgermeister. Mit diesem Slogan hatte er während seines Wahlkampfs (2001) die zukünftig von ihm zu regierende Stadt tituliert. Das stimmte in vielerlei Hinsicht.

Der ursprüngliche Berliner wirkte gegenüber dem West- und Ostdeutschen bereits etwas ärmer. In Verbindung mit der über 40 Jahre gelebten Zonenerfahrung jenes *»Kalten Krieges«* hatte mancher ein inzwischen fixiertes Bewusstsein einer vom Staat geförderten Subventionsmentalität. Aus meinem strukturierten New Yorker Arbeitsumfeld kommend, realisierte ich zu spät, dass es in Berlin nur sehr wenige handfeste Geschäfts- und Kundenkontakte gab. Im Modus eines Wiederaufbaus war dort alles im Ab- oder Umbruch. Die Kastanienallee in der Prenzlauer-Berg-Gegend, wo ich lebte und wo immer noch Haus für Haus renoviert wurde, mutierte zu einer branchenrelevanten Casting-Allee.

Alle darauf einkehrenden und einkaufenden Berlin-Hipster und Nerds wurden in erstmals entstehenden, eher designorientierten Cafés angesprochen, ob sie nicht modeln, filmschauspielern oder anderweitig kreativ sein wollten. Während ich weltweit die abzuarbeitenden »Go&See«-Termine von morgens bis abends gewohnt war, schienen die Berliner erst mittags in die Pötte zu kommen. Der Berliner, gefühlt nur nachtlebenorientiert und bis in die frühesten Morgenstunden von Technomusik getrieben unterwegs, war nicht daran interessiert, vor der Mittagszeit einen Kennenlern- und Vorstellungstermin zu vereinbaren. Die dafür mit Taxis und öffentlichen Verkehrsmitteln zurückzulegenden Wege erinnerten an Los Angeles.

Immerhin gilt Berlin in Deutschland als die bevölkerungsreichste und mit 892 Quadratkilometern die flächengrößte Gemeinde Deutschlands. Viele ausgemachte Termine sollten erst am späten Nachmittag stattfinden, wenn sie nicht kurzfristig bei (m)einer vorab telefonisch initiierten Terminbestätigung abgesagt wurden. Nicht nur einmal war es vorgekommen, dass niemand vor Ort war, nachdem ich mich quer durch die Stadt geschleppt hatte. Meine weltweit, vor allem durch New York geprägte und angeeignete Arbeits- und Erfolgsmoral wurde dort zu einer anderen. Tatsächlich waren die Lebenshaltungskosten hier geringer, und zwar um einiges. Allerdings waren auch die Verdienstmöglichkeiten angepasst. Tagesgagen von bis zu 2.000 Dollar waren überhaupt nicht mehr anzudenken.

DER 11. SEPTEMBER UND SEINE FOLGEN

Den 11. September 2001 verbrachte ich zufällig in Stuttgart. Ich hatte endlich mal frei und war gerade durch die gläserne Breuninger Karlspassage (Einkaufszentrum in Stuttgart) gelaufen, als die berühmten und mir sehr bekannten New Yorker »Twin Towers« im damaligen Bang & Olufsen-Geschäft auf den zum Verkauf angebotenen Bildschirmmonitoren qualmten. Ohne Ton sah ich zuerst nur unrealistisch wirkende (Film-) Szenen, ähnlich den Videoinstallationen des Künstlers Nam June Paik. Ständig synchron wiederholend zeigte sich auf drei neuesten, nebeneinander positionierten HD-Monitorbildern ein erst später erkanntes Terrorflugzeug, wie es immer wieder in den zweiten Zwillingsturm krachte.

Wie viele andere war ich nur von einem sehr unglücklichen Unfall ausgegangen. In diesem Moment unwissend, mir der globalen Folgen nicht bewusst, war ich für einen kurzen Moment sogar gehässig und freute mich, dass die New Yorker Wall-Street-Snobs endlich eins »in die Fresse« bekamen. Kurz schien sich mein unterschwelliger Zorn zu entladen ob der entstandenen Miet- und Lebenssituation dort.

Während ich New York bereits Richtung Berlin verlassen hatte und mich dadurch schneller von dem »New Economy«-Einbruch erholte, wurde es aufgrund jener Tragödie für viele meiner Bekannten vor Ort zusätzlich hart. Nach diesem fürchterlichen Anschlag konnte niemand – nicht nur Stylisten, Fotografen und Make-up-Artisten – mehr raus aus oder zurück nach New York. EU-Kunden entschieden sich wegen drastisch ansteigender Sicherheitsregulierungen für alternativ zur Verfügung stehende Produktionsorte. Die New Yorker Mode-Avantgarde war im Schock und schien sich über das folgende Jahr hinweg panikartig von dort abzusetzen. Wer sich in den 90er-Jahren kreativ orientiert von Mailand, Paris und anderen Hotspot-Gegenden nach New York bewegt hatte, ging dorthin zurück, wo er/sie ursprünglich herkam.

Während die Welt nicht nur an diesem erinnerungswürdigen Tag mit kontinuierlichen Nachrichten geflutet wurde, saß ich an exakt jenem Abend, eher zufällig, seit Jahren wieder in der Wohnung jener mir bekannten Kundin und Diskoklubbesitzerin-Freundin. Sie hatte mir im Winter 1990 das Zuggeldticket ausgelegt, damit ich einen Schweizer Fotografen kennenlernen konnte. Jenen, der mich 1991 schlussendlich auf die erste Produktion mit nach Miami nahm, wodurch alle meine späteren USA-Entwicklungen ins Rollen kamen. War das numerologisch etwa – ausgerechnet zehn Jahre später – ein Omen, das Veränderung verhieß?

Begegnung mit Airbrush-Make-up

Foto: Werner Gritzbach

Zur Mitte des ersten 2000er-Jahrzehnts wurde ich unerwartet zu einer extra aus New York nach Berlin kommenden Produktpremiere eingeladen. (M)einem Bekannten seine Frau, ebenfalls eine in New York gekannte Make-up-Artistin, habe eine/ihre dekorativ kosmetische Produktserie entwickelt, mit der sie die Make-up-Zukunft bestimme.

Er technisch versiert, habe für sie ein besser bedienbares Kleingerät entwickelt, welches fortan den digitaleren Anforderungen gerecht(er) würde. Ich hatte von Airbrush als Make-up-Applikationstechnik nur am Rande mitbekommen und so fragte ich mich auf dem Weg dorthin, inwieweit diese kurz- und langfristige Ansage, und damit eine veränderte Handhabung, einen bestehenden Kosmetikmarkt beeinflusst.

Ich überlegte, ob dadurch endlich alle mir noch immer unhygienisch erscheinenden Schwämmchen, Pinsel und Puderquasten längerfristig eliminiert würden. Während ich bei deren Promotion-Event jene branchentypischen S&M-Veranstaltung (Standing & Modeling) die inzwischen »Bussi, Bussi«-Rituale erlebte, hingen dort zur Produktpräsentation diese heute bekannten YouTube-Erklärvideos über unseren Köpfen. Dessen vielfach genutztes (Erklär-) Phänomen jedoch erst nach 2005 entstand.

Auf Kurzvideos sah ich, wie sich gleichmäßig in kürzester Zeit diese scheinbar unsichtbaren Make-up-Pigmente nur mit einer in der Hand liegenden Sprühpistole verteilten und mindestens die Grundierung, teilweise das Rouge und wahlweise kreative Schablonenmuster aufsprühen ließen. Intuitiv spürte ich, dass dies eine Applikations- und somit eine (Branchen-) Marktrevolution war. Absolut begeistert davon gratulierte ich den kreativen Initiatoren, die ich ja noch aus New-York-Zeiten kannte.

Im *Berliner Departmentstore Quartier 206* war, neben dem damals noch bestehenden *Trendladen Colette in Paris*, dessen erste EU-Verkaufsstelle. Am folgenden Tag ließ ich mir dort die am Vorabend nur per Video präsentierten Produkte zeigen. Ich hatte meine Kreditkarte dabei, und da sowieso bald Weihnachten war, kaufte ich mir dieses erste tragbare Sprühgerät mit allen Farbtönen, obwohl ich noch keinerlei Ahnung hatte, wie das System in seiner Anwendung funktionierte, geschweige denn Kunden- oder andere (Branchen-) Reaktionen kannte.

Jahre später erfuhr ich, dass ich deren allererster DACH-Region-Käufer war. Auf dem Rückweg über Hamburg (nachdem ich einen zuvor bestätigten Produktionszwischenstopp eingelegt hatte) zeigte und erklärte ich es dortigen Freunden, die ebenfalls erstaunt, jedoch begeistert waren. Sie schenkten mir eine farblich perfekt passende Tasche hierfür.

Für meinen Rückweg hatte ich jetzt, zusätzlich zu meinem sonstigen Gepäck, zwei komplett vollgestopfte Make-up-Taschen. Auf diese neueste, vor allem teure Errungenschaft fixiert, ließ ich bei einem Taxiwechsel aus Versehen meinen seit Jahren mit mir um die Welt geflogenen metallenen Utensilienkoffer stehen. Sofort informierte ich die Bahnhofspolizei, aber dieser nur mit Make-up vollgestopfte Koffer war nirgends abgegeben worden. Als kurzfristig allein herumstehendes Objekt hatte er zumindest keinen Bombenalarm ausgelöst, was in von Al Quaida-Terror gezeichneten Zeiten häufiger passierte.

Geschockt musste ich mir nun auf schnellstem Weg, wie damals in Zürich, alle benötigten Zusatzprodukte neu kaufen. Zudem musste ich mich sofort mit diesem mir völlig neuen Anwendungsprinzip auseinandersetzen. Denn zwei Tage später hatte ich bereits mit einer in Deutschland bekannten Musical-Darstellerin eine redaktionelle Modeproduktion.

Nachdem ich kurzfristig Probeschminktermine mit den heranwachsenden Töchtern meiner Freunde vereinbarte, war ich erstaunt, wie schnell und einfach sich ein Farbton als eine gleichmäßiger wirkende Grundierung applizieren ließ. Diese für mich neue Grundierungstechnologie schien Erfolg ver-

Maike Boerdam. Foto: Werner Gritzbach

sprechend. Am Set souverän präsentiert, innerlich allerdings angespannt, weil ich diese Sprühtechnik zum ersten Mal anwandte, war ich besonders nervös hinsichtlich der digital inzwischen unmittelbar erkennbaren Ergebnisse. Das Team jedoch bereits begeistert um den Monitor herum versammelt stand.

Hautbildoptimal perfekt präsentierte sich ebendiese erstmals angewandte Art einer »Luft-Make-up«-Applikation. Im Monitormodus wirkten diese feinst vernebelt gesprühten Pigmente tatsächlich seidiger und lichtreflektierender. Mit herkömmlichen Produktrezepturen gab es das als Make-up-Finish so noch nicht. Die Kolleg(inn)en hatten nicht mitbekommen, dass ich noch völlig ungeübt, deshalb angstvoll, dieses neue Anwenderprinzip (be-)nutzte und so meinte der mir unbekannte Fotograf, dass mein Make-up zeige, dass ich meine Kunst in New York gelernt hätte.

LERN- UND ERKENNTNISTRIP NACH MADRID

Autodidaktisch hatte ich dieses vordergründig hygienischere Spritzpistolensystem einem der als problematisch erkannten Reinigungsthemen zugeordnet. Denn dessen Systemhygiene brauchte immerhin 9 bis 15 Handlungsschritte. Wurde jene 11-teilige Sprühpistole nicht jedes Mal sauber gereinigt und wieder perfekt zusammengebaut, bedeutete das, auch für mich, dass wir ungewollte Nutzungs- und Anwenderprobleme hatten. Schnell wurde klar, dass dieses System vorab – bezüglich Ausbau-, Reinigungs- und Zusammenbauschritten – neu definierter Ablauf- und Lernprozesse bedurfte, sowie routinierte überarbeitete Arbeitsschritte und somit integrative Ablauf(ver)änderungen benötigte. Anscheinend mit Vorteilen: im undankbarsten Fall mit noch nicht erkannten Nachteilen.

Wiederholt griff mein angewandtes **»Trial-and-Error«**- Analyse- und Arbeitsprinzip. Im Zweifel risikoavers eingestellt, wurde ich durch einen bestehenden Fotografenkontakt aus Madrid (im Nachhinein nicht mehr zufällig) für dessen redaktionelle Test- und Editorialproduktionen angefragt. Mein Vorteil dort, falls dieses komplett neue Anwendungsprinzip in die Hose ginge, bekäme ich kein existenzielles Branchenimage zum Umsatznachteil zu spüren. Ich zwang mich also – trotz unsicherem (Image-)Ergebnis –, diese erst neu kennengelernte Airbrush-Technologie bezüglich deren multipler Anwendungschancen auszuprobieren.

Schrittweise sammelte ich wichtige Anwendungs-, Umsetzungs-, Ergebnis- und Reinigungswerte. Trotz unterschiedlichster Herangehensweisen lagen die digitalen Ergebnisresonanzen weit über dem Level, das ich für früher ähnlich geleistete Arbeiten wahrgenommen hatte. Kontinuierlich kamen positive Feedbacks.

Diese Gerätetechnik wurde zum Showcase bezüglich bisher nicht gekannter Anwendungschancen. Außer der Initiatorin nutzte in der EU noch niemand sprühbare Make-up-Grundierungen. Die war allerdings mit ihrer Existenzgründung und dem damit einhergehenden administrativen Aufbau beschäftigt. Die ursprüngliche Profiversion, eine durchschnittlich fünf Kilo schwere Gerätetechnologie, wurde nur hin und wieder bei Großfilm-, TV- und Musicalproduktionen, selten für kommerzialisierte Werbe- und Videoproduktionen verwendet. Ebenjenen Technologieansatz gab/gibt es (leider) noch immer nicht anwender(innen)freundlich.

Sobald ein sich angleichend passender Hautton gefunden ist, wirken Gesicht, Beine und andere größere Hautflächen gleichmäßiger; nebenbei natürlicher. Auch ein Dekolleté wirkt ebenmäßiger, dadurch verjüngt, als mit herkömmlichem Make-up, das dort sowieso nie genutzt, überhaupt angewandt werden kann.

Erstmals auf Wasserbasis entwickelte Texturen hinterließen einen viel geschmeidigeren, organisch verschmelzenden Resonanzeindruck. Massenmarktprodukte gab es nur auf Fett- und Ölbasis. Dieser »verschmelzendere« Eindruck wurde auf digital hochauflösenden 4K-Ultra-HD-Monitoren erkennbarer – deshalb wichtiger. Erstaunlich war, dass ich

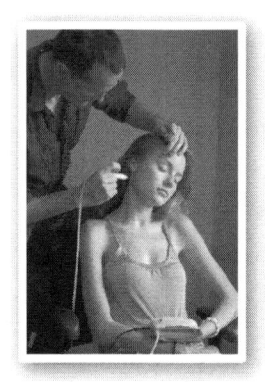

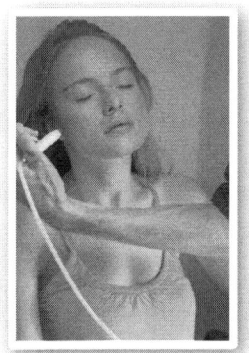

Fotos: Andrew Habeck

Fotos: Santiago Esteban

Ein Model, zwei Hauttöne: Heller Hautton, versus dunklem Hautton durch Airbrush.
Fotos: Konstantinos Tsiliakos

damit sehr zeiteffizient sogar konträre Hautfarbtöne applizieren und modellieren konnte – immer ohne einen sonst karnevaltypisch geschminkt wirkenden Look – und zeitgleich glamourösere, trotzdem natürlicher wirkende Looks erreichte. Zusätzlich ermöglich(t)en sie eine verbesserte Zeiteffizienz sowie jene eindeutig glatter wirkenden Hautbilder und damit ein insgesamt neues kreatives, ergebnisorientiertes Arbeiten. Die kontinuierlich positiven Monitorergebnisse wurden nicht nur von branchenaffinen Personen verstanden und (an-)erkannt - und meistens auch angenommen.

Nachdem ich anwendungsbezogen für eine dortige Weihnachtsausgabe ein sehr hochwertiges Schmuckeditorial und damit den gesamten Hautton sogar bis in den Schulter- und Armbereich verändert hatte, wurde mir klar, dass hierdurch Grenzen überschritten wurden. Größere Hautflächen konnten durch dieses Sprüh-Make-up-Prinzip sehr schnell gegensätzlich winterlich oder sonnig gebräunt modelliert werden. Dieses neu erkannte Spiel der wechselseitig möglichen Veränderung kristallisierte sich als (m)eine zukunftsorientierte Option, was wiederum Chancen für ein kreatives und neues Arbeiten ermöglichte. Das begeisterte mich.

Vorbereitung Athen

Fasziniert erzählte ich jedem von meiner technischen Errungenschaft und nutzte dieses Anwendungsprinzip auch immer mutiger für kommerzielle Katalog-, Werbe- und Editorialkampagnen. Hingegen war die Resonanz – vor allem in Deutschland – eher verhalten. Bei Produktionen lehnten die meisten der mir bekannteren Fotografen ab, dass ich dieses für sie unbekannte Prinzip anwendete. Für viel Geld gebucht, solle ich gefälligst meine Arbeit machen, wie ich das bisher auch erfolgreich getan hatte.

Weil die Handhabung sehr schnell vonstattenging und ich in meinem Arbeitsbereich der Vorbereitung meist allein war, packte ich das Gerät immer erst aus, wenn ich es brauchte. Die Modelle waren grundsätzlich begeistert, etwas Neues kennenzulernen. Sie halfen mir dann immer, das Gerät schnell wieder wegzuräumen. Überzeugen konnte ich Zweifler durch die zwischenzeitlich üblichen Monitor-Ergebnisanalysen.

Auf Nachfrage der zusätzlich einzuplanenden Zeit für spätere Hautbild-Retuschen ließen mich die digitalen Bildbearbeiter – nicht mehr nur noch die Fotografen oder deren Assistenten – wissen, dass bei dieser gleichmäßig strahlend wirkenden Haut fast keine, eher viel weniger Retusche gebraucht würde.

Mit diesen unschlagbar natürlicheren Looks wurde von den unterschiedlichen (auch männlichen) Modellen vielfach ein zudem hautigeres, deshalb zusätzlich angenehmeres Wohlfühlgefühl kommuniziert. Diese neuen Erkenntnisse schienen für sich zu sprechen. Erst nachdem die Betreffenden diese positive Erkenntnis und Erfahrung selbst bestätigten, informierte ich sie, ebendiese neue Technologie angewandt zu haben, die zuvor keinesfalls von ihnen gewünscht gewesen war.

Meine Fotomappen mit den so wichtigen Belegexemplaren waren allerdings noch mit Veröffentlichungen der üblichen »Hands-on«-Grundierungen bespickt, weshalb ich – bei dem Gedanken an meine Madrid, L.A.- und New-York-Erfahrungen – immer dringender neue Image- und Editorialseiten mit meinem Name als Arbeitsnachweis brauchte. Zeitgleich wollte ich, trotz positiver Ersteindrücke, austesten, ob die Ergebnisse auch kontinuierlich reproduzierbar waren und vor allem faktisch allen unterschiedlich gebrauchten Bedürfnisanforderungen standhielten.

Vorausschauend die Olympiade in Athen (bereits meine vierte) als Chance für einen potenziellen internationalen Auftragssprint erkannt, liebäugelte ich damit, hierzu kurzfristig dorthin zu ziehen. Dort könnten/sollten/müssten (wenngleich mein New-York-Status bereits am Verblassen war) Presse-Produktionen zu erhaschen sein.

Als ich eines Tages mal wieder in Stuttgart weilte und gerade aus einem Restaurant kam, rief mir plötzlich jemand in einer für alle hörbaren Lautstärke hinterher, ob ich Alexander Becker aus New York sei. Im Vorbeilaufen hatte ich bereits bemerkt, dass derjenige am Tisch erstaunt aufgeschaut hatte. Gleichzeitig registrierte ich, dass es sich um keine unattraktive Person handelte, schenkte ihr dennoch keine besondere Beachtung.

Jedoch war er mir, um sich vorzustellen, hinterhergesprungen. Es stellte sich heraus, dass er Jahre zuvor für einen Kurztrip in New York gewesen war.

Er war mit (s)einer kleinen Gruppe von Jungs gereist und hatte mich bei einem Event durch einen dieser Jungs kennengelernt. Anscheinend hatte ich diese schwäbischen Jungs zu einer für sie eindrucksvollen Party mit Blick über Manhattan mitgenommen. Im Gespräch stellte sich heraus, dass er deutscher Grieche ist, der in Athen lebt und gerade seine Familie in Stuttgart besuchte. Völlig perplex über diese nicht vorherzusehende Situation ließ ich ihn wissen, dass ich mir überlegte, anlässlich der anstehenden Olympiade beruflich nach Athen zu ziehen. Ich wollte schauen, ob dort ein Pressemarkt, somit eine kurzfristige Arbeits-, deshalb Sicherbarkeitschance bestünde.

Aus New York hatte ich noch immer diese Unzahl von Präsentationsmappen und fragte ihn, wie schwierig es wäre, diese seinerseits erst mal nur testweise bei den dortigen Agenten vorzulegen. Kein Problem für ihn.

Wenngleich er keinerlei Agenturkontakte hatte und nichts mit unserem Branchenumfeld zu tun hatte, gab ich ihm (m) eine imagebildende, für mich optimal kombinierte Repräsentationsmappe mit. Er sollte und wollte die Chancen und Risiken herauszufinden versuchen. Mit dem bereits 14 Tage später angekündigten Interesse aller dortigen Agenturen ließ er mich wissen, dass er während seinem Rückflug nach Athen ein Stuttgarter Mädchen kennengelernt hatte. Sie hatte auf ihn den Eindruck gemacht, sie könnte ein Fotomodel sein. Genau das war sie. Auf dem Weg zu ihrer griechischen Agentur hatte er bereits den ersten Kontakt. Von da an fragte er sich durch, musste er schließlich eher Make-up- und Haare-Repräsentant(inn)en finden.

Zumindest testweise musste ich Athen besuchen. Wohnen konnte ich, wer hätte das gedacht, bei diesem sympathischen Typen, der mir hinterhergerufen hatte. Was ich nicht wusste, war, dass er ausgerechnet mit dem Typen in Athen zusammenlebte, den ich als einzigen von den Jungs in New York kannte, die mich damals besuchten. Bereits das war eines der Ankunftshighlights und eine gelungene Überraschung. Denn beide wussten wir nichts von unserer gegenseitigen Ankunft und standen uns somit unmittelbar in deren gemeinsamer Wohnung gegenüber, was in einem hollywoodähnlichen Helium-Gekreische endete.

Vor meiner Stuttgarter Abreise hatte ich nebenbei den Namen einer dort scheinbar sehr bekannten *Fotografin* erhalten; ich müsse Grüße ausrichten, sollten wir uns zufällig kennenlernen. Nachdem ich am ersten Tag bei glühender Sommerhitze die Vor-Ort-Agenturen abgeklappert hatte, schien gefühlt jeder Interesse daran zu haben, mit mir zusammenzuarbeiten wollen. Da ich keinen von ihnen kannte, entschied ich mich intuitiv für den ältesten Agenten, davon ausgehend, dass er den Markt vor Ort am besten kennt. Der hatte für den folgenden Tag auch gleich einen TV-Event-Auftrag. Irgendein »Miss Universe«- oder »Miss World«-Titel solle vergeben werden. Schminken sollte ich die im Fernsehen zu promotenden Mädchen. Hierfür gleich ein TV-Kamerateam im Rücken, zeigte ich diesem jene Airbrush-Sprühtechnik, die für alle völlig ungewohnt war. Nach nur 48 Stunden Anwesenheit erschien meine für viele revolutionäre Arbeitsweise in einem nationalen TV-Sender.

Für eine dort renommierte Magazinredaktion wurde für mich ein offizieller Go&See-Termin ausgemacht. Die sympathische Chefredakteurin war sehr interessiert und empfahl mich einer ihr bekannten Fotografin. Den Namen nicht richtig vernommen, suchte ich nach ihrer Adresse. Ich wurde freundlich empfangen und präsentierte meine Mappe(n). Dabei plauderten wir über dies und jenes bis hin zur individuellen Herkunft. Bingo. Diese mir unbekannte Person war jene Fotografin, die aus Stuttgart kam und für die mir Grüße aufgetragen wurden. Sofort fühlten wir uns verbunden. Spontan lud sie mich zum Abendessen ein. Auch, um gleich ihre deutsch-österreichisch vernetzten Freundinnen kennenzulernen. Wie sie waren die meisten von ihnen ehemalige Fotomodels, die sich, während ihrer inzwischen anderweitigen beruflichen Positionierungen in griechische Männer verliebt hatten und deshalb nun dort lebten.

Erstmalig bewusst vernahm ich die griechische Sprache, die sich als eine Hürde herausstellte. Nichts, aber auch gar nichts verstand ich. Und dass, obwohl ich branchenrelevant inzwischen, zumindest phonetisch, ein bisschen Spanisch, Italienisch und sogar teilweise Französisch begriff. Auch deren alphabetische Schriftzeichen waren für mich nicht zu entziffern. Jedoch wurden mir unmittelbar Termine koordiniert.

An dortigen Straßenrändern hielt ich bei voller Sommerhitze unaufhörlich Ausschau nach Taxis, jedoch schienen diese ständig belegt. Kein einziges Taxi hielt, auch unbesetzte nicht, wenn ich fortlaufend winkend mit meinen Arbeitstaschen am Straßenrand stand. Bis ich per Zufall mitbekam, dass vom Straßenrand aus eine namentlich anzusteuernde Gegend laut ausgerufen werden muss. Zu diesem Zweck sind, wegen intensiver Sommerhitze, die Fahrer- und Beifahrerfenster der Taxis immer nur einen sehr kleinen Schlitz geöffnet, sodass jede(r) Taxifahrer(in) die Richtung einer Adresse nur akustisch mitbekommt. In Millisekunden wird entschieden, ob die bereits angepeilte Richtung ein Zuladen weiterer Personen erlaubt. Erst wenn Taxifahrer(innen) die schon angesteuerte beziehungsweise anzusteuernde Gegend hören, oder besser verstehen, halten sie, um einen gegebenenfalls dazuzuladen.

Wenn sich dann endlich jemand erbarmte, mich mit meinem Arbeitsgepäck mitzunehmen, half mir keiner, die oftmals schweren Utensilientaschen in die meist bereits belegten Kofferräume zu hieven. Zuweilen hatte ich Glück, den Beifahrerplatz zu bekommen. Viel öfter trafen sich auf der Rückbank bis zu vier Personen mit sommerlich unterschiedlichsten Geruchsvarianten. War das Taxi mit mehreren Personen beladen, wurde ich nie an der auf Griechisch aufgeschriebenen Adresse rausgelassen; immer nur in deren unmittelbarer Gegend. Denn vollbepackte Taxis bieten nur einen »Dropoff«, meistens nur in einer der nächstliegenden Hauptstraßen (d)einer gesuchten Adresse, somit nur in der fremden Gegend, nicht unbedingt am Ziel!

Indem jeder anteilig bezahlte, reduzierte das die Gesamtkosten. Jedoch wusste ich nie, inwieweit meine Unwissenheit zum Vorteil, der mir Fremden oder des Taxifahrers geriert.

Dieses Prinzip gemeinschaftlichen Fahrens wird inzwischen Carsharing genannt.

Da ich international gearbeitet hatte, konnte ich einzig auf Englisch kommunizieren, was viele jedoch nicht wirklich gut beherrschten. Diese anfänglichen Sprachschwierigkeiten lösten sich jedoch durch den Wohnungsbesitzer. Aus beruflichen Gründen freigestellt, suchte er nach einer Neupositionierung. Von unserer Branchenenergie elektrisiert und sich seiner kommunikativen Art bewusst, bot er an, sich als mein Assistent zu positionieren. Von da an übersetzte er sämtliche Gespräche sowie Kundenwünsche und Kundenvorstellungen.

Grundsätzlich bereit, mein Wissen zu teilen, führte ich ihn in die Tricks und Kniffe unserer Branchenthemen und Routinen ein und erklärte ihm, wie am besten in oftmals unerwarteten Situationen reagiert wird. Nachdem ich innerhalb von nur 14 Tagen erstaunlich viele Produktionen absolviert hatte, musste ich leider wegen anderer EU-Buchungen zurückfliegen. Ich hatte definitiv vor, wiederzukommen. Die Olympiade war noch ein knappes Dreivierteljahr entfernt.

KURZFRISTIG ZURÜCK IN DEUTSCHLAND

Fotos: Michael Leis

Meine ganzheitlichere Arbeitsweise wurde anerkannter. Meine systemische Arbeitsweise hatte sich herumgesprochen, speziell dank (m)einer erfolgreichen Sprüh-Make-up-Anwendung. Diese wurde vermehrt akzeptiert, denn deren kreative Gestaltungsart beinhaltete eine neue Bildinformations- und Kommunikationsmöglichkeit. Mitunter wurde ich explizit dafür angefragt und anschießend auch gebucht. So entstanden Fotoprojekte, bei denen ich diesen beruflichen Bruch immer selbstsicherer anwendete. Erstmals konnte ich klassisch kommerzielle sowie kreative Arbeiten gestalten. Speziell gelobt wurde der sich reduzierende Retuscheanteil, der bei nur schwarz-weiß fotografierten Kampagnen fast gegen null lief.

Fotos: Michael Leis

Fotos: Maks Richter

Foto: Thomas Kilper

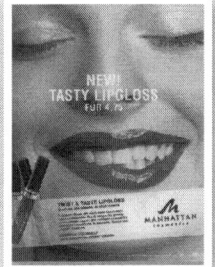

Foto: Johannes Rodach   Foto: Jens Stuart   Fotos: Jens Stuart

ZURÜCK NACH ATHEN

Im Frühjahr des darauffolgenden Jahres (2004), dem Jahr der Olympiade, koordinierte ich einen weiteren Versuch. Ich wollte nochmals nach Athen. Inzwischen hatte der vormals »älteste Agent« seine Agentur verkauft. Ich musste mir also eine neue Agentur suchen. Seitens drei übrig gebliebener Agenturen, die nur auf ihre lokal stationierten Make-up-Artisten konzentriert waren, nahm ich das als revierverteidigend, deshalb als konkurrenzorientiert wahr. Die intuitiv erahnten Agenturprobleme sollten sich später manifestieren. Trotzdem gelang mir, während ich erneut bei den Jungs in deren kleiner Wohnung lebte, ein erstaunlich schneller Wiedereinstieg.

Fotos: Juliane Bialas Lautenbacher

Fotos: unbekannt

Fotos: Juliane Bialas Lautenbacher

Foto: Irini Michopoulou

Die deutschen Griech(inn)en, mit denen ich inzwischen befreundet war, fragten für mich alles an, was innerhalb ihrer Möglichkeiten lag. Durch sie wurden allerlei interessante Produktionen ermöglicht, auch wenn die Agentur glaubte, dass sie, durch ihren Abrechnungsanteil dazu beitrug. Es war großartig, angefangen von renommierten Brautmagazinen über Wochentrendmagazine bis hin zu deren

Marie Claire, Cosmopolitan, InStyle, Elle, Playboy etc. Viele Branchenkolleg(inn)en waren auf den bisher nicht gekannten Sprüh-Make-up-Waggon aufgesprungen; diesbezüglich wurde ich wiederholt, im Hinblick auf erkennbare Chancen, hinsichtlich möglicher Anwendungspotenziale befragt.

Fotos: Ikonomoulos   ELLE-Magazin

Fotos: Juliane Bialas Lautenbacher

Foto: Nikos Vardakastanis

Foto: Johanna

Foto: Matthäus

Foto: Johanna

Fotos: Dimitri

Athen bot mir auf vielen Ebenen, trotz all seiner regionalen prähistorischen Skurrilität, eine angenehme Zeit. Zumindest bis zu dem Punkt, als es um die Auszahlung meiner dort erwirtschafteten Gelder ging. Immerhin mussten solche Informations- und Imagereisen vorfinanziert werden. Dafür kam eine ordentliche Summe zusammen, nicht nur für das Überleben am jeweiligen Ort – auch, weil solche Bezahlungsmodelle immer nur den regionalen Lebensumständen angepasst sind.

Fotos: Maria@Artemis.

Fotos: Maria@Artemis.

Mit der Abschlussrechnung wollte mich die Agentur glauben machen, dass ich (m)einen Steueranteil in Griechenland zu begleichen hätte. Versuchten die etwa denselben (Steuer-) Trick wie die italienische Agentur? Inzwischen über die vereinheitlichte EU-Steuerentwicklungen aufgeklärt, ließ ich eine notariell beglaubigte Übersetzung dieser neuesten, aus dem Jahr 2003 stammenden EU-Steuer-Richtlinien aufsetzen, was mich unverhältnismäßig viel Geld kostete. Fast acht Monate brauchte es, bis ich die letzten Auszahlungen erhielt.

Das griechische Finanzgebaren wurde zu einem sich entscheidenden EU-Thema, das vier Jahre später deren Wirtschaft und fast die der gesamten EU-Region zum Kollaps brachte. Meine verbrachte Zeit dort, die Musik, das gute Essen, schlussendlich meine Arbeit an den Menschen, mit den Menschen und für die Menschen – dies alles ist mir nach wie vor in sehr guter Erinnerung.

PRE-PRODUCTION versus ENDERGEBNIS

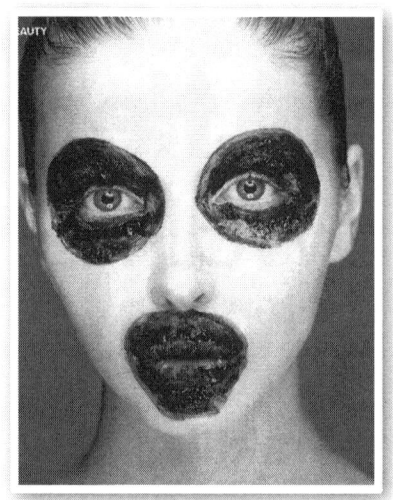

Fotos: Heiko Simayer.

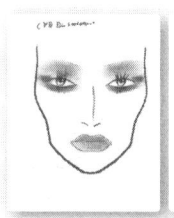

MEIN 40. GEBURTSTAG

Motiviert durch meinen Erfolg in Athen, generierte ich neu überarbeitete Präsentationsmappen, inzwischen mit unterschiedlichsten kreativen Sprüh-Make-up-Looks. Irgendwann erkannte ich, dass ich bald mein 40. (Über-)Lebensjahr feiern würde. Dieser Lebensmitte-Geburtstag war mir sehr wichtig. Immerhin war ich jahrelang immer nur unterwegs gewesen und hatte an Orten gelebt, an denen mich nie wirklich jemand kannte und wo es niemanden interessierte, wann ich Geburtstag hatte. Ich entschied also, (m)einen 40. Geburtstag zu zelebrieren.

Foto: Alexandra Klein

Ich erkannte, dass die Branche immer digitaler wurde und ein extensives Reisen sich immer mehr reduzierte. Aufgrund dessen würde ich mich zu Hause »zurückmelden« und hierdurch schon mal (m)eine Rückkehr positionieren, um mich mit (m)einer retrospektiven Zusammenfassung zu präsentieren.

Noch während ich in Athener Cafés saß, schrieb ich stichpunktartig auf, welche Fotobereiche und Branchenthemen ich dafür geeignet, gar umgesetzt sah. Im Ausstellungskonzept würde ich präsentieren – in erster Linie für Branchen- und Themeninteressierte –, was ich fast 20 Jahre in der Welt umherreisend erreichen durfte. Ich überlegte, wie ich diese Ergebniserlebnisse präsentieren wollte.

Gedanklich-fiktiv plante ich künstlerisch (m)eine retrospektive Werdegang-Installation, die aus einer noch fast komplett analogen, deshalb haptischen Sammlung bestand. Wie bei diesem Buch sollte es eine chronologische Lebensstationen- Präsentation werden. Vorausschauend simulierte ich, wie jeder Zeit- und Schwerpunkt meines Karriereablaufs bis dato dargestellt und nacheinander vermittelt werden müsste.

In Stuttgart-Mitte fand ich eine 800 Quadratmeter große, leerstehende Kulturraummöglichkeit. Mit Eröffnung der Ausstellungsräume vermittelten sich einem, wie in diesem Buch, zuerst die persönlichen und vormals multiplen Look- und Erfahrungsgegensätze.

Im autodidaktischen Modus wiederholt erlebt, ist es das eine, die Idee zu haben; das andere, jene in eine sinnstiftende Kommunikationsform zu bringen, dafür braucht es andere Denk- und Herangehensweisen.

So schwebten im Eingangsbereich, getarnt als rotes und übergroßes Mobile, die schönsten bis dato abgeleisteten Titelseiten. Nachdem ich alle Schwarz-Weiß-Bildnachweise in einem separierten Projektraum präsentieren wollte, merkte ich, dass diese zudem eine stimmungsvollere Präsentationswirkung brauchten. Für deren Spannungs- und Wahrnehmungskontrast wurde extra eine Schwarzlichtbeleuchtung installiert.

Im letzten Schritt sollte die kommerzielle Wucht vorgeführt werden. Hierzu ließ ich – digital erstmals möglich – auf jeweils sechs Meter Stoffbahnen dafür sortierte und abgeleistete Beleg- und Produktionsexemplare reproduzieren, also drucken.

Während dieses Entstehungsprozesses erfuhr ich die Lebensgeschichte des Stoffdruckers, ein vormals Heroinsüchtiger, der »abgestürzt« war. Er kam ursprünglich aus Zürich und lebte 15 Jahre zuvor, exakt zu meinen Schweizer Zeiten, in jener bereits beschriebenen Züricher Platzspitzgegend. Inzwischen eine aufkommende Koryphäe im Stoffdruckverfahren, erstellte er für mich drei digitale, bis heute waschbare Stoffbahnen.

Innenseitig bespannen ließ ich diese in einem sechs Meter langen, extra aus Spanplatten abgeknickt gebauten Installationstunnel. Wegen dieses insinuierten Knicks konnte mit dessen Zutritt der Ausgang nicht gleichzeitig gesehen und deshalb nicht erkannt werden. Unterstützt wurde diese tunnelerdrückende Wirkung – ausgehend von einer 170-cm-EU-Durchschnittsgröße – durch eine nur 1,80 Meter hohe Zutrittsmöglichkeit. Die absichtlich reduzierte Höhe erzeugte, aufgrund der Unsumme von kommerziellen Arbeiten, ein psychologisch überforderndes Gefühl.

Kunstorientiert bekamen Betrachter(innen) zu spüren, wie beklemmend sich ein Zuviel von kommerziell überflutendem (Bild-)Marketing auswirkt; zeitgleich vermittelnd, dass mit Zutritt in diesen Tunnel, bei unmittelbaren Lebens- und Arbeitssituationen auch nicht immer sofort ein/das Ende in Sicht ist; dass wir uns im täglichen (Er-) Leben immer wieder entscheiden müssen, durch solch »individuell dunkle Stunden und Lebenswinkel« zu gehen, an deren Ende wir hoffentlich an »andere, meist neuere Sichtweisen« dieser teilweise seelisch aufreibenden Empfindungskanäle kommen. Unser aller Leben verläuft ja auf vielen, meistens gleichzeitigen Parallel- und Wahrnehmungsebenen.

Je persönlicher wir diese Phasen (er-)kennen, möglichst zeitnah annehmen, umso schneller verstehen wir, dass es sich meist um Vorübergehendes handelt. Deshalb sollten wir uns immer Folgendes vor Augen halten:

1. »Unrat« vorbeischwimmen lassen.
2. Auch das Schlimmste wird einmal vorbeigehen.
3. Anerkennen: »Nichts wird so heiß gegessen, wie es gekocht wird.«

An dieser Stelle möchte ich wiederholt jenen philosophischen Satz von Søren Kierkegaard anführen, der mich so sehr geprägt hat und immer noch prägt: »Ein Leben wird vorwärts gelebt und rückwärts verstanden.«

Wenn ich vorab gewusst hätte – auch was dieses Buch betrifft, nämlich wie minutiös und zeitintensiv dieses Projekt werden würde –, dann hätte ich vieles vielleicht gar nicht erst begonnen. (M)eine »Just do it«-Mentalität hat sich jedoch bewährt! Wenn ich eine (Geburtstags-) Vorstellung habe, versuche ich in irgendeiner Form, alle Hebel in Bewegung zu setzen, um meinem jeweiligen Ziel näher zu kommen. Hierzu akzeptiere ich meine zum Glück noch immer freigeistigen Gedankenwelten und implementiere vor allem das dafür nötige Step-by-Step-Tempo.

Zur Ausstellungseröffnung kamen tatsächlich nicht nur handverlesene (Branchen-)Freunde und Bekannte aus dem In- und Ausland, um mich zu feiern. Diese Ausstellung schien vor allem zuvor eingeführte und neu kennengelernte Assistent(inn)en und Brancheneinsteiger(innen) zu motivieren. Während ich im ständigen Kontakt zu Berufsschulen war, buchten diese Führungen, um ihren jugendlichen Ausbildungsschüler(inne)n (m)einen Werdegang als deren Zukunftschance(n) zu vermitteln. Viele sahen meine Branchenergebnisse das erste Mal. Nicht wenige der Gäste glaubten, dass ich meinen Sechzigsten feiern würde; nicht etwa, weil ich so alt aussah, sondern aufgrund der (nicht nur für sie) unerwarteten Summe bereits abgeleisteter Arbeiten.

40er Einladungskarte. Grafik: Marcus Fischer

40er Einladungskarte. Portraitfoto: Bernd Kammerer

Sonne und Haut

Noch bis zum 30. Mai finden die bundesweiten Kosmetiktage '98 statt. Kosmetikstudios, Drogerien und Parfümerien stehen mit Rat und Tat zur Seite.

Willkommen sind die langen, intensiven Sonnentage und das entspannende Sonnenbaden auf der Terrasse, am Pool oder am exotischen Urlaubsstrand. Straßencafés, Biergärten oder Strandpromenaden laden zum Verweilen ein. Urlaubsstimmung kommt auf. Der Sommer ist die Jahreszeit, in der wir neue Energie tanken. Doch leider ist immer dort, wo Sonne ist, auch ein Schatten.

braucht Licht und Sonne, die Haut natürlich auch. Doch bei all den guten Seiten darf nicht übersehen werden, was die »Bräunespenderin Sonne« auf und unter der Haut anrichten kann. Permanente Sonnenbräune kann nach einigen Jahren zur sogenannten Lederhaut führen. Die Haut ist schneller gealtert, sie zeigt auffällige Falten und erscheint in ihrer Struktur wie gegerbtes Leder.

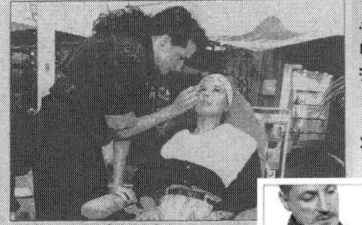

Kosmetik Zeitung

Noch bis zum 30. Mai finden bundesweit die Kosmetik-Top...

handlung. Körper und Geist werden mit speziellen Behandlungsmethoden in ein ganzheitliches Konzept eingebunden. Massagetechniken für Gesicht und Körper ergänzen die Basispflege. Präparate, die die altbewährten Elemente mit dem mondänen Spa-Gedanken verbinden, verleihen ein extravagantes Körper-Feeling. Die be-

handelnde Ko... schen Lehrbüc... heute Hautpfl... denwunsch e... chem Wohlge...

Top-Hair

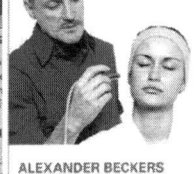

ALEXANDER BECKERS TIPP: BRAUTSERVICE

Bieten Sie Ihren Kunden ein Airflow-Make-up inklusive Haut-Optimierung! (Bereits von Azubis ausführbar): Algenmaske (Synergo) auftragen, nach 10 Min. mit heißer Kompresse abnehmen. Mittels Galvanic Spa (galvanischer Strom und zellaktivierendes „Faltenbügeleisen") Lifting-Gels (Nuskin) sanft in die Haut einarbeiten (20 Sek.), Make-up aufsprühen (90 Sek.) - fertig!
Infos: www.alexanderbecker.com

ergewöhnliche Begegnungen

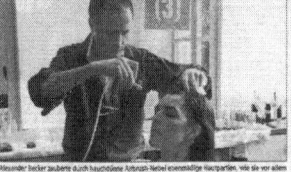

Ulm

STUTTGART *Flair*

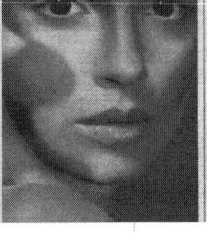

Schönheit aus der Dose
Ein „schwäbisches Puder-Luder" wird sentimental

Stuttgarter Nachrichten

make-up artist

Alexander Becker — Stuttgart
Bernd Uwe Staatz — Düsseldorf
Stephanie Hermes — Düsseldorf

Make-UP Artist

DE Bürgerportrait

Like a model

like a model

Miami

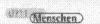

Wer- wann- wo

ALEXANDER BECKER
MAKE UP

Stuttgart

USA

Logos (Werbe-)Kunden

CGI-Editorial

2001 die erste digitale Hintergrund Produktion! Team war dafür nicht vor Ort.

Fotos: Michael Munique

SETARBEIT ANALOG VERSUS DIGITAL

Das (Mit-)Arbeiten am Set ist für alle im Team essenziell. Männliche wie weibliche Models werden meist auf ihre momentane Ausstrahlung, deswegen Attraktivität reduziert. Models wurde/wird nicht zugestanden, dass sie sich parallel für anderes, zum Beispiel für Politik und Technik etc. interessieren. Wenn Models zu analogen Zeiten nach oftmals langer Schmink-, Haar- und Modestyling-Vorbereitung vor die Kamera traten, wurden sie am Set nochmals für das jeweilige Werbe-Imagefoto bezupft, gepudert und in die fürs Licht passende Form gebürstet. Sobald der Fotograf ihnen erklärt hatte, wofür dieses Image gebraucht wurde oder gewünscht war, hatten sie keine andere Wahl, als in Aktion zu treten.

Vor aller Augen mussten sie möglichst schnell ihre umstehenden Kunden(innen), das Assistententeam, Werbeagenturmitarbeiter(innen) sowie Stylisten(innen) etc. beeindrucken. Sie konnten nichts anderes versuchen, als die sie angaffende Gruppe zu überzeugen.

Professionellere Models fanden/finden sich schnell in diesen musikalisch individuell klingenden »Klick, klick, klick«-Rhythmus der für sie täglich neuen Fotografen ein. Sehr gute Models boten den Kameras etwas Zusätzliches, manchmal auch etwas Außergewöhnliches. Nicht wenigen schien genau das am Job Spaß zu machen: ihre individuelle »Rampensau« einzusetzen. Fototeams sahen erst Tage später die (ggf. positiven) Bildergebnisse.

Inzwischen werden scheinbar nötige Bildverbesserungen sofort erkannt. Seit dem digitalen Arbeiten scheinen alle, außer dem Fotografen und seinem Model, nur noch auf einen im Abseits aufgestellten Monitorbildschirm fixiert zu sein. Korrigiert wird mit Händen winkend dirigiert, was es augenblicklich zu optimieren gilt. Meistens auf Distanz aus einem eher dunklen Eckbereich heraus.

Für reifere Models und Schauspieler(innen) mit noch analogen Erfahrungen, bedeutet ein derzeitiges Set-Verhalten demgegenüber, einen mitunter gravierenden Motivationsunterschied. Immerhin; wer fotografiert wird, möchte kein hässliches (Profi-)Foto sehen. Am Set gilt: »Nur sprechenden Menschen kann geholfen werden!« Kommunikation ist essenziell.

ÜBRIGENS: Bis heute sind nicht wenige Mädchen hübsch anzusehen. Jedoch professionell analysiert fallen viele davon in die Kategorie »hübsche Nachbarstochter«. Die Gruppe der ersten Riege kommerziell bekannter 90er-Jahre-Topmodels rückwirkend aufgegliedert, wirkten auch diese im Vergleich zueinander und miteinander nur durchschnittlich. Backstage in kleinen Gruppen beobachtet, hob sich keine wirklich von den anderen ab. Zusammengenommen hielten sie allerdings in ihrer erstmals entstandenen Liga individuell bestmögliche Schönheitsattribute, die da noch für die Charakterisierung eines Models wichtig erschienen.

Würde jedes dieser 90er-Jahre-Topmodels in einen heute öffentlichen Raum gestellt, würde jedes von ihnen noch immer auffallen. Zu analogen Zeiten bekamen pro Saison damalige »Follower(innen)« immer nur deren Kampagnen-,

Editorial- und Imagefotos zu sehen. Deren sonstiges Leben musste sich imaginär vorgestellt werden.

In einer Welt, die 24/7 von Social Media getrieben ist, sehen wir ständig angeblich neueste, »ichbezogene« Instagram-Models, die nicht selten sofort als Topmodels kommuniziert werden. Allerdings erreichen viele nur durch multiple Social-Media-Filter und digitale Retuschiermöglichkeiten einen Ersteindruck, der in der Realität diesen technologischen Statuschancen meist nicht standhält, wenn auch sie unter vielen sind.

DIE MEIST GESTELLTE FRAGE:

Ein individuell sehr gutes Bild und/oder Porträt entsteht, je mehr Zeit sich die Beteiligten nehmen und je mehr dafür kommuniziert wird. Hinsichtlich der Betrachterperspektive ist bei der Aufnahme für sehr gute und schöne Fotos Folgendes wichtig, vor allem bei Porträts: Ein Großteil dessen, was es braucht, um ein gutes Bild, gegebenenfalls ein menschlich erkennbares Porträt zu bekommen, ist die Fähigkeit, eine nachvollziehbare, besser noch empathische Verbindung zu dem jeweiligen Model als individuelle Persönlichkeit herzustellen; bereits vorab dessen individuelle Attraktivität (an-) zu erkennen. Dafür sein Vertrauen zu gewinnen. Was bedeutet, dass diese Person in die Imagination eingebunden werden muss, indem Vision(en) und Vorstellung(en) vorab sowie währenddessen mitgeteilt werden.

Aus technischer Sicht beherrschen heutzutage viele noch nicht mal – trotz adäquater Kameratechnik – die dafür nötigen, vor allem unendlich manigfaltigen Chancen für (Licht-) Situationen. Techniken für Lichtsituationen und deren Ergebnisse sind jedoch erlernbar.

Auch viele junge Visagist(inn)en und Haarstylist(inn)en wissen nicht, wie viel es braucht, um auf positive Art ungeschminkt, unfrisiert, trotzdem fotogen oder telegen gestylt zu wirken. Vice versa, wie wenig es bedarf, um auch schnell dramatisch zu erscheinen. Durch das digitale Wissens- und (Lern-)Zeitalter wird vieles ermöglicht.

Wegen unterschiedlich verknüpfbarer Internetimpulse erscheint dies mitunter multifacettenreicher, deshalb vereinfachter. Viele nur ihre persönliche Meinung vermittelnd, funktioniert etliches nur für jene(n) in deren bzw. dessen Moment. Langfristig nachvollziehbare (Struktur-)Abläufe sind streckenweise schwerer erkennbar, lernbar, deshalb vermittelbar; systemisch nicht unbedingt situationsoptimiert abprüfbar.

Porträterfahrenere Models oder Schauspieler(innen) sehen im Handumdrehen, um welche situationsbedingten Licht- und Bildsituationen es sich handelt. Mit (d)einer klar kommunizierten Projekteinsicht entsteht für Beteiligte Vertrauen und Zuversicht. Im Normalfall motiviert das die Fotografierten, etwas von sich aus beitragen zu wollen! Durch klare Kommunikation erkennen auch andere neue Möglichkeiten. Eingespielten Teams verleiht das zusätzliche Chancen, ein besseres Gesamtbild zu erarbeiten. Je definierter die Bildvision der Gruppe vermittelt wird, umso weniger Unsicherheit steht im Raum und somit am Set. Aufmerksame Fotograf(inn)en erwischen beispielsweise ein unerwartetes Auflachen – das sind dann Momentaufnahmen, in denen die fotografierten Persönlichkeiten oft nicht wissentlich nachvollziehbare Situationen erschaffen.

   Diesen Moment gilt es trotzdem – oder gerade – einzufangen. Sogenannte Schnappschüsse. Sie zeigen nicht selten das wahre Ich einer Person und vermitteln deshalb mehr die Persönlichkeit. Gute Fotos brauchen eine vertrauensvolle Einzel- und/oder Gruppenarbeit. Auch zur späteren Bild-Diskussion, zum Philosophieren und Nachdenken.

Im Gegensatz zu einer Crew, deren Mitglieder sich untereinander kennen, trägt in einer neu zusammengewürfelten Crew fast jeder vorab eine gewisse Angst in sich, sich eventuell nicht perfekt aufeinander einstimmen zu können. Hierzu gibt es keinen anthropomorphischen Unterschied zwischen Profis, Kunden, Werbetreibenden und Endverbrauchern. Fototeams bestehen aus Menschen. Angst, mindestens Respekt haben die meisten vor dem digital sich verstärkt aufbauenden (Vernetzungs-) Medium der – nicht lügenden (!) – Kameras!

HD-ERKLÄRUNG
Das Wort »High Definition« (HD) ist inzwischen der bekannte Fachbegriff für digital hochauflösende Bildqualitäten dieser sich immer weiterentwickelnden Kameratechnik. HD wird es in der Fotografie genannt; 4K, mitunter 8K beim Film. Auch in der Fotografie wird nur noch auf eine digitale Bilderstellung inklusive deren Verarbeitung gesetzt. Diese Qualität drückt sich derzeit in ungewöhnlichen 39 Megapixeln aus. Jeder dieser einzelnen Farbpixel wird in seiner farblichen Vielschichtigkeit wahrgenommen und muss, für Visagist(inn)en und Maskenbildner(inn)en wichtig, gegebenenfalls entgegengesetzt bearbeitet werden, um eine positive HD-Bildresonanz zu erzielen.

Neueste HDR-(High Dynamic Range-)Technologie »aufgestockt«, bietet einen immer noch höheren, deshalb klareren, nochmals realistischer wirkenden Kontrastumfang. Heutzutage verifiziert nicht Make-up, sondern ein perfektes Hautbild eine kamerataugliche Ausstrahlung. Ehemals bekannte Schauspieler(innen) und TV-Ansagen-Moderator(inn)en sind teilweise nicht mehr unbedingt HD-filmtauglich. Das aufgrund – im Gegensatz zum Analogen – individueller Physiognomie und Hautstrukturen. Fotograf(inn)en und Kameraleute stellen sich den erweiterten Anforderungen der modernen HD-Technik. Filmproduktionen, Fernsehsender und die Fotograf(inn)en setzen sich damit auseinander. Weltweite Maskenbildner(inn)en und Visagisten(inn)en sind herausgefordert, ihre Kunst auf HD ein- und umzustellen. Alle mussten/müssen sich den hohen Anforderungen dieser immer geläufiger werdenden Technik stellen.

Die Kameraleute und Fotografen müssen/sollten vorab mit ihrem Make-up-Artisten eine Anpassung durch deren individuelle Licht- und Kameraeinstellungen vornehmen.

Ein HD-Make-up erfordert ein neues, außergewöhnlich sensibles Arbeiten. Gebraucht werden mikrofeine Präparate mit grenzenloser Viskosität sowie neu gedachte Wege zu deren optimaler Verteilbarkeit. Beides zusammen ermöglicht ein perfektes Make-up von natürlicher, lebendiger Ausstrahlung. Zukünftige Make-up-Artisten(inn)en werden hierbei zu sogenannten »Weichzeichnern«.

Nachdem ich dem Gedanken bezüglich eines möglichst klaren Hautbildes gefolgt war, erfuhr ich mehr darüber im Freundes- und Familienkreis. Zum Beispiel wie ein menschlicher Körper, gar dessen individuelle Zellen funktionieren und wie sich jede einzelne organisiert, ständig multipliziert, teilweise repariert, sich zumindest optimiert. Alle Körperzellen tun dies, solange die hierfür benötigten, möglichst bioverfügbaren Boten-(Nähr-) Stoffe geliefert werden.

Wenn alle (Haut-)Zellen »gut drauf sind«, sollte Make-up nur noch abschließend zur visuellen Optimierung aufgetragen werden; in Krankheitsfällen der visuellen Unterstützung dienen. Make-up soll nicht herhalten müssen, um eine externe »Maske« entstehen zu lassen. Deshalb muss eine positiv repräsentierte Haut zuerst von innen heraus strukturiert, dafür optimiert werden. Das ist (m)ein ganzheitlich ausgerichtetes Thema, mit dem ich zukünftig an den Start möchte!

VOM GEDANKEN ZUR VISION

Kontinuierlich gebucht, erkannte ich, dass ich durch diese zukunftsorientierte Branchen-Thematik »Sprüh-Make-up« bereits einen viel Hygienischeren und damit auch einen lösungsorientierteren (End-)Kundennutzen hätte. Inzwischen alle Looks hierdurch erstellt, entstanden unterschiedlich spannende Ergebnisse, vor allem Erlebnisse.

Da Produktionsreisen wegen digital neuer Chancen und Möglichkeiten nicht mehr zwingend erforderlich waren, kam es nun vermehrt vor, dass Bade- und andere Werbeproduktionen in Studios mit hauptsächlich grünen Hintergründen, sogenannten Greenboxes, für eine später digitalen Hintergrundzusammensetzung fotografiert wurden. Auftraggeber konnten/können inzwischen, durch wenige Tastenklicks die Bahamas, andere Palmensituationen, ganze Häuserschluchten oder völlig andere Hintergründe einpflegen.

DIE VISION SPRÜH-MAKE-UP:

Zurück in Deutschland, begann ich mit dem seit 1886 erstmals patentierten Airbrush-Pistolen-Sprüh-Make-up-System zu experimentieren. Ursprünglich und auch heute noch ein sperriger, bis zu 5,5 Kilo schwerer Kompressor, hatten Branchenbekannte hierzu, wie zuvor beschrieben, das weltweit allererste handlichste Airbrush-Nutzergerät gestaltet.

Gegenüber sonst branchenüblichen Anwendergeräten entwickelten sie erstmals ein reisetauglicheres Airbrush-Sprühpistolengerät. Wenngleich dieses in seinen Einzelteilkomponenten interessant war, entstanden bei dessen kontinuierlicher Nutzung zu viele Fehlerquellen mit unterschiedlichen Problemen.

Nicht vollends durchdachte Lösungsansätze die für Profi- und Privatanwender(innen) suboptimal waren und auch später nicht systemrelevant weiterbearbeitet, hierzu optimiert wurden. Nicht nur mich störten die vielen von Hand zu erledigenden Reinigungsschritte.

Meine herausgeleitete Handhabungs- und Anwendungserkenntnis: »Wenn Frauen, da noch nichtmal an den potenziellen Männermarkt gedacht, jeden Morgen die Autoreifen wechseln, müssten, um loszufahren, würden sie ein Auto nicht gerne (be-)nutzen.

Die letzten zwei Jahrzehnte vollzogen sich nicht nur in unserer Branche disruptive, vor allem digitale Veränderungen: das wirtschaftlich analog Bekannte versus das digital Mögliche. Hierin erkenne ich (m)eine inzwischen öfter nachgefragte

Sprüh-Make-up-Version als zukünftige (Endkunden-)Marktchance. Hierdurch entstünden nicht nur visuelle, sondern zugleich neue Partner- und Kundenerlebnisse. Alle bisher besprühten (Test-) Personen, weiblich wie männlich, sind von dem derzeit »natürlichsten« Hautbild begeistert, vor allem von dem damit einhergehenden Wohlfühlfaktor. Zusätzlich sprächen Hygiene, sichtbare Ergebniserlebnisse sowie nachvollziehbare, zeiteffizientere Arbeitsschritte für sich. Vor allem im digitalen Profi- und Social-Media-(Homeoffice-)Bereich.

Imaginäre
ALEXANDER-BECKER-MARKE

Wenn ich könnte, wie ich wollte: (M)eine Marke stünde für (kosmetische) Produkte, deren Hauptattribute folgende wären:
- ganzheitlich strukturierte und sinnbildende Umsetzung
- Anwendbar, weil technisch ausgegklügelt
- hygienisch in vielerlei Hinsicht
- toxikologisch freie Rezepturenentwicklung
- organisch induzierte Hautverträglichkeit
- kompostierbare Behältnisse und Verpackungen
- Inhaltsstoffrezepturen, die der Natur (möglichst) nicht schaden
- Abriebsicherheit für z. B. Brautkleider und weiße Blusen
- Chancen für Dekolleté-Nutzer(innen)
- einfache Endkundennutzung und -anwendung
- optimal für 4K- bis 8K-Ultra-HD-Film- und TV-Bildwahrnehmung
- massenmarkttaugliche Skalierbarkeit
- gelebte , deshalb kommunizierbare Erfahrungswerte

(M)eine Vision jener Sprühtechnik:
Täglich leicht nachzuvollziehender Anwender(innen)nutzen zur Make-up- und Kosmetik Applikation. Für jede(n) ein leichtes Kabel- und schlauchlos handgehaltenes Kartuschen-Sprühprinzip, vergleichbar mit dem elektrischen Zahn-

bürstensystem. Ein für alle Hauttypen gleichmäßiges Sprühbild ohne unnötige Features, kombiniert mit einem starken Akku, einem schicken Design und einer langzeitorientierten Nachhaltigkeit. Das alles zu einem fairen Preis. Somit ein leichtes, jedoch für Profi- und Endkunden anwenderfreundliches, funktionierendes Sprüh-Make-up-Gerät. Die Branche würde revolutioniert, indem wir unsere Geschäftsmodelle mit einer Technologie kombiniere, welche die wachsenden Bedürfnisse mit dem neuen Marktmodell verbindet.

1. agile Organisation
2. geschlossener Recyclingkreislauf
3. personalisierte Produkte!
4. kooperatives Ökosystem
5. nutzenbasierte Preise
6. geteilte Vermögenswerte

Mein Konzeptgedanke böte eine leichte und von jedermann anwendbare Lösung. Ökonomische Rentabilität und Wachstumsstreben würden mit möglichst geringem ökologischem Fußabdruck in Einklang gebracht. Das Prinzip der Nachhaltigkeit sähe die Gegenwart in der Verantwortung für die Zukunft. Das Wirtschaften unterläge somit der Balance zwischen den heutigen Bedürfnissen und den Perspektiven zukünftiger Generationen.

(M)ein Dreiklang stünde für:
1. Veränderung
2. Leichtigkeit
3. Mut

DAS BUSINESS-KONZEPT

Foto: Hagen Schmitt

In modernen Gesellschaften mit dynamischen Wirtschaftsprozessen bieten kreative Menschen neue Gedankengänge und Wege der Innovationsmöglichkeiten. Meine technischen Produkt- und Prozessinnovationen basieren eher auf der Inkremental- als auf der Radikalinnovation. Es ist die »Leidenschaft« für Design und die »Lust«, sich zu Werten zu bekennen, um damit Emotionen zu vermitteln.

Meine Motivation entstand immer durch die Begeisterung für neue Herausforderungen sowie dafür, möglichst kreativ und innovativ arbeiten zu können.

Meine Hingabe zu diesem bestehenden Projektgedanken entstand aus über 40 Jahre Berufs-(Umfeld-)Erfahrung. Insbesondere wurde ich von der Leidenschaft getrieben, vor allem Frauen (inzwischen auch Männer) »glücklich machen zu wollen«. Vor dem Hintergrund dessen, dass ich international unterwegs war und gefühlt mit jedem Haut- oder Menschentyp gearbeitet habe, müssen die vorgestellten Make-up-Formulierungen mit »State of the Art«-Zutaten in Bezug auf eine ganzheitliche Bedeutung hin entwickelt werden.

Informationen zu künftigen potenziellen Inhaltsstoffen sowie konsumentenrelevanten Anwendungsritualen habe ich mir in Kleinstarbeit angesammelt.

Fotos: Hagen Schmitt

Durch meine kontinuierliche Brancheneinsicht inklusive verschiedener Erfahrungsebenen haben nicht nur bereits getestete kosmetische Rezepturen diese »Pionierfaktoren« (»Das muss ich haben«-Reaktionen) hervorgerufen. Im Grundprinzip wurde hierzu stets »das Beste gemischt und das Unnötige wegelassen.

(M)eine innitierte Produktlinie basiert auf Wasser anstatt auf herkömmlicher Fettbasis und ist deshalb besonders gut verträglich. Bisherige Rezepturentwicklung(en) ging ich nach dem Jil-Sander-Designprinzip aus den 80er-Jahren an: Es wird das reingepackt, was gebraucht wird, und weggelassen, was nicht gebraucht wird. Diese Produkte definierten sich nicht über das, was drin ist, sondern über das, was nicht drin ist.

Selbstverständlich sind diese Produktrezepturen frei von unnötigen Zusatzstoffen wie Parabenen, Paraffinen, künstlichen Farbstoffen, Silikonen, Mineralölen, PEG-Stoffen und hormonaktiven Substanzen. Alles würde möglichst vegan, ohne Tierversuche und in Deutschland unter sorgfältiger Handarbeit und Kontrolle hergestellt.

Meine Wunschvorstellung ist, jedem menschlichen Wesen einen leichten, zudem äußerst natürlichen, optimierten Hautton-Look zu schenken.

SPRÜH MAKE UP HANDGERÄT ENDVERBRAUCHER(IN) VISION

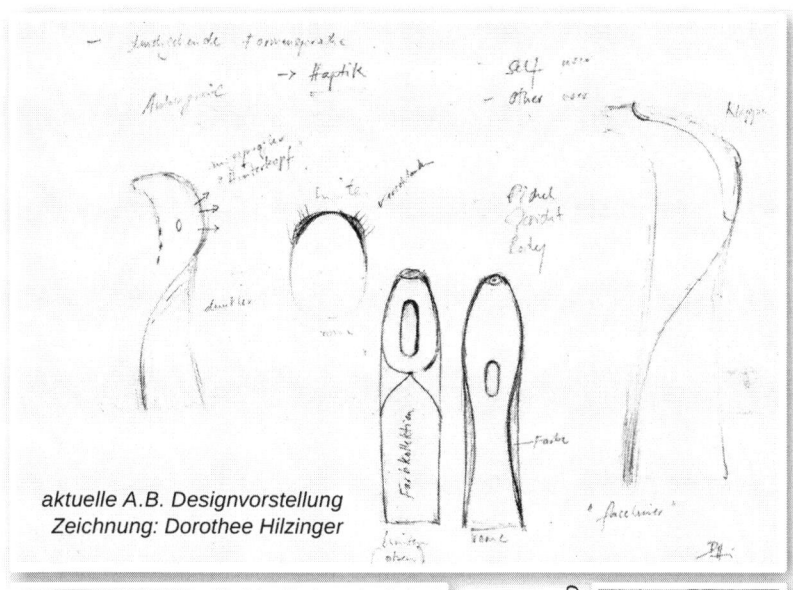

aktuelle A.B. Designvorstellung
Zeichnung: Dorothee Hilzinger

USLU Airlines Pistolen-Sprühprinzip

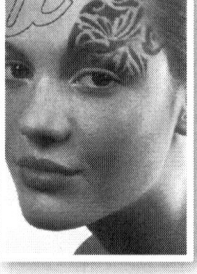

Fotos: Tony Baranzato

Grafik: Mark Ital

herkömmliches Gerät, versus erster A.B. Idee

Foto: Hagen Schmitt

Schlussendlich erträume ich für die Kund(inn)en von übermorgen das tägliche Maximum eines natürlichen und über Stunden hinweg frisch wirkenden Looks. In Kooperation mit Lohnherstellern entwickelten wir Versuchsrezepturen, mit vorab durchgeführten »Live- und Realtests«, nicht nur an Endkunden, sondern mittlerweile an unzählig abgeprüften Schauspieler(inne)n, Foto-, Laufsteg- und (Tanz-)Models.

Dieses Existenzgründer-Konzept bedient Branchenprofis gleichermaßen wie Endkunden. Uns/mir fehlt nur noch die Serienreife-Entwicklungschance zum Start-Up Business-Case, durch mindestens 1,8 Millionen Euro.

Foto: Hagen Schmitt

Erkenntnisse

Personen, die noch nie vom Sprüh-Make-up-Prinzip gehört, gesehen, oder gelesen haben, können sich dieses erst im Entstehen begriffene (Make-up-) Konzept und dessen Möglichkeiten nicht vorstellen. Alle Menschen, die bis dato mit diesem Prinzip in Verbindung kamen, können es sich vorstellen; vermehrt fragen sie danach. Sie würden zu Befürwortern – im Profi- und Privatgebrauch wegen jenes Hygienefaktors sowie aufgrund der multiplen, zusätzlich zeitreduzierenden Nutzungsmöglichkeiten!

Zukünftigen Profipartner(inne)n und Kolleg(inn)en böten wir/ich skalierbare Geschäftsoptionen – und damit individuelle Verwirklichungschancen. Dieser Komponenten-Stromaufbau, welcher derzeit noch circa 5,5 Kilo schwer ist, würde mit etwas viel Leichterem ersetzt, sodass auch der Transport einfacher wäre.

Diese teils technisch orientierte Innovation muss selbstredend, für viele Menschen problemlösend sein, für deren Ergebnissuche anwendbar wirken. (S)ein USP muss innerhalb (s)eines Branchen- und Marktsegments als (s)ein Unterschied erkennbar werden und später vor allem bleiben.

Derzeitige Branchenführer würden wir/ich irritieren wollen und ein bereits erfolgreich geglaubtes Konzept neu definieren und dieses ungewohnt neue, mittlerweile positiv abgeprüfte Applikationskonzept hygienischer, leichter sowie sofort ressourceneffizienter angehen.

Zeitlebens autodidaktisch unterwegs, bin ich fokussiert auf Schritt-für-Schritt-(Themen-)Entwicklungen. Damit eine sinnstiftende, möglichst bedarfsorientierte Perfektion zu erreichen, ist bis heute meine Olympionikenpassion, deshalb Herzensangelegenheit.

Inzwischen ist klar: Sprüh-Make-up bleibt, wo es aufgetragen wird. Kein Verschmieren. Alle kosmetischen Rezepturen könnten ganz einfach mit Wasser entfernt werden. Sprüh-Make-up eignet sich für ein noch perfekteres, natürlicheres Finish, einsetzbar im täglichen Leben.

Profis nutzen und lieben es nicht nur wegen seiner Tauglichkeit bei hochauflösenden 4K-, mittlerweile 8K-HD-Retina-Fotos und Social-Media-Kamerasystemen.

Sehr gut ist es auch für schnell umzusetzende exzentrische Looks, zum Beispiel bei Fashion Shows, beim Bühnentheater und jeglichen Sternsinger- und Karnevalevents. Es wäre mir wichtig, dass die zukünftige Sprüh-Make-up-Nutzung täglich anwendbar ist. Gerne für jedermann und -frau ab 15 Jahren bis ans Lebensende. Verschönert wird – oftmals in nur 30 Sekunden, maximal in einer Minute – zum Beispiel das Gesicht. Auch beim Dekolleté entsteht eine positive Wirkung.

Keine(r) müsste Profi sein, um es anzuwenden. Ein natürliches Fingerspitzengefühl und eine gewisse Intuition werden helfen, um sich ein (un-)sichtbares Make-up, einen rosigen Teint oder dramatisch kreative Looks zu zaubern.

Für eine bessere Zukunft!

Die Schwarmintelligenz nutzend, sollten sich freie (Branchen-)Partner und Konsumenten zukünftig hierüber kennenlernen; auch um sich mittels dieser Produktinnovation(en), für diesen Projektgedanken und dessen Anwenderveränderung zu entscheiden. Eben all diejenigen, welche die tägliche Eigenanwendung oder den professionellen Gebrauch luxuriös dekorativer Hautpflegeprodukte suchen. Beim anstehenden Geschäftsaufbau ginge es um eine plattformbasierte Interessenkonnektivität – dies für verbesserte Produkterlebnisse sowie gemeinsame (Branchen-)Lösungen. Diese würden auf unterschiedlichen Ebenen für etwas Neues, Biologisches, Nachhaltiges konzipiert, auch um die besonderen Bedürfnisse von zukunftsorientierten Konsumenten zu erfüllen. Mittlerweile weiß jede(r) klardenkende Geschäftsfrau/-mann, dass zukünftige Produkte entlang des gesamten Lebenszyklus nachhaltig sein müssen, und zwar nicht nur gedanklich.

Diese Ansätze würden mit zukünftigen Produzenten und Lieferanten für die Konsumenten einen möglichst grundlegenden Wertewandel ermöglichen. Dieser ist nötig, um die größten Herausforderungen, denen unsere Welt gegenübersteht, anzugehen. Für unsere Zukunft sähe ich einen Trend hin zur ergebnisorientierten Kosmetik. Immerhin ist die allgemeine Sensibilität nicht nur hinsichtlich der Auflistung von Inhaltsstoffen gestiegen. Zurückliegende Anwendererfahrungen zeigen, was sich im Markt und Branchenumfeld verändern muss. Viele Konsumgutmarktbetreiber kennen nur den Weg des pathologischen Lernens – also des »Lernens durch Schmerz«, um zu einem unbedenklich nachhaltigen und neu orientierten deshalb wettbewerbsrechtlichen Marktauftritt zu kommen.

Als branchenerfahrener, trotzdem visionärer Existenzgründer ginge es mir darum, zu zeigen, dass wirtschaftliches Handeln nicht gegen die Natur und den Menschen gerichtet sein muss.
Meinerseits würde ich zeigen – lieber noch beweisen –, dass ökologische Grundlagen und wirtschaftlicher Erfolg keine Gegensätze sein müssen. Kunden, Partnern und Kollegen würde ich vermitteln, dass alles dem Menschen dienen kann.

Ich möchte nicht manipulieren, ich möchte informieren. Ich will nicht überreden, sondern überzeugen. Zukünftige Partner und Kunden will ich nicht binden, sondern verbinden; ich möchte jedem eine sogenannte humane Kunden- oder Teampartnerschaft anbieten. Der Effekt (m)einer lebenslangen Mund-zu-Mund-Propaganda ist nicht zu unterschätzen. Am Ende des Tages geht es um den Dialog auf Augenhöhe, einem kooperativen Zusammenarbeiten.

SOZIALE VERPFLICHTUNG

Diesen Existenzgründer-Geschäftsaufbau verbände eine gesellschaftliche Verantwortung im Einklang mit Wirtschaftlichkeit. Von Anbeginn ginge es um das Kombinieren von bereits Gelebtem und zukünftig Möglichem. Soziale Bedürfnisse müssten auf unterschiedlichen Ebenen befriedigt werden. Uns hätte das Modell des »sozialen« Konsumverhaltens zu interessieren. Mein Innovations- und Veränderungsprojekt müsste verschiedene positive Möglichkeiten von Menschenverbindungen erzeugen.

Zukünftige Geschäftsmodelle scheinen nicht nur noch am monetären Gewinn interessiert. Der »Turbokapitalismus« hat viele, vor allem Kreative, auf der Strecke gelassen. Die Menschheit kommt zu der Erkenntnis, dass wenn ein Unternehmen keinen kreativen, vornehmlich »sozialen« Wert schafft, wird die Gesellschaft langfristig auch keine Geschäfte mit diesem Unternehmen machen wollen.

Am Ende sollten nicht nur die Produkte einen individuellen Wert haben; jedes Individuum, das unsere Produkte und Strukturen möchte, sollte damit auch (s)einen persönlichen Wert erleben. Dienen müsste diese Vision den Produktideen und ihrer gesellschaftlichen Umsetzung. Denn »wer Geld verdienen möchte, muss dienen lernen«. Im Interesse dieses Unternehmensgedankens sollte es uns immer wichtig sein, dass es der Gesellschaft, die sich für unsere Produkte entscheidet, gut geht.

FAZIT

Nachdem ich fast 20 Jahre international beruflich unterwegs war, davon über drei Jahre in Hollywood und über sieben Jahre in New York, kann ich resümierend sagen, dass das »Showbusiness« schwierig für mich war. Ich mochte oft die »Show«, jedoch nicht immer die Art von Business. Als Make-up-Artist habe ich all die Jahre auf subtile Weise den jeweiligen Modezeitgeist reflektiert. Immer galt: Ironie ja, Parodie nein. Meist war es eine Symbiose aus Klassik und Avantgarde. Konservativ und doch rebellisch. Wie viele andere auch, habe ich mich gerne an der italienischen, britischen und amerikanischen Vogue oder an der italienischen und amerikanischen Harper's Bazaar orientiert. Für zwei der Magazine durfte ich häufiger arbeiten. Irgendwann wollte ich mich nicht mehr »abstrampeln« und ständig die Werbetrommel rühren, um als Make-up-Artist weitere Erfolge zu erreichen.

Gut verdientes Geld allein war noch nie meine erste Motivation. Geld an sich stellt keinen Wert dar. Mir geht es um zeitgemäße Chancen, nachhaltige / effektive Veränderungen herbeizuführen. Vielmehr gilt die gesellschaftlich akzeptierte Währung für Dinge, die das Leben meiner Freunde und Kollegen schöner, sicherer, leichter und hoffentlich freier machen und letztendlich auch mein Leben positiv beeinflussen.

Meine dafür nötige Unterstützung waren schon immer Fokussierung, Disziplin, Ausdauer und vor allem der Wille, es unbedingt erreichen zu wollen. Sogenannte »Fehler« (von denen es genug gab) waren immer nur ein autodidaktisches

Mittel, um dazuzulernen. Um es beim nächsten Mal besser zu machen. Schlussendlich haben mich die Erkenntnisse, die ich aus vermeintlichen Niederlagen zog, gestärkt. Die Herausforderungen des Lebens konnte ich stets annehmen, da mir mein Grundvertrauen – mein sogenannter Sinn für Kohärenz – sagte: »Die Anforderungen deiner Vorstellungen und somit des Lebens lassen sich bewältigen.« Nicht jedes Problem gleicht einer Herz-OP.

Generell bekommt jeder nur so viele Aufgaben auferlegt, wie er lösen kann. Dieses innovative und ganzheitliche (Projekt-) Denken ist nicht über Nacht entstanden. Über vier Jahrzehnte habe ich damit zugebracht, mich systematisch weiterzubilden. Mich Schritt für Schritt in der Branche hochzuarbeiten – dies teilweise in einem mir völlig unbekannten Umfeld mit individuell neuen Herangehensweisen.

Lebens- und branchenrelevant mitnehmen konnte ich, dass ich keine Angst mehr habe, unbekannte Personen anzusprechen oder dafür gar in ein fremdes Land zu reisen. Auch wenn es anfänglich zumeist eine Sprachbarriere gibt, vermag ich über Körpersprache und Augenkontakt mit anderen zu kommunizieren.

Ich kann Menschen als Menschen akzeptieren – unabhängig von deren Geschlecht, deren sozioökonomischer Stellung sowie deren religiöser und/oder sexueller Präferenz.

Ich kann mit einem Raum voller Diven (unterschiedlichster Art) umgehen; brückenbildend deren gegensätzliche Positionen ausloten, ohne unter Druck zu geraten. Zudem kann ich aus der Entfernung authentische Luxusgüter erkennen. Ich habe gelernt, immer schneller Betrüger(innen) zu entlarven, egal welches »Kostüm« sie oder er trägt. Ich werde immer vergeben, jedoch niemals vergessen!

Momentan wird ein Künstler wenig bis gar nicht als das wahrgenommen, was er tatsächlich sein könnte. Die Kreativen, Kritischen und Nachdenker werden derzeit lieber kleingehalten. Die eher inhaltsarmen, leider lauten, oftmals neurotisch narzisstischen Egotaktiker werden seit Längerem nach oben gehievt. Vielerorts kaschiert wird das nicht selten in noch immer bestehenden hierarchischen Geschäfts- und Politikstrukturen, freundlich dargestellt mittels Ratschlägen, zum Beispiel in Form von Work-Life-Balance, Mediation, Reformen, Best Practice etc.! Selten wird eine reale Zukunftschance vorgelebt und damit vorgelebt, was unterstützt werden müsste!

Unbedingt nötige Veränderungen entstehen nur mit angezogener Handbremse. Es geht momentan nur noch um (Eigen-) Marken und deren digitale Meinungsbildung. So vereinen sich viele Leute leichtfertig mit einer Sache, anstatt darüber nachzudenken, was wirklich gut für sie, geschweige denn für andere wäre.
  In einer Zeit, in der wir dringend über Inhalte reden müssten, wird alles nur noch oberflächlicher. Bei (m)einem zukünftigen Firmenprojekt plädiere ich deshalb für die intelligente Leichtigkeit eines selbsterklärenden Produkt- und Kundennutzens sowie dessen positiver Kommunikationschancen.
  Vielseitig interessiert und ein breit ausgebildeter Branchen-Generalist, halte ich mich für einen »Macher«.

Eben jene Quereinsteiger-Herausforderung treibt mich an. Auch bei diesem Buch. Ein Abenteuer auf unbekanntem Terrain. Für Betriebswirtorientierte wird jedoch, aufgrund meiner Lebensgeschichte, mehr ein bunter als der rote Karrierefaden sichtbar. Für ein kreatives, vor allem von Emotionen gesteuertes Berufsumfeld braucht es allerdings die große Spielwiese, auf der (s)ich möglichst vertrauensvoll frei bewegt werden kann, damit dieser Branchen- und Marktbereich vor allem mit Affekten und durch Emotionen (über-)lebt.

80 Prozent aller Kosmetikindustrieumsätze basieren auf Emotionen. Nur 20 Prozent finden durch Bedarfskäufe statt. Ich habe die letzten paar Jahre meinen »Ego-Lautsprecher« einfach ein paar Stufen leiser gemacht.

(M)ein Rückzug als Visagist war keine Flucht, sondern gab mir die Möglichkeit, das Erlebte von über 40 Jahren zu ordnen. Analog gesammeltes zu digitalisieren. Dies mit meinen zusätzlichen Attributen der Empfindsamkeit, Ernsthaftigkeit und Schüchternheit. Es muss(te) mehr denn je unverhältnismäßig viel Energie aufgewendet werden, was nicht meinen Persönlichkeitsmerkmalen entspricht. In einer immer »lauteren« Welt übernehmen zukünftig hoffentlich wieder die Leiseren und Introvertierteren das Ruder. Gelegenheiten dafür kommen bestimmt. Mag die Gegenwart auch trist und unsicher wirken, ein »Licht am Ende des Tunnels« erscheint sicherlich – oftmals dann, wenn es am wenigsten erwartet wird. Möge es bitte kein entgegenkommender Zug einer menschlich initiierten Zerstörungswelle sein. Unsere Zukunft soll(te) besser, nicht schlechter werden.

Als Existenzgründer würden wir einen Versuch wagen, die neue Leichtigkeit dieser zukünftigen Chancen mit einer betriebswirtschaftlich bis dato undenkbaren Möglichkeit vorzuleben. Mit zukünftigen Partnern und Mitarbeiter (-innen) würden wir derart kooperieren, dass diese jeweils das tun, was sie erstklassig können! Dass sie sich das richtige Spielfeld wählen. Sonst brächte es niemandem etwas. Dass sie mit ihrer Kernkompetenz eine »Nische« bedienen und nicht überall mit der sogenannten »Me2«-Mentalität aufträten und damit uns sowie andere irritierten.

Während ich als Kind nie gelernt hatte zu kommunizieren, was ich denke und brauche, kann ich mittlerweile recht klar sagen, was ich mir vorstelle und unterstütze. Am Ende treffe ich dann Entscheidungen, auch wenn diese zu einem anders als zunächst gedachten Lernerfolg führen. Als oftmals (an) gefragter Dozent, deshalb Führungskraft wüsste ich, dass ich nicht nur Vorbild und Vertrauensperson, sondern immer auch ein Stück weit Visionär bleiben muss.

Entsprechend würde ich immer mal wieder viele dieser sich angesammelten Puzzleteilchen »entlassen«. Dann würde ich mich wie Sand »zerstreuen«, um immer wieder in diesen beneidenswerten freigeistigen Zustand des zuvor erlebten Künstlers zu kommen. Denn gut geführte Gedanken bedürfen der Reflexion für eine positive Umsetzung.

ZUSAMMENFASSUNG

Amerika wirkt auf Entrepreneure lösungsorientiert. Deutschland problemorientiert. Amerika bietet Chancen.

Deutschland, wenn es zudem um eher unbekanntes (Business-)Terrain geht, generiert Ängste und deshalb Blockaden. Jedoch wird ein Leben vorwärts gelebt und rückwärts verstanden, wie es der Philosoph Søren Kierkegaard so schön formuliert. Es geht darum, es einfach zu tun. TUN ist das Akronym für **T**ag **u**nd **N**acht. Durch mein Leben und das Beobachten vieler Leben habe ich gelernt, dass ein Ziel oft viel näher ist als gedacht. Auch wenn es gerade unerreichbar scheint.

Oft wird erst im Laufe der Zeit klar, ob (d)eine Entscheidung richtig war oder nicht. Oft wird erst im Nachhinein verstanden, ob es richtig war, an einer Idee festgehalten, gar auch noch die Zeche dafür bezahlt zu haben. Ob es richtig war, eine Vision nicht aufzugeben.

Jeder wird einen Moment in seiner Karriere erleben, wo du absolut keine Ahnung hast, welches der richtige Weg ist, ob kurz- oder langfristig. Ich hoffe, dass jeder in so einem Moment großzügig mit sich ist. Vertraue deiner Vision und vor allem deiner inneren Stimme. Wenn du nicht weißt, was du tun sollst, hör auf dein Bauchgefühl und fang an.

Um echte Entwicklungen voranzubringen, brauchen wir mehr denn je Menschen, die sich von ihren Visionen und Prinzipien leiten lassen. Wie auch immer (d)eine Vorstellung von (d)einem **TRAUM** und dessen Verwirklichung aussehen mag, durch Leidenschaft und Beharrlichkeit ist das Unmögliche möglich. Mut, Zuversicht und der Glaube an das, was **DU** vorhast, sollten dich lenken! Sieben Mal hinfallen, acht Mal aufstehen!

Zum Abschluss und immer wieder gilt: »Nur sprechenden Menschen kann geholfen werden!!!« Ein »NEIN« hast du immer. Ein »JA« kannst du dir erfragen. Wichtig zu wissen: Wer den ersten Schritt tut, dem wird der Weg geebnet! Sozusagen unter die Füße gelegt. Wage also den ersten Schritt! Ich bin überzeugt, dass auch du (er-)schaffen kannst, was du dir vorgenommen hast!

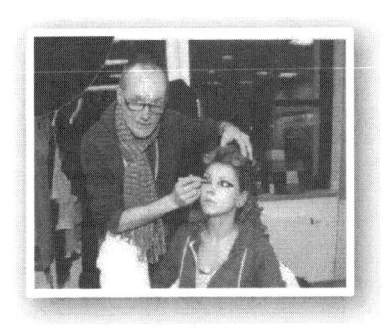

»Am Menschen, mit Menschen, für Menschen« – das ist das Motto meines Lebensweges. Was ist deines?

Ich persönlich wünsche dir alles Glück der Welt!

RUSSLAND REISE

Vor der kontrastreichen Kulisse Moskaus fotografierten wir den modernen Ethnostil: Paradebeispiele für einen west-östlichen Modedialog

FOTOS: BLASIUS ERLINGER

PRACHTVOLL BESTICKT

Fotos: Blasius Erlinger

Clean Faces

Foto: Karin Kohlberg

Foto: Heiko Simayer

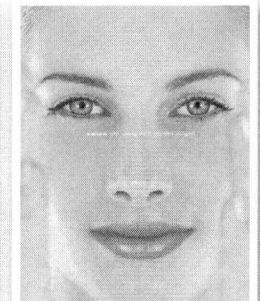

Foto: Peer Oliver Brecht

Foto: Celal Tayar

Foto: Willis Roberts

Foto: Heli Hinkel

Over Style

Foto: Heiko Simayer

Foto: Garth Aikens

Foto: Tony Baranzato

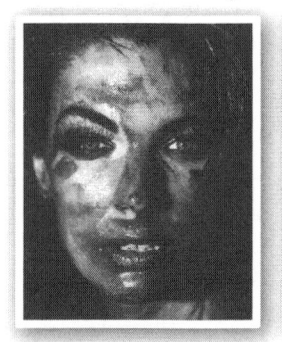

Foto: Ralf Lehner

Foto: Heiko Simayer

Foto: Udo Spreitzenbarth

TYP VERÄNDERUNG >> selbes Model

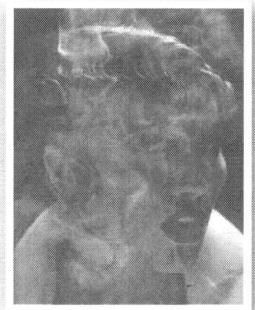

Fotos: Heiko Simayer

Fotos: Egbert Krupp

Fotos: Mitja Arzensek

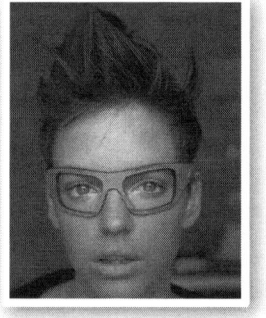

Fotos: Sinden Collier

over Style Make-up

Foto: Chris Kraemer

Foto: Tony Baranzato

Fotos: Heli Hinkel

Schmuck-Art Werbung

OBJECTS OF DESIRE by Udo Spreitzenbarth
Objekte der Sehnsucht

28. April - 20. Mai 201

Schmuckdesigns: rosetattoos

Jasmina Jovy   August Gerstner   Rudolf Schupp

WELLENDORFF-SCHMUCK

Frieda Dörfer   Oliver Schmidt   Claudia Milic

Alle Fotos: Udo Spreitzenbarth

Varieté Werbung

Foto: Marcus Fischer  Foto: Discodoener  Foto: Discodoener

Foto: Discodoener  Foto: Discodoener  Foto: Alexandra Klein

Foto: Discodoener  Foto: Klaudia Tot

TAGEBUCH-GESCHICHTEN

SCHEIDUNGSANWALT

Während ich mich von 1979 bis 1989 aktiv in der Friseurwelt bewegte, bekam ich inflationär von vielen (Stamm-)Kundinnen immer dieselben Geschichten ihres vermeintlich (un)glücklichen Lebens mitgeteilt. Dabei ging es nicht selten um Fremdgehen und die damit entstehenden Ehe- und Liebesprobleme. Auch von häuslicher Gewalt wurde mir erzählt. Da es für Frauen in den 80er-Jahren nicht üblich war, ihre privaten Themen offenzulegen, wurden verständnisvolle Friseure zum Beichtstuhl vieler.

Aufmerksam zuhörend, drehten sich die Kundengespräche oft um ebenjene sich wiederkehrenden Ehe- und (Über-)Lebensprobleme. Während Behandlungszeiten klangen viele wie sich reproduzierende »Kratzer« auf den damals noch gängigen (Musik-)Schallplatten.

Bestimmte Themenpunkte schienen zu deren individuellen Hürden zu werden, die sich zu personalisierenden Problemen auswuchsen.

Eigene Ziel- und Lösungsansätze schienen selten angedacht, erörtert, gar kommuniziert. Weil mir das zwischendurch auf die Nerven ging, erlaubte ich mir diesen teilweise anstrengenden Damen mitzuteilen, dass sie selbst ihre Lebenssituation (ver-)ändern müssten. Der einen oder anderen drohte ich, zukünftig keine Friseurtermine mehr zu vergeben, sollte sie nicht den ersten Schritt einer nachweislichen Veränderung angehen, wie zum Beispiel sich zu trennen oder mindestens einen (Scheidungs-)Anwalt zu kontaktieren;

alternativ eine eigene Wohnung oder (neue) Arbeit zu suchen. Denn: Wer Veränderungen sucht, der sollte auch Änderungen akzeptieren!

Wie ein nicht zertifizierter Scheidungsanwalt versuchte ich deren Neuorientierung und Positionierung zu beeinflussen. Teilweise geschockt, dass sie eventuell keine Termine mehr bekämen, fing die eine oder andere tatsächlich an, ihr Leben in die Hand zu nehmen.

Ich wiederum begann zu realisieren, was Frauen bereit sind zu tun, solange sie sich dadurch ihren Friseur, mittlerweile auch Visagisten, erhalten. Immerhin: Die Würde des Menschen ist unantastbar. Denn bei Frisuren geht es um viel mehr als um Haare. Oft auch um Würde. Es geht in vielerlei Hinsicht um den persönlichen Ausdruck und Ersteindruck. Nicht umsonst folgt häufig nach einem emotional wichtigen Schritt ein neuer Schnitt beim Friseur. Frauen finden Kraft durch und wegen ihres Aussehens. Gute und verständnisvolle Friseure sind ihnen oftmals wichtige (Lebens-)Begleiter. Jahre später begegnete ich zweien meiner ehemaligen Kundinnen. Sie dankten mir, dass ich ihnen damals in den Hintern trat.

DER FREIER

Rot beleuchtete Zimmer und schwere Vorhänge. Das konnte ich erkennen, wenn ich auf dem Weg nach Hause in meine damalige Wohnung in Stuttgart auf der Olgastraße 124 an zwei in den 70er-Jahren gebauten Häusern vorbeikam. Je dunkler die Abende wurden, desto eher saßen Frauen hinter diesen im Hochparterre positionierten Fenstern.

Tief dekolletiert versuchten sie einem zuzuzwinkern und einen hinter ihr Fenster zu locken. Da ich täglich dort vorbeimusste, kannte man sich. Als engagierter Friseur im Tagesgeschäft, hatte ich auch einige Kundinnen, die ihr Geld im Nachtgeschäft-Milieu verdienten.

In einer sehr heißen Sommernacht – deshalb waren die Fenster geöffnet – sprach mich eine dieser offenherzigen Damen an, ob ich nicht der Friseur von der Königstraße sei. Ja, das war ich. Sie fragte, ob ich ihr nicht die Haare hier in ihrer kleinen Wohneinheit machen könne. Ich muss gestehen, dass es mich brennend interessierte, wie diese von außen nur rot erkennbar beleuchteten Zimmer von innen aussahen. Auch sie wollte meine Tina-Turner-Spezialfrisur. Gefragt, getan.

Ich erschien zum ausgemachten Termin und wurde in ein kleines Einzimmerapartment geleitet. In Verbindung mit roten Tüllstoffen eher schwulstig und tuntenhaft-barockähnlich eingerichtet, war auch hier der damals allgegenwärtige Opiumduft von Yves Saint Laurent präsent. Während ich ihr für die gewünschte Ansatzdauerwelle gerade die circa 40 Dauerwellenwickler aufdrehte und die chemisch ätzende, nach Schwefel riechende Tinktur auftrug, klingelte es. Mit Klarsichtfolie um den Kopf gewickelt lief sie zum Türspion. Davor stand ein Kunde. Völlig erschrocken, dessen Termin vergessen zu haben, bat sie mich, mich umgehend in ihrem kleinen Badezimmer zu verstecken. Ich flitzte hinein und flehte sie noch an, dass ich spätestens nach zehn Minuten unbedingt ihre Dauerwelle kontrollieren müsse.

Ihr multifunktionelles Bad erinnerte sehr an meines. Auch hier war es möglich, sich zu duschen, gleichzeitig die Zähne zu putzen und währenddessen noch den Hintern zu entleeren. Als ich schon fast meine anerzogene Etikette verwarf und kurz davor war, neugierig in eines ihrer Badezimmerschränkchen zu schauen, bat sie mich herauszukommen. Völlig perplex, glaubte ich, sie hätte den Kunden heimgeschickt.

Sie erklärte mir, dass der Kunde bereits am Montag den Termin ausgemacht habe. Deshalb spielten sich in seinem Kopf bis zum heutigen Donnerstag nur erotische Fantasien ab. Somit war dieser mental völlig aufgeputscht bei ihr eingetroffen.

Da sich Sex im Kopf abspiele und er – verheiratet und Kinder – sowieso nur den Kick des Verbotenen suche, komme es, gut Hand angelegt, immer sehr schnell zur Ejakulation. Sich sehr schnell entladend, gewönnen Reue und Scham die Oberhand, weshalb diese Art Kunden unmittelbar die Hosen hochzögen und am besten gleich wieder verschwänden.

Aus diesem Grund kassiere eine gute Prostituierte immer vorab das zuvor vereinbarte Honorar. »Kostet die Dauerwelle 70 DM? Hier hast du 100 DM.«

ERSTE HAARVERLÄNGERUNG

Im Salongeschehen immer auf dem neusten Stand, hatten wir auf einer Fachmesse den – erstmals vermittelt – zukünftigen Trend für Haarverlängerung und/oder Haarverdichtung mitbekommen. Wenngleich ich noch keine konkreten Informationen hatte, plapperte ich bei Kundinnen mit nicht so fülligen Haaren aus, dass zukünftig eine visuelle Optimierung möglich würde.

Von den vielen Damen aus dem horizontalen Gewerbe, die ich bediente, war nicht nur eine daran interessiert. Deren Männerkunden hätten sie gerne mit langen und voluminöseren Haaren.

Eine der Interessierteren war bereit, sich deutschlandweit eine der ersten Haarverlängerungen machen zu lassen. Die Salonleitung hatte mich ausgewählt, dieses uns unbekannte Minenfeld zu betreten.

Ich hatte die Herangehensweise auf der Messe nur grob mitbekommen, wusste aber, dass wir für die Echthaar-Falschhaar-Firma mindestens eine Haarsträhne ihrer aktuellen Haarfarbe und -struktur abschneiden und dorthin einsenden mussten. Zeitnah bekamen wir kommuniziert, dass es diese als Füll- und Farbmaterial vorrätig gäbe.

Aus Distanz auf der Messe gesehen, kauften wir im Baumarkt schon mal eine sich erhitzende Badezimmer-Silikonkantenpistole mit dafür passenden nachfüllbaren Silikonpatronen. Auf die später farbig passenden Haarverlängerungen, die es einzupflegen galt, mussten wir warten. Tage später wurden diese mit der Post geliefert.

Da sie im Rotlichtviertel tätig war, wollte ihr »Freund« (= nach außen hin) und Zuhälter (= nach innen hin) wissen, wie viel Ausfallstunden er einzuplanen habe. Er müsse wissen, wann sie wieder einsetzbar sei. Ohne Erfahrungswerte zu haben, meinten wir, dass mindestens vier bis fünf Stunden eingeplant werden sollten. Nachdem wir eine Preisvereinbarung getroffen hatten, bestellten wir sie auf zehn Uhr morgens in den Laden.

So konnten wir sicher sein, dass ich anwesend war und keine Zeit verloren ging. Ihr langhaariger, sonnengebräunter Bodybuilder-Zuhälter brachte sie mit einem Angst einflößenden Kampfhund im Laden vorbei und entschied sich kurzfristig, sich dazuzusetzen. Er wollte sehen, was wir mit ihr machten.

Dass sie sich gemäß unserem Salonkonzept obenrum nackt machen musste, schien ihn bereits zu irritieren. Die Rohfassung der Anwendung nie zuvor geübt, versuchte ich im Nacken zu beginnen. So würden Fehler, sollte es nicht gleich perfekt gelingen, nicht unmittelbar erkannt werden. Ich ließ die Silikonschmelzpistole heiß werden, woraufhin das Silikon in Unmengen heraustropfte, was das Positionieren eines möglichst kleinen Silikonklebepunktes nicht gerade einfach machte.

Passé für Passé sowie dünnste Büschelsträhnchen abgeteilt, versuchte ich mich in Kleinstarbeit Richtung Hinterkopf durchzukämpfen. Noch immer unterhalb der Ohrenoberkante, glaubte ich etwas routinierter zu sein. Als die vereinbarten Stunden bereits verstrichen waren, verließ er maulend den Laden.

Wenn er nicht zwischendrin mit seinem Kampfhund vorbeikam, um zu kontrollieren, dass wir fortgeschritten waren, jedoch immer noch Zeit benötigten, klingelte er uns von da an fast stündlich über das Ladentelefon an. Ständig wollte er wissen, wie weit wir seien, wann er mit ihr rechnen könne.

Es hat Stunden gedauert. Vom sehr heißen Silikon hatte ich mittlerweile nicht nur Brandblasen an Daumen und Zeigefinger, weshalb ich diese inzwischen sehr empfindlich gewordenen Fingerspitzen mit Tesafilm umwickelte. So konnte ich die mörderische Hitze etwas umgehen. Während die Kollegen(innen) am Abend den Laden verließen, blieb die Salonleiterin etwas länger; zu fortgeschrittener Stunde musste aber auch sie wegen ihrer Kinder nach Hause.

Schnitttechnisch hatte ich die verlängerten Haare gerade mit ihren eigenen verbunden, als es unten an der Ladenglastüre polterte, als wollte sie jemand eindrücken. Im oben gelegenen Salon erschrocken, zuckten wir zusammen. Wir glaubten, es wäre ein Betrunkener, der versuchte, die inzwischen abgeschlossene Türe zu öffnen. Kaum hatten wir uns beruhigt, klingelte mal wieder das Ladentelefon. Ich ging gleich ran und hörte, wie ebenjener Zuhälter in den Hörer schrie, dass er in zwei Minuten die Türe einträte, wenn diese bis dahin nicht geöffnet sei.

Ich teilte ihr mit, dass er im Anmarsch war, woraufhin sie versuchte, unseren Frisurenumhang zu arrangieren, der inzwischen eher derangiert am Körper hing. Aufgeregt suchte ich die Ladenschlüssel und rannte die Treppe hinunter, um möglichst zeitnah das Bodenschloss sowie das mittig angebrachte Schloss aufzuschließen. Kaum hatte ich am zweiten Schloss den Schlüssel umgedreht, drückte er mir bereits die Türe ins Gesicht und hechtete die um die Ecke verlaufende Treppe nach oben. Noch bevor ich die Türe wieder abgeschlossen hatte, hörte ich sie laut aufheulen und schreien.

Er muss sie an den frisch angeklebten Haaren durch den Salon gezerrt und verprügelt haben. Ich wusste nicht, was mich erwartete, wenn ich die Stufen zurück in den Salon erklimmen würde.

Mutig, tief einatmend, stellte ich mich dieser Situation und ging mit zittrigen Knien nach oben.

Kaum sah er mich, sprang er auf mich zu und fuchtelte wild mit seinen schlagkräftig beringten Händen vor mir herum. Dieses (sein) »Dreckstück« habe heute keinen Pfennig für ihn verdient.

Ausgehend von ihrem derangierten Friseurkleid müsse sie sich mir nackt angedient haben und ob wir uns auf dem Fensterbrett gegenseitig »verbunden« hätten. Denn das habe er von unten, von der Einkaufsstraße aus, beobachtet.

Dass ich Frauen hierfür nicht zur Verfügung stünde, war meine Rettung. Seine Reaktion: Er werde nichts für diese Dienstleistung bezahlen. Ihr einzuklagendes Ausfallhonorar würde er über die regionale Friseurinnung angehen. Uns würde er bei dieser gar wegen unserer Inkompetenz anzeigen.

Aus Angst setzte ich dem nichts entgegen und hatte somit für über zwölf Stunden Arbeitsleistung keine Geldeinnahmen erwirtschaftet.

Zwei Tage später klingelte das Telefon. Sie möchte diese falschen Echthaare entfernt haben. Sie habe ständig Kopfweh. Tatsächlich kann am Kopf jedes einzelne Haar nur maximal 0,3 Gramm zusätzliches Gewicht aushalten. Unerfahren wie ich war, hatte ich wie immer gründlich gearbeitet und ihr an fast jedes ihrer Haare zusätzlich verlängerte Haare verklebt. Ein neuer Termin musste vereinbart werden, diesmal um ihr die Extension herauszulösen. Allerdings wusste keiner, wie.

Immerhin handelte es sich damals noch um das Badezimmer-Silikon für die Ränder von Wasch- und Duschwannen.
Vorgeschlagen wurde, es mit Salatöl zu versuchen. Dieses könnte zwischen den Haaren und den Silikonkügelchen ein leichteres Ablösen ermöglichen. Über zwölf Stunden hatte ich gebraucht, um ihr die Haare zu verdichten und zu verlängern; mindestens sechs Stunden benötigte ich, um ihr diese sehr feinen Silikonkügelchen mit den noch perfekt daranklebenden Falschhaaren abzulösen. Versehentlich riss ich dabei das eine oder andere ihrer Originalhaare mit aus.

Fazit: Nach diesem endlos scheinenden Prozedere hatte sie schlussendlich weniger Haare auf dem Kopf als vor 72 Stunden, als sie hergekommen war. Dass sie Kopfweh bekommen hatte, weil er sie ständig an den Haaren riss und daran zog, war ihr nicht in den Sinn gekommen. Sie glaubte, dass er es gut mit ihr meine …

SCHMUTZIGE OHREN

Foto: Friedhelm Volk

1988, noch ganz am Anfang meiner Visagisten-Zeit, durfte ich eine für mich wichtige Haar- und Beautyproduktion für die neu entstehende Parfümerie Breuninger begleiten, damals deutschlandweit die größte. Das Model, das aus Paris eingeflogen wurde, war kurzfristig aufgrund angeblicher Produktionen mit dem berühmten Starfotografen Helmut Newton branchenaktuell.

Ehrfürchtig empfing ich sie und realisierte beim Schminken und Haarestylen, dass sie stark verschmalzte Ohren hatte. Die anstehenden Fotos sollten jedoch im Profil fotografiert werden. Vorausschauend erkannte ich das Problem ihrer übermäßigen Schmalzproduktion. Peinlich berührt, versuchte ich das dem Fotografen mitzuteilen, der daraufhin versuchte, es lichttechnisch zu umgehen.

Irgendwann holte ich aus meinem Make-up-Raum vier Wattestäbchen und ließ sie wissen, dass wir bezüglich sauberer Innenohren ganz sichergehen wollten. Ich erklärte ihr, dass das spätere Foto sehr vergrößert präsentiert würde. Dann verließ ich das Set und gab ihr die Chance, über sich selbst erschrocken zu sein. Zum Glück drückte sie mir nicht die benutzten Wattestäbchen in die Hand, um diese zu entsorgen.

DIE OHRFEIGE

Zack! Ein Fotograf gab mir am Set eine saftige Ohrfeige. Jedoch von vorn. 1989 wurde ich, als Branchenanfänger in Madrid lebend, von einem vor Ort sehr bekannten Fotografen gebucht. Schon der Set-Aufbau war anders, als ich es in Deutschland gewohnt war. Trotzdem die Fotos wie Studioarbeiten wirkten, war das Team wegen der gewünschten Lichtsituation im Freien. Das Model stand etwas erhöht. Sobald ich oben bei ihr war, um die Haare in Form zu bringen, erschien alles in Ordnung. Doch immer, wenn ich aus dem Bild rannte, kam ein leichter Wind und einzelne Haarsträh-

Fotos: Pepe Botella

nen gerieten aus der gewünschten Form. Also sprintete ich wieder hoch zum Model und versuchte die Haare zu bändigen. Kaum wieder unten kam der nächste Windstoß. Nach dem dritten Mal auf der Empore stellte ich mich just neben den Fotografen, um die Situation aus dessen Perspektive zu betrachten, da spürte ich, zack, seine flache Hand an meiner Wange.

Völlig irritiert schaute ich ihn an, während er mich anblaffte, warum ich keine verdammten Klammern an ihren Hinterkopf stecken würde, damit er endlich (s)ein Foto machen könne. Ich tat wie mir befohlen und musste schmerzlichst feststellen, dass bei (Editorial-)Fotoproduktionen ein anderer Umsetzungswind wehte. Hier galten offensichtlich andere Regeln als im Salon und auf Friseurmessebühnen.

Es war zum Glück die einzige Ohrfeige, die mir in meiner Branchenzeit verpasst wurde. Zuerst war ich schockiert, langfristig jedoch dankbar für eine erneut wahrgenommene Branchenerfahrung und damit einhergehend unendlicher zukünftiger Chancen.

EIN MODEL FEHLT

1991, auf meiner allerersten 16-tägigen Reise nach USA/Miami, war ich für die erste Schweizer Katalogproduktion gebucht. Da wir morgens immer sehr früh begannen, hatten wir über die Mittagstunden, solange die Sonne am höchsten stand und die härtesten Schatten warf, frei. Jahre später wurde so etwas immer seltener. Ich wartete zum sogenannten **»Touch-up«** der Nachmittagsschicht auf meinem Zimmer auf alle Models, eines davon erschien jedoch nicht.

Meist arbeiteten wir zeitgleich mit zwei oder drei Mädchen, deshalb bereitete ich die beiden anderen schon einmal vor. Im Schlepptau die hergerichteten Mädchen, der Rest der Crew in der Hotellobby, wunderten wir uns, wo die Dritte sein könnte. Nachdem wir jeden befragt hatten, wer sie wann zuletzt wo gesehen hatte, kam heraus, dass sie sich an den Strand legen wollte.

Sie wollte sich für die zu fotografierende Sommerkollektion noch etwas Sonnenbräune gönnen. Immerhin waren wir im Januar aus dem kalten, winterlichen und sonnenarmen Europa dorthin eingeflogen worden.

Daraufhin wollte der Produktionsleiter lieber gleich auf der Polizeistation anrufen. Da alle seine Models aus der EU kamen, vermutete er, dass sie oben ohne am Strand gelegen hatte und möglicherweise deshalb festgenommen worden war. So war es auch. Wir konnten sie auf dem Weg zum nächsten Produktionsort bei der nahe gelegenen Polizeistation abholen. Sich am Strand mit entblößten Brüsten zu zeigen, verstieß gegen das US-Gesetz. Während sie die Sonne genoss, müssen (neidische) US-Amerikaner(innen) die Polizei gerufen haben. Zwei Polizisten in Polizeiuniform – keine Polizistinnen (!) – müssen ihr genüssliches Sonnenbad dann irgendwann abrupt beendet haben, um sie vor allen abzuführen.

Gesetzlich wurden für die dann 1992 beginnende Saison vom South Point, dem untersten Zipfel von Miami South Beach, rund 100 Kilometer »Oben-ohne-Strand« freigegeben. EU-Tourist(inn)en hatten sich zunehmend bei ihren Reiseveranstaltern über die rigiden Richtlinien vor Ort und deren Gesetze beschwert, vor allem über die Vorgehensweisen bei Nichtbefolgung. Die US-Tourismusindustrie wollte nicht auf die erst ansteigenden Umsatzchancen durch die EU-Touristen verzichten. Fazit: Marktchancen und Geld beeinflussen auch Gesetze.

MIAMI – DIE MUSIKANLAGE

Für Fotoproduktionen arbeitete ich immer wieder an den spannendsten Locations; ein wichtiger Entscheidungsgrund, welcher Ort dafür gewählt wurde, war meistens der Bereich hinter den Models. Von dem Produktionsteam, das wir vor Ort angeheuert hatten, war eine anspruchsvolle, uns nicht bekannte Villa gebucht worden. Während der Anfahrt wurde uns mitgeteilt, dass dieses Haus exklusiv für einen Opernmusikliebhaber gebaut worden und somit für (s)einen akustisch perfekten Raumklang gestaltet sei.

Neben dem architektonischen Grundriss musste dieses Haus bis ins letzte Eck (s)ein (Opern-) Konzertsaalempfinden befriedigen. Außer dem Hausherrn dürfe keiner an dessen Musikanlage hantieren. Wenn wir diesen später noch anträfen, wäre er sicherlich bereit, uns den Klang dieser scheinbar unschlagbaren Konzerthausqualität zu präsentieren.

In dem recht beeindruckenden Eingangsbereich führte eine große, schwere Stahl- oder Eisentreppe in ein Obergeschoss. Für uns nicht zu betreten. Wir brauchten die bodentiefe Fensterfront im drei Stufen niedriger gelegenen Wohnzimmerbereich mit den davorliegenden Marmorplatten, die verschiedene Muster aufwiesen, zudem die dahinterliegend unscharfen Gartenumrisse. Eine Hausdame, welche die Dame des Hauses ersetzte, führte uns in den für uns bereitgestellten Arbeitsbereich.

Wie immer an neuen Foto-Locations, suchte sich jeder gemäß seiner Kernkompetenz (s)einen möglichst dem Teamverlauf entsprechenden besten Arbeitsplatzbereich, während sich nebenbei auf die noch unbekannte Location eingestellt wurde. Da wir außer jener Hausdame niemanden sonst im Hause wahrgenommen hatten, glaubten wir, während der Aufbau- und Modelvorbereitungsphase allein mit ihr zu sein.

Plötzlich hörten wir im Raumgefüge, akustisch glasklar und sehr laut hallend, eine amerikanische Kinderstimme. Was wir verstanden, war, wann sie »eeeendlich rüüüüüüberkommen« dürfe.

Zuerst einmal erschrocken, wussten wir gar nicht, woher diese Stimme kam. Wir schauten uns an, ob nicht vielleicht doch jemand die für uns verbotene technische Anlage aktiviert hatte. In kurzen Abfolgen hörten wir dieses sich wiederholende Bedürfnis einer sehr traurigen, gleichzeitig typisch Hilfe suchenden Kinderstimme: »Maaaamiii, wann darf ich zuuuu diiiir kommen?« Durch ebendiese spezielle Akustik nahmen wir alles echoähnlich wahr, scheinbar klangvollendet, aufgrund der kalten Materialien, wie Marmorböden, die Stahltreppe und die extra hochpolierten, glatten Wände.

Dieses Klangvolumen bekamen wir widerhallend durch eine im Haus installierte Lautsprechanlage mit, während wir versuchten, uns auf unsere Arbeit zu konzentrieren.

Erst mit einer urplötzlich erschreckend resoluten Antwort einer weiblichen, jedoch empathielos reagierenden Stimme verstanden wir, dass deren Kind wohl tatsächlich in einem der oberen, für uns nicht zugänglichen Zimmer zu bleiben habe. OTon: »Ich habe dir gestern gesagt, dass du in deinem Zimmer zu bleiben hast. Du hast dich selbst zu beschäftigen. Ich möchte kein Jammern und keine Widerworte hören!« Hierdurch hörten wir mit, wie ein kleines Mädchen in einem sehr lieblosen Ton aufgefordert wurde, die Mutter, die ja auch irgendwo im Hause zu sein schien, nicht zu besuchen, geschweige denn, diese zu stören. Uns stockte der Atem, während wir uns schockiert anschauten. Dies alles bekamen wir mit, ohne dass wir das Kind oder die Mutter je zu Gesicht bekamen.

Eilig rannte die Hausdame die stählerne Treppe nach oben, deren Klang sich dadurch zusätzlich aktivierte. Sie muss den im Haus Anwesenden mitgeteilt haben, dass wir deren Auseinandersetzung mitbekämen. Wie es schien, wurde die bereits – Anfang der 90er-Jahre – von Zimmer zu Zimmer vernetzte Sprech- und Tonanlage abgeschaltet. Nach Beendigung der Produktion wollten wir nicht einmal mehr das für den Hausherrn wichtige Klangerlebnis hören. Ein familiäres Zuhause wird auch über Akustik nicht vermittelbar.

ARBEITEN AM HEISSESTEN ORT DER USA!

Fotos: Silvan Corrodi

Für eine Mantel- und Jacken-Katalogproduktion wurde ich einmal für zehn Tage am heißesten US-Ort gebucht, wie ich erst später realisierte, und zwar im kalifornischen Death Valley (Tal des Todes). Bereits vorab wurde mir mitgeteilt, dass wir unter sehr strengen Bedingungen in der Wüste arbeiten würden.

Um wieder in die Zivilisation zu kommen, wurde jeweils drei bis vier Stunden gebraucht. Vor Ort wäre für diese zehn Tage alles nur sehr spartanisch eingerichtet. Ich solle mich auf keinen Luxus einstellen. Ich solle mir deshalb unbedingt genug zum Lesen mitbringen. Bei der Anreise während der Abenddämmerung wirkte diese Einöde erst mal beeindruckend. Der Ranger vor Ort erzählte uns allerdings vom (Über-)Leben bei 47 Grad Celsius, von der (potenziellen) Möglichkeit, Kekse im Auto zu backen, und von nur wenigen Touristen, die dann meistens das Thermometer fotografierten.

Weil die Tage sehr heiß wurden, mussten wir stets sehr früh am Morgen beginnen. Dafür hatten wir über die uner-

Fotos: Silvan Corrodi

träglichsten Stunden am Tag frei und fotografierten erst wieder gegen Abend mit der untergehenden Sonne. Meine morgendliche Call-Time wurde auf 4.30 Uhr festgelegt, damit der Fotograf die ersten Licht-und-Schatten-Dünenfotos ab 6.00 Uhr umsetzen konnte. Rapide stieg mit jeder Stunde nicht nur die Sonne an. Die Models mussten in winterliche Klamotten verpackt werden. Nicht nur einmal hatten wir Tage mit 53 Grad Celsius im Schatten.

Temperaturen um die 50 Grad sind dort normal. Da will keiner über den Tag hinweg viel Zeit im Freien verbringen. Bei den zu fotografierenden Dünen haben wir zwei Tage in Folge über dem Staubsand 93 Grad Celsius gemessen. Wir hatten Glück, wenn wir morgens drei Fotos und abends zwei bis drei Fotos schafften.

Schlussendlich verbrachten wir die meiste Zeit in diesem dort einzigen, einsam gelegenen Motel. Nachts schnüffelten und heulten die Coyoten an unseren direkt in die Wüste führenden Hotelzimmertüren, was das Sicherheitsgefühl beim Schlafen nicht gerade positiv beeinflusste. Übrigens war das Trinkwasser aus den Wasserleitungen niemals kalt, denn die Wasserleitungen verliefen nicht tief genug unter der Erde. Nun, auch diese Reiseerfahrung habe ich überlebt.

L.A./HOLLYWOOD und JIMMY JAMES

Während ich in L.A. lebte, bekam ich immer wieder Kurzkontakte zu den fotografierten Persönlichkeiten von Greg Gorman. Einmal wurden wir zu einem in den USA sehr bekannten Parodisten und Stimmenimitator eingeladen – für mich die bis dato beste Marylin-Monroe-Kopie, die ich je gesehen und gehört habe. Immerhin idolisierte ich das Original, wie übrigens viele Millionen (schwule) Männer.

Foto: Mike Chapman

Dieser Jimmy James war ein angehender Schauspieler, als er im Studiengang lernte, sein Gesicht zu analysieren, und dabei bemerkte, dass er ähnliche physiognomische Gesichtsstrukturen wie das Original hatte. Stimmen zu imitieren und Charaktere zu kopieren, muss er mit bereits acht Jahren angefangen haben.

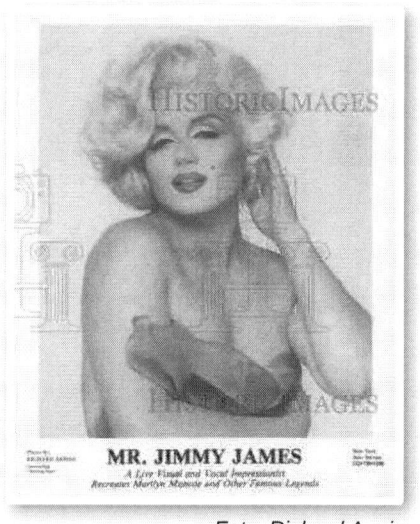

Foto: Richard Armis

Speziell Marylin Monroe studierte er über Jahre hinweg und machte diesen 80er- und 90er-Jahre-Akt zu (s)einer Trademark, bis hin zu vielerlei nationalen *TV-Auftritten* in den USA.

In der zweiten Hälfte seiner Shows kopierte er perfekt die Gesangsstimmen von weiteren *Hollywoodlegenden*, wie zum Beispiel *Bette Davis*, *Cher, Judy Garland, Billie Hollyday, Barbra Streisand* und vielen anderen.

Foto: Greg Gorman

Bei meinem allerersten L.A.-Besuch wurde ich nicht nur Zeuge (s)einer als Marylin dargestellten Brillenkampagne für L.A. Eyeworks. Schließlich wurde ich 1992 zu einem Event in Hollywood mitgenommen, bei dem ich mit geschlossenen Augen glaubte, Marylin sprechen und singen zu hören.

BOSNIENKRIEG UND (S)EINE AUSWIRKUNG

Es muss 1993/94 gewesen sein. Für eine mehrtägige Wäscheproduktion auf Key West in Florida hatten wir ein Wäschemodel aus Europa gebucht. Diesem Kunden war, neben der für ihn maßgebenden Fotos, eine Produktionskostenregulierung essenziell. Anfang der 90er-Jahre waren plötzlich renditeorientiert kommazählend studierte BWL-Controller in die bis dato nur kreativ agierenden Firmenbereiche gezogen.

Deshalb sollten wir kostengünstiger wohnen und nicht in dem zu fotografierenden Fünfsternehotel absteigen, was nicht selten der Fall war.

Paradoxerweise war die später zu entrichtende Location-Gebühr höher als dortige Zimmerkosten. Hätte das Team im Hotel genächtigt, hätten wir die Hotelhintergründe kostenfrei nutzen dürfen.

Unser Model, das am Vorabend in letzter Minute angereist war, wirkte bereits mitgenommen und nicht wie auf ihren Sedcard-Fotos, auf denen wir ein frisches jugendliches Mädchen sahen. Wir entschuldigten dies mit dem langen Flug. Auch ihr schmuddeliges Auftreten, sowie die die schlechte Kommunikation war uns aufgefallen.

Frühmorgens immer die erste Kontaktperson, bekam ich alles andere als eine offene und zugängliche Person aufs Zimmer. In schlechtestem Englisch beschwerte sie sich, dass wir in solch einem minderwertigen Hotel (es war ein Motel) übernachteten. Es böte ihr keine Toilettenartikel für ihre Morgentoilette. Vor Kurzem den (inter-)national viel beschworenen, Elite- »Model Look«-Wettbewerb (damals noch »Look of the year«-Wettbewerb) in einem für uns nicht definierbar osteuropäischen Land gewonnen, wäre sie Besseres gewohnt. Und das mit ihren maximal 16 Jahren.

Selbst ihre Haare waren so was von bedürftig, dass ich ihr trotz meiner morgendlichen Zeitnot einen »Quick-Fix«-Haarschnitt anbot, den sie dankend annahm. Nachdem ich sie wie gewohnt mit meinen magischen Händen massiert und geschminkt hatte, schien ich sie zumindest ungefähr so hinzubekommen, dass sie in etwa dem glich, was wir ausgehend von ihrer Sedcard erwarteten.

Im Fünfsternehotel nebenan fotografiert, dem Cheeca Lodge & Spa in Islamorada, hatten wir dort zwei kleine Vorbereitungsräume, die uns zur Verfügung gestellt wurden. In einem davon warteten die Fotografin und das Kundenteam. Die Mitglieder des Teams, die sich nur teilweise kannten, stellten sich gegenseitig vor und jeder versuchte nett und freundlich zu sein.

Durch eine Verbindungstür getrennt, bereitete sich im danebenliegenden Raum der Stylist vor. Ich wurde sofort gefragt, was ich von dem Model hielt und was möglich wäre, um sie mehr in die Richtung zu bekommen, die vom Kunden nicht nur erhofft, sondern gewünscht war. Allen Beteiligten war klar, dass mit diesem jungen Ding irgendetwas nicht stimmte. Meine Vorarbeit erledigt, übergab ich sie dem Stylisten.

Während ich innerhalb seines Raumbereichs meinen Arbeitstisch für die kommenden Tage aufbaute, sah ich ihn aus der abgeschirmten Ecke stürmen und sich die Hand vor den Mund halten, als müsse er sich jeden Moment übergeben. Mit seinen Händen fuchtelnd, kramte er kurze, weiße Baumwollhandschuhe aus seinem Equipmentkoffer. Er verkündete, dass er dieses Mädchen nur mit Handschuhen anfasse. Er wirkte überdimensioniert schockiert.

Um verschiedentliche Wäscheteile zu probieren, hatte sie sich in seinem Beisein nackt gemacht. Dabei pellte sie sich aus ihrer Röhrenjeans und ließ diese mit offener Knopfleiste von oben einsehend liegen. Hierdurch war zu erkennen, dass diese Hose über einen längeren Zeitraum getragen sein musste. Nicht nur zeigte sie im Knopfleistenbereich eindeutige Blutspuren, die weibliche Wesen alle vier Wochen körperlich ertragen müssen. Viel schlimmer noch, präsentierte diese auf der Gegenseite braune Spuren, die nicht nur auf einen wahrscheinlichen Unterhosen- und Hygienemangel hinwiesen.

Da er mich zu seiner Bestätigung zwang, mir dies anzusehen, schickte er mich unter einem Vorwand zu ihr. Tatsächlich sah ich etwas, was alles jemals Erblickte mickrig wirken ließ.

Obwohl wir unsere frühmorgendliche Erkenntnis vor dem Team zurückhielten, war es dennoch ungewohnt schwierig, aus diesem bockig, zudem aggressiv wirkenden Mädchen ein für exklusive Wäsche hingebungsvolles Model hinzubekommen.

Ihrerseits in der Kommunikation eher auf Krawall gebürstet und nicht wirklich kooperationsbereit, wurde schon gegen Ende des ersten Tages überlegt, sich eine Alternative zu suchen. Menschlich orientiert wollten wir ihr allerdings eine Chance geben und meinten, dass der erste Tag wohl der Zeitumstellung, ihrer pubertären Spätphase sowie ihren defizitären Kommunikationschancen geschuldet sei.

Am folgenden Morgen, wir sprechen von circa 5.30 Uhr, erschien sie mit nassen, jedoch seltsam stumpf-klebrigen Haaren. Sie beteuerte, sich die Haare gewaschen zu haben, hätte jedoch nicht das Shampoo, das sie sonst benutze, weil dieses Motel ihr nichts böte.

Über den Tag hinweg wirkten ihre Haare genauso müde, wie sie inzwischen agierte. Wiederholt hatte sie ebenjene Jeans an. Nichts an ihr änderte sich. Schlussendlich befanden sie alle für untragbar. Gegen Nachmittag telefonierte die Fotografin mit ihrer Agentur und ließ diese wissen, dass wir den halb fertigen Job mit diesem Model nicht beenden würden.

Somit hatten wir ein neues Model zu suchen, das sehr kurzfristig für die letzten zwei Tage anreisen musste. Später erfuhren wir von unserem Produktionsleiter, was sie ihrer Agentin erzählt hatte.

Im ausufernden Bosnienkrieg (1992–1995) muss sie eine führende Rebellenrolle übernommen haben. Dies, nachdem ihr nahestehende Familienmitglieder erschossen worden waren. Sie hatte unseren Job nur angenommen, weil er so viel Geld bot, dass sie ihre Gage in diesen Krieg, mindestens in eine Absicherung davon für Waffen, Munition investieren könnte. Nach Erzählungen der Agentin muss sie direkt vom Einsatzgebiet kommend am dortigen Flughafen ihr Maschinengewehr abgegeben haben. Dass sie den Flug ohne jegliches Privatgepäck angetreten hatte, könnte erklären, warum sie sich die Haare mit der Seife aus dem Motel wusch. Da das Ausfallhonorar noch immer gut genug sei, sitze sie bereits im Flieger zurück, um weiterhin ihre Familie und ihr Land zu verteidigen.

Übrigens: Über die Jahre hinweg lernte ich zwei homosexuelle Stylisten kennen, die jegliche Wäscheproduktion tatsächlich immer nur mit weißen Stoffhandschuhen vornahmen. Immerhin müssen die Stylist(inn)en – aufgrund der Unterhosen- und BH-Präsentationen – den Models ständig in den Schritt und ans Dekolleté fassen. Mit den Handschuhen wollten sie Weiblein wie Männlein eine diskrete sowie hygienischere Distanz vermitteln.

THANKSGIVING MIT AL PACINO

Teilweise zwischen 1992 und 1995 in Hollywood lebend, bekam ich erstmals auch die wichtigsten zelebrierten Feiertage in den USA mit. An »Thanksgiving Day«, der immer am vierten Donnerstag im November stattfindet und dort der berühmteste nationale Familienfeiertag ist, versucht sich jeder in seinen Familien-, mindestens in seinen Freundeskreis einzubringen.

Großzügigerweise wurde ich hierfür bei unserem Freund in dessen Fünfterrassenhaus zum Sieben-Personen-Dinner aufgenommen. Er hatte sich befreundete Personen eingeladen. Da er eine großzügige Küche hatte, jedoch nie selbst kochte, buchte er (s)einen Hauskoch, der sich für private Dinnerpartys engagieren ließ. Im Verlauf des Tages teilte er uns mit, dass sich völlig unerwartet Al Pacino zum Essen angekündigt habe.

Er kannte ihn, wie konnte es auch anders sein, von mehreren Film-, Presse- und Fotoproduktionen. Beruflich gerade viel für den Film »Der Duft der Frauen« unterwegs, habe er vor Ort niemanden. Das Essen auf 19.00 Uhr angesetzt, bereitete der Koch alles minutiös vor. Alles war bereit. Alle waren anwesend. Nur Al Pacino fehlte.

Die angedachten Garzeiten wurden verzögert. Wir warteten. Nach circa 30 Minuten wurde kommuniziert, dass er auf dem Weg sei. Schlussendlich kam er eineinhalb Stunden verspätet zu einem für eine bestimmte Zeit vereinbarten Gesellschaftsessen. Während er alle, trotz dieser eher sehr kleinen Runde, nur aus der Entfernung begrüßte, fielen mir sofort die übergroßen Pupillen auf, die auf Kompensationsprodukte schließen lassen können.

Als das Essen endlich serviert werden konnte, nahm er die Speisen zu sich, als habe er tagelang nichts zu essen bekommen. Kaum hatte er das Dessert heruntergeschlungen, verabschiedete er sich. Nachdem er den Raum verlassen hatte, waren die anderen hin und weg, dass er sie an diesem wichtigen Feiertag beehrt hatte. Ich wurde auch gefragt, was ich von ihm hielte.

Noch bevor er erschien, hatte ich mir bereits meine Meinung gebildet. Nach europäischer Etikettenschulung war er durchgefallen. Zu spät für ein uhrzeitbezogenes Gruppenessen. Ohne sinnstiftende Entschuldigung an uns Wartende. Er kam, fraß und ging, ohne uns individuell zu begrüßen, gar zu verabschieden. Er wirkte ungepflegt und zeigte keine Manieren. Meine im schlechtesten Hollywood-Englisch vorgetragene Knigge-Analyse wurde nicht sehr wohlwollend aufgenommen. Mein dort entstandener »Eva Braun«-Spitzname generierte sich auch im Kontext dieser Art von deutscher Analyse.

TOD VON MARGAUX HEMINGWAY

Für Margaux Hemingway sollte es der Brancheneinstieg im Dokumentarfilmbereich werden. Ich übernahm das Haarstyling und Make-up für diese Presseproduktion. Das Ex-Topmodel und die ehemalige Klatschspalten-Spitzenreiterin war niemand anderes als die Enkelin des viel beachteten Schriftstellers Ernest Hemingway (1899–1961). Den Namen immer mal wieder in den Schmierblättern gelesen, war mir nicht wirklich bewusst gewesen, mit welcher Namensgebung sie sich herumschlug.

Vorab mitgeteilt wurde mir, dass sie im Gegensatz zu den jungen Mädchen in die Jahre gekommen sei. Labil, aber erholt vom Drogenkonsum und von Depressionen, war sie jedoch immer noch attraktiv.

Gerade mal 48 Stunden nach unserer Produktion hörte ich in allen US-Radio- und TV-Nachrichten, dass sie in ihrer Wohnung tot aufgefunden wurde. Sowie ich noch diese unerwartete Nachricht aufnahm, klingelte bereits mein Festnetztelefon. Der Fotografenagent, der mich gebucht hatte, wollte mich darüber informieren.

Während ich mein Beileid bekundete und diesen unerwarteten Verlauf verarbeitete, meinte er im Gespräch, dass sie einen Make-up-Schock gehabt hätte. Laut erster Obduktionsergebnisse habe sie schlichtweg meine applizierten Make-up-Produkte nicht vertragen. Somit wäre ich für ihren Tod verantwortlich.

Geschockt darüber, dachte sofort an das Ende meiner Make-up-Karriere hinsichtlich amerikanisch juristischer Klagemöglichkeiten. Während sich in meinem Kopf alles zu drehen begann, fing er an, lauthals zu lachen. Für ihn war es (s)ein Scherz. Eigentlich wollte er mich nur über ihren unerwarteten Tod informieren. Im Gesprächsverlauf hätte er sich jedoch dazu entschieden, mir mit seiner Version der Geschichte einen Schreck einzujagen. Schließlich war ihm klar, was für einen großen Wert ich auf Hygiene legte und wie bedacht ich stets mit meinen Produkten umging.

Eine Überdosis Sedativa hatte sie mit nur 42 Jahren ins Jenseits befördert.

Später erfuhren wir, dass sie sich am Vortag des Jahrestages des Suizids ihres Großvaters ebenfalls selbst das Leben genommen hatte. Innerhalb drei Generationen war sie das fünfte Familienmitglied der Hemingways, das durch Suizid starb. Die Fotos wurden nicht mehr veröffentlicht.

DER SELBSTMORD

Ein Fototeam hatte sich in New York im Gramercy Park Hotel einquartiert. Gebucht, hatte ich immer morgens zu erscheinen, um mit dem Team zur anstehenden Produktion mitgenommen zu werden. Bei der abendlichen Heimkehr parkten wir unseren Van direkt am Hoteleingang; dies wiederholt, um schnell unsere Kleiderstangen und Taschen mit den Accessoires auszuladen. Die Empfangsmitarbeiter(innen) wussten bereits, dass wir dafür sofort ihre Koffer- und Gepäckwagen brauchten, um die Unsummen von Material schnellstmöglich in unser Kollektionszimmer zu bringen.

Allerdings wurden wir bei jener Ankunft unmittelbar informiert, dass der vom Hotel angestellte Portier gerade etwas erledige, weshalb er uns diesmal nicht helfen könne. Teamorientiert strukturiert, übernahm ich dessen sonstige Hilfe und unterstützte die Stylistin dabei, die Sachen aus dem Bus auf jene stets bereitstehenden Gepäckwagen zu laden. Wie ein Hotel-Gepäckträger einen jener voll beladenen Wagen an der Hand, zog ich diesen gerade in den teilweise überdachten Eingangsbereich des Hotels, als es hinter mir einen dumpfen Schlag machte.

Innerlich zuckte ich kurz zusammen, drehte mich jedoch nicht um, sondern zog den Ständer und die mir umgehängten Taschen bis ins Kollektionszimmer. Auf dem Rückweg wollte ich nur meine Arbeitstasche aus dem Bus herausnehmen, um dann nach Hause zu gehen.

Wie ich zurück in den Empfangsbereich kam, sah und spürte ich, dass alle unkontrolliert umherrannten. Der dumpfe Aufschlag war der Sprung einer todesmutigen Kandidatin gewesen, die jetzt aufgeplatzt genau im Eingangsbereich in einem grün-weiß geblümten oder zumindest ähnlich gemusterten Sommerkleid auf dem Boden lag.

Bereits Sichtschutzwände im unmittelbaren Abstand darum aufbauend, schien das Personal wie geschult dafür! Unser Bus, in dem sich noch meine Arbeitstasche befand, war kurzfristig davongefahren. Er musste dringend Platz machen für die einrauschenden Polizeiwagen, den Krankenwagen und den zu erwartenden Leichenwagen.

Am Morgen danach erfuhren wir, dass der Portier, der uns hätte helfen sollen, in das Zimmer dieser Dame gerufen worden war, weil sie Schwierigkeiten hatte, selbstständig das Fenster zu öffnen. Noch bevor er mit dem Aufzug zurück im Empfangsbereich war, lag ebendiese Dame, die er gerade noch in diesem Kleid gesehen hatte, vor seinen Füßen auf den Betonplatten.

Später musste er sich den Kriminologen erklären, hatte er doch einen großen Beitrag geleistet, dieser Dame das todesermöglichende Fenster zu öffnen.

Unser Location-Bus hatte einige Blutspritzer abbekommen, weswegen unser Fahrer diesen in die Waschstraße brachte und uns für den kommenden Tag einen neuen besorgte. Später erfuhren wir, dass das Gramercy Parkhotel seit seiner Eröffnung 1830 immer wieder eine gerne gewählte Sprungvariante ist.

SKURRILSTES GO&SEE

Mitten in New York rein und raus aus einem Produktionswagen, wurde ich von einem Asiaten mit sehr starkem Akzent angesprochen. Er wollte wissen, ob ich Make-up-Artist wäre, was ich bejahte. Daraufhin klang er vor Freude, wie wenn eine Feuerwehrsirene aktiviert wird. In stockendem Englisch erklärte er mir, dass er aus Südkorea komme und hier eine Fotoproduktion organisiere.

Da ich auf jeder Produktion meine ledergebundenen Präsentationsmappe(n) dabeihatte, überließ ich ihm diese im Beisein meiner Arbeit. Als ich ihm erklärte, dass ich zudem ein Haarstylist sei, ließ er akustisch ein zweites Feuerwehrauto aus der Garage kommen. Schlussendlich bat er mich am gleichen Abend im Hotel seine koreanische Fotocrew zu besuchen. Wir tauschten die Adressen aus und ich erschien zur ausgemachten Zeit in deren Hotellobby.

Von ihm abgeholt, wurde ich in ein für New York typisches, eher sehr kleines Doppelzimmer geführt. Während er mir den Platz am Ende des Raumes zuwies, um dort an einem kleinen runden Tisch Platz zu nehmen, kam einer nach dem anderen seines Teams in dieses bereits sehr kleine, circa 15 Quadratmeter große Zimmer.

Schlussendlich waren es 14 Asiat(-inn)en und ich. Außer ihm schien keiner der englischen Sprache mächtig zu sein. Jeder, der meine Arbeitsmappe(n) durchgereicht bekam, startete mit dem Geräusch, das ich zuvor als einen feuerwehrsirenenähnlichen Sound beschrieb. Mit sichtlich aufgerissenen Augen, am Ende des Raumes sitzend, glaubte ich ein Armageddon von Feuerwehrsirenen zu hören. Nie wieder hatte ich einen skurrileren Go&See-Termin.

Nachdem wir unsere Terminkapazitäten koordiniert hatten, vermittelten sie mir in einem eher gestikulierenden Gespräch, dass der koreanisch gebuchte Fotograf wie der deutsche, in Paris lebende Peter Lindbergh fotografiere.

Ich muss gestehen, dass ich mir das überhaupt nicht vorstellen konnte, gar wollte. Die erst später erhaltenen Ergebnisse sprachen jedoch für sich. In zwei Tagen produzierten wir einen der besten Modekataloge, den ich zum Glück Monate später zugesandt bekam. Jedes Foto war ein Hit. Erst danach erfuhr ich, dass dieser tatsächlich dem berühmten Peter Lindbergh assistierte. Auch er hatte vorab Kunst studiert.

Fotos: Kim Jungmann

DIE NACKTEN

Wiederholt für eine Produktion in Südfrankreich gebucht, wunderte ich mich, dass ich am Flughafen beim Check-in keine zusätzlichen Übergepäckkosten für meine schweren Arbeits- und Reisetaschen zahlen musste. Die Mitarbeiterin winkte mein ersichtliches Übergepäck einfach durch. Normalerweise wurde mir jedes zusätzliche Kilo zum Vorteil der Airline-Umsätze berechnet. Dass diese Extragebühr diesmal entfiel, würde meinen aktuellen Kunden in der späteren Abschlussrechnung freuen.

Im Flugzeug war ich inmitten einer Reisegruppe platziert, deren Teilnehmer sich untereinander kannten. Es stellte sich heraus, dass wir bis Nizza gemeinsam fliegen. Die Gruppe wurde dann weiter zum Village Naturiste Cap d'Agde befördert, einem international bekannten Nudisten-Hotspot.

Unter großem Gelächter erzählten sie mir, wer wie wenig dabeihätte. Jeder versuchte den anderen zu übertrumpfen, noch weniger Klamotten eingepackt zu wissen. Schlagartig wurde mir klar, dass circa 20 Personen nur mit Handgepäck auf einem 14-tägigen Urlaubstrip unterwegs waren. Sie mussten direkt vor mir eingecheckt haben.

PRODUKTION EINES »STERN«-TITELS

1998 bekam ich über das Büro des »Stern«-Magazins in New York eine Produktionsanfrage. Dabei handelte es sich um Haustiere, in diesem Fall um Hauskatzen. Wie auf dem Bild zu erkennen, wurde der gegenseitige Futterneid vermittelt.

Foto: Stefan Studer

Im Studio angekommen, waren zwei sehr junge Katzen gebucht- einmal das Model, einmal ein Kätzchen. Die Stylistin verliebte sich sofort in dieses vierbeinig niedliche Tierchen. Dieses war aufgrund ihrer Edelzucht ausgesucht worden.

Ihr Kaufpreis lag bei satten 2.500 Dollar. Sagenhafte 1.000 Dollar betrug ihr Leihgabenpreis für die Redaktion, nur für diesen halben Tag. Im Produktionsverlauf verhandelt, ging dieses Kätzchen letztendlich für einen Spezialpreis von zusätzlich 800 Dollar an die mittlerweile fast hysterisch gewordene Stylistin, was damals vermutlich deren redaktioneller Gagensatz war.

Wenngleich ich branchenrelevant mit der Stylistin bekannt war und auch wusste, dass sie einen reichen Ehemann hatte, fand ich es dekadent informativ, mir ihre überzogene Konsumbegeisterung anzuhören. So erfuhr ich Tage später, dass sie der Katze zudem ein neu auf den Markt gebrachtes Gucci-Katzenbett für circa 1.000 Dollar, zusätzlich eine Louis-Vuitton-Katzentasche und -leine sowie handbemalte Futterschalen aus Porzellan besorgt habe. Sie schwärmte von dieser für sie besonderen Katze. Für mich war es eine typische Bauernhofkatze.

Der gedruckte Titel noch nicht im Handel, war eines morgens diese scheinbar so exklusive gezüchtete Katze tot umgefallen. Tränenüberströmt berichtete mir die Stylistin am Telefon darüber.
Während ich hinter vorgehaltener Hand Kondolenzwünsche aussprach, musste ich mir ein lautes Auflachen verkneifen. Wie es Andy Warhol bereits 1968 prognostizierte, bekam selbst diese New-York-Katze ihre »15 minutes of Fame«. Und ich einen noch immer großartigen Magazintitel.

DIE GALLERY-AUSSTELLUNG

Foto: Juli Balla

Eine kooperative Polaroid--Sofortbild-Produkt-Promotion entstand für eine spätere, in Sydney stattfindende Fotoausstellung. Eine junge australische Fotografin hatte dort einen Fotowettbewerb gewonnen. Als exklusiven Gewinn durfte sie in New York mit der weltweit nur zweimal zur Verfügung stehenden Polaroid 20 × 24 Mega-Studiokamera arbeiten.

Das Engagement für diese zwei Tage, auch für mich eine herausfordernde Buchung, kam durch meinen australischen Haarstylisten-Freund zustande. Verbindlich wurde diese Kooperation, nachdem jene Fotografin meinen Namen in Australien bereits gehört und gelesen hatte. Die vier gezeigten Bilder wurden mit sieben Originalmotiven ausgestellt. Der Kamera-Spezialeffekt entstand mit diesen systemisch zu erarbeitenden Bildern durch ebenjene individuellen Fotopapier-Ausdrucke. Chemisch sich selbst entwickelnde Direktoriginale zeigten sich in je nur zwei Minuten als »58 cm × 91 cm«-Format.

Jedes dieser Sofortbilder als ein Ausstellungsimage angedacht, musste darauf geachtet werden, dass vorab alles perfekt instruiert war, bevor es nur ein Mal »klick« machte. Das Mädchen ganz links zeigt sich bezüglich visuell möglicher Veränderungen auch in den Doppelfotos als die Linke.

Fotos: Juli Balla

Da die Fotografin eine ganze New-York-Woche gewann, nutzte und organisierte sie zusätzlich eine redaktionelle Modestrecke für das australische Elle-Magazin. Immerhin konnte sie diesem Verlagshaus somit die Reise- und Hotelkosten ersparen. Weil die Polaroid-Produktion zu aller Zufriedenheit verlief, buchte sie mich im Anschluss für diese Redaktionsstrecke. Im Hintergrund ist noch das alte World Trade Center und die berühmte, vormals beschriebene Brooklyn Bridge zu sehen.

Fotos: Juli Balla

FLUG-GESCHICHTEN

Story Nr. 1

Auf einem Flug von Los Angeles nach Phönix/Arizona handelte es sich vor Ort um einen sogenannten Kurzstreckenflug, wofür gerne kleinere Flugzeuge mit nur bis zu plus/minus 20 Sitzplätzen eingesetzt wurden. Meistens war ich allein unterwegs; dabei saß ich – auch aus fluchttaktischen Gründen – immer zur Gangmitte. Ein Mann um die 30 setzte sich an den Fensterplatz. Seine Mutter und sein Bruder – wie sich später herausstellte – begleiteten ihn. Sie sprachen untereinander nur spanisch.

Als angehender Vielflieger konnte ich in deren angstvollen Gesichtern erkennen, dass es für sie ein neues Erlebnis sein musste. Sie blickten ständig um sich und schienen auch mit den Anschnallgurten nicht vertraut. Ich bot ihnen meine Hilfe an und so kamen wir ins Gespräch. Dabei bestätigte sich meine Vermutung, dass dies ihr erster Flug war. In meiner kundenorientierten Art, wie ich es auch von meinen Dienstleistungen her gewohnt war, versuchte ich ihnen die erkennbar aufsteigende Flugangst zu nehmen.

Bei der Cockpitansage des Kapitäns schaute ich zu meinem Sitznachbarn hinüber und konnte ganz klarsehen, dass es nicht nur ihm den Angstschweiß auf die Stirn trieb.

Panikgetrieben noch schnell ein Gebet auf Spanisch zum Himmel gesandt, ergriff mein Nebenmann urplötzlich meinen Unterarm, als sich das Flugzeug vom Boden abhob. Zunächst erschrocken, ließ ich ihn gewähren und glaubte, dass er gleich wieder loslasse. Weit gefehlt! Während er am

Fenster saß und erstmals mitbekam, wie sich der ihm vertraute Erdboden immer mehr entfernte, krallte er sich immer fester an meinen Arm. Als wir uns irgendwann gegenseitig in die Gesichter schauten, sah ich seine flehenden Augen. »Bitte lass mich jetzt nicht allein!«, schienen diese zu sagen. Während seine Angehörigen auf der gegenüberliegenden Sitzreihe emotional fast zu kollabieren schienen, streichelte ich – wie eine beruhigende Mutter – über seine Hand, woraufhin sich der Druck sogleich etwas reduzierte.

Die Stewardessen verteilten gerade Getränke, als wir in eines der im Flugverkehr bekannten Luftlöcher fielen. Die Maschine sackte kurzfristig ab, was mit einem starken Schluckauf verglichen werden kann. Dabei liefen uns die frisch eingeschenkten Getränke über die Hosen, was uns später aussehen ließ, als hätten wir vor Schreck in die Hosen gemacht.

Gerade hatte ich ihn und seine Familie beruhigt, als wir völlig unerwartet ein Sturmgebiet durchflogen. Während zuvor der Druck auf meinem Arm nachgelassen hatte, erhöhte er sich nun wieder drastisch mit jedem Auf und Ab der aufeinanderfolgenden Luftlöcher. Mit wiederholt gefühlten Abstürzen jaulten die wenigen Passagiere immer wieder auf.

In der Summe übertraf dieser Flug alle meine späteren Turbulenzen-Erfahrungen. Während ich mich im Stillen für mein Leben bedankte und an viele Personen dachte, denen ich auf meinem Lebensweg begegnet war, schienen meine Nachbarn auf Spanisch sämtliche Bibelverse und Gebetskränze herunterzubeten. Der Pilot entschuldigte sich für diese Unannehmlichkeit, nachdem er das Flugzeug stabilisiert, beziehungsweise den Wolkenausbruch erfolgreich umflog.

Vom Zeitempfinden her fühlten sich solche Situationen meist länger an, als sie tatsächlich waren. Die aus dem tiefsten Inneren kommende Todesangst werde ich jedoch niemals vergessen. Später konnte ich nicht mit Bestimmtheit feststellen, ob sich der Getränkefleck auf seiner Hose vergrößert hatte.

Nachdem wir schließlich sicher gelandet waren und wieder festen Boden unter den Füßen hatten, war mein linkes Handgelenk gelb-grünlich verfärbt und sollte es für die kommenden Produktionstage auch bleiben, was ich auf Nachfrage dem Team, das ich gerade erst neu kennenlernte, vermitteln musste.

Später erzählten sie mir, dass sie sich untereinander Gedanken gemacht hätten, ob ich wohl SM-Sexualpraktiken verüben würde.

Story Nr. 2

Inzwischen ein Vielflieger, bereitete ich mich auf einen erneuten Langstreckenflug vor. Wiederholt bekam ich einen männlichen Nebenpassagier und erfuhr, dass dieser noch nie einen Langstreckenflug absolviert hatte. Latent arrogant, zumindest großspurig, zählte ich ihm auf, wie oft ich die letzten Wochen in einem Flugzeug war, und sagte ihm, dass irgendwann alles eine gewisse Routine habe, die immer selbstverständlicher würde. Innerlich leicht genervt, bot ich ihm trotzdem an, sich an mir zu orientieren.

Nach einem gelungenen Start sollte von den Stewardessen das Menü entgegengenommen werden. Er wusste nicht, was auf dem Tablett wie serviert und arrangiert wurde und wann dieses zu sich genommen wird. Er solle mir einfach alles nachmachen, teilte ich ihm mit. Mit dem Salat, wofür die paar Blätter, die bei diesem Verpflegungslevel für so etwas gehalten werden, wollte ich beginnen. Ich schüttelte die dazu gereichte Salatsoße erst mal und öffnete dann vorsichtig den Aludeckel. (Ähnliche Portionsbehältnisse gibt es an Hotelbüfetts für Marmeladen- und Honigvarianten.)
Zügig träufelte ich den Inhalt über die für mich erkennbaren Salatblätter. Zu spät stellte ich fest, dass auch der Salat in Klarsichtfolie eingepackt war. So lief die sowieso schon zu geringe Salatsoßenmenge über jene Klarsichtverpackungshülle aufs Tablett. Peinlich berührt, entschuldigte ich mich und fühlte mich dümmer als die Polizei erlaubt. Demütig entsann ich mich des passenden Spruches: »Dummheit und Stolz wachsen auf einem Holz«.

»MOMENT OF GLORY« MIT DEN SCORPIONS

Foto: unbekannt

Nachdem ich zur Jahrtausendwende bereits öfter für deutsche Imageproduktionen zurückgekommen war, wurde ich vom Plattenlabel für die Scorpions, jener berühmten deutschen Hardrockband, und deren Presse- und Videoproduktion *»Moment of Glory«* gebucht. Die vier sympathischen Jungs waren scheins noch nie von einem männlichen Make-up-Artisten bedient worden.

Sehr skeptisch war der Sänger der Band. Einen Zweifler innerhalb einer Gruppe bediente ich immer zuletzt, denn so wurde auch dieser Skeptiker letztlich von seinen Bandmitgliedern überzeugt.

Die Jungs aus Hannover kommend, wurde ich im Anschluss auch gleich für ihren Konzertbeitrag für die im Jahr 2000 dort international stattfindende Expo-Ausstellung angefragt. Die Band hatte in Verbindung mit den Berliner Philharmonikern einen sogenannten Cross-over-Konzertauftritt. Zusätzlich sangen eine US-Sängerin sowie Zucchero.

Foto: unbekannt

Beim Einchecken im Hotel lagen auf jedem Hotelzimmer für den darauffolgenden Tag exklusiv freie Expo-Zugangstickets. Mit einer Teamführung auf 11.00 Uhr war ich der Einzige, der dieses Angebot nutzte. Die anderen hatten bis in die frühen Morgenstunden gefeiert. Ich verstand mich sofort mit dem ebenfalls international erfahrenen Führer; er erklärte mir Dinge über diese beindruckende Expo, die ich sonst nie erfahren hätte oder sonst wie hätte lernen können. Rückblickend wird mir dieses Konzert und die Expo-Erfahrung immer in positiver Erinnerung bleiben.

Der unangenehmste Kunde

Als ich einmal für ein bereits strauchelndes Markenlogo und dessen Firmenprodukte gebucht wurde, war aufgrund der anscheinenden Dringlichkeit der Geschäftsführer mit am Set.

Seinerseits keinerlei (Werbe-)Produktionserfahrung und Set-Erfahrungen aufweisend, wirkte bereits die Begrüßung hölzern und deshalb suspekt. Was uns an seinem Habitus sofort aufgefallen war, war der Eindruck, dass er patriarchisch strukturiert schien. In der Kommunikation erwartete er von vornherein eher ein Ja als ein Nein.

Während sich bei erfahrenen Teams, die abends oder morgendlich stattfindende Kennenlernkommunikation oftmals in ein zwangloses Gespräch auflöst, türmte sich dies wie es schien, hier als eine Hürde auf.

Nachdem jeder bereits mit einem unguten Gefühl an die Umsetzung gegangen war, entstanden – wie zu erwarten – nicht nachvollziehbare Probleme und es traten Fehler auf, welche vorab definierte und eingeplante Zeitfenster sowie vermeintliche Lösungsansätze durcheinanderbrachten. Nichts konnten wir ihm recht machen. An allem und jedem hatte er etwas auszusetzen. Am späten Nachmittag explodierte er dann vor allen Anwesenden. Noch nie habe er mit einem derart rücksichtslosen Personal gearbeitet, das seinen Anweisungen nicht Folge geleistet hätte.

Tatsächlich hatte er uns als »Personal« bezeichnet. Er sei für diesen »Last Minute«-Führungsposten extra aus Sri Lanka abberufen worden. Was er seit drei Monaten, zurück in Deutschland, miterlebe, sei nicht zu vergleichen mit seinen Erfahrungen aus asiatischen Ländern. Seine dort ihm Untergebenen hätten immer ihm dankend sowie rückwärts und mit gesenktem Haupt (s)einen Raum verlassen. Dies sei er gewohnt. Da war bereits das Jahr 2002 angebrochen!

PUFF IN ATHEN

Als ich 2003 für die erste »Olympiade Vorstufe« nach Athen ging, war ich froh, dass ich bei jenen Stuttgarter Kumpels wohnte, da ich die griechische Sprache überhaupt nicht verstand. Mit der vor Ort Agentur eines Morgens die auf sehr schlechtem Englisch abgesprochenen Arbeits- und Zahlungseingänge abgerechnet, ließ ich mir darauf basierend ein Taschengeld auszahlen. Wir sprechen hier nicht von Geldbeträgen im Tausenderbereich; meistens wurden gerade mal die Unterhaltskosten abgedeckt. Circa 250 Euro hatte ich eben erhalten.

Die Agentur befand sich in der Nähe der Haupteinkaufsstraße, der sogenannten Ermou; dort schlenderte ich ein wenig umher, um mir die Zeit zu vertreiben. Plötzlich wurde ich von einem Mann in einem erstaunlich guten Englisch angesprochen. Ob ich Grieche sei und nach etwas suche. Ich verneinte. Woher ich denn ursprünglich komme, fragte er weiter. Sowie ich ihm mitteilte, dass ich Deutscher sei, wechselte er auf Deutsch. Er habe mit seinem Bruder in Düsseldorf gelebt. Daher sprach er ein bisschen, dafür aber recht gutes Deutsch.

Ich freute mich, mit jemandem in meiner Muttersprache sprechen zu können, und wir sprachen über dies und das. Sein Bruder besitze gleich nebenan in einer der vielen kleinen Seitenstraßen eine Bar, erzählte er mir und lud mich dorthin ein. Die Bar würde gerade auf 11.00 Uhr geöffnet.

Ich zeigte mich gegenüber dieser doch recht unerwarteten Geste offen und folgte ihm. Irgendwann, nachdem er mehrmals abgebogen war, führte er mich in eine Hofeinfahrt und geleitete mich eine Kellertreppe hinunter, die mir irgendwie mysteriös vorkam. Meine limbische Gehirnregion aktivierte sich. Durch einen theaterähnlich schweren Vorhang tretend, den ich aus hygienischen Gründen nicht anfassen wollte, stand ich unerwartet inmitten eines kleinen, halbdunklen, nach kaltem Rauch muffelnden Varietéraums.

Vor mir erkannte ich zwei kleine Bühnen mit je einer Poledance-Stange. Erneut aktivierten sich meine neuronalen Verlinkungen, während ich zur Bar geleitet wurde.

Eine nicht außergewöhnlich attraktive Barkeeperin erschien hinter dem Tresen und fragte mit einem starken englischen Akzent, was ich trinken möchte. Da ich – vor allem morgens – weder Kaffee noch Cola und fast nie Alkohol konsumiere, bot sie mir einen Fruchtcocktail an.

Sie begann ein Gespräch mit mir, während ich auf den Mann wartete, der mich hierhergeführt hatte. Da gesellte sich ein sehr junges, frisch geduschtes, eher kindlich attraktives Mädchen zu uns und setzte sich neben mich.

In einem schlechten Englisch wurde mir vermittelt, dass sie Durst habe und auch gerne etwas trinken würde. Sie wolle genau das gleiche Getränk, das ich just empfohlen bekommen hatte.

Der Mann, der mich hierhergebracht hatte, erschien nichtmehr, und so saß ich, wie auf einem Filmset, allein mit den zwei Damen da und versuchte ihnen – nach deren eindeutigen Suggestionsanfragen – zu kommunizieren, dass ich mich in sexueller Hinsicht eher auf Männer konzentrieren würde.

Genau das schien ihnen zu gefallen, weshalb sie meinten, dass sie auch dafür offen wären und wir deshalb gemeinsam Spaß haben könnten. Ich redete mich heraus, indem ich vorgab, einen Termin zu haben.

Nachdem ich zunächst davon ausgegangen war, dass die Getränke kostenfrei wären, bot ich nun an, diese zu bezahlen. 80 Euro für zwei Saftschorlen mit Dekokirschen und bunten Papier-Sonnenschirmchen!

MY BIG FAT GREEK WEDDING

In Athen an unterschiedlichen Produktionen mitgewirkt, wurde ich für deren InStyle-Magazin angefragt. »Beauty by Numbers« sollte unterschiedlich gealterte Stars aus der griechischen Musik-, Schauspiel- und Modelszene abbilden. Ausgestattet mit einem neu aus den USA kommenden Hautbildoptimierungsgerät, gerne auch Faltenbügeleisen genannt, konnte ich allen meine in Hollywood erlernte Arbeitsweise angedeihen lassen.

Die griechischen Frauen, die innerhalb der EU nicht nur bei den Zigaretten, sondern auch beim Make-up-Konsum führend waren, konnten es gar nicht fassen, dass ich jede Einzelne äußerst natürlich nach dem damals ganz neuen Prinzip »Airbrush Make-up« präparierte.

Völlig unvorstellbar für sie, nicht wie **»tellerbunte Knete«** herausgeputzt zu werden. Immer wieder musste ich ihnen erklären, dass ich nicht auf zu viel Make-up, auf sogenannte **»Bauernmalerei«** stünde. Hätte mich der griechische Fotograf, der auch einst in New York gearbeitet hatte, nicht verteidigt, hätte mich die eine oder andere dieser Damen sicherlich umgebracht.

Während ich im Akkord arbeitete und immer nur die jeweilige Person im direkten Sichtfeld hatte, stellte ich fest, dass einige von ihnen nur bedingt der englischen Sprache mächtig waren. In holprigstem Englisch lud mich eine dieser Personen ein, auf ihr Konzert zu kommen. Ich verstand so viel, dass sie früher gemodelt habe, inzwischen als Sängerin auftrete und mich und meine Athen-Freunde dazu herzlich einlade. Ich notierte mir das Datum auf einem Zettel.

Beim Abendessen erzählte ich meinen griechischen Bekannten davon und schwärmte von ihr, ohne sie jemals singen gehört zu haben. Ich teilte ihnen ihren Namen mit, aber niemand konnte etwas damit anfangen. Ich hatte auch keine Ahnung, welche Musikrichtung sie bediente. An besagtem Termin erkannten wir die Adresse als ein sehr großes Eventrestaurant. Sie entpuppte sich als eine regionale Hochzeitssängerin. Sie sang auf einer für Griechenland typischen Hochzeitsfeier mit mindestens 400 Gästen. Im hintersten Eck bekamen wir einen Tisch zugeteilt. Essen und Getränke waren frei, obwohl wir durchaus dafür bezahlt hätten.

Der Filmtitel, den wir vor Ort im Original zu sehen bekamen, war »My Big Fat Greek Wedding«. Nach bereits zwei Stunden gingen wir wieder. Noch heute frage ich mich, was das Brautpaar wohl über uns dachte.

Monate später erhielt ich die Magazinausgabe und freute mich darüber, mich mit meinem neuen Make-up-Prinzip durchgesetzt zu haben. Zu gerne hätte ich jede Einzelne dieser Damen getroffen, um deren Fotoreaktionen zu erfahren.

Fotos: Georgos Malekakis

DIE ERDBEEREN

Bei brütender Sommerhitze wurden für winterliche Bildhintergründe imaginäre Schneefelder gebraucht. Dafür wurden wir auf die Insel Teneriffa gebucht. Vor Ort drehte es sich um eine Bildsprache, die im Außen- und Innenbereich eines Plantagenbetriebs stattfand. Dafür hatte sich der ausgefuchste Fotograf ebendiese Erdbeerplantagen-Gärtnerei ausgesucht. Er begründete dies damit, dass dort gefertigte/produzierte Images durch die nicht enden wollenden, mit weißer Folie abdecklen Erdbeerfelder als Schneefelder durchgehen würden. Denn Erdbeeren wachsen nur bis zu 15 Zentimeter oberhalb des Bodens. Zum Schutz vor Regen, Hagel und zu viel Sonne werden diese mit einer weißen Plastikfolie abgedeckt. Die Erdbeerfelder wiesen von der Fläche her die Längen und Breiten mehrer Fußballfelder auf.

Unsere Models konnten sich entweder an deren Rändern oder auf einem der schmalen, begehbaren Erntewege positionieren, teilweise lehnten sie sich auch irgendwo an, um so mittels Teleobjektivwahrnehmung die Wirkung zu erzielen, als ob sie sich inmitten von Schneefeldern befänden. Heute noch bin ich begeistert, wie unterschiedliche Hintergründe mittels verschiedener Lichtsituationen und Kameraeinstellungen eine Bildsituation zu beeinflussen vermögen.

Wann immer wir zu einer unserer dafür vorgesehenen Foto-Orte kamen, wurde einem bei Ankunft kommuniziert, was zu unterlassen sei. Dass wir nicht unnötig in die Beete treten oder urinieren sollten, leuchtete jedem sofort ein. Dass wir auf keinen Fall von den reifen Erdbeeren verzehren dürften, wollte uns nicht wirklich in den Kopf. Spontane Überschlagsrechnungen aufgestellt, hätten wir im Falle einer »Gesetzesübertretung« niemals alle reifen Erdbeeren stibitzen, gar verzehren können, selbst wenn jeder noch welche mit zurück ins Hotel genommen hätte.

Da wir vor Ort immer erst einmal die Location analysierten, um zu erkunden, wo was am besten wozu und womit im Hintergrund passte, hatte gar keiner Zeit, sich überhaupt Gedanken darüber zu machen, wo und wann wir die Erdbeeren hätten verzehren sollen.

Solche Locations sind überdies auch sanitär nur bedingt hygienisch, so dass ich während meines Jobs stets versuchte, nichts anzufassen, wenn es nicht unbedingt nötig war. Ich wollte nichts berühren, was dann später auf die Haut, die Augen oder die Lippen der mir zugeordneten Models, an denen ich hantierte, gelangen würde. Auch spontan vorbeischleichende Haus- und Hofhunde oder Katzen fasste ich lieber nicht an.

Über den Tag hinweg – da wir gut vorangekommen waren, war die Stimmung inzwischen lockerer – hätten wir nur allzu gerne zumindest die eine oder andere tiefrote, köstlich aussehende Erdbeere unter einer der unendlich langen Feldfolien herausgeholt. Eine(r) vom Team erinnerte uns jedoch immer daran, dass wir hier nur geduldet waren und dass wir eventuell später noch einmal hierher zurückkommen müssten. Falls die Plantagen kameraüberwacht wären, bekämen wir gnädigerweise erst bei Austritt wegen Unfolgsamkeit einen Arschtritt. Ich weiß nicht, wie es den anderen ging, aber neben dem Sonnenuntergang hätte ich mir liebend gerne zum Feierabend ein paar dieser herrlich roten und fruchtig aussehenden Erdbeeren in den Mund gesteckt. Insgeheim hoffte der ein oder andere, dass zumindest später jeder von uns eine Schale dieser köstlich aussehenden Früchte auf das Hotelzimmer mitnehmen könnte.

Das Tagessoll erfüllt, führt eine bereits untergehende Sonne dazu, dass sich das Team mit dem vor Ort Koordinator auf ein kleines, manchmal nebensächliches, oft auch informatives Gespräch trifft. Immerhin hat jeder, auch jede Arbeit, sowie deren Aufgabenzuweisung (s)einen Hintergrund.

Bei den Verabschiedungsworten wollte ich noch unbedingt kommuniziert wissen, dass ich es doch recht unverhältnismäßig fand, dass es uns trotz dieser unermesslichen Summe von Erdbeeren nicht gestattet war, die eine oder andere davon zu genießen.

Daraufhin bekamen wir folgende Antwort: »Gut, dass Sie auch nicht nur eine davon gekostet haben. Alle diese fast reifen Erdbeeren werden kurz vor der Ernte intensiv mit chemischen Haltbarkeits- und Farbstoffmitteln besprüht.« Diese chemische Zusammensetzung baue sich während der Ernte- und Lieferzeiten zu den jeweiligen Standorten durchschnittlich in sieben Tage ab. Erst dann sei das Giftlevel so gering, dass es einem menschlichen Körper keinen (offiziellen) Schaden anrichte! Wer sich nicht daran halte, führe jede gegessene Erdbeere zu einem körperlichen Unwohlsein bis hin zu einem unfreiwilligen Krankenhausaufenthalt. Fazit: Die vermeintliche Süße des Lebens kann am Ende des Tages sehr bitter werden.

HAARPRODUKT-CASTING

Castings sind Auswahlverfahren, um den besten Personentyp für eine Produkt-Promotion zu positionieren. Durch Castings wird versucht, dem zu vermittelnden Produkt die gewünschte Werbenote zu geben. Redaktionelle Umsetzungen bedienen im Vergleich zu kommerziellen Umsetzungen andere Interessenpunkte und Bedürfnisse. Castings ziehen sich oft hin.

Die Models, (Film-)Extras oder Schauspieler(innen) kommen sozusagen schrittweise in den sich immer engeren Kreis von Anwärter(inne)n. Wer unter den letzten zwei ist, kann noch immer verlieren. Meinem L.A.-Freund Ulrik, inzwischen renommierter Casting- und Produktionsagent, fehlten in New York die nötigen Kontakte.

Es ging um Haarglättungsprodukte für den farbigen Endverbrauchermarkt. Diese Produkte sollten afroamerikanischen Locken den Garaus machen.

Die Kund(inn)en, die aus den sogenannten US-Südstaaten kamen, benötigten in New York einen Kontakt, der ihre Interessen vertrat. Für dieses Casting brauchte es nur ein bis zwei Tage. Immer auf der Suche nach Extraeinnahmen, bot ich meine Friseurdienste an und offerierte zusätzlich meine inzwischen ausgereifte Haarkampagnen-Expertise an.

Da ich ziemlich viele Modelagenten persönlich kannte, war es mir ein Leichtes, diese darüber zu informieren, dass sich alle deren farbigen Models innerhalb eines gesetzten Zeitfensters an einer bestimmten Location präsentieren würden.

Obwohl ich bereits bei kleineren Redaktions- und Katalogcastings Kunden wie Fotografen und Stylisten dabei unterstützt hatte, unterschätzte ich den hierfür nötigen Aufwand, auch weil diese Kund(inn)en nur einfliegen, casten und wieder ausfliegen wollten. Ulrik bot an, mir ein Castingstudio zu reservieren.

In meiner Naivität glaubte ich, dies kostengünstiger in meinem Wohnzimmer, in dem ich zur Untermiete lebte, abhalten zu können, dabei nicht einkalkulierend, dass für Erstcastings zuerst einmal alle Models kommen. In meinem Unterbewusstsein bereits ein mulmiges Gefühl breitmachend, hatte ich schon Tage zuvor die Modelagenten wissen lassen, welches Anforderungsprofil mit welchem Typ (bezüglich des Aussehens) gesucht und gewünscht sei. Zudem hatte ich allen die Casting-Anschrift, sprich meine Wohnadresse mitgeteilt.

Nachdem ich mich am Tag zuvor rückversicherte, wie hoch die Anzahl der zu erwartenden Models in etwa sein würde, musste ich durch die Vielzahl der Agent(inn)en mit bis zu 150 farbigen Models rechnen. Die Wohnung auf Hochglanz geputzt, ärgerte ich mich, dass ich das Angebot, einen externen Castingraum zu buchen, nicht angenommen hatte.

Ich schlief sehr schlecht und musste nachts dann auch noch, was bei mir eher ungewohnt war, meine Notdurft verrichten. Schlaftrunken schlurfte ich ins Badezimmer und stand inmitten einer Rohrbruch-Wasserlache, die sich im ganzen Haus verbreitete und sich nicht mal eben wegwischen ließ.

Niemals könnte ich all die Models durch diese inzwischen bis ins Wohnzimmer nasse Wohnung schleusen. Vor allem könnte ich ihnen unmöglich dieses nachweislich nicht mehr funktionstüchtige Badezimmer anbieten.

Ich telefonierte mit Ulrik, der bereits zurück in L.A. war. In einer Nacht-und-Nebel-Aktion buchte er ein Fotostudio um die Ecke. Mit einem morgendlichen Telefonmarathon mussten die inzwischen bereits anreisenden Kund(inn)en und alle Models »umgeleitet« werden.

Ein Zettel an der Haustüre war hierfür nicht genug. Nach anfänglichen Organisationsschwierigkeiten hatten die Kund(inn)en und ersten Models die kurzfristig geänderte Location-Adresse gefunden. Hierfür half der sogenannte »Branchenfunk«. Models informierten sich inzwischen gegenseitig über Mobilfunk – eine Technik, die damals noch in den Kinderschuhen steckte.

Mit den eingeflogenen Kund(inn)en kristallisierten sich von null auf hundert deren Markt- und Produktbedürfnisse heraus, was unbedingt erfordert, dass auch Castings eine Struktur sowie vorab geklärte Ziel- und Definitionspunkte haben.

Nachdem wir diese herausgearbeitet hatten, analysierten wir jedes ankommende Mädchen nach Haarlänge, Haarfarbe, Haaransatz und derzeitiger Haarqualität. Auch der jeweilige Gesichtsausdruck musste zum Gesamteindruck passen. Über den Tag verteilt kamen unzählige Mädchen – viel mehr als geplant und von den Agent(inn)en angegeben.

Nicht enden wollende Schlangen standen im Flur des Studios. Als wir diesbezüglich nachfragten, kam heraus, dass sich viele farbige Freunde und Freundinnen untereinander über diese ungewöhnliche Haarprodukt-Casting Verdienstchance informierten. Selbst solche, die (noch) keinen Agenten bzw. keine Agentin hatten.

Unbekannte, teilweise außergewöhnliche (Straßen-)Gesichter schmuggelten sich in diese noch exklusiv wahrgenommene Branche.

Foto: Steven Meisel

So entstand das Thema »Street-Casting;« dies auch, aufgrund der für Modelagente(inne)n unerwartet möglichen Provisionseinnahmen. Ein bahnbrechendes »Street-Casting«-Image war die gerade aktuelle Calvin-Klein-Parfumkampagne.

Alle ankommenden Models wurden registriert, analysiert und teilweise bereits auf ihre Kampagnen-Chancen hin motiviert. Nach circa 200 angeschauten, davon circa 60 kategorisiert definierten A-, B- und C-Güteklassen-Qualitäten meinte die Hauptkundin, dass sie noch immer keine richtig dunkelhäutigen schwarzen Mädchen gesehen habe. Sie sähe nur halbfarbige Mischlinge, die alle nicht aus einem vollschwarzen Haushalt kämen, sozusagen nicht reinrassig seien.

Die zu bewerbenden Produkte müssten jedoch die dunkelhäutigsten Menschen mit den krausesten Haaren zufriedenstellen. Trotz vorsortierter Gesichter habe sie noch nicht den Typ gesehen, der auf ihre Umverpackungen platziert würde.

Als ein weißer Mann hätte ich viel zu viele Mischlinge bestellt, sogenannte »Latte macchiatos«, nicht jedoch afroamerikanische Mädchen. Die Modelagent(inn)en hatten mir zwar ihre komplette Auswahl an Models geschickt, ganz dunkelhäutige Mädchen hatten da jedoch noch keinen kommerziellen Resonanzmarkt.

FAZIT: Auch in diesen Kulturkreisen wird definiert und kommuniziert, wer dazugehört oder eben nicht wirklich dazugehört. Rassismus findet oft innerhalb der Zugehörigkeit statt. Denn erst dort, wo Gemeinsamkeiten bestehen, werden Differenzen sichtbar!

DIE PORNODARSTELLERIN

In New York wurde ich kurzfristig für ein Porträt gebraucht, diesmal für einen erst im Entstehen begriffenen Playboy-Kanal, heute vergleichbar mit dem YouTube-Prinzip, und zwar für ein in der Branche bekanntes Playmate, eine Pornodarstellerin. Ich kannte weder ihren Namen noch ihr Aussehen (damals konnte man nicht mal eben schnell nach einem Namen googeln).

Umso mehr war ich bei der ersten Begegnung positiv überrascht, wie jugendlich attraktiv sie war, in erster Linie bezüglich ihres ungeschminkten, unschuldig wirkenden Gesichts, das wohl erst geschminkt und gefilmt vielen Männern die Köpfe mit sexuellen Fantasien füllen würde. Während ihr als Fashionmodel die wichtigsten Zentimeter für die ideale Körpergröße fehlten, präsentierte sie horizontal und vertikal außergewöhnlich gleichmäßige Gesichtszüge. Sofort fielen mir ihre perfekt geformten Lippen auf. Imaginär sah ich diese als Lippenstiftwerbekampagne, gar für eine kosmetische Weltmarke.

Lippen können inzwischen kurzfristig während einer Mittagspause auf- und nachgespritzt werden, also optimiert werden. Ihre waren – im Gegensatz zu den frisch gemachten Doppel-D-Brüsten (»Tupperschüssel-Brüsten«) – natürlich, trotzdem wohlwollend. Darauf wollte nicht nur ich meinen Blick richten und meinen Schwerpunkt legen. Wir entschieden ihre Lippen als einen Hingucker zu präsentieren. Rote Lippen brauchen zudem nicht immer zusätzlich ein starkes

Augen-Make-up. Sehr schöne Lippen durch Lippenstift noch optimierter wirken zu lassen, diese dafür korrekt zu bemalen, ist leichter gesagt als getan. Damals im routinierten Training, auch weil ständig viele Modenschauen-Models geschminkt wurden, fiel mir dies erstaunlich leicht. Hierfür hilft bis heute mein immer wieder bewährtes »10 Schritte* zur perfekten Lippe«-Prinzip:

- Vom Nasensteg eine gedachte Linie zur Mitte der Oberlippe ziehen. Dort mittig am tiefsten Punkt des Amorbogens eine kleine Markierung setzen.
- Von dieser Markierung jeweils eine Schwunglinie über den links und rechts höchsten Punkt des Amorbogens zeichnen.
- Vom jeweils höchsten Punkt des Amorbogens eine gedachte Linie nach unten auf die untere Lippenkante ziehen und dort kleine Markierpunkte setzen.
- Die zwei dabei entstehenden Fixierpunkte unbedingt gerade miteinander verbinden, wodurch sich bereits die sechste Linie ergibt. Diese gerade verlaufende Linie garantiert die Symmetrie für Ober- und Unterlippe.
- Rechts und links, außerhalb deren Endpunkte, werden die Erweiterungslinien hin zur Oberlippe geführt, um eine aufschwingende und somit positivere Lippenform zu erreichen.
- Die verbleibenden Oberlippenaußenbereiche werden schlussendlich an deren Außenkanten zum Amorbogen hin zurückverbunden. Es handelt sich um die Bereiche, in denen heutzutage die Lippen eingespritzt, somit von dort aus aufgespritzt werden.

10 PUNKTE ZUR PERFEKTEN LIPPE

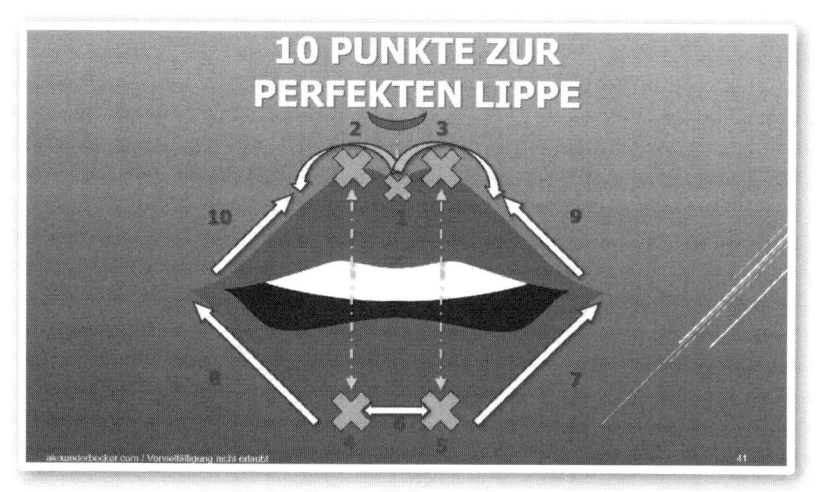

Grafik: Alexander Becker

Meinen 10- Schritte* Plan eigenhändig erfasst, erprobt und über Jahrzehnte an Hunderten von Models abgeprüft, garantiert dies einen symmetrischen und positiv wirkenden Mund.

Gut umgesetzt, bietet dieser nicht nur einen spiegelbildlich, sondern einen zudem voluminöser, teilweise einmalig aufgespritzt wirkenden Mund.

Diese 10 Schritte zuerst mit einem hellen, dann zum Lippenton passenden Lippenkonturenstift übermalt, füllte ich gleichzeitig die Innenflächen bereits mit diesen Lipliner-Pigmenten aus. Wenn das Model die Lippen kurz zusammenpresst, verteilen sich diese gewählten Farbpigmente und bedecken damit bereits den Hauptteil des Lippenfleisches. Eine vorpigmentierte Fläche braucht weniger zusätzliche individuelle Lippenfarbpigmente.

Denn bei reiferen Modelle verschwimmen diese oftmals in deren horizontal entstehenden Lippenfältchen.

Diese ergeben sich mit den Wechseljahren durch einen sinkenden Östrogenspiegel. Bei Raucherinnen verstärken sie sich noch durch das ständige Ziehen an der Zigarette. Abschließend leicht abpudern, den Puder kurz einwirken lassen, wird ein gewünschter Look haltbarer, jedoch niemals sicher.

Ihr fertiggestellter Look schien gelungen und deshalb fotobereit. Sie gefiel sich und war begeistert, wie schön und weich ich ihre Gesichtszüge und ihren Gesichtsausdruck modelliert hatte. Nachdem sie sich nochmals im Spiegel vergewissert hatte, wurde sie aufgefordert, noch schnell das T-Shirt zu wechseln.

Dabei passierte es. Sie hatte beim An- und Ausziehen nicht darauf geachtet und verteilte, nein, sie schmierte sich die Lippenstiftfarbe der noch eben als perfekt deklarierten Lippen bis hoch zu den Wangen. Wir waren alle schockiert!

Verschmierte Lippenkonturen innerhalb eines fertigen Looks zu reparieren, ist eine Extrakunst. Denn farbintensive, vor allem rote Lippenpigmente, setzen sich trotz Abreinigung auf irgendeine Weise fest.

Hellere Haut kann später trotz – oder gerade wegen – intensiver Abreinigung schlussendlich rötlich schimmern. Wie auch immer, der ausgebesserte Look wurde nicht wieder so wertig wie er anfänglich war. Die Chance einer maximalen Attraktivität auch hinsichtlich ihrer daraufhin schuldbeladenen Ausstrahlung war dahin. Für die Kunden der Sex- und Pornoindustrie schien es zu reichen.

WER RIECHT DENN DA?

2002 für eine dieser extensiven Katalogreisen gebucht, übernachteten wir 16 Tage im tunesisch-arabischen All-inclusive-Robinsonclub, einem Fünfsternehotel. Bereits im Klubbereich nutzten wir viele Möglichkeiten zum Fotografieren, fotografierten jedoch auch außerhalb der Klubanlage.

Nachdem die Fotocrew in die dort eher kleinen Wüstenjeeps mit dem benötigten Arbeits-Gepäck verfrachtet waren, wurden wir von Einheimischen über die Insel zu den, vom Fotografen gewünschten Locations, chauffiert.

Bereits von der Straße hatten wir einen Blick auf das offene Meer erhascht und waren begeistert, wie außergewöhnlich dieses an seinen Wasserkanten zum Strand hin glitzerte. Genau das wollte der Fotograf für die Bademoden-Fotos nutzen. Die Models sollten beim frühesten Morgenlicht oder mit dem spätesten Abendlicht wie James-Bond-Göttinnen aus dem Wasser steigen.

Obwohl die Jeeps wettergemäß offen waren, bemerkten wir bereits während der Fahrt einen süßlich-schweißig ranzigen, jedoch für uns nicht klar definierbaren Geruch.

An den gewünschten Foto-Orten wurden die hinteren zwei Jeeptüren aufgeklappt, dort sollte sich das später noch bekannter werdende Topmodel – mehr oder weniger für alle Einblick gewährend – zwischen diesen umziehen. Keiner dachte daran, dass es nicht nur für arabische Männer, deren Kinder in einem ähnlichen Alter wie die Models sind, nicht üblich ist, (Model-)mädchen unerwartet nackt zu Gesicht zu bekommen. Kurzfristig gelöst wurde dieses Problem mit den nicht durchsichtigen, aufklappbaren Reflektoren des Fotografen, die sonst zur Aufhellung des Sonnenlichtes dienten.

Die eher branchenfremden Einheimischen beobachteten vom Strand aus, wie unsere Mädchen für unsere Kameras Ähnliches wie in »Tausendundeiner Nacht« vollführten.

Bei genauerem Hinsehen erkannten wir, dass die, wie wir zunächst glaubten, glitzernden Wasserkanten mit Plastikmüll-Abfällen gepflastert waren, auf denen sich viele kleine Wassertropfen als ebenjene Lichtpunkte spiegelten, die auf Fotos als hundertfach multiple Glitzerpunkte erkennbar waren.

Nebenbei erklärte man uns, dass es sich hierbei um vom Meer zurückgespülte Plastikteile handele. Zum Thema Plastikmissbrauch und dessen Auswirkungen hatten wir noch nie etwas gehört, geschweige denn uns Gedanken darüber gemacht.

An verschiedenen Stellen, wo wir unterschiedlichste Outfits fotografierten, mussten wir wiederholt zurück zu den improvisierten Umkleideplätzen. Die Einheimischen hielten sich anständig auf Distanz. Dabei bemerkten wir jedes Mal jenen süßlich stechenden Geruch, der uns an Verwesung, zumindest an Kotähnliches erinnerte.

Scheiße (ein eher hartes Wort für eine meistens weiche Masse) sahen wir jedoch nirgendwo. Außer ein paar gebrauchten Lederriemensandalen unter der Beifahrerseite schien nichts zu diesem merkwürdigen Geruch beizutragen.

Wir erzählten dem am Set wartenden Team davon. Die einheimischen Chauffeure wurden gefragt, ob sie die Autos 100 Meter weiter entfernt, umparken könnten, was das Problem jedoch nicht zu lösen schien, woraufhin dieses Geruchsthema nochmals am Abend angesprochen wurde. Durch das mehrfache Umparken hatten wir festgestellt, dass die Sandalen eines Fahrers immer unter demselben Auto lagen. Von ihnen ging jener beißende Geruch aus, der uns immerzu zu verfolgen schien.

Zu unser aller Erstaunen kam der Verdächtigte von da an nicht nur in seinem besten Sonntagshemd, sondern auch mit neuen Sandalen. Es schien ihm und seinen Kollegen äußerst unangenehm zu sein, dieses urlaubsorientierte Reiseziel durch ihn diskreditiert zu wissen.

Dass dort in den meist mit grellem Neonlicht beleuchteten Café-Bars und Restaurants fast überall nur Jungs und Männer saßen, war für unsere Entourage, die zumeist aus weiblichen, blonden Personen bestand, äußerst gewöhnungsbedürftig.

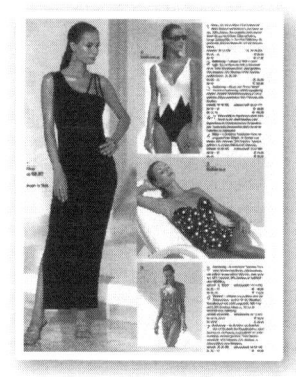

Fotos: Peter Schreiber

Wie es in unserer Branche gängig ist, passen wir uns intuitiv innerhalb kürzester Zeit an andere Länder und deren Kultur an. Das bedeutet mitunter völlig andere regionale Gegebenheiten, Sitten und Gebräuche. Lern- und Erfahrungsfaktoren, besonders auch für die Models, die von ihren Erfahrungen im Ausland durchaus profitieren, wenn sie irgendwann die Branche verlassen.

Einen Tag nachdem wir von der Reise zurück waren, fand, am dort zuvor fotografierten Platz der Al-Ghriba-Synagoge, ein Anschlag statt (11. April 2002). Dabei fuhr ein Lastwagen, der mit 5.000 Litern Flüssiggas beladen war, gegen die Synagoge und explodierte. 19 Touristen wurden Opfer des Anschlags, darunter auch vier Deutsche; etwa 30 weitere Personen wurden zum Teil schwer verletzt.

DER FRÜCHTEKORB

Bei einigen Produktionen kennen wir uns bereits als Kolleg(inn)en. Im Normalfall wird eine gewünschte Bildsprache vor einer Produktion, manchmal erst unmittelbar zum Einzelfoto definiert. Mit dieser Information geht dann jeder seiner dafür nötigen Kernkompetenz nach. Teils befinden sich die Kund(inn)en am Set und versuchen dann oft, ihre leider nur persönlichen Wünsche, Vorstellungen und Eindrücke in die jeweils gewünschte Bildsprachen zu implementieren, was für das Foto oder das Kundemarktinteresse nicht unbedingt förderlich ist. Wenngleich vorgestellte Themen- und Designansätze verständlich wirken, bieten unterschiedliche Charaktere visuell differenzierte Darstellungen.

Für ein wichtiges Imagefoto wurde ein größerer Früchtekorb gebraucht. Die Stylistin brachte dafür unterschiedliche frische Früchte, um diese wie gewünscht hierfür zu dekorieren. Wie es üblich ist, wird in die definierte Obstschale unten Papier oder anderes Füllmaterial gelegt. Die gewünschten Früchte werden dann nur noch fotoperspektivisch ausgesucht und dafür optimal positioniert. Die Kundin forderte, dass die gesamte Schale mit Obst zu befüllen sei, was die Stylistin zwang, zusätzliche Früchte einkaufen zu müssen. Mit meiner Vorbereitungszeit war das noch möglich.

Als die Stylistin mit einer noch größeren Palette an Obstvarianten zurückkehrte, wollte die Kundin weitere Fruchtvarianten, die jedoch saisonal bedingt und vor Ort erst mal gar nicht so einfach zu besorgen waren. Zudem hätten sie zum Zeitpunkt der Veröffentlichung nicht mehr gepasst.

Der sowieso schon sehr große Früchtekorb ging ständig hin und her. Vom Vorbereitungsraum ans Set und wieder zurück. Die Kundin vermittelte den Eindruck, dass sie die Stylistin damit »gängeln« wollte. Anfänglich noch humorvoll, hin und wieder augenrollend, kam diese immer wieder mit dem aufgetürmten Obstarrangement zurück. Irgendwann meinte sie mit Tränen in den Augen, die Kundin am liebsten erschlagen zu wollen.

Weil wir als eingespieltes Team inzwischen spürten, dass die Kundin eine scheinbar latent sadistische Ader auslebte, entschieden wir, dieses Früchtearrangement genau so zu belassen und es der Kundin nur aus einer anderen Perspektive zu präsentieren – nach dem Prinzip »des Kaisers neue Kleider«.

DER MANN ALS FRAU

Ich bekomme hin und wieder Anfragen über das Internet. Diesmal war es eine aus Kanada. Ein mir unbekannter Mann, der beruflich für mehrere Tage in Stuttgart war, würde sich an einem Samstagabend gerne zur Frau umschminken lassen. Per E-Mail fragt er an, ob ich so etwas machen würde.

Meine Historie im Blick, wollte ich zuerst wissen, in welchem Kontext dieses Bedürfnis angemeldet wurde. Es stellte sich heraus, dass dieser Mann Mitte 50 war und sich emotional seit seiner Jugend immer wieder als Frau fühlte, dies jedoch nicht in sein ansonsten erfolgreiches Leben als verheirateter Ingenieur mit großem Haus, zwei erwachsenen Kindern und einem Porsche und Daimler in der Garage passe.

Weil er in seinem regionalen Umfeld keine Chance sah, würde er sich, beruflich unterwegs, nebenbei in einer für ihn fremden Stadt gerne professionell herrichten lassen.

Da mir die »Trans-Formationen« solcher Gefühle bekannt vorkamen, vereinbarten wir einen Termin. Ihm schwebte vor, dass ich in sein Hotel käme. Lichtverhältnis Erfahrungen aus unterschiedlichen Hotels, führten dazu, dass wir uns in einem Fotostudio eines Freundes trafen. Der Mann traf mit ordentlicher Verspätung ein. Ein völlig normal wirkender Mann mit einer altersbedingt bereits fülligeren Körperform zeigte mir seine vorhandenen Outfits, vieles davon mit einem typisch männlichen Blickwinkel ausgesucht. Wir wählten das mitgebrachte schwarze Polyacryl-Strickkleid, kombiniert mit einem langen Mantel aus Kunstleder. Die schwarzen Dreiviertelboots hatte er zum Verdecken seiner eher strammen Waden gut gewählt, sie verkürzten jedoch die Beinlinie. Die mitgebrachte Perücke ließ sofort auf synthetisches Falschhaar schließen. Vom Typ her eher dunkelhaarig, hatte er sich eine typisch platinblonde Plastikhaarperücke ausgesucht. Diese wollte ich erst mal in Form bringen, um sein Gesicht etwas zu umschmeicheln. Sobald wir entschieden hatten, was er anziehen würde, konnte ich beginnen.

Da ich einige Zeit in Hollywood gelebt hatte, sprachen wir über Themen wie den Golden Globe oder die Oscarverleihung. Nachdem ich nach seinem Alter-Ego-Namen gefragt hatte, wurde – gemäß dem Hollywoodritual – diese mir unbekannte Liz in die Wellnessoase eingeladen, um von mir für diesen Event präpariert zu werden.

Wenngleich dies auf vielerlei Ebenen eine Herausforderung darstellt, spornt mich so etwas dennoch an. Für mich ist wichtig, dass diese Looks nicht komödiantisch überzogen, sondern möglichst realitätsnah und weiblich wirkend umgesetzt werden.

Da in unserer Stadt gerade die Eventnacht der »offenen Museen« stattfand, empfahl ich Liz, sich hierfür ein Ticket zu kaufen und sich am besten alle teilnehmenden Orte anzuschauen. So würde sich immer wieder das Umfeld ändern. Zwei Tage später erhielt ich per EMail diese vom Englischen ins Deutsche übersetzten Originaltext Dankeszeilen:

Hallo Alex,

»… vielen Dank, Sie sind ein großartiger Künstler. Als ich gerade wieder ins Hotel zurückkam, fühlte ich mich gut, weiblich und gestärkt. Du und Anja haben mir das Gefühl gegeben, wohl und vor allem respektiert zu sein. Mein Make-up sah unglaublich aus und meine Augen waren einfach fantastisch mit so vielen subtilen Schattierungen und Schimmern, dass sie dennoch Selbstvertrauen und Sicherheit im Look ausstrahlten.

Anfangs dachte ich, das wäre ein bisschen viel, aber wie Du schon beim Abendlicht erwähntest, waren sie perfekt! Ich hatte Spaß. Es war mein erster Ausflug ohne Fluchtweg wie ein geparktes Auto, in dem ich Zuflucht finden kann. Draußen im Freien gibt es kein Zurück. Mein schönster Moment war im Stuttgarter Rathaus, als ich unter strahlenden Lichtern in der Menge herumlief.

Ich zog gelegentlich Blicke von Frauen an und starrte zurück, um Augenkontakt herzustellen. Männer, die mich ansahen und versuchten, sich zu verstecken, bekamen von ihrer Frau einen Ellbogen in den Brustkorb. Sie sahen eine hübsch aussehende Frau.

Die Damentoilette habe ich auch zum ersten Mal benutzt! Beim »Tonstudio« und danach, als ich zu einem späten Imbiss ging, wurde ich nach der üblichen Nummer gefragt: »Mein Freund möchte Ihre Telefonnummer haben!« Leute in den Dreißigern … hatte das als Kompliment aufgefasst. Insgesamt hat es sich gelohnt, dass sich die Frau in mir für diese wundervollen Stunden in der Öffentlichkeit wohlfühlen konnte. Bravo!!!«

Mit freundlichen Grüßen Liz

STICHWORTVERZEICHNIS

Puderluder >>> Eigenbezeichnung von Alexander Becker für Make-up-Artistrie mit persönlicher Note
Shamponeusen >>> frühere Arbeitsbezeichnung für Personen, die ausgelernte Friseure und Friseurinnen unterstützten, jedoch keine Friseurausbildung hatten
Maniküristin >>> ältere Bezeichnung für das Arbeitsfeld, wenn sich im Friseursalon jemand nur um die Pflege der Hände, Wimpern, und Augenrauen kümmerte
Distanzschminken >>> plakatives Schminken, z. B. für das Theater und »weit weg«-Situationen
Bordsteinschwalben >>> leichtes Mädchen / Freudenmädchen / Dorfmatratze / Nutte / Prostituierte / Dirne / Hure
Beautyproduktion >>> Foto-, Video- oder Filmproduktion, die sich an Gesicht bis Schultern orientiert
Beautyaufnahmen >>> Fotoproduktionen nah am Gesicht, z. B. für Make-up- und/oder Frisurenaufnahmen
Hohlkehle >>> Eine Hohlkehle ist die negative Ausrundung einer Kante. Sie wird in Fotostudios für kantenfreie Lichtsituationen gebraucht.
Inhousemodenschauen >>> Verkaufsflächen und Modehaus-Präsentationen
Gender-Bending >>> Als Gender-Bender bezeichnet man einen Mann, der sich wie eine Frau kleidet oder benimmt, oder eine Frau, die sich wie ein Mann kleidet oder benimmt. Diese Inszenierung kann strafbar sein.

Casting-Anfrage >>> Terminanfrage, um darauffolgende Themenfelder mitzubearbeiten bzw. zu unterstützen
Casting >>> Der Prozess der Auswahl von Schauspielern, Tänzern, Sängern, Fotomodellen und anderen Künstlern in der Phase der Vorproduktion von Inszenierungen (Theater, Oper, Zirkus, Konzerte), Filmaufnahmen (Kinofilm, Fernsehfilm, Werbefilm, Musikvideo), Sprachaufnahmen (Hörspiel, Station-Voice) und Fotoaufnahmen (Katalog, Zeitschriften, Poster). Der Begriff wird inzwischen auch im Zusammenhang mit der Auswahl von Musikern für Popbands verwendet, etwa im Rahmen von Talentwettbewerben und Talentshows etc.
Casting-Assistenz >>> Person, die das Team bei Castings und Produktionen unterstützt
Kalender-Castings >>> teils von Reichen vorgeschobene Kalender-Bildproduktionen, um junges »Frischfleisch« begutachten zu können
Vor-Ort-Agenten >>> land- und stadtbezogene Agenten, die Modelbuchungen (Jobs) besorgen und diese Buchungen bearbeiten
Option >>> Vormerkung für eine spätere Jobbuchung, ggf. für den späteren Kauf einer Ware oder Ähnliches. In dem Fall sagt man: »Ich habe bereits eine Option auf diesen Job, auf dieses Grundstück etc.«
Optionen >>> mehrfache gleichzeitige Jobs oder andere Anfragen
Agentur-Absteige >>> Wohneigentum, in dem nur die Models einer Agentur vermittelt und untergebracht werden
Frischfleisch >>> international neu eingereiste, meist unerfahrene Jungmodels

Sedcard >>> Bewerbungsunterlagen für Models bei Agenturen, Magazinen oder Fotografen
Marktwertpreis >>> individuelle Marktpreisgestaltung aufgrund der Model-Aktualität etc.
Model-Hurenhäuser >>> Bezeichnung von Alexander Becker für gemischte Model-Mitwohnmöglichkeiten (Hierdurch entstehen vielschichtig partyorientierte Situationen.)
Come-and-Go-Branchenmentalität >>> ein permanentes Kommen und Gehen in der Mode(l)-Branche
Mañana-Mentalität >>> »mañana« bedeutet in Spanien »morgen« – ein oft gebrauchtes Wort für die lässige Zusicherung: »Das wird schon noch später erledigt.«
Tapas >>> Eine Tapa ist ein kleines Appetithäppchen, das in Tapas-Bars üblicherweise zu Wein, jedoch auch zu Bier gereicht wird.
Rohrverleger >>> männlich sexuell orientierte Handlung(en)
»ab dem Nabel variabel« >>> **bisexuell** / nicht definiert hinsichtlich Geschlechtsakt
»gay for pay« >>> kurzfristig homosexuell für Geld oder anderweitig benötigte Bedürfnisse
»Coming-out« >>> absichtliches, bewusstes Öffentlichmachen von etwas, insbesondere der eigenen Homosexualität
Nacktschnecke >>> komplett haarlos rasierter Körper (nicht unbedingt auf den Kopf bezogen)
»private Glocken« >>> hier im Buch für Hodensack (»testicles«)
Stangenfieber >>> sexualgetriebene Erektionen

Fleischwurst >>> männlicher Penis
»(Rollkragen-)Stangen« >>> Penis mit Vorhaut
star-struck >>> von Stars oder Berühmtheiten fasziniert
»Wartesaal Gottes« >>> eine altersbedingte, sich in die Länge ziehende Sterbephase
»Reise nach Jerusalem« >>> Gesellschaftsspiel mit beliebig vielen Mitspielern, bei dem der/die Letzte keinen Sitzplatz mehr erreicht; im »Wartesaal Gottes« wird damit ein Ableben simuliert.
»Brotkorb«-Manager >>> Zuarbeiter in Kleinstbereichen
Speed-Walking >>> sehr schnelles Gehen (in New York üblich)
»Film-Extras« >>> im Hintergrund agierende Menschen, Models, Schauspiellaien etc. – sogenannte »Extras«
Musikvideo-Extras >>> Sogenannte »Extras im Video« dienen im Hintergrund als »Füller«, z. B. als Tanzgruppe, in Straßencafés etc.
»No Make-up«-Look >>> geschminkt ungeschminkt aussehen
Grooming >>> Präparieren von Männermodels und/oder männlichen Schauspielern
Touch-up >>> nacharbeiten (verbessern, aufbessern etc.)
»tellerbunte Knete« >>> bezeichnet zu viel buntes Make-up in der Kombination von Produkt- und Farbwahl
Bauernmalerei >>> bezeichnet »geschichtetes« Make-up in dessen Produkt- und Farbwahlkombination
Personal Shopper(in) >>> Ein(e) persönliche(r) Einkäufer(in) wird in der Regel vom Geschäft selbst beschäftigt, was bedeutet, dass die Zahlung für die Dienstleistung nicht erforderlich ist. Andere Geschäfte

erheben eine geringe Gebühr für die Nutzung ihrer persönlichen Einkäufer und die mit dem Service verbundenen Annehmlichkeiten. Persönliche Einkäufer(innen) können auch als Modestylisten oder Verkäufer bezeichnet werden.
»Nabel der Welt« >>> Dieser Ausdruck wird verwendet, wenn sich jemand als zu wichtig empfindet.
Kompensationsmittel >>> z. B. Drogen-, Zigaretten- und/oder Alkoholgebrauch oder -missbrauch
Spritzlappenfrisuren >>> nicht gepflegte, meist schlaff hängende, teils fettige, nicht definiert frisierte Haare
Trial-and-Error >>> Versuch und Irrtum (englisch »**trial** and **error**«) ist eine heuristische Methode zum Zwecke der Problemlösung, bei der so lange zulässige Lösungsmöglichkeiten ausprobiert werden, bis die gewünschte Lösung gefunden wurde. Dabei wird bewusst auch die Möglichkeit von Fehlschlägen in Kauf genommen.
Pfennig >>> bis 2001 die kleinste Einheit der deutschen Geldwährung
cross-over >>> Vermischung unterschiedlicher (Musik-)Stile (z. B. Klassik und Pop)
Disruption >>> Prozess, bei dem ein bestehendes Geschäftsmodell oder ein gesamter Markt durch eine stark wachsende Innovation abgelöst bzw. »zerschlagen« wird
»disruptive Innovation« >>> Disruption bedeutet Revolution. Das englische Adjektiv »disruptive« bedeutet »zerrüttend«, »zerreißend«, »durchschlagend«; im militärischen Kontext auch »brisant« oder »hochexplosiv«.
»Quick-Fix«-Kontakte >>> Schnellsex (bezüglich Zürich Zeiten)

»**Rues della «Trap Traps«** >>> prominente Chausseen, z. B. in Paris, London etc.
»**tears sheets«** (dt. »ausgerissene Magazinbilder«) >>> englische Bezeichnung für redaktionelle Arbeitsnachweise
»**Couch-Potato«** >>> Stubenhocker
»**Schafferle«** >>> schwäbische Bezeichnung für arbeitsames Verhalten
D-A-CH-Region, auch **DACH-Region** >>> die Gebiete Deutschland, Österreich und Schweiz
laminieren (auch »einschweißen« oder »einsiegeln« genannt) >>> dass nicht umkehrbare Verbinden von Papier mit Laminierfolie

Ein Hauch Erotik

PRADA
Rüschen setzen feminine Akzente und betonen den spielerischen Charakter der Sommermode. Das knielange Kleid aus bordeauxfarbenem Seidenkrepp hat verschieden blaue Einsätze aus Netzjersey und Chiffon.